[제3판]

사회복지사를 위한

사례관리

박미은

YANGSEOWON
양서원

제3판 머리말

저자가 사례관리 책을 처음 집필했던 지도 벌써 10년의 세월이 지났다. 2020년에 2판으로 개정하면서, 사례관리가 다양한 실천 현장에서 크게 확산하고 있다는 점에 새삼 놀랐던 기억이 떠오른다. 그리고 2025년 3판으로 개정하면서, 사례관리가 양적·질적으로 꾸준히 향상되었으며, 이제는 서비스 이용자들이 체감하는 성과가 잘 드러났으면 좋겠다는 바람이 있다.

지금까지 사회복지 사례관리가 계속 발전해 온 것은 분명한 사실이지만, 개인적으로 한두 가지 아쉬움을 느낀다. 저자는 평소 '사례관리는 사례관리다워야 한다'는 소신을 견지해 왔다. 사례관리는 다른 실천 방법론과 차별화되는 조금은 색다른 방법론이기 때문이다. 10년의 세월 동안 사례관리가 사회복지실천과 얽히고 통합되면서 그 정체성이 점점 희미해지는 것은 아닌지 우려가 된다. 현장에서 사례관리라는 방법론이 사회복지전문직의 특성과 어우러지면서 자연스럽게 나타나는 현상이라면 걱정할 일은 아닐 것이다. 그럼에도 저자가 하고 싶은 말은 '사례관리는 사례관리답게 유지되고 발전되면서' 사회복지사들의 실천을 더 풍성하게 해주길 바라는 마음이 크다.

3판 개정을 하면서, 저자는 다음과 같은 점에 주목하여 내용을 보완하였다. 첫째, 사례관리는 사회복지사들이 실천 현장에서 유용하게 쓸 수 있는 효과적인 방법론이기에, 교과서에는 더도 덜도 말고 '사례관리다운 내용'을 중심으로 기술하고자 하였다. 둘째, 복지환경의 변화에 따라 민간과 공공 영역의 사례관리 관련 규정과 지침, 사회복지사 윤리강령 등을 새롭게 추가하고 보완하였다. 아울러 가능한 한 최신 자료를 참조하여 사례관리 연구와 실천의 동향, 역사적 흐름을 정확히 반영하고자 하였다. 셋째, 최근 들어 공공사례관리가 확대되고 있는 점을 고려하여 제4부 사례관리의 실제에서 관련 내용을 대폭 수정하였다. 넷째, 강의자와 학습자 모두가 사례관리 실천단계별 기록 양식을 간접적으로 체험해 볼 수 있도록 가상사례와 구체적인 활용 지침을 안내하였다. 또한 부록에 추가 사례를 제시하여 수업 중 개별적 · 집단적 토론이 가능하게 하였다.

그동안 대학과 대학원에서, 그리고 실천 현장에서 사례관리 교육과 훈련에 애정을 갖고 저자의 책을 꾸준히 사용해 주신 점에 깊이 감사드린다. 저자는 사회복지 현장에서 사례관리 방법론을 처음 접했고, 사례관리자로 직접 일했던 경험이 있다. 그때의 현실과 지금의 상황은 많이 달라졌지만, 한 가지 사실만큼은 분명해 보인다. 현장 사회복지사들이 도움이 필요한 클라이언트에게 사례관리라는 실천방법을 제대로 적용만 한다면, 우리의 클라이언트는 새로운 변화의 동기를 갖게 되고, 삶을 주도적으로 살아내는 역량을 키울 수 있게 된다는 점이다. 이 방향에서, 앞으로도 저자의 책이 사례관리를 처음 접하는 학생들뿐 아니라 현장 사례관리자들에게 '사회복지 사례관리'를 잘 이해하고 전문성을 연마하는 소중한 책으로 오랫동안 머물 수 있기를 바란다.

끝으로 10년이 넘는 세월 동안, 좋은 책 만들기에 헌신하신 양서원 출판사 관계자분들께 심심한 감사의 말씀을 드린다. 박철용 회장님께 특별한 감사의 마음을 전하며, 보기 좋고 읽기 쉬운 책으로 만들어 주신 편집부 선생님들께도 고마운 마음을 표한다. 어제나 오늘이나 내일도 모든 일을 주관하시고 인도하시는 나의 주 하나님께 감사드린다.

2025년 6월

녹음이 푸르른 한남대학교 교정에서

박미은

제2판 머리말

2015년 2월 부끄러운 마음으로 『사회복지사를 위한 사례관리』를 첫 출간하고 마음을 담아 지인들에게 책을 선물했던 기억이 떠오른다. 그때만 해도 사례관리 교재나 연구물이 그리 많지 않았는데, 요즘은 주위에 좋은 자료가 차고 넘치는 시대가 되었다. 5년 정도 이 책으로 강의하다 보니, 빠르게 변화하는 복지환경과 사례관리 흐름에 비추어 내용이 부족하다는 생각을 떨칠 수 없었다. 설상가상으로 2019년부터 적용된 사회복지학 교과목 지침서에서 '사례관리론' 과목이 크게 달라져서, 내친김에 용기를 내어 전면적으로 개정하게 되었다. 그래서 다시 부끄럽고 한편으로는 위안이 된다.

책의 전반적인 내용은 한국사회복지교육협의회가 제시한 교과목 지침서에 따라 총 4부로 구성하였다. 1부에서는 사례관리의 개요를, 2부에서는 사례관리의 실천과정과 단계별 과업을, 3부에서는 사례관리의 단계별 기록양식과 활용지침을, 그리고 마지막 4부에서는 사례관리의 실제를 다루었다.

이 책을 쓰는 동안 필자는 세 가지 면에 마음을 모으고 최선을 다하고자 하였다. 첫째, 이 책은 사회복지사가 수행하는 사례관리를 다루기에, 사회복지의 이론체계와 실천현장의 특성이 잘 어우러지도록 노력하였다. 둘째, 최근 사례관리의 흐름을 반영하여 민간 사례관리와 공공 사례관리가 겉돌지 않고 고루 담기도록 나름의 최선을 다하였다. 셋째, 교재를 집필하는 것이기에 강의자와 학습자의 입장을 고루 반영하고자 하였다. 욕심이 앞서 너무 많은 양을 담기보다 적절한 만큼의 양을 담았고, 딱딱한 내용이지만 가르치고 배우는 즐거움을 느끼도록 글쓰기 형식을 다채롭게 하거나 가상 사례를 두어 적용하고 연습하면서 함께 토론할 수 있도록 하였다.

첫 출간의 머리말에도 적었듯이, 저자로서 작은 소망이 있다면 이 책을 통해 사회복지

전공 학생들과 현장 실무자들이 사례관리에 대한 첫 단추를 잘 끼우고, 보다 깊이 있는 이론적, 실천적 탐구의 지평을 열어가는 계기가 되기를 바란다. 누구나 사례관리에 관심을 가질 수는 있지만, 사회복지사로서 정체성과 전문성에 기초한 사례관리 실천의 기회는 최선을 다해 배우고 익힌 사람에게 돌아간다고 믿는다. 이 책의 제목처럼 사회복지사를 위한 사례관리 책으로 오랫동안 함께 머물 수 있기를 바란다.

끝으로 좋은 사회복지 책을 만들기 위해 늘 최선을 다하시는 편집부 선생님들, 그리고 이 책의 출판을 허락하고 지원을 아끼지 않는 양서원의 박철용 회장님을 비롯한 관계자분들께 진심으로 감사한 마음을 전한다. 어제나 오늘이나 내일도 모든 일을 주관하시고 인도하시는 나의 주 하나님께 감사드린다.

2020년 2월

아름다운 한남대학교 교정에서

박미은

머리말

사례관리 책을 마무리하고 나니 감회가 무척 새롭다. 1989년 대학원을 마치고 첫 발을 내딛은 곳이 미8군 병원이었다. 일은 가족과 정신건강에 비중이 있었지만 규정상 직무는 사례관리자였다. 정기적인 사례회의를 하고 가정방문을 위해 낯선 곳을 찾아다니던 기억이 생생하다. 대학에 재직하면서 잠시 잊고 있다가, 우연인지 필연인지 최근 몇 년간 다시 사례관리에 관심을 갖게 되었다. 매뉴얼 작업도 하고 여러 현장과 소통하며 소중한 인연도 맺었다. 이것이 밑거름이 되어 이 책 한 권을 세상에 내놓게 되었다. 참으로 감사하다.

글을 쓰는 동안 필자가 마음에 품고 있던 주제는 사회복지사의 사례관리는 사회복지실천의 고유성을 충분히 담아내야 한다는 생각이었다. 예전과 달리 최근 사례관리가 널리 확산되면서 많은 전문가들이 관여하고 있다. 정부의 정책이 바뀌지 않는 한, 사례관리는 복지대상자의 만족도 제고 및 보호비용의 최적화를 위해 계속 확대될 것이다. 따라서 이 시점에서 사회복지의 역사성과 정체성을 담은 사회복지 사례관리에 대한 연구와 관심이 무척 절실하다.

전반적인 내용은 한국사회복지교육협의회가 제시한 교과목 지침서에 따라 총 5부로 구성하였다. 1부에서는 사례관리의 기초를, 2부에서는 사례관리의 이론적 근거를, 3부에서는 사례관리 실천과정을, 4부에서는 사례관리 운영체계를 그리고 마지막 5부에서는 사례관리의 실제를 다루었다. 이 책을 기술하면서 필자는 사례관리의 이론적 체계와 실천적 의미, 사회복지의 고유성과 현장성이 잘 어우러지게 균형감을 유지하고자 하였다. 그럼에도 여전히 본래 의도에 미치지 못하는 미진한 부분이 많아 지속적으로 연구할 계획이다.

책의 주요 모티브는 2011년 말에 대전사회복지사협회가 공동모금회의 지원을 받아 2년간 사례관리 기반조성 사업을 진행할 때 공동으로 작업한 사례관리 실천매뉴얼이다. 필자가 연구책임자로서 맡았던 총론 부분을 토대로 사회복지의 고유성과 현장성 그리고 최근의 상황 변화 및 학문적 성과 등을 반영하여 전면적으로 새롭게 집필하였다. 이 지면을 빌려 대전사회복지사협회와 함께 마음을 모았던 공동연구원분들께 깊은 감사의 마음을 전한다.

또한 이 책을 통해 사회복지전공 학생들과 현장 실무자들이 사례관리에 대한 첫 단추를 잘 끼우고 보다 깊이 있는 이론적, 실천적 탐구의 지평을 열어가는 계기가 되기를 바란다. 사례관리에 대한 관심은 누구에게 열려 있지만, 사회복지사로서 정체성과 전문성에 기초한 사례관리실천의 기회는 최선을 다해 배우고 익힌 사람에게 돌아가는 것이다. 이 책의 제목처럼 사회복지사를 위한 사례관리 책으로 오랫동안 함께 머물 수 있기를 기대한다.

끝으로 사회복지에 대한 깊은 관심과 애정으로 세심하게 원고를 읽고 처음부터 끝까지 정성으로 편집해준 편집부 직원들과, 이 책의 출판을 허락하고 지원을 아끼지 않은 양서원의 박철용 회장님을 비롯한 여러 관계자분들께 고마운 마음을 전한다. 아울러 이 모든 일을 주관하시고 인도해 주신 하나님께 감사드린다.

2015년 2월

세종시 범지기 마을에서

박미은

차 례

CONTENTS

CONTENTS

PART

01

사례관리의 개요

Case Management

제1부에서는 사례관리의 토대가 되는 기초적인 내용을 학습한다. 이를 통해 학습자는 사회복지 현장에서 이루어지는 사례관리의 개념과 원리, 역사, 관점과 이론, 구성 체계, 그리고 사례관리의 기능과 사례관리자의 역할을 이해할 수 있을 것이다.

Chapter 01

사례관리의 개념과 원리

최근 우리 사회에서는 민간 사회복지 실천현장과 공공영역에서 사례관리(case management)가 널리 시행되고 있다. 사례관리는 노인·장애인·아동 및 청소년 분야, 다문화 및 자활 분야, 사회복지관 등에서 이루어지는 민간 사례관리와 시·군·구 및 읍·면·동에서 이루어지는 공공 사례관리로 구분된다. 사회복지 현장에서 이루어지는 사례관리는 '환경 속 인간'이라는 사회복지의 기본 관점을 토대로 수행되기 때문에, 사례관리의 개념과 원리에는 인간과 환경의 조화를 강조하는 통합적 접근이 전제되어야 한다. 이와 관련하여 1장에서는 사례관리에 대한 다양한 정의 및 유사개념을 살펴보고, 사례관리가 추구하는 목적과 목표, 실천원리, 사례관리의 가치와 윤리에 대해 알아본다.

1. 사례관리의 정의

사회복지 현장에서 클라이언트가 호소하는 문제와 욕구는 그 어느 때보다 복합적이고 다양해지고 있다. 그리고 그 문제와 욕구를 해결하려는 서비스 공급 주체들도 더욱 다원화되고 있다. 이런 상황에서 사회복지 영역에서는 클라이언트를 위한 서비스를 보다 효과적이고 효율적으로 전달해야 할 필요성이 꾸준히 제기되어 왔다. 그 현실적인 대안의 하나로 최근 복지현장에서 가장 많이 활용되고 있으면서, 주요한 실천방법으로 자리매김한 것이 사례관리(case management)이다. 사례관리는 한마디로 만성적이고 복합적인 욕구가 있는 클라이언트에게 지역의 다양한 자원과 서비스를 통합적으로 제공하려는 실천방법이다.

Q & A

Q 사회복지 현장에서 사례관리가 강조되는 이유는 무엇일까?

A 첫째, 클라이언트가 원하는 보호(care) 혹은 서비스(service)의 내용과 수준이 크게 향상되었다. 단순히 생계보호의 차원을 넘어 다양한 심리사회적 욕구를 충족함으로써 삶의 질을 높이려 하고 있다.

둘째, 이같이 증가한 클라이언트의 욕구에 대해 이전보다 더 효과적이고 효율적으로 대응할 필요성이 커졌으며, 보호 및 서비스 확대에 따른 막대한 사회적 비용을 적정 수준으로 통제하기 위해서는 사례관리라는 새로운 실천방식이 필요하였다.

셋째, 사회복지전문직도 다른 전문직들과 차별화할 수 있는 실천방식이 필요하였다. 다시 말해서 현장 사회복지사들은 사례관리를 실천하면서 자신의 직업적 전문성에 대한 기대를 강하게 표출하고 있다. 사회복지전문직은 오랫동안 지역을 기반으로 개인, 가족, 집단, 그리고 지역사회조직을 아우르는 통합적 방법론을 적용하여 클라이언트의 복지 향상에 주도적 역할을 해왔다. 이러한 배경 때문에 현장 사회복지사들은 직무상 친숙한 사례관리 실천방법을 통해 사회복지전문직의 위상을 높이고 전문적인 실천가로서의 자리매김을 확고히 하려는 것이다.

1) 사례관리 용어에 담긴 의미

사례관리(case management)라는 말의 개념적 의미를 살펴보자. 사실상 '사례를 관리한다'라는 말은 사회복지사들에게는 낯선 개념이다. 사례(case)라는 말은 원래 보건 및 의료현장에서 치료의 대상을 지칭하기 위해 사용하던 용어이다. 지금도 여러 대인 전문직에서 순수한 치료 목적이 아니더라도 다양한 실천의 대상을 지칭할 때 사례(case)라고 부르는 예가 제법 있다. 하지만 지금까지 사회복지 현장에서 널리 쓰이고 있는 클라이언트(client) 혹은 서비스 이용자(service user)라는 용어가 갖는 의미를 '사례'라는 말로 대신하기에는 분명 한계가 있다.

통상적으로 관리(management)라는 말에는 '통제하다(control)', '지시하다(direct)', '다루다(handle)', '취급하다(treat)' 등의 의미가 담겨 있다. 그렇기 때문에 관리라는 용어 또한 사회복지 현장에서 강조하는 클라이언트 참여(client involvement), 임파워먼트(empowerment), 강점 관점(strengths perspective)과는 부합하지 않는 측면이 있다. 이에 일부 학자들은 클라이언트를 객체화하고 대상화하는 사례(case)라는 용어보다는 그들에게 필요한 서비스나 자원에 우선적인 초점을 맞추어야 한다고 주장한다. 즉 통제나 지시를 함축하는 관리의 기능보다 서비스나 자원을 연계하고 조정하는 기능을 부각시키는 '서비스 조정(service coordination)' 혹은 '자원 조정(resource coordination)'이라는 용어를 쓸 것을 제안하기도 한다(이봉주 외, 2008: 210-211).

그러나 이러한 대체적 개념들도 사례관리라는 실천방법이 갖고 있는 고유한 특성이나 장점을 다 담아내지 못하기 때문에 '사례관리' 개념의 적절성 문제는 지금까지 해소되지 않고 있다. 더욱이 사례관리는 사회복지전문직 외에도 보건의료, 심리, 간호, 상담 분야에서 공유하는 방법이고 그 쓰임새가 조금씩 다르기에 명칭 변경이 쉽지 않다.

따라서 사회복지사가 수행하는 사례관리에는 사회복지실천의 고유한 철학과 특성이 담기기 때문에 '사회복지 사례관리(social work case management)'라고 부르는 것이 적절하다. 이 책에서는 이러한 점을 고려하여 기존의 사례관리란 용어를 그대로 사용하되, 내용에서는 가능한 '사회복지 사례관리'의 특성을 반영하여 기술하려고 한다.

2) 사회복지현장(민간 영역)의 사례관리 정의

사례관리에 대한 정의는 시대별로 다양하게 제시되어 왔다. 사례관리가 처음 도입된 때에는 주로 만성질환이 있는 노인이나 중증 장애인들을 대상으로 지역의 다양한 서비스를 보다 효과적이고 효율적으로 제공하기 위한 것이었다. 그러나 시간이 흐르면서 사례관리 실천방법을 적용하는 분야가 민간영역에서 공공영역으로 확대되면서 사례관리의 개념도 다양해졌다. 다음의 〈표 1-1〉에서는 이와 관련한 몇 가지 정의를 소개한다.

〈표 1-1〉 사례관리에 대한 정의

주요 학자 및 단체	사례관리 정의
오커너 (O'Connor, 1988)	클라이언트의 욕구에 맞는 서비스의 제공을 위해 지역 자원을 효과적으로 조직하고 조정하는 행정적, 관리적 특성과 개별사회사업에서 진보된 실천방법으로 전문적 관계 속에서 지속적 보호와 상담 및 치료를 제공하는 직접적 개입의 특성을 지닌 것
목슬레이 (Moxley, 1989)	다양하고 복합적인 욕구를 가진 클라이언트를 대상으로 사례관리자가 공식적, 비공식적 지원과 함께 관계망을 조직, 조정, 유지하는 활동
베이커와 인탤지어터 (Baker & Intalgiata, 1992)	클라이언트 옹호, 서비스 조정, 자원 통제, 서비스 구매 등을 통합적이고 효율적인 개입을 통해 기관이 클라이언트를 책임지는 활동
커머 (Kumar, 2000)	클라이언트 욕구에 대한 사정, 계획, 조정, 전달, 모니터링을 통해 서비스 통합을 달성하기 위한 전문적 서비스를 제공하는 과정
미국사회복지사협회 (NASW, 2013)	다양한 서비스들을 계획하고 실행하고 점검하는 과정으로, 이는 한 조직 또는 다른 조직의 사회복지사들이 전문적인 팀워크를 통해 클라이언트가 필요로 하는 서비스를 제공하고 조정함으로써 서비스 범위를 확장하도록 촉진함
영국사례관리자협회 (CMSUK, 2018)	클라이언트의 건강, 사회보호, 교육, 고용 욕구를 충족시키기 위해 요구되는 서비스들을 사정, 계획, 실행, 점검, 평가하는 협력적 과정
한국사례관리학회 (2016)	복합적이고 다양한 욕구가 있는 클라이언트와 그 가족의 사회적 기능 회복을 돕는 통합적 실천방법임, 이를 위해 운영체계를 확립하고, 클라이언트와 함께 강점관점의 체계적인 사정을 해야 하며, 클라이언트의 내적 자원 및 지역사회 자원을 개발하고 활용하여 삶의 질 향상을 위해 노력해야 함

출처: 권진숙 외(2009), p.31., 김성경(2017), pp.11-12., 한국사례관리학회(2020), 홈페이지 참조.

이상의 정의들을 종합해 볼 때, 이 책에서는 사회복지현장 중심의 민간 사례관리를 다음과 같이 정의하고자 한다.

> 사례관리란 복합적이고 만성적인 욕구가 있는 클라이언트 및 그 가족을 대상으로 그들의 사회적 기능 강화 및 삶의 질 향상을 위해 협력적인 운영체계를 기반으로 체계적인 욕구사정과 함께 지역사회 자원을 연결하여 지속적이고 효과적으로 사회복지서비스를 제공하는 통합적인 실천방법이다.

이 개념 정의는 다음과 같이 정리해 볼 수 있으며, 각 항목이 의미하는 바에 대해서는 다음에 이어지는 장들에서 상세히 기술할 것이다.

- 사례관리의 대상: 복합적이고 만성적인 욕구가 있는 클라이언트 및 그 가족
- 목적: 그들의 사회적 기능 강화 및 삶의 질 향상
- 실천의 기반: 협력적인 기관 내부 및 지역 단위 운영체계
- 실천의 강조점: 체계적인 욕구사정과 지역사회 자원 연결
- 실천의 원칙: 서비스의 지속성, 효과성, 통합성

이러한 정의에 따라, '사회복지 사례관리'는 다음과 같은 특성을 갖는다.

첫째, 사회복지 실천과의 관계를 볼 때, 사례관리는 클라이언트를 돕는 다양한 실천방법 중 하나이다. 사례관리는 사회복지사들이 클라이언트의 문제나 상황을 개선하기 위해 활용하는 여러 실천방법 중 최근 널리 활용하는 통합적 실천방법이다. 사례관리를 사회복지실천과 동일한 의미나 동격으로 간주하거나, 사례관리가 사회복지 실천을 대변하는 것으로 인식해서는 안 된다.

둘째, 클라이언트의 복합적인 욕구 충족을 위해 다양한 서비스를 어떻게 제공할 것인가의 측면에서 볼 때, 사례관리는 서비스를 지속적이고 효과적으로, 그리고 통합적으로 제공하는 서비스 전달의 방식으로 간주한다.

셋째, 사회복지 사례관리는 클라이언트와 그의 가족을 개입의 기본 단위로 간주한다. '환경 속 인간(person in environment)'이라는 이중 관점(dual perspective)을 따르는 사회복지사들은 클라이언트에게 있어 가족은 가장 친밀한 환경이자 지지원이기 때문에 사례관리에서 필수적인 개입 단위로 받아들여야 한다.

3) 공공영역에서 사례관리 정의

최근 사례관리는 공공영역에서도 계속 확대되고 있다. 공공이 주도하는 통합사례관리와 공동사례관리가 그 대표적인 경우이다. 공공 사례관리는 민간 사례관리와 차이가 있다. 민간 사례관리가 주로 관련 복지기관들 간에 협력과 네트워크를 통해 서

비스를 연계하고 조정한다면, 공공영역의 통합사례관리와 공동사례관리는 공공(시·군·구, 읍·면·동)이 민간과의 긴밀한 협력체계(운영체계)를 바탕으로 서비스를 제공하는 특징이 있다.

① 통합사례관리의 정의

보건복지부(2025)가 제시한 '희망복지지원단 업무안내'에는 다음과 같이 정의하고 있다.

> 통합사례관리란 "지역 내 공공·민간자원에 대한 체계적인 관리·지원체계를 토대로 복합적이고 다양한 욕구를 가진 대상자에게 복지·보건·고용·주거·교육·신용·법률 등 필요한 서비스를 통합적으로 연계·제공하고, 이를 지속적으로 상담·모니터링해 나가는 사업이다."

이 사업은 「사회보장급여의 이용·제공 및 수급권자 발굴에 관한 법률」 제42조의2(통합사례관리)에 근거하고 있으며, 지역사회 공공복지를 담당하는 지자체에서 수행할 핵심적인 업무로 규정하고 있다. 또한 현재 공공 및 민간의 각 분야에서 다양한 방식으로 사례관리 사업을 수행하고 있는 점을 감안하여, 공공영역에서의 사례관리를 '통합사례관리'로 지칭하고 있다.

통합사례관리 사업의 두 가지 목표는 다음과 같다. 첫째, 지역 주민의 다양한 욕구에 대해 맞춤형 서비스를 연계·제공함으로써 지역 주민의 삶을 안정적으로 지원·지지하고 복지제도의 효과성과 효율성을 향상시키는 데 있다. 둘째, 넓게는 지역 주민을 대상으로 하나, 복지욕구 및 경제적 여건을 고려하여 빈곤계층의 탈빈곤·빈곤예방을 중점 목표로 설정하고 있다.

② 공동사례관리의 정의

이 개념은 비교적 최근에 대두된 사례관리 개념이다. 공동사례관리는 타 기관과의 협업을 통해 더 넓은 범위의 자원 활용이 필요하다고 판단된 경우에 이루어지는데, 이는 대부분 통합사례회의에서 기관 간 협의를 통해 결정된다. 보건복지부(2025)가 제시한 '희망복지지원단 업무안내'에는 다음과 같이 정의되어 있다.

공동사례관리란 "두 개 이상 기관이 협의에 의해 한 대상자(혹은 대상가구)를 공동으로 사례관리를 하는 협업체계로, 주사례관리자와 공동사례관리자로 구분하여 역할 및 업무를 분담하는 것이다."

특히 공동사례관리에 대한 판단은 대상자에 대한 초기상담, 욕구 및 위기도 조사, 그리고 대상자에 대한 정보조회를 거친 후 이루어진다. 또한 현재 혹은 이전의 사례관리 수행기관이 어디인지, 대상자가 거주하고 있는 지역 및 거주지 내 근거리에 위치한 복지시설이 어디인지, 대상자 및 대상가구의 구성원 유형(노인, 장애인)이 어떻게 되는지 등을 종합적으로 판단한다.

예를 들어, 어떤 지자체 소속 통합사례관리팀에서 대상자의 욕구와 정신질환의 문제, 과거 복지서비스 제공 이력 등을 종합적으로 검토한 결과, 인근의 정신건강복지센터와 공동으로 사례관리를 하기로 공식적으로 협의할 수 있다. 이때, 지자체 소속 통합사례관리자가 주사례관리자가 되고, 해당 센터의 사례관리자가 공동사례관리자로 참여하여 협업하게 된다.

이에 이 책에서는 통합사례관리, 공동사례관리를 다음과 같이 정의하고자 한다.

통합사례관리란 복합적이고 만성적인 욕구가 있는 클라이언트 및 그 가족을 돕는 과정에서 개별 기관 중심의 사례관리보다는 공공이 주도하되 민간과의 협력적인 운영체계를 구축하여 지역의 관련 기관들의 협력을 통해 복지서비스를 통합적으로 제공하는 실천방법이다.

공동사례관리란 통합사례관리를 수행하는 과정에서 복합적이고 장기적인 고난도의 문제(예: 알코올중독이나 정신질환 등의 사례)에 보다 효과적으로 대응하기 위해 민관협력을 강화하고, 지역사회 복지환경까지 변화시키려는 목적으로 두 개 이상의 기관이 공동으로 수행하는 사례관리 실천방법이다.

4) 사례관리 유사 개념

사례관리는 시대와 나라마다 사용하는 용어가 조금씩 다르다. 대표적인 유사 개념으로는 보호관리(care management), 관리보호(managed care)를 들 수 있다(한국사례관리학회 편, 2012; 우국희, 2016: 14-17; 강흥구, 2016; 박정란 외, 2024).

① **보호관리**

보호관리(care management)는 원어 그대로 '케어 매니지먼트'로 불린다. 이 용어는 1990년대 영국에서 '지역사회보호(community care)' 정책과 함께 등장하였다. 지역사회보호를 이루기 위해서는 지역의 다양한 자원과 서비스를 효과적으로 연계하고 조정하는 것이 필요하였다. 이를 위해 영국에서는 새로운 서비스전달의 방식으로 미국의 사례관리(case management)를 도입하였다. 그러나 '케이스(사례)'라는 용어가 갖는 협소한 의미로 인해 대신 케어(보호)라는 용어를 사용하였다. 케어라는 용어가 지역의 다양한 서비스를 전달하고 조직하는 기능을 더 잘 반영한다고 보았기 때문이다. 영국은 지금도 이 용어를 사용하고 있다. 일본의 경우는 '케어 매니지먼트'를 주로 고령이나 노인성 질병 등의 사유로 일상생활을 혼자서 수행하기 어려운 노인에게 장기요양서비스를 제공하는 개호보험(요양보험)에서 사용하고 있다.

② **관리보호**

관리보호는 미국의 건강보호 체계에서 사용되는 개념이다. 미국은 메디케어(medicare, 주로 65세 이상의 노인을 대상으로 하는 미연방 정부의 건강보험), 메디케이드(medicaid, 주로 저소득층 가정, 노인, 장애인을 위한 공공 의료지원 프로그램) 제도를 시행한 후 증가하는 의료비용을 통제하고, 의료서비스의 질을 향상시키려는 목적으로 관리보호 제도를 도입하였다. 관리보호조직(MCO: Managed Care Organization)에서 사례관리자를 고용하여 환자를 돌보는 의료비용이 할당된 수준을 넘지 않도록 통제하면서 동시에 의료의 질을 보장하려고 모니터링을 강화하였다. 1980년대 이후 급격히 성장한 이 조직은 미국에서 다양한 분야의 사례관리자 수요를 증가시키는 데 기여하였다. 즉, 관리보호

(managed care)의 주요 목표는 보건 분야에서 불필요하거나 고가의 의료서비스 비용을 줄이기 위해 사례관리자를 활용하는 경우로 볼 수 있다.

이상의 다양한 사례관리 정의에 포함된 주요 논점과 이에 대한 대안은 무엇일까?

Q & A

Q 개념 정의에 포함된 주요 논점은?

A 논점은 사례관리가 제공하는 서비스의 성격을 간접적 서비스(중개, 연결, 조정, 옹호, 협력 등)로 국한할 것인지, 아니면 직접적 서비스, 즉 문제해결의 기능(치료, 상담, 교육, 정보제공 등)을 함께 포함해야 할 것인지에 대한 것이다.

Q 논점에 대한 바람직한 대안은?

A 사회복지 현장에서 이루어지는 사례관리는 '상황 속 인간'이라는 사회복지의 기본 관점에 따라 이 두 가지 모두를 포용해야 한다는 입장이 가장 설득력이 있다. 즉 사회복지 사례관리는 지역에서 서비스 동원, 연계, 조정이라는 환경적 혹은 간접적 개입을 통해 기관과 지역을 이어주는 경계확장의 기능이 분명히 있다. 또한 개별사회사업(case work)의 오랜 전통을 이어간다는 측면에서 클라이언트에 대한 직접적 서비스의 제공 혹은 문제해결 활동 또한 동일한 비중으로 강조된다. 이러한 통합적 입장은 개인과 환경의 조화를 중시하는 사회복지 사례관리의 고유한 특성이기도 하다.

한편, 사례관리를 학습하면서 갖는 질문은 기존의 개별사회사업과 사례관리가 어떻게 다른가에 대한 것이다. 개별사회사업과 사례관리의 공통점 및 차이점을 〈표 1-2〉와 같이 정리해 본다.

〈표 1-2〉 개별사회사업과 사례관리의 공통점 및 차이점

구분	개별사회사업(case work)	공통점	사례관리(case management)
개입의 목적	• 개인의 심리내적 문제(problem)의 해결	• 인간과 환경의 상호작용을 강조 • 클라이언트의 사회적 기능 강화 및 삶의 질 향상	• 개인의 욕구(need) 충족
개입의 초점	• 문제에 대한 심리사회적 사정과 상담 및 치료에 기초한 개입 활동		• 욕구에 대한 포괄적 사정과 욕구 충족에 필요한 자원 연결 활동
환경 개입의 특징	• 사회 환경에 대한 개입으로 환경 조정(환경개선)을 강조		• 욕구에 기초한 다양한 지역자원들을 조정하고, 적극적인 자원 발굴
직접, 간접 개입	• 클라이언트와의 관계성에 기초하여 상담과 치료 위주의 직접적 개입과 전문성 추구		• 직접적 개입과 함께 지역사회자원을 활용하는 간접적 개입으로 관리적 기능 강조
효과성과 효율성	• 개입의 효과성 강조		• 개입의 효과성 및 효율성, 특히 보호비용을 통제하고자 함
아웃리치	• 기관 내 활동을 우선으로 하되, 부분적인 아웃리치		• 적극적인 가정방문과 아웃리치
발전방향	• 최근에는 개인을 대상으로 하는 통합적 실천(social work practice with individuals)으로 확대됨		• 고유한 사례관리 방법론(case management methodology)으로 발전하면서 다양한 모형 확산

두 가지 방법의 공통점은 클라이언트 문제를 환경과 관련하여 바라본다는 것이고, 그의 사회적 기능 강화 및 삶의 질 향상을 추구하는 전문적 활동이라는 점이다. 반면 차이점은 개별사회사업이 주로 개인의 심리내적 문제에 대해 상담이나 치료를 통한 직접적 개입을 강조한다면, 사례관리는 개인을 돕기 위해 욕구에 맞는 다양한 지역사회자원을 찾아 연계하고 조정하는 간접적 개입을 강조한다는 점이다. 두 가지 방법론 모두 직접적 개입과 간접적 개입을 통합적으로 활용하지만, 그 비중과 강조점이 조금 다르다. 또한 개별사회사업은 주로 특정한 기관에서 제공할 수 있는 내적 · 외적 서비스를 활용하지만, 사례관리는 특정기관뿐만 아니라 지역사회 내 다양한 자원과 서비스를 보다 적극적으로 활용하고 현장 중심의 활동을 강조한다는 특징이 있다.

2. 사례관리의 목적과 목표

사회복지 사례관리는 사회복지실천의 목적과 사례관리 방법론의 목적을 공유한다. 이에 사회복지 사례관리의 목적은 크게 두 가지로 볼 수 있다. 하나는 실천적 측면의 목적이고, 다른 하나는 서비스 전달 측면의 목적이다(한국사례관리학회 편, 2012; 서울시복지재단, 2010; 김성경, 2017).

1) 실천적 측면의 목적과 목표

사회복지실천에서 사례관리 목적은 클라이언트의 사회적 기능 강화와 삶의 질 향상에 있다. 역사적으로 사회복지실천의 목적은 클라이언트의 사회적 기능(social functioning)을 회복하고 강화시키는 데 있다. 최근에는 서비스 이용자의 권익보호와 다양한 욕구의 충족을 통한 삶의 질 개선에 주안점을 두고 있다. 사회복지 사례관리의 목적도 이 같은 맥락에서 보아야 하며, 그 구체적인 목표는 다음과 같다.

① 클라이언트로 하여금 그를 둘러싼 주변 환경에서 발생하는 문제에 스스로 직면하고 도전할 수 있도록 개인의 잠재력을 높인다.
② 클라이언트 및 가족으로 하여금 욕구 충족에 필요한 다양한 자원과 서비스에 접근하는 능력을 향상시킨다.
③ 클라이언트에게 도움이 될 수 있는 비공식적 지원체계의 보호능력을 높인다. 이는 가족, 이웃, 친구 등 비공식적 지원체계가 클라이언트를 보호하는 능력을 높이는 것이다.
④ 클라이언트에게 도움이 될 수 있는 공식적 지원체계 능력을 높인다. 이는 클라이언트와 가족의 욕구를 충족시키는 데 사회복지기관, 관공서, 종교기관 등의 공식적 지원체계의 능력을 높이는 것이다.

이상을 정리하면 다음과 같다.

실천적 측면에서 사례관리의 목적은 클라이언트의 사회적 기능 강화 및 삶의 질 향상을 위해 비공식적 지원체계와 공식적 지원체계가 보유한 각종 자원과 서비스를 클라이언트의 욕구에 맞게 통합적으로 제공하는 것이다.

요약하면, 사례관리 실천의 목적은 한마디로 클라이언트의 역량을 강화하는 데 있다. 사례관리를 통해 점차 전문가의 도움에서 벗어나 클라이언트 스스로 자신에게 필요한 서비스를 활용하여 욕구와 문제를 해결하는 역량을 키우는 데 있다.

Q & A

Q **복지현장에서 사례관리를 실천할 때, 클라이언트를 위한 목적 설정은 항상 '사회적 기능 강화와 삶의 질 향상'이라고 기술해야 하는가?**

A 그렇지 않다. 이는 구체적인 목적이기보다는 사례관리 실천의 방향성을 담고 있는 목적이라 할 수 있다. 따라서 클라이언트의 상황과 처지에 따라 혹은 욕구사정의 결과에 따라 보다 구체적으로 기술되어야 한다. 한 가지 중요한 점은 사례관리의 목적에는 자활, 자립, 독립생활을 지향하는 내용이 포함되는 것이 좋다. 그 이유는 사례관리의 철학은 처음에는 전문가가 책임 있게 관리해 주다가 나중에는 클라이언트 스스로 자기보호(self-care)의 수준을 높이도록 돕는 데 있다. 다른 말로 하면, 욕구충족을 위한 제반 사항이 초기에는 전문가에 의해 주도되는 타인지향의 상태에서 점차 자신이 주도적으로 선택하고 결정하는 자기지향(self-direction)의 상태로 변화되는 것이 사례관리이다. 이런 측면에서 사례관리를 한마디로 줄이면, 사례관리자의 전문적인 도움으로 시작하여 클라이언트 스스로 자기관리를 해가는 과정이다. 진정한 자기관리란 욕구충족이나 문제해결에 필요한 제반 사항을 스스로 책임감을 갖고 선택하고 결정하는 것을 말한다.

2) 서비스 전달 측면의 목적과 목표

사례관리는 기존의 단편적이고 비연속적인 서비스 전달의 방식과는 다른 새로운 서비스전달의 방식이다. 이런 측면에서 사례관리는 기관이나 지역사회를 기반으로 협력적 운영체계를 구축하고 보다 효과적이고 효율적으로 서비스를 전달하는 것을 목적으로 한다. 이를 위해 보호의 지속성, 통합성, 질 높은 서비스, 책임성을 그 구체적인 목표로 한다.

① **보호의 지속성**(continuity of care)**을 보장한다.**

이는 클라이언트의 욕구 충족을 위해 일정한 장소와 기간을 유지하면서 서비스를 지속적으로 제공하는 것이다. 보호의 연속성은 횡단적 · 종단적 차원으로 분류된다. 횡단적 차원의 연속성은 주어진 시점에서 이용자의 다양한 욕구 충족을 위해 포괄적인 서비스를 제공하는 것이다. 종단적 차원의 연속성은 시간의 경과에 따라 변화하는 개인의 욕구에 반응하여 서비스를 지속적으로 제공해주는 것이다.

② **통합된 서비스**(integration of service)**를 제공한다.**

이는 클라이언트에게 필요한 서비스를 포괄적으로 제공하는 것이다. 이를 위해서는 복합적이고 변화하는 이용자의 욕구를 해결하기 위해 지역자원에 대한 정보를 충분히 갖고 있어야 하며, 관련 서비스와 자원을 활용하는 연계시스템이 마련되어 있어야 한다. 서비스 통합은 서비스의 파편화와 중복을 줄이고 제공된 서비스들 간의 상호작용을 촉진시킨다.

③ **질 높은 서비스**(quality of care)**를 제공한다.**

클라이언트의 만족도를 높이기 위해서는 제공되는 서비스의 질을 향상시켜야 한다. 이를 위해 사례관리에서는 클라이언트 욕구에 맞는 최적의 서비스를 제공하기 위해 노력해야 하고, 서비스 진행과정을 점검하고 조정하는 활동이 중요하다.

④ **서비스에 대한 책임성**(accountability)**을 증진한다.**

사례관리에서 책임성이란 사례관리의 전 과정이 효과적으로 이루어지고 개입의 성과가 나타나도록 평가하고 관리하는 것이다. 또한 서비스의 중복을 줄이고 기존 자원을 적극 활용하면서 보호비용을 줄이는 것이다. 따라서 사례관리자는 클라이언트의 욕구에 기반한 서비스 제공 및 비용 절감을 위한 노력에 최선을 다해야 한다.

이상을 정리하면 다음과 같다.

서비스 전달 측면의 사례관리 목적은 클라이언트의 역량강화를 위해 다양한 서비스 제공의 주체들이 클라이언트에게 필요한 서비스를 지속적이고 통합적으로 제공하며, 서비스의 질을 향상시킴으로써 실천의 성과와 비용효과성을 동시에 제고시키는 서비스 전달의 방식이다.

요약하면, 서비스 전달 측면의 목적은 서비스효과성과 비용효과성을 추구하는 데 있다. 클라이언트에게 질 높은 서비스를 제공하는 동시에, 효과적인 서비스 전달을 통해 보호비용을 줄이고자 하는 것이다.

쉬어가기 **사례관리 맛보기**

"나를 쓰다듬어 주시는 우리 할머니" (1)

민수는 수줍음을 많이 탔다. 묻는 말에는 주로 배시시 웃으며 손가락 하나를 입에 물고 고개를 끄덕거릴 뿐, 전반적으로 또래에 비해 발달이 늦어지고 있는 상황이었다.

학교 수업 역시 잘 따라가지 못하고, 초등학교 2학년이 되어서도 한글을 몰라 친구들로부터 '**이'라 놀림을 받기 일쑤였다. 집에서는 민수의 공부를 가르쳐줄 사람이 없었다. 아버지는 제 한 몸 가누기 힘든 환자였고, 민수의 형은 아버지의 모든 수발을 드느라 민수의 공부를 봐줄 여유가 없었다. 할머니 또한 문맹이었다.

"친구들이 저를 **이라고 놀리는 게 싫고, 창피해요."

민수는 슬픈 얼굴로 이야기했다.

"저도 학원에 다녀보고 싶어요. 그리고 제 책상도 갖고 싶어요."

이 말을 하는 민수의 눈빛 속에서 반짝임이 보였다. 민수는 뭔가 달라지고 싶었고, 스스로 성장하고 싶어 했다.

"민수는 한글을 잘 쓰고 싶구나. 선생님이 어떻게 민수를 도와줄 수 있을지 할머니와 의논해 볼게."

출처: 희망의 지렛대 사례관리 네트워크 편저(2013). 『희망 이야기』 p.17에서 발췌

3. 사례관리의 실천 원리

사례관리 실천 원리는 다음과 같다(김만두, 1993: 271-278; 권진숙·박지영, 2008: 65-67).

① 사례관리자는 클라이언트 수준에서 일한다.

사례관리자는 클라이언트의 사회적 기능 강화와 삶의 질 향상을 목적으로 그의 복합적이고 만성적인 욕구 충족을 위해 서비스제공자의 관점이 아니라 클라이언트의 입장에서 일한다.

② 사례관리자는 체계적 관점을 유지한다.

체계적 관점은 사례관리자가 클라이언트와 그를 둘러싼 환경을 총체적으로 바라보는 것이다. 클라이언트가 환경에 미치는 영향, 환경이 클라이언트에게 미치는 영향을 함께 살펴서, 클라이언트의 문제와 욕구를 해결하기 위해 그의 개인적 역량강화뿐 아니라 그들 도와줄 수 있는 공식적, 비공식적 관계망의 역량도 강화시켜야 한다.

③ 사례관리자는 행정적 과정과 기술을 이용한다.

이는 행정가이자 관리자로서 다음과 같은 일을 수행하는 것을 말한다.

- 사례관리 실천과정을 위해 사례관리팀을 조직하고 이끌어가는 역할과 과업
- 클라이언트의 욕구 충족을 위해 효과적인 서비스 전달을 계획하는 역할과 과업
- 목표를 정하고 실행함에 있어 지원체계를 구성하고 활용하는 역할과 과업
- 사례관리 실천의 성과를 평가하고 관리하는 역할과 과업

④ 사례관리자는 임상적 과정과 기술을 이용한다.

임상적 차원의 효과적 실천을 위해 다음의 세 가지를 고려한다.

- 클라이언트와 사례관리자와의 관계가 보호되고 개별화되어야 한다.
- 사례관리자는 클라이언트의 욕구에 집중하여 개별화된 사정을 하고, 그 사정의 내용과 질을 평가할 때도 대인관계에 대한 전문기술을 활용한다.
- 클라이언트의 역량이 성장하도록 사례관리 과정에 클라이언트를 참여시킨다.

⑤ 사례관리자는 서비스를 통합적으로 제공하기 위해 노력한다.

이를 위해서는 다음의 사항들을 확인하고 노력할 필요가 있다.

- 클라이언트의 다양한 욕구가 하나의 통합된 방향에서 성취되고 있는지?
- 서비스가 중복되지는 않는지?
- 공적인 서비스가 클라이언트의 자발적인 보호능력을 오히려 감소시키지는 않는지?
- 공적인 서비스와 더불어 비공식적인 사회적 관계망의 활용이 최대한 이루어지는지?

한편, 한국사례관리학회(2016)가 제시한 '사회복지 사례관리 표준 실천지침'은 사례관리자의 실천 방향을 안내해주고, 서비스의 질을 향상시키는 데 유용한 지침을 제공해준다. 13가지로 구성된 '사회복지 사례관리 표준 실천지침(Standards and Practice Guideline for Social Work Case Management)'을 제시하면 다음과 같다.

- **표준 실천지침 1: 사례관리 개념**
  사례관리란 복합적이고 다양한 욕구가 있는 클라이언트와 그 가족의 사회적 기능 회복을 돕는 통합적 실천방법이다. 이를 위해 운영체계를 확립하고, 클라이언트와 함께 강점관점의 체계적인 사정을 해야 하며, 클라이언트의 내적 자원 및 지역사회 자원을 개발하고 활용하여 삶의 질 향상을 위해 노력해야 한다.
- **표준 실천지침 2: 가치와 윤리**
  사례관리자는 사회복지전문가로서 사회복지 가치를 준수하고 사회복지사 윤리강령을 따라야 한다. 특히, 클라이언트의 생명과 인권에 관한 존중, 자기결정권, 비밀보장 등의 가치를 반영해야 한다.
- **표준 실천지침 3: 이론과 지식**
  사례관리자는 생태체계관점, 강점관점 등 사례관리실천과 관련된 이론, 증거기반 지식, 정책, 조사 결과, 그리고 평가에 관한 지식을 획득하고 사용한다. 또한 가족기능 및 지역사회 네트워크와 관련된 이론과 지식을 겸비하고 이를 활용하여 사례관리실천의 질을 보장하여야 한다.

- **표준 실천지침 4: 사례관리 운영체계**
사례관리기관은 사례관리를 효과적으로 실천하기 위하여 ① 사례관리 전담인력과 전담조직 ② 사례 발굴 및 의뢰체계 ③ 자원체계 ④ 사례회의 및 슈퍼비전체계 ⑤ 내 · 외부지원체계 등의 운영체계를 갖추어야 한다.

- **표준 실천지침 5: 사례관리자의 자격**
사례관리자는 사회복지사 1급 자격증 취득 후 사회복지실천 경력 2년 이상인 자이거나 사회복지사 2급 자격증 취득 후 사회복지실천 경력 4년 이상 되어야 하며, 사례관리와 관련된 교육과 훈련을 받은 자여야 한다.

- **표준 실천지침 6: 초기 면접단계**
초기 면접단계에서는 ① 관계 형성 ② 정보수집 ③ 클라이언트 선정 ④ 사례관리과정 안내 ⑤ 동의 및 계약 절차가 이행되어야 한다.

- **표준 실천지침 7: 사정단계**
사정단계에서는 클라이언트의 욕구사정과 자원사정을 수행해야 한다. 욕구사정에서는 클라이언트의 제시된 요구와 욕구를 확인하고, 자원사정에서는 클라이언트의 강점과 자원, 장애물을 파악해야 한다. 또한 이 과정에 클라이언트 및 관련 체계를 참여시켜야 한다.

- **표준 실천지침 8: 목표수립 및 계획단계**
목표수립단계에서는 사정결과에 근거하여 개별화된 목표를 수립하여야 한다. 서비스계획단계에서는 자원체계와의 협력에 기반하여 서비스제공자, 기관, 달성 방법 및 시간 계획이 제시되어야 한다. 사례관리자는 이러한 계획을 클라이언트와 합의하여야 한다.

- **표준 실천지침 9: 실행 및 점검단계**
실행 및 점검단계에서는 클라이언트와 함께 서비스계획을 실행하며 클라이언트 목표달성 여부, 변화상황, 계획실행과 관련된 어려움을 점검한다. 이때 사례관리자는 클라이언트가 목표달성을 할 수 있도록 교육과 상담, 정보제공, 지지 및 옹호, 자원발굴과 연계, 조정활동을 수행한다.

- **표준 실천지침 10: 평가 및 종결단계**
평가단계에서는 클라이언트와 함께 목표달성 여부와 변화 정도, 서비스계획 이행여부, 사회적 지지체계의 활성화 정도를 평가해야 한다. 종결단계에서는 클라이언트와 함께 종결시기를 결정하고, 종결에 대한 감정을 나누며, 사후관리 계획을 수립해야 한다.

- **표준 실천지침 11: 기록**
사례관리자는 사례관리의 과정을 문서화해야 한다. 초기면접지, 사정기록지, 서비스계획 및 점검표, 서비스 과정기록지, 종결보고서 등을 기록해야 하며, 모든 기록은 비밀이 보장될 수 있도록 관리되어야 한다.

- **표준 실천지침 12: 적정 사례 수**
  사례관리의 질적 수준을 유지하기 위하여 집중사례관리 수는 사례관리 전담인력 1인당 20사례를 넘지 않도록 해야 한다.
- **표준 실천지침 13: 기관의 책임과 사례관리자의 전문적 발전**
  기관에서는 사례관리자의 교육 참여를 적극 지원하고, 사례관리에 대한 전문적 지식과 풍부한 경험이 있는 슈퍼바이저를 위촉하여 정기적인 슈퍼비전을 시행해야 한다. 또한 사례관리자의 안전보장 및 소진 예방을 위한 대책을 마련해야 한다. 사례관리자는 자격유지와 전문성 향상을 위하여 지속적인 사례관리 교육에 참여해야 하며, 적절한 슈퍼비전을 받아야 한다.

이상의 표준 실천지침들은 사회복지 사례관리자들이 무엇보다 사회복지전문직의 가치와 윤리를 준수하고, 사회복지사로서 자격 조건을 갖춰야 한다고 권고하고 있다. 효과적인 사례관리 실천을 위해서는 전문지식과 역량을 갖추고 이를 지속적으로 강화하는 노력을 해야 하며, 서비스 이용자의 적극적인 참여 속에서 최선의 실천을 해야 한다고 제시하고 있다. 사례관리자들은 초기면접에서부터 종결에 이르는 실천단계를 통해 클라이언트의 욕구와 문제를 직접 해결하기도 하지만, 다양한 전문가 및 기관과의 협력이 필요하기 때문에 협업과 조정의 능력도 필요함을 강조하고 있다. 그 외에 적정 사례 수 유지 및 기록의 충실성과 관리도 중요하다는 점을 명시하고 있다.

4. 사례관리의 가치와 윤리

사례관리자는 실천의 과정에서 발생할 수 있는 다양한 윤리적 이슈들을 이해하고 이에 효과적으로 대응해야 한다. 여기서는 먼저 가치와 윤리의 개념을 이해하고, 윤리적 이슈가 발생하는 이유와 이에 대한 대처방법을 알아보고자 한다(서미경 외 역, 2000; 서미경 외, 2015).

1) 가치와 윤리의 개념

가치(value)와 윤리(ethics)는 종종 혼용되긴 하나 그 의미는 다르다. 두 개념의 차이와 적용의 예를 제시해 본다.

- **개념**
  - 가치: 무엇이 좋고(good) 바람직한지(desirable)에 대한 것
  - 윤리: 무엇이 옳고(right) 바른지(correct)에 대한 것
  - 윤리강령: 윤리(행동적 규범)를 성문화한 것
- **사회복지분야 적용의 예**
  - 가치: 사생활보호(privacy)는 우리 사회의 가치로서, 개인의 사생활을 보호하는 것은 좋은 것이고 바람직하다는 것을 의미
  - 윤리: 고지된 동의(informed consent)는 사생활보호라는 가치에서 나온 행동적 규범(윤리)이며, 이는 윤리원칙이기도 함
  - 윤리강령에 제시된 고지된 동의: 실천가는 클라이언트에 관해서 녹음하거나 기록을 할 때, 또한 제3자로 하여금 그의 행동을 관찰하게 할 때는 반드시 클라이언트로부터 사전에 고지된 동의를 받아야 한다.

일반적으로 윤리는 가치에서 비롯된다. 전문가 윤리도 전문직 가치에 영향을 받는다. 그렇기 때문에 사회복지사의 윤리는 사회복지전문직의 가치에 뿌리를 둔다. 사회복지의 가치는 다양하나, 두 가지 목적적 가치는 인간에 대한 존엄성과 사회정의이다. 인간과 환경 간의 상호작용을 강조하는 이중관점에서 보면, 인간에 대한 존엄성은 인간을 대하는 최선의 가치이며, 사회정의는 사회환경 혹은 환경체계를 대하는 최선의 가치이다. 이 두 가지를 동시에 추구하는 것은 매우 의미 있는 것이지만, 현실에서는 두 체계(인간, 환경)를 동시에, 동일하게 만족시킬 수는 없기에 항상 윤리적 문제와 이슈들이 발생한다.

전문가 윤리는 전문가가 전문적 가치를 행동으로 옮기도록 돕는 지침이 된다. 그리고 전문가 윤리강령이란 전문가들에게 기대되는 윤리적 행동을 밝혀서 이를 정리한 것이다. 전문가 윤리는 일반적인 사회윤리에 영향을 받지만, 전문가가 관심을 갖는

우선순위와 강조점, 의도, 적용은 다소 다르다. 한 예로 사회윤리와 전문가윤리 모두 평등을 중요시하지만, 전문가 윤리는 다른 사람의 이익보다 클라이언트 이익에 우선순위를 둔다. 전문가 윤리는 실천가들이 현장에서 도덕적으로 옳은 것을 인식하도록 해주며, 실무에서 경험하는 윤리적 이슈와 딜레마에 대해 바르게 이해하고 행동하도록 도와준다.

2) 윤리적 이슈와 윤리적 선택

사회복지 영역에서 윤리적 이슈(ethical issues)는 크게 두 가지 이유에서 발생한다. 첫째는 다양한 가치가 상충하기 때문이고, 둘째는 충성심이 상충하기 때문이다. 사회복지사는 이 두 가지를 이해함으로써 유용한 도움을 얻을 수 있다. 먼저 가치의 상충이란 예를 들면 정의와 평등 혹은 비밀보장과 사생활보호 등 두 개 이상의 가치가 그 관심의 우선순위를 놓고 부딪치는 경우이다. 한 예로 예산삭감 때문에 기관운영을 걱정하는 사회복지사는 '기관의 이익'과 '클라이언트의 권리' 사이에서 갈등을 느낀다. 둘째는 충성심의 상충이란 경쟁과 갈등상태에 있는 집단들이 각기 사회복지사에게 일차적인 충성심을 요구하는 경우이다. 한 예로 사회복지사가 각기 상이한 요구를 하는 기관과 클라이언트를 모두 대표하는 경우이다. 이러한 윤리적 이슈로 인해 사회복지사는 어떤 선택을 해야만 하는 갈림길에서 윤리적 딜레마(ethical dilemma)를 경험한다. 사회복지사는 이러한 딜레마를 겪으면서 결국은 전문가에게 기대되는 합리적 의사결정 과정(decision-making process)을 통해 윤리적 선택(ethical choice)을 하게 된다. 윤리적 선택에 도움을 되는 질문은 다음과 같다.

- 당신이 직면해 있는 윤리적 딜레마와 관련된 자신의 가치를 밝혀보라.
- 윤리적 결정에 관련된 사회적 가치를 밝혀보라.
- 윤리적 결정에 관련된 전문가 가치와 윤리 원칙을 밝혀보라.
- 당신이 취할 수 있는 윤리적 선택의 대안을 밝혀보라.
- 어떤 대안이 다른 사람의 권리와 복지뿐 아니라 당신 클라이언트의 권리와 복지

를 최대한 확대하도록 보호하는가?

- 어떤 대안이 사회의 권리와 이익을 최대한 보호하는가?
- 어떤 대안이 손실을 최소화하는가?
- 대안들의 단기적 · 장기적 결과는 무엇인가?

3) 사례관리에서 윤리적 이슈와 대처방법

(1) 윤리적 실천의 근거

위에서 살펴본 한국사례관리학회(2016)의 '사회복지 사례관리 표준 실천지침'을 보면, 가치와 윤리(실천지침 2)에 대해서 "사례관리자는 사회복지전문가로서 사회복지 가치를 준수하고, 사회복지사 윤리강령을 따라야 한다. 특히, 클라이언트의 생명과 인권에 대한 존중, 자기결정권, 비밀보장 등의 가치를 반영해야 한다"고 규정하고 있다. 또한 우리나라 사회복지사윤리강령에도 관련 내용이 포함되어 있는데, 그 몇 가지 조항을 제시하면 다음과 같다.

① 사회복지사는 클라이언트의 권익옹호를 최우선의 가치로 삼고 행동한다.
② 사회복지사는 클라이언트에 대하여 인간으로서의 존엄성을 존중해야 하며, 전문적 기술과 능력을 최대한 발휘한다.
③ 사회복지사는 클라이언트가 자기결정권을 최대한 행사할 수 있도록 도와야 하며, 저들의 이익을 최대한 대변해야 한다.
④ 사회복지사는 클라이언트의 사생활을 존중하고 보호하며, 직무 수행과정에서 얻은 정보에 대해 철저하게 비밀을 유지해야 한다.
⑤ 사회복지사는 클라이언트가 받는 서비스의 범위와 내용에 대해, 정확하고 충분한 정보를 제공함으로써 알 권리를 인정하고 존중해야 한다.
⑥ 사회복지사는 문서 · 사진 · 컴퓨터 파일 등의 형태로 된 클라이언트의 정보에 대해 비밀보장의 한계 · 정보를 얻어야 하는 목적 및 활용에 대해 구체적으로 알려야 하며, 정보공개 시에는 동의를 얻어야 한다.

⑦ 사회복지사는 개인적 이익을 위해 클라이언트와의 전문적 관계를 이용해서는 안 된다.
⑧ 사회복지사는 어떠한 상황에서도 클라이언트와 부적절한 성적 관계를 가져서는 안 된다.
⑨ 사회복지사는 사회복지 증진을 위한 환경조성에 클라이언트를 동반자로 인정하고 함께 일해야 한다.

(2) 윤리적 이슈와 대처방법

여기서는 사례관리 실천 현장에서 발생할 수 있는 윤리적 이슈로서 비밀보장, 정보보안, 사전 동의를 중심으로 대처방법을 살펴본다(박미은, 2010; 서미경 외, 2015).

① 비밀보장

사례관리 실천에서 이용자의 비밀보장은 매우 중요한 사안이다. 비밀보장(confidentiality)은 사생활보호(privacy)라는 사회적 가치에서 파생된 것이다. 이용자는 비밀보장을 기대하고 사례관리자에게 자신의 문제뿐 아니라, 그와 관련한 다양한 사실을 털어놓게 된다. 따라서 이용자가 말한 내용은 원칙적으로 자신이나 타인에게 해가 되지 않는 한 다른 사람에게 공개되어서는 안 된다.

사례관리자의 기록에는 다양한 경로를 통해 얻어진 개인정보가 포함되어 있다. 이때 문제가 될 수 있는 가능성은 사례관리자가 서비스 의뢰처를 찾거나 의뢰하기 위해 이용자 정보의 일부를 다른 기관과 전문가에게 제공하는 경우이다. 사례관리자는 자신이 속한 기관 외의 사람에게 클라이언트 정보를 공유하는 경우가 많기 때문에 비밀보장에 신중을 기해야 한다. 비록 클라이언트 요청으로 다른 기관과 전문가를 접촉하는 경우에도 사례관리자는 클라이언트의 사생활보호 및 비밀보장을 위해 최대한 노력해야 한다.

사례관리자는 이용자 정보 가운데 어떤 내용을 끝까지 비밀에 부쳐야 하는지, 다른 기관들과 통합사례회의를 하거나 서비스를 의뢰할 때 어느 선까지 정보를 교환해야 하는지 고민해야 한다. 특히 지역사회 통합네트워크 차원에서 비밀보장의 기준과 한계를 사전에 설정하여 문제 발생의 가능성을 줄여야 한다. 다음은 비밀보장과 관련하여 사례관리자들이 유념해야 할 지침이다.

- 사례관리자들은 평소 비밀보장에 대해 민감성을 유지한다. 즉 비밀보장이 왜 필요한지, 어떤 상황에서 제한될 수 있는지를 충분히 숙지한다.
- 사례관리자들은 언어적 의사소통을 통해 비밀정보가 부적절하게 누설되지 않도록 유의한다. 복도, 대기실, 엘리베이터, 식당과 같은 공공장소와 전화통화 시 이용자에 관한 정보가 누설되지 않도록 한다.
- 사례관리자들은 비밀정보에 관한 기관의 관리지침이 담긴 문서상의 설명서를 비치하고 이용자를 면접할 때 이를 공유한다.

② 정보보안

비밀보장의 또 다른 이슈로서 이용자 정보에 대한 보안이 중요하게 다루어지고 있다. 어느 현장을 막론하고 사례관리자가 수행하는 업무의 대부분이 컴퓨터에 기록되고 보관된다. 기관 자체의 전산화시스템뿐 아니라 인터넷이나 인트라넷 망을 통해서 많은 정보가 활용된다. 이러한 정보화는 업무의 효율성을 높이는 장점이 있지만 관리가 잘 안될 경우 언제, 어디서, 어떤 피해가 발생할지 정확히 예측할 수 없다.

따라서 현장 사례관리자들은 이러한 정보보안에 유념하여 이용자의 사생활 보호 및 업무상 취득한 개인정보의 비밀유지와 정보보안을 위해 최선을 다해야 한다. 개인정보보호법상 개인정보란 예를 들어 성명 · 주민등록번호 및 화상 등의 사항에 의하여 그 개인을 식별할 수 있는 정보를 말한다. 그리고 해당 정보만으로 특정인을 식별할 수 없더라도 다른 정보와 결합하여 식별할 수 있는 정보가 해당된다. 예를 들면, 가족관계나 심신상태, 사회경제적 상태 등이다. 다음은 정보보안과 관련하여 기관과 사례관리자가 유념해야 하는 지침이다.

- 기관에서는 개인정보 보호를 위한 구체적 대안을 마련한다. 예를 들어 서버 및 네트워크 보안, 사용자 PC 보안과 같은 물리적이고 기술적 보안정책을 마련한다.

- 사례관리자들이 이용자 정보를 열람한 내역을 주기적으로 점검하여 문제발생의 가능성을 차단하고, 정보보유 기한을 설정하여 그 기한이 경과하면 이를 지체없이 파기한다.

③ 사전 동의

사전 동의 혹은 고지된 동의(informed consent)는 사생활보호 및 자율에 대한 가치에서 나온 것이다. 이는 사례관리자가 이용자의 삶에 간섭하지 않고, 그의 동의 없이는 그와 관련된 정보를 타인에게 제공해서는 안 된다는 것을 의미한다. 사전 동의에는 지식, 자발성, 능력이라는 구성 요소가 있다. 즉, 충분한 정보에 근거하고, 자유로운 상태에서 자발적으로, 그리고 동의하는 능력이 있다는 것을 전제하에 이루어진다. 다음은 사전 동의와 관련하여 사례관리자가 유념해야 하는 지침이다.

- 사례관리자들이 문서 · 사진 · 컴퓨터 파일 등의 형태로 된 이용자 정보를 사례관리 업무상 필요하여 관련 기관이나 전문가에게 공개하거나 공유해야 할 때 이를 이용자에게 알리고 사전 동의를 받는다.
- 각종 동의 서식(양식)에 대해 이용자와 충분히 대화하고 질문의 기회를 주며, 그의 능력과 자발성에 기초하여 동의를 얻는다. 사례관리 초기단계에서는 본격적인 개입이 이루어지기 전에 이용자의 '정보공개 동의서'를 확보한다.
- 이용자가 현장에서 사용하는 개념을 이해하지 못하거나 글을 읽지 못할 때 이를 상세히 설명하고, 필요시 통역과 번역의 서비스를 제공한다.
- 녹음이나 녹화를 하거나, 혹은 제3자가 서비스를 관찰하고자 할 때 이용자의 동의를 얻는다.
- 긴급한 상황과 같이 사전 동의 절차의 예외성이 있음을 이용자에게 알린다.

- **윤리적 이슈에 대한 예방전략**
  ① 우선적으로 동료에게 자문을 구한다.
  ② 적절한 슈퍼비전을 받는다.
  ③ 관련 윤리기준을 검토한다.
  ④ 관련 규정, 법률, 그리고 정책을 검토한다.
  ⑤ 관련 최신 정보와 문헌을 검토한다.
  ⑥ 필요하다면 법적인 자문을 구한다.
  ⑦ 사례관리자의 의사결정 과정을 문서화한다.
  ⑧ 한국사회복지사협회나 한국사례관리학회에서 제안하는 대책(예: 사회복지윤리상담소)을 활용하거나, 윤리적 실천지침을 참조한다.

생각해볼 문제

1. '사례관리'라는 말이 담고 있는 긍정적인 부분과 부정적인 부분은 무엇인지 이야기해 보자.
2. 사례관리를 본격적으로 학습하기 전에, 교수님의 설명을 듣고 학생 자신은 사례관리를 어떻게 생각하는지 발표해 보자.
3. '사회복지 사례관리 표준 실천지침' 13가지에 대해 함께 논의해 보자.
4. 다음의 이야기를 읽고, 제1장에서 배운 내용을 참조하여, 이 가정에 사례관리가 필요한 이유가 무엇인지 함께 논의해 보자. 논의를 위해 몇 가지 질문을 제시해 본다.
   - 이 부자가족의 어려움(혹은 문제)은 무엇인가? 가족 스스로 해결이 가능한가?
   - 스스로 해결하기 어렵다면, 이 가족의 문제를 해결하고 삶의 질을 높이는 데 필요한 공식적·비공식적 서비스와 자원은 무엇인가? 그리고 어떻게 연결할 수 있을까?

"영구임대주택에서 장애인 아버지와 단둘이 사는 초등학교 6학년 남자아이가 학교에서 같은 반 여학생을 때리면서 힘자랑을 해 선생님께 반성문을 썼다. 아버지가 아들을 훈육하는 방식이 매우 권위적이어서 부자 사이에 갈등이 많다. 경제적 여건이 어려워 외식이나 가족 단위의 여행을 하지 못하고 있고, 아이가 좋아하는 과학 분야 진로체험 활동에도 참여하지 못하고 있다. 아버지는 신체장애로 인해 이동이 힘들고 교류하는 사람이 적어 주로 집에만 머물고 있다."

Chapter 02

사례관리의 역사적 발달과정

서구에서 사례관리는 1970년대에 시작되었다. 사례관리는 기존의 개별사회사업과 유사한 면이 있지만, 그 고유한 특성과 강조점은 여러 면에서 차이가 있다. 우리나라는 1990년대에 사회복지관의 재가복지사업과 정신건강 영역에서 사례관리가 처음 도입되었고, 그 후로 노인복지를 비롯한 아동, 청소년, 장애인 복지, 사회복지관, 공공 영역 등으로 꾸준히 확대되어 왔다. 특히 사회복지시설평가에서 사례관리 업무가 비중 있게 다루어지고, 정부의 복지정책 방향도 사례관리를 적극 지원하고 있어 계속 확대될 전망이다. 2장에서는 사례관리가 등장한 초창기 배경과 함께 미국과 영국, 우리나라 사례관리의 역사적 발달과정을 살펴본다.

1. 사례관리의 등장배경

사례관리가 사회복지를 비롯한 대인서비스 영역에서 등장하게 된 배경을 살펴보자. 아래와 같이 여섯 가지로 정리할 수 있다(김만두, 1993: 30-37; Moxley, 1989: 13-15).

1) 탈시설화의 영향

탈시설화(deinstitutionalization)란 시설화의 반대 개념으로, 클라이언트가 생활하던 시설에서 벗어나 가정과 지역사회로 돌아가는 것을 말한다. 시설에서 제공되는 서비스는 한정된 공간에서 집중적으로 주어지기 때문에 종사자 입장에서 관리가 쉬운 이점이 있다. 그러나 클라이언트 입장에서는 서비스를 자유롭게 선택하기보다는 일정하게 정해져 있는 서비스를 제공받기 때문에 수동적 입장에 처하게 되고, 때로 인간으로서의 권리가 제약될 수 있다. 또한 해를 거듭할수록 시설보호를 위해 국가가 부담하는 비용이 큰 폭으로 증가하는 측면이 있다.

이러한 이유 때문에 1960년대 선진국에서는 만성질환이 있는 노인이나 신체적, 정신적 질환이 있는 장애인에 대한 탈시설화 정책을 도입하여 지역사회에서 이들을 보호하는 이른바 재가복지서비스 또는 지역사회보호를 시작하게 되었다. 이러한 탈시설화의 움직임이야말로 사례관리가 등장하게 된 가장 중요한 배경이다.

탈시설화가 성공적으로 이루어지려면 퇴소 후 클라이언트와 가족이 이용할 수 있는 지역사회자원이 충분히 갖추어져 있어야 하고, 어디서든 서비스를 쉽게 이용할 수 있어야 하는데 실상은 그렇지 못했다. 이들을 위한 자원과 서비스는 매우 부족하였고 이로 인해 지역으로 돌아온 클라이언트와 가족이 예상치 못한 과중한 보호부담을 떠안게 되었다. 지역에는 클라이언트의 욕구를 포괄적으로 다룰 수 있는 서비스 관리체계가 갖추어져 있지 않고, 서비스의 목록도 단편적이어서 클라이언트와 가족은 그들이 원하는 서비스를 어디서 어떻게 받아야 하는지 혼란스러운 상황에 처하게 되었다. 과도한 보호부담을 떠안은 가족은 취약 노인과 장애인을 돌보는 일을 기피하게 되었고, 결국 관련 기관들이 다시 가족의 역할을 떠맡아야 하는 상황이 되었다.

이처럼 탈시설화에 따른 부작용과 서비스전달의 문제는 특정 기관이나 단체의 수준이 아닌 지역사회 내 다양한 서비스를 포괄적으로 제공할 수 있는 전달 장치를 요구하게 되었다. 결국 사례관리는 시설에서 지역으로 돌아온 클라이언트와 그 가족의 서비스 욕구에 대해 지속적이면서도 포괄적으로 서비스를 제공하기 위해 등장하였다.

2) 서비스 전달의 지방분권화

1970년대 이후 서구에서 본격화된 지방분권화의 움직임은 사례관리의 필요성을 더 한층 높이는 배경이 되었다. 지방분권화로 인해 사회복지기관 및 프로그램의 운영과 책임이 중앙정부에서 지방정부로 이양되었다. 그러나 지역사회는 여전히 클라이언트에게 제공되는 다양한 서비스를 통합하거나 조정하는 장치를 갖추지 못했다. 클라이언트와 가족의 입장에서 볼 때 분산되고 단편화된 지역사회 서비스를 제대로 이용한다는 것은 매우 어려운 일이었다. 따라서 지역사회 기관들의 서비스를 조직화하고 클라이언트의 욕구를 통합적으로 충족시키는 장치를 통해 지방분권화의 부정적인 측면을 최소화하고자 사례관리가 등장하였다.

3) 복합적인 욕구를 가진 인구의 증가

현대 사회는 정신지체나 정신질환, 신체장애나 심각한 의료적 문제, 심리 · 정서적 문제 등으로 인해 복합적 욕구를 지닌 여러 유형의 클라이언트가 증가하게 되었다. 이들은 자신의 욕구를 채워줄 수 있는 지원체계가 확립되어 있지 않으면 지역에서 독립적인 생활을 영위할 수가 없다. 그리고 한 기관이나 한 가지의 단일 서비스만으로 이들의 복합적인 욕구에 효과적으로 대응할 수도 없다.

예를 들어, 경제적인 어려움으로 적절한 치료를 받지 못하는 노인이나 정신지체로 인해 사회생활을 독립적으로 영위하기 힘든 클라이언트의 경우 그들의 복합적인 욕구에 대응하기 위해서는 여러 기관의 다양한 서비스가 지속적으로 필요하다. 따라서 지역사회에서 클라이언트가 필요로 하는 서비스를 조직화하고 통합하여 상호 연계가 이루어지도록 하기 위해서 사례관리가 등장하게 되었다.

4) 기존 서비스의 단편성

사례관리가 등장하는 1970년대 전후에는 클라이언트의 복합적인 욕구로 인해 두 개 이상의 기관으로부터 서비스가 필요할 때, 이러한 기관들이 클라이언트의 욕구충족을 위해 상호 간에 서비스를 연계하고 조정하고 통합하는 일이 쉽지 않았다. 그로 인해 정신지체를 가진 클라이언트가 보건소의 서비스를 받거나, 정신장애를 가진 클라이언트가 직업재활기관의 서비스를 자발적으로 받기는 매우 어려운 일이었다.

클라이언트의 다양하고 복합적인 욕구가 하나의 우산 안에 통합되기 위해서는 아동, 노인, 정신보건, 직업재활, 공적 서비스, 사적 서비스 등과 같이 범주화되어 있는 서비스의 영역을 뛰어넘어야 가능하다. 그러나 사례관리가 요구되었던 초창기에는 이러한 영역을 뛰어넘어 서비스를 통합적으로 제공할 기반이 구축되지 못하였다. 그러나 사회적 분위기가 점차 기관이나 서비스 제공자의 입장보다 클라이언트의 욕구 충족을 우선시하는 정책의 흐름이 강조되면서 기존 서비스의 단편성을 극복하는 장치로서 사례관리가 필요하게 되었다.

5) 사회적 지원체계와 관계망의 중요성에 대한 인식 증가

경제적 성장에 기초하여 복지국가를 추구해왔던 서구에서는 1970년대 이후 석유 가격의 폭등 등으로 인해 지속적인 경제성장의 기반이 무너지고 복지국가 위기론이 등장하였다. 이로 인해 그동안 지속해오던 방식과는 다른 형태의 정치, 경제적 대응과 함께 사회정책에도 변화가 불가피하였다. 복지와 관련해서 복지다원주의 혹은 혼합복지가 등장하였고 공적 서비스를 비공식 서비스로 대체하려는 움직임이 나타났다. 즉, 복지는 중앙정부뿐 아니라 사회 전체의 노력으로 달성해야 한다는 입장과 비공식 지원체계 및 관계망에 대한 인식이 새롭게 대두되었다. 지역사회에 존재하는 가족, 친구, 친척, 이웃 등은 클라이언트의 삶의 질을 높이기 위한 의미 있는 지원체계이자 관계망이라는 사실이 다양한 시범사업을 통해 확인되고 확산되었다.

그러나 중요한 점은 이러한 비공식적 지원체계에만 의존하여 클라이언트 문제나 욕구를 해결할 수 없으며, 공적 지원체계가 주축이 되어 비공식적 지원체계를 통합하는 접근이 필요하다. 이런 측면에서 사례관리는 공식적 지원체계 외에도 다양한 사회적 지원체계와 관계망을 조정하고 통합하는 실천방법으로 주목을 받게 되었다.

6) 비용억제의 필요성

사회복지 서비스에서 비용억제가 필요하다는 것은 두 가지 의미를 담고 있다. 하나는 부족한 자원 안에서 서비스의 효과를 최대화하는 것이고, 다른 하나는 서비스의 전달에 소요되는 비용을 줄이려는 것이다. 그동안 복지서비스는 어느 시대를 막론하고 자원의 부족과 그로 인한 서비스의 효과성에 대한 문제가 항상 중요한 쟁점이었다. 특히 이러한 쟁점은 복지국가의 위기와 맞물려 더욱 중요하게 다루어졌다.

이러한 분위기에서 기존 인력과 자원의 한계 내에서, 서비스의 효과성은 최대화하되 서비스 비용을 적정선에서 통제하려는 목적으로 서비스 간 중복과 낭비를 줄일 수 있는 새로운 서비스 전달방식을 찾게 되었고, 그 실제적인 대안의 하나로 사례관리가 필요하게 되었다.

쉬어가기 **사례관리 맛보기**

"나를 쓰다듬어 주시는 우리 할머니" (2)

희망의 속삭임도 잠시, 할머니는 민수가 학교 방과 후 교실을 잘 다니고 있고, 민수의 형도 초등학교 3학년 때 완전히 한글을 떼어서 아무 문제가 없다고 하셨다. 그저 할머니는 어서 이사를 가야 한다고 어려움만 호소하셨다.

힘껏 불던 풍선의 바람이 세어나간 듯 나를 힘 빠지게 하는 말뿐이었다. 사례관리자로서 할머니의 반응은 뭔가 벽에 부딪힌 기분이었지만 오래 지체하고 있을 순 없었다. 일단 민수의 주 양육자인 할머니와 더 친해지는 게 먼저였다. 그래야만 이 가정에 변화의 바람이 불 수 있었다.

출처: 희망의 지렛대 사례관리 네트워크 편저(2013). 『희망 이야기』 pp.17-18에서 발췌

2. 외국의 사례관리 발달과정

요즘 사례관리가 '새로운 접근(new approach)'으로 인식되고 있지만, 사실 그 주요 내용은 오래전부터 사회복지사들이 다양한 방법으로 수행해 오던 것들이다. 이에 대해 무어(Moore, 1990: 444)는 사례관리가 '새 옷을 입고 있는 유행이 지난 사회사업(old-fashioned social work wearing new clothes)'이라는 표현을 쓰면서, 사례관리의 역사적 뿌리는 사회복지전문직의 초기 저술이나 활동에서 쉽게 발견할 수 있다고 하였다. 이러한 역사적 사실을 고려하면서 미국과 영국을 중심으로 외국의 사례관리 발달과정을 살펴보고자 한다(박춘숙 외, 2011; 박정란 외, 2024).

1) 미국의 사례관리 발달과정

미국에서 사례관리의 역사는 약 100여 년 전으로 거슬러 올라간다. 즉, 초창기 때 가난한 사람들을 위한 다양한 원조를 조직화하여 서비스의 중복과 낭비를 줄이려고 했던 자선조직 활동이 그 기원이라고 할 수 있다. 이는 최근 사례관리에서 강조하는 자원조정이나 비용통제의 목적과 매우 유사한 것이다. 또한 초창기 인보관에서는 클라이언트 및 가족의 문제를 심리사회적 관점에서 사례회의(case conference)를 실시하고 직접적인 상담뿐 아니라 필요한 서비스를 개발, 중재하거나 클라이언트를 옹호하는 일을 수행하였다. 이는 최근 사례관리의 의미로 볼 때 서비스 연계, 조정, 옹호 등의 간접적 서비스에 해당한다. 그 외에도 1920년대 이후 아동상담소(child guidance clinic)에서 서비스 전달과 조정을 위해 사회복지사를 비롯한 의사와 심리학자가 한 팀이 되어 공식적인 사례회의를 실시한 것은 최근 사례관리에서 의미하는 팀 사례회의의 한 모형이라고 할 수 있다. 이와 관련하여 좀 더 구체적인 근거를 알아보자.

미국에서 사례관리는 1863년 매사추세츠 주가 최초로 주정부에 자선국을 설치하여 원조가 필요한 사람들에게 효과적인 재정운영으로 원조를 제공하고자 한 것에서 그 기원을 찾을 수 있다(Weil & Karls, 1985). 이후 1877년 자선조직협회(COS: Charity Organization Society)는 다양한 자선단체들이 서비스 중복을 방지하고 자원을 효율적으로 활용하기 위해 자선단체들의 구제활동을 조정하였다. 그리고 클라이언트가 서비스에 쉽게 접근하여 이용할 수 있도록 중개자와 옹호자의 역할을 수행하였다. 이러한 역할은 중개, 옹호, 서비스와 자원 조정을 통해 클라이언트의 기능을 향상시키려는 사례관리의 기능과 유사하다고 할 수 있다.

1889년 인보관(Settlement House)에서는 시카고에 헐 하우스(Hull House)를 설립하여 이주자들과 저소득층 가족을 대상으로 그들이 필요로 하는 서비스를 제공하기 위해 그들의 욕구와 지역의 문제, 사회문제 등을 목록화한 색인카드(index card)를 만들고 그들을 위한 서비스의 개발, 옹호 및 조직화를 통하여 양질의 서비스가 전달되도록 조정체계를 개발하였다(Netting, 1992). 이와 같이 사회복지의 초기 시대인 자선조직협회와 인보관의 활동에서도 이미 현재의 사례관리의 중심과제인 서비스 연계, 서비스 개발, 비용효과성의 개념이 나타나고 있었다. 단지 차이가 있다면 현재의 사례관리가 이러한 핵심요소들을 단편적으로 수행하는 것이 아니라 보다 집중적이고 포괄적이면서 지속적으로 제공한다는 데 있다.

이후 1901년에 메리 리치몬드(Mary Richmond)는 클라이언트의 복합적 욕구를 위해 서비스 기관의 협력과 조정이 필요하다는 점을 지적하면서 초기 사례관리를 개념화하고 사례관리 모형을 개발하였다. 그리고 체계적 정보수집, 자원봉사자 훈련, 다학문적 분야의 전문가 협력, 서비스에 대한 이해와 사례회의(case conference)의 실시를 강조하였다(Weil & Karls, 1985). 1960년대에는 시민운동과 빈곤과의 전쟁으로 서비스에 대한 권리의식이 증대되어 클라이언트가 적극적 서비스 소비자(consumer)로 변화하였고, 클라이언트에 대한 중개와 옹호의 역할이 커지게 되었다.

이후 1970년대에 들어서 '사례관리' 용어가 문헌에 나타나기 시작하였는데(Netting, 1992; Phillips, 1996), 데이(Day, 2000)는 복지 관련 프로그램 비용을 심각하게 삭감한 데 대한 반응으로 등장했다고 하였다. 1975년 장애아교육법(Education for All Handicapped Children Act of 1975)은 전국의 학교에 사례관리 유형을 공식화했다.

그리고 1970년대와 1980년대에 걸쳐 여러 주에서 사례관리에 관한 법률을 제정하기 시작하였고, 사례관리 서비스 항목을 포함하고 있는 많은 연방정부법들이 통과되었다. 아울러 사례관리는 장기적인 시범사업을 통해 전역으로 확대되었다. 1980년대에는 노인과 장애인, 아동, 한부모 가족 등을 위한 다양한 사례관리 모형이 소개되어 확산되었다. 또한 지역사회에서 통합적인 서비스 전달체계를 구축하는 유용한 방법으로 인식되어 다양한 보건 및 복지 영역에서 주목을 받았다(Netting, 1992). 특히 미국사회복지사협회는 '사회복지 사례관리 표준원칙'을 두 차례 발표하여 사례관리 실천의 방향과 구체적인 실천지침을 제공하였다(NASW, 1984, 2013). 이 지침은 주로 임상적 차원의 사례관리 실천에 대한 것으로, 현재까지 다양한 실천 분야에서 사례관리가 지속적으로 확대되고 있다. 한편, 사례관리 서비스 전달체계는 미국의 각 지역이나 서비스 분야에 따라 다양한 형태로 존재한다.

미국 사례관리의 특징은 정부가 필요한 재정지원 및 사업평가를 담당하고, 민간기관에 소속된 사례관리자가 지역사회 내 다양한 서비스 제공 기관과 하청 계약을 맺는 3단계 구조로 되어 있다. 그리고 사례관리의 주체가 민간에게 위탁되어 있다는 점에서 민간 사례관리가 주를 이루는 체계이다.

2) 영국의 사례관리 발달과정

영국의 사례관리 역사는 초창기 미국의 영향을 받아 사회적 서비스 영역에 도입된 이후 계획적인 대규모의 시범사업과 국가의 제도적 지원을 통해 미국과는 상이한 입장으로 발전하게 되었다(이정규, 1999: 287-306).

영국에서는 1970년대부터 켄트주립대학교(Kent State University)의 대인사회서비스연구단(Personal Social Service Research Unit: PSSRU)에서 진행된 연구의 성과를 정부가 받아들임으로써 사례관리가 사회복지 영역에서 핵심적인 모형이 되었다. 이 대학의 시범연구에서 경험이 많은 사회복지사가 수용보호 위기에 처해 있는 소수의 노인들을 대상으로 예산을 배정받아 수용보호에 드는 비용의 2/3 정도의 예산으로 공적, 사적 부문 및 자원 부문(voluntary sector)의 서비스에 접근하면서 개별 노인에 적합한 서비스 패키지(package)를 제공하였다. 그 성과는 사례관리 서비스의 수혜노인들이 전통적인 서비스를 받는 노인들에 비해 훨씬 더 잘 기능하였고, 그 결과 수용보호를 위해 입소할 확률이 절반으로 줄고, 오히려 자신의 집에 남을 확률은 두 배로 늘어난 것으로 보고되었다. 이에 따라 사례관리에 의한 보호비용도 수용보호에 비해 훨씬 낮았으며, 사례관리가 예방적이고 비용을 절약하는 방법이라는 인식이 확산되기에 이르렀다.

이후 1980년대 후반부터 추진해온 복지개혁을 통해 사례관리가 핵심적인 서비스 제공방식으로 채택되었다. 초창기에는 미국에서 사용하는 사례관리(case management)라는 용어를 그대로 사용하다가, 지역사회보호(community care)가 복지정책의 큰 틀로 자리 잡으면서 사례관리 대신 보호관리(care management)라는 용어를 광범위하게 사용해오고 있다. 특히 1990년에 국민건강서비스 및 지역사회보호 법안(the National Health Service and Community Care Act of 1990)이 제정되고 그 지침서인 『보호관리 및 사정』(Care Management and Assessment: Practitioner's Guide and Manager's Guide, 1991)이 각 지방정부에 보급되면서 1994년부터는 모든 지역에서 사례관리를 시행하도록 조치하였다. 이 공식적인 지침에서 사례관리의 목표는 ① 다양한 자원의 이용가능성 확보 및 효율적 사용 ② 지역사회 내 거주를 가능하게 함으로써 개인들의 독립적인 생활보장 ③ 장애와 질병의 예방 ④ 보호에서 존중감 및 평등한 보호기회의 제공 ⑤ 요보호자의 장점과 지원에 기반하여 선택과 자기결정을 강조 ⑥ 서비스이용자, 보호자, 그리고 서비스제공자의 협력관계의 증진 등으로 설정하였다. 영국에서는 현재까지 각 지방정부의 지방사회서비스국(Local Authority Social Services Department)에서 사례관리 업무를 관장하고 있다.

이렇듯 영국은 초창기에 미국의 사례관리 모형을 도입했지만 그 구체적인 실천 모형에서는 미국과 상당한 차이를 보이고 있다. 미국 모형에 따라 개인의 독특한 욕구에 기초한 맞춤(tailor-made) 서비스, 다양한 욕구에 대해 통합되고 조정된 서비스를 제공하기 위해 지역사회 서비스제공 기관들을 동원한다는 기본 요소는 그대로 받아들였다. 그렇지만 영국에서는 특별히 수용보호에 들어갈 위기에 처해 있는 장기보호 대상 노인과 장애인에 초점을 두면서 새로운 사례관리 모형들을 개발해 내었다. 이에 따라 영국에서 주로 채택한 모형은 노인을 대상으로 한 비용절감 차원의 보호관리 모형(managed care model)과 장애인을 대상으로 한 서비스중개 모형(service brokage model)

이 대표적이다. 그리고 미국에서는 민간의 사적 서비스제공 기관이 많고 대상인구가 다양해서 상대적으로 덜 조직적으로 보이는 현장이 많은 반면 영국은 국가주도의 서비스가 중심인 것도 큰 차이라고 볼 수 있다. 현재 영국 사례관리의 특징은 정부가 재정 및 평가와 더불어 사례관리까지 직접 담당하고 공공/민간 서비스 제공기관과 계약을 맺는 2단계 구조로 되어 있으며, 사례관리의 주체는 공공이 담당하는 공공 사례관리 체계라고 할 수 있다(이봉주 외, 2008).

영국은 어떤 국가보다 지역사회보호를 명시적인 정책목표로 표방해 온 나라이다. 그렇기 때문에 사례관리를 지역사회보호의 차원에서 발전시키고자 노력했으나 여러 가지 한계점을 드러낸 측면도 상당하다. 그것은 지역사회보호를 대상자의 삶의 질 향상의 측면보다는 사회적 비용을 절감하려는 방안으로 고려되어, 충분한 재정적 투입이 이루어지지 못했기 때문이다(석재은, 2000). 따라서 미국과 마찬가지로 사례관리가 본래의 기능을 다하기 위해서는 지나친 비용통제의 목적만 강조해서는 안 되며, 서비스의 연속성을 보장하는 인프라 구축이 병행되어야 함을 시사해준다.

3. 우리나라의 사례관리 발달과정

우리나라의 경우 사례관리가 민간과 공공영역에서 꾸준히 확대되어 왔다. 민간 사회복지현장에서는 1990년대에 들어 노인, 장애인, 정신장애인을 대상으로 하여 전문화된 사례관리가 시작되었다. 요즘은 거의 모든 현장에서 사례관리 실천이 이루어지고 있다. 공공영역은 2006년에 주민생활지원 기능을 강화하기 위한 목적으로 보건복지 전달체계를 개편하면서 전국 3,000여 개에 이르는 읍 · 면 · 동에서 공공 사례관리가 시작되었다. 요즘은 시 · 군 · 구의 희망복지지원단에서 수행 인력을 배치하여 사례관리를 실시하고 있다. 여기서는 민간과 공공영역으로 나누어 우리나라 사례관리 발달과정을 살펴본다(민소영, 2015; 보건복지부, 2019; 2025).

1) 민간 영역에서 사례관리 발달과정

민간 사회복지의 영역에서 이루어진 사례관리 발달과정의 주요사항은 아래와 같다.

- 1992 재가복지봉사센터 설치로 재가복지사업에서 사례관리 기반 마련
- 2006 서울시 사회복지관 평가에 사례관리 관련 지표 포함
- 2009 전국 사회복지관 평가에 사례관리 관련 지표(사례회의) 포함
- 2012 사례관리가 사회복지관 3대 기능 중 하나로 명시, 전국 사회복지관 평가에 사례관리 관련 지표(사례관리 체계) 포함
- 2015 이후부터 최근까지 전국 사회복지관 평가에 사례관리 평가지표 강화

(1) 민간 사례관리의 시작과 확산: 1992~2004년

우리나라의 민간 사례관리는 사회복지관의 재가복지사업에서 시작되었다. 1992년 정부는 재가복지봉사센터를 사회복지관 부설로 설치하도록 하였고, 이 센터의 중요한 기능 중 하나가 사례관리에 관한 것이었다. 저소득층 노인과 장애인을 대상으로 그들의 문제와 욕구를 파악한 후, 기관 내 서비스뿐 아니라 지역의 다양한 자원을 활용하도록 하였다. 이 사업이 계기가 되어, 다양한 복지 현장에서 사례관리에 대해 관심을 갖게 되었다. 대표적으로 1995년 12월에 정신보건법이 제정되어, 사례관리가 정신보건센터(현재, 정신건강복지센터)의 필수사업으로 명시되었다. 그 외에 1997년 노인복지법 개정, 1999년 장애인복지법 개정, 2000년 아동복지법 개정을 통해 사례관리가 각 분야로 확대되었다. 그러나 이 시기는 현장별로 사례관리 개념 및 실천방법에 많은 혼란이 있었다.

(2) 사례관리의 정착: 2005~2011년

사회복지관에 사례관리가 확대된 계기는 2006년 서울시 사회복지관 평가에 사례관리 항목이 포함되면서부터이다. 이 당시 사회복지관의 기능 중에서 재가복지서비스 제공과 관련한 가족복지사업과 지역사회보호사업에서 사례관리가 이루어졌다. 서울

시 외에 전국 단위의 사회복지관 평가에 사례관리 항목이 포함된 것은 2009년이었다. 이는 그동안 사회복지관이 자율적으로 수행하던 사례관리 사업에 대해 일정한 평가기준을 도입한 것이며, 이로써 사례관리 업무의 표준화 및 서비스 향상을 위한 기초가 마련되었다. 그 당시 사회복지관의 사례관리 평가항목은 '사례회의 실시'에 관한 것이었다. 그러나 사회복지 현장마다 사례관리를 이해하고 실천하는 수준이 달라 여전히 혼란이 존재하였다. 한편, 2007년에 한국케어매니지먼트 학회와 2009년 한국사례관리학회가 창립되어 사례관리 전반에 대한 이론 정립 및 교육훈련의 기회를 제공하였다.

(3) 사례관리의 제도화 및 민관협력 강화: 2012년~최근까지

이 시기는 사회복지시설 평가에서 사례관리에 대한 평가항목이 더 구체화되고 정교해졌다. 아울러 2012년에는 사회복지사업법의 개정에 따라 사례관리가 사회복지관의 3대 기능 중 하나로 명시되었다. 최일선의 민간 실천현장으로 간주되는 사회복지관의 경우, 시설평가를 거듭할수록 사례관리 평가항목이 더욱 강화되었음을 확인할 수 있다.

예를 들어, 2024년도 사회복지관 평가항목 중 사례관리에 대한 것은 크게 네 가지 평가지표로 구성되었다(중앙사회서비스원, 2024). 즉, ① 사례관리 실행체계로서 사례관리 업무지침과 매뉴얼, 사례관리 전담팀 및 팀원별 업무분장, 사례회의 및 통합사례회의 개최, 사례관리 업무의 기관 내부 보고체계 등을 평가하였다. ② 사례관리 인력의 전문성으로 관련 교육 이수, 정기적인 슈퍼비전, 사례관리 공개발표 또는 우수사례집 발간, 윤리적 실천 여부 등을 평가하였다. ③ 사례관리 수행의 전문성으로 체계적인 사정(assessment), 기록 및 관리의 적절성, 욕구에 부합한 다양한 자원활용, 종결 및 사후관리 여부 등을 평가하였다. ④ 사례관리 협력체계로 민관 네트워크 기관들의 활발한 참여, 이용자 만족도 조사 여부, 공식·비공식 자원체계의 구성 및 참여 여부 등을 평가하였다. 이렇듯 정기적인 사회복지시설 평가를 통해 사례관리 관련 지표를 시대 상황과 복지환경의 변화에 맞게 상향 조정하면서 민간 실천현장의 사례관리 수준과 서비스 질을 한층 강화시켜 왔다고 할 수 있다. 또한 사례관리자에 대한 꾸준한 보수교육과 훈련, 슈퍼비전을 통해 사례관리업무의 전문성과 역량이 크게 향상되었다.

현재 사례관리는 아동·청소년, 장애인, 노인, 정신장애인, 자활, 다문화 등 실천의 모든 현장에서 시행되고 있다. 아울러 공공 사례관리가 확대되면서 민간과 공공이 유기적으로 협력해야 하는 일이 늘고 있다. 민간 사례관리와 공공 사례관리는 그 시작과 전개과정이 다소 다르지만, 지역에서 함께 복지대상자를 돌보고 복지공동체를 만들어가는 일이기에 상호 간에 긴밀한 협력이 필요하다.

2) 공공 영역에서 사례관리 발달과정

공공 영역에서 이루어진 사례관리 발달과정의 주요사항은 다음과 같다.

- 2005 사회복지사업법에 시·군·구에서 사례관리를 실시할 수 있는 조항 신설
- 2006 주민생활지원기능 강화를 위한 전달체계 개편
- 2008 시·군·구 중심 사례관리 도입
- 2009 시·군·구 위기가구 사례관리 시범사업(10개 지자체)
- 2010 위기가구 사례관리 사업 실시, 사회복지통합관리망 구축
- 2011 지자체 사회복지공무원 7천명 증원 계획 발표
- 2012 희망복지지원단의 통합사례관리 사업 본격 시작
- 2015 읍·면·동 복지허브화(동복지기능 강화) 본격 시행
- 2018 찾아가는 보건·복지 서비스를 위한 복지전담팀 전국 읍·면·동에 설치
- 2020 보건복지전달체계 개편에 따른 통합사례관리사 50명 추가 배치(978명, '20년)
- 2024 전체 읍면동에 찾아가는 보건복지전담팀 설치율 제고(24년 12월 97.4% 설치)

(1) 공공 사례관리의 근거 마련: 2005년

공공 사례관리의 근거는 2005년 개정된 사회복지사업법이다. 이 법의 제33조의5에서 "시장·군수·구청장은 보호대상자별 보호계획을 작성하고 변경할 수 있다"라고 규정하여, 공공 사례관리의 법적 기반을 마련하였다.

(2) 주민생활지원기능 강화를 위한 사례관리 사업: 2006~2007년

법적 근거가 마련된 후, 2006년에 주민생활지원 기능을 강화할 목적으로 단행된 전달체계 개편으로 공공 사례관리가 시작되었다. 이는 사회복지 전달체계상 사례관리 사업을 시도한 첫 번째 중앙정부의 노력이었다. 가장 중요한 변화는 읍·면·동의 사회복지전담공무원이 상담 및 사례관리 등 고유 업무를 중점적으로 실시할 수 있도록 조직 구조 및 업무내용을 개편한 것이었다. 시·군·구에서는 통합서비스 제공을 위한 네트워크를 구축하고 읍·면·동에서 사례관리가 원활히 진행되도록 지원하였다. 그러나 읍·면·동의 업무량 과다와 인력의 한계로 큰 효과를 거두지 못하였다. 읍·면·동 사례관리 외에, 2006년에 시작된 드림스타트는 빈곤아동을 위한 최초의 공적 아동사례관리라는 의미를 갖는다.

(3) 시·군·구 중심의 사례관리 사업: 2008~2009년

2008년부터는 시·군·구 단위의 서비스연계팀에서 위기가구를 위한 사례관리 사업이 시작되었다. 또한 시·군·구와 읍·면·동 사이의 사례관리 사업을 조정하고자 하였다. 그 일환으로 읍·면·동의 사례관리 대상자 중에서 위기가구나 집중적 개입이 필요한 경우에 사례관리 업무를 시·군·구로 이관하여 처리하였다. 자원개발과 연계, 슈퍼비전 등은 읍·면·동보다는 시·군·구에서 진행하는 것이 더 효과적이었다. 그러나 업무수행 인력의 부족과 예산 지원의 결여 등으로 실효를 거두지 못하였다.

(4) 위기가구 사례관리 사업의 확대: 2010~2011년

2009년 하반기 전국 10개 시·군·구에서 진행된 위기가구 사례관리 시범사업의 결과를 2010년에는 전국 시·군·구로 확대하였다. 이를 가능하게 한 요인은 사회복지통합관리망의 구축이었다. 이 전국망을 통해 효율적인 행정업무가 가능해졌고, 전담 인력은 상담과 사례관리 업무에 집중하게 되었다. 동시에 사례관리업무 매뉴얼이 전국적으로 보급되었고, 2011년에는 자자체별로 사례관리 예산이 책정되었다. 그러나 여전히 업무 대비 인력이 많이 부족하였고, 시 · 군 · 구와 읍 · 면 · 동의 역할분담에 혼란이 있었다. 한편, 2010년에 경기도는 16개 시 · 군에 무한돌봄센터를 설치하였고, 여성가족부도 16개 각 시 · 도 건강가정지원센터와 다문화가족지원센터에서 사례관리 사업을 시작하였다.

(5) 희망복지지원단 중심의 통합사례관리 사업: 2012년~최근까지

2012년에는 사회복지공무원의 확충으로 통합사례관리 업무를 주관하는 희망복지지원단이 각 지자체에 설치되었다. 희망복지지원단은 사례관리를 비롯한 지역단위 통합서비스 제공을 책임지는 전담조직으로 기능하였다. 이 조직을 통해 민간과의 협력을 강화하고 이를 토대로 읍 · 면 · 동에서 발굴된 사례관리 대상자에게 맞춤형 서비스를 제공하고자 하였다. 희망복지지원단의 설치로 서비스 연계와 조정기능이 활성화된 측면이 있으나, 복합적 문제가 있는 대상자를 위한 전문적 대응체계는 여전히 한계가 있었다. 현재 희망복지지원단은 공공 사례관리의 전담조직으로 위치하고 있다.

(6) 읍 · 면 · 동 복지기능강화와 사례관리 사업: 2014년~최근까지

2014년에는 읍 · 면 · 동 복지기능을 강화하는 시범사업을 통해 지역단위의 사례관리를 보다 활성화하려는 시도가 있었다. 읍 · 면 · 동에 사례관리팀을 구성하고 통합사례관리사와 방문간호사를 의무적으로, 직업상담사와 정신보건전문요원을 선택적으로 배치하여 업무를 보다 효과적으로 진행하고자 하였다. 또한 보건, 복지, 고용 등의 영역에서 서비스 연계가 가능하도록 하였다. 2015년에는 읍 · 면 · 동 복지허브화(동복지기능 강화) 사업을 본격적으로 시행했으며, 2018년에는 찾아가는 보건 · 복지 서비스를 위한 복지전담팀을 전국 읍 · 면 · 동에 설치하였다. 그 결과 2024년 12월 말 현재, 전체 읍 · 면 · 동 3,553개소 중 3,461개소(97.4%)에 찾아가는 보건복지전담팀이 설치되어 운영 중이다. 전담팀 운영을 위해 읍 · 면 · 동에 배치된 사회복지공무원 외에도 통합사례관리사와 복지간호직 공무원 등이 함께 활동하고 있다.

이로써 공공 사례관리사업을 위한 인적 · 물적 기반은 상당 수준으로 확충되었다. 향후에는 대상자의 복지체감도 향상 및 사례관리 사업의 성과 확대를 위해 민관협력이 보다 효과적으로 이루어져야 하는 과제를 안고 있다. 아울러 최근 시행되고 있는 지역사회통합돌봄사업과 공공의 통합사례관리가 과연 어떻게 유기적으로 협력하여 시너지 효과를 낼 수 있는지에 대한 세심한 연구와 대안 마련이 중요하다.

이상의 내용을 종합하면, 서구에서 사례관리가 등장했던 시기는 정부의 탈시설화 정책으로 인해 시설보호를 받던 사람들이 지역(혹은 가정)으로 돌아가면서 다양한 재가복지 서비스가 필요했던 시대였다. 보호의 주 대상이던 노인과 장애인은 단기간의 단일한 욕구보다는 장기적(만성적)이고 복합적인 욕구를 갖고 있었다. 이러한 욕구를 충족시키기 위해서는 한두 기관의 단편적 서비스가 아니라 여러 기관의 다양한 서비스와 자원들을 통합적으로 제공할 필요가 있었다. 또 한편으로는 대상자의 욕구 충족을 위해 필요한 서비스 체계와 보호환경을 구축하는 데 막대한 비용이 소요되었다. 이에 대상자에게 제공되는 서비스의 질을 높이는 동시에 사회적 보호 비용도 적정하게 통제할 필요가 있었다. 이러한 배경에서 사례관리는 대상자의 욕구 충족(서비스 효과성)과 보호 비용의 통제라는 두 가지 목적을 위해 등장하였다. 특히 보호 비용을 줄이기 위해서 서비스의 중복과 낭비를 막고, 기존의 공식 · 비공식적 자원과 서비스를 효율적으로 활용하고자 하였다.

우리나라의 사례관리는 서구와 비교하면 약 20년 이상 늦었지만 짧은 기간 안에 많은 성장을 이루었고, 현재는 사회복지 분야의 주류 실천방법론으로 확고한 자리매김을 하였다. 민간에서 사회복지관의 재가복지사업과 정신건강복지센터의 정신질환자 관리를 위해 도입된 사례관리는 현재 거의 모든 현장에서 실시되고 있다. 또한 2005년부터 공공영역에 사례관리가 도입된 이래, 현재 전국의 모든 읍 · 면 · 동사무소에 찾아가는 보건복지팀이 설치되었다. 시 · 군 · 구 자치구에는 희망복지지원단이 설치되어 통합사례관리 업무를 관장하면서 시대 변화에 맞는 위상과 기능을 확대하고 있다. 공공 사례관리의 목표는 복지 사각지대에 놓인 위기가구와 취약가구를 찾아내어 그들의 탈빈곤과 독립생활을 지원하는 데 있다. 우리 사회는 앞으로 4차 산업의 시대를 맞아 기술적으로 많은 발전을 이루겠지만, 구성원들의 삶의 질은 여전히 위협받고 있다. 신사회적 위험으로 경제적 불안정, 돌봄 기능의 약화, 사회적 고립과 단절, 외로움이 확산하고, 1인 가구를 비롯한 다양한 취약 가구가 증가할 전망이다. 이에 공공 사례관리는 우리 사회의 취약계층을 돌보는 안전망이자 공적 보호체계로서 그 기능과 역할이 더욱 커질 것이다.

3) 우리나라 사례관리 연구의 흐름과 향후 과제

국내 사례관리 연구의 흐름을 개략적으로 살펴본다. 연구의 흐름을 통해 사례관리의 역사뿐 아니라 다양한 실천현장에서 사례관리자들이 누구를 대상으로 어떤 일을 하는지 어느 정도 가늠해 볼 수 있다. 의미 있는 초창기 연구 활동은 연대기 순으로 소개하고, 나머지는 그 흐름만 간략히 짚어 본다.

Q & A

Q **우리나라에서 사회복지 사례관리에 관한 연구는 언제 시작되었나?**

A 1993년, 최초의 책이자 가장 널리 활용되는 책으로 김만두 교수가 목슬레이(Moxely, 1989)의 저서(The Practice of Case Management, Sage Publication)를 『효과적인 복지서비스를 위한 사례관리실천론』이라는 제목으로 출간하였다. 같은 해에 발표된 논문은 아래와 같다.

- 1993년: 최초의 학위논문으로 유성은(1993)이 "재가복지봉사센터의 효율적인 운영을 위한 사회복지사의 역할에 관한 연구: 사례관리모형을 중심으로"라는 연구로 석사학위논문 발표
- 1993년 최초의 연구논문으로 이윤로 · 성규탁(1993)이 "사례관리: 효과적 서비스 전달을 위한 방법"이라는 제목으로 발표

그 후 2025년 현재까지 정확한 집계를 낼 수 없을 정도로 석 · 박사 학위논문, 학술지 논문, 학술대회 발표자료, 저서 등이 급속히 늘었다. 이는 지난 30여 년 동안

학계와 실천현장에서 사례관리에 대한 관심이 크게 증가했음을 잘 보여준다. 그동안 연구에서 순위도가 높은 것부터 몇 가지 주제어와 연구 대상을 제시해 본다(권진숙, 2010; 이정희 · 김창희, 2018; 박은아 외, 2024).

- 연구주제: 사례관리 혹은 민간 사례관리의 개념, 수행구조, 실천과정, 역사 등
  통합사례관리 혹은 공공 사례관리의 개념과 운영체계 등
  공동사례관리(공공 주도의 기관 간 협력 사례관리)
  사례관리자의 역할 수행, 사례관리의 기능
  생태체계관점 및 강점 관점
  욕구사정
  과정평가
  사례관리 모형 또는 유형 개발
  드림스타트를 비롯한 각종 시범사업의 수행과 평가
  사례관리 네트워크 혹은 통합네트워크
  사회복지 사례관리자의 실천 경험
  통합사례관리사의 실천 경험
  사례관리에서 민관협력, 지역공동체 만들기 등
- 연구의 대상: 노인, 정신장애인, 장애인, 만성질환자
  여러 분야의 사회복지 사례관리자
  유아 및 아동 · 청소년
  사회복지공무원 또는 시군구와 읍면동의 통합사례관리사
  위기 및 취약가구, 자활가구
  고난도 혹은 복합적인 문제를 가진 클라이언트와 그 가족
- 지난 30여 년간(1995-2023) 사례관리 연구의 흐름과 시사점
  초창기보다는 2010년 이후 사례관리 연구가 꾸준히 증가하는 추세
  양적 연구 외에도 질적 연구(경험 연구)가 함께 증가하는 추세
  클라이언트, 당사자보다는 실무자를 대상으로 한 연구가 더 많음
  연구를 수행한 학술 분야는 사회복지학계가 단연 우세
  사회복지학의 주류 실천방법론으로 자리매김
  연구의 핵심 주제는 지역에서 사례관리자의 실천경험(1위), 사례관리의 효과성(2위), 공공/통합사례관리(3위), 사례관리 실천과정 및 네트워크(4위), 사례관리 운영체계(5위), 사례관리자의 역할수행 및 영향요인(6위) 등

• 향후 과제: 사례관리가 지속적으로 발전하기 위해서는 첫째, 사례관리에 참여하는 클라이언트를 대상으로 하는 연구가 활성화되어야 한다. 사례관리가 클라이언트의 역량강화, 자립, 자활, 그리고 삶의 질에 긍정적인 영향을 미친다는 점을 실무자 관점보다는 클라이언트 관점에서 직접 조사하고 연구하는 것이 필요하다. 둘째, 사례관리 운영체계(지원체계)에 관한 연구도 확대되어야 한다. 운영체계는 사례관리 실천에 필수적인 요소로서 기관 내부 사례회의, 지역 단위 통합사례회의, 내·외부 슈퍼비전 등을 말한다. 이러한 요인이 사례관리 실천과정과 성과에 어떤 도움을 주는지를 연구할 필요가 있다. 셋째, 그 외에도 공공 사례관리와 민간 사례관리의 협력방안과 최근 전국적으로 시행되고 있는 지역사회통합돌봄과 연결된 사례관리 실천방안에 대한 연구가 필요하다.

생각해볼 문제

1. 초창기 미국과 영국에서 사례관리가 등장한 배경과 우리나라에서 등장한 배경에는 어떤 유사점과 차이점이 있는지 토론해 보자.
2. 사례관리는 그 추구하는 방향성에서 볼 때 보호비용 억제의 성격이 더 강할까 아니면 클라이언트의 욕구충족을 통한 삶의 질 향상의 성격이 더 강할까? 자신의 생각은 어떠한지 이야기해 보자.
3. 사례관리의 중요한 등장배경이 된 '탈시설화'란 무엇이고, 우리나라 혹은 우리 지역에서 찾아볼 수 있는 실례는 어떤 것이 있는지 찾아보자.
4. 사례관리란 "새로운 옷을 입고 있는 유행이 지난 사회사업"이라는 말의 뜻은 무엇인지 깊이 생각해 보고 함께 토의해 보자.
5. 사례관리에서 공공과 민간이 협력해야 하는 이유를 함께 이야기해 보자.

Chapter 03

사례관리의 관점과 이론

사회복지 사례관리가 전문적으로 이루어지려면 관련 이론과 관점에 근거해야 한다. 3장에서는 사례관리 실천에 도움을 주는 4가지 관점(생태체계적 관점, 임파워먼트 관점, 강점 관점, 상징적 상호작용주의적 관점)과 3가지 이론(가족사정과 개입이론, 사회자본이론, 네트워크 이론)을 개념적으로 이해하고, 각각의 관점과 이론이 사례관리 실천과 어떻게 연관되고 적용할 수 있는지를 제시해 보고자 한다.

1. 생태체계적 관점

1) 생태체계적 관점의 개요

전통적으로 사회복지는 인간과 환경 간의 상호작용을 강조하는 환경 속 인간(person in environment)의 관점을 유지해왔다. 이 관점의 기본 전제는 클라이언트를 고립된 존재로 보는 것이 아니라 그를 둘러싼 다양한 환경들과 끊임없이 상호작용하는 하나의 체계(system)로 보는 것이다. 환경으로부터 영향을 받는 동시에 개인 자신도 환경에 영향을 미치면서 상호 교류하는 역동적인 체계로 이해한다. 따라서 이 관점은 사례관리자에게 클라이언트 및 그가 처한 상황을 통합적인 시각으로 바라보고, 다양한 체계 수준의 해결방안을 모색하는 데 유용한 도움을 준다.

다음은 사례관리에서 생태체계적 관점을 적용하는 원칙이다(권진숙 · 박지영, 2008: 42).

① 개인과 환경은 서로 분리할 수 없는 존재로 본다.
② 실천과정에서 사례관리자는 클라이언트와 동등한 파트너십을 형성한다.
③ 사례관리자는 개인이 환경에 미치는 영향, 환경이 개인에 미치는 영향 모두를 고려해야 하며, 이러한 상호관련성은 문제에 대한 사정단계뿐 아니라 문제해결의 과정에서도 충분히 반영되어야 한다.
④ 클라이언트의 생활환경과 더불어 생애주기에서의 특징을 사정한다.
⑤ 클라이언트와 환경 간의 적합성을 증진시킬 수 있는 개입방법을 모색한다.
⑥ 클라이언트와의 상호 긍정적인 관계 및 협력적 경험을 통해 그가 가진 개인적 유능성(competence)을 증진시킨다.
⑦ 비공식적, 공식적 지원은 사례관리자의 개입과 조화를 이루어야 하며, 이러한 지원체계는 실천과정에서 필수적인 요소로 본다.
⑧ 클라이언트와 함께 해결방안을 모색하고 클라이언트의 역량강화에 초점을 둔다.

2) 사례관리에서 생태체계적 관점의 적용

첫째, 이 관점은 개인과 가족이 당면한 문제를 총체적으로 이해하는 데 도움을 준다. 사정단계에서 사례관리자는 클라이언트와 관련한 여러 체계에 접촉하여 정보를 얻기 때문에 한 개인으로부터 얻을 수 있는 정보 수준을 넘어 훨씬 다양하고 객관적인 정보를 획득한다. 한 예로 어떤 가족이 가장의 갑작스런 실직으로 인해 위기에 처했다고 치자. 이 경우 생태체계적 관점은 실직을 당한 당사자뿐 아니라 가족원들 모두를 만나 정보를 얻고 그들의 욕구를 파악할 수 있다. 그 외에도 실직 상황에 대한 정보를 얻기 위해 그가 다니던 회사의 동료와 상사, 고용 관련 기관의 담당직원을 접촉할 수 있다. 아울러 실직으로 인한 가족원의 심리사회적 변화를 파악하기 위해 확대가족이나 주위 사람들, 학교와 같은 다양한 체계에 관여하여 문제에 대해 총체적으로 이해할 수 있다.

둘째, 이 관점은 개인, 집단, 공동체를 포함한 다양한 환경체계에 개입할 때 어느 한 대상에만 국한하지 않는다. 즉, 개입을 할 때 어느 한 모델에 치우치기보다 다양한 모델을 선택하고 절충적으로 활용한다. 따라서 사례관리자들은 클라이언트를 돕기 위해 다양한 수준의 사람 혹은 체계와 일하며, 그들에게 다양한 실천 모델을 적용한다. 앞서 제시한 실직 가족의 경우, 그 상황을 총체적으로 이해할 뿐 아니라 복잡한 욕구를 해결하기 위해 실직당한 당사자와 가족원들의 상태에 가장 잘 맞는 서비스를 계획할 수 있다. 예컨대 개인을 위한 상담이나 취업지원뿐 아니라, 가족원 전체를 결속시키는 프로그램을 소개하거나, 유용한 지지집단이나 가족옹호프로그램에 의뢰할 수 있다. 비슷한 경험이 있는 지역 주민들을 연결시켜 집단의 힘을 통해 문제해결의 실마리를 제공할 수 있다.

셋째, 사정 도구로서의 유용성이 크다. 다양한 사정 도구 중에서 여기서는 4체계(클라이언트체계, 행동체계, 표적체계, 변화매개체계)의 분석과 활용을 소개한다. 4체계는 사회복지사와 그가 일하고 있는 조직(사회복지사, 사회복지기관)을 말하는 변화매개 체계(change agent system), 서비스나 도움을 필요로 하는 클라이언트 체계(client system), 변화매개 체계가 목적을 달성하기 위해 변화시키고자 하는 사람들인 표적 체계(target system), 그리고 변화매개 체계가 목적 달성을 위해 함께 일하는 사람들(이웃, 가족, 학교, 친구, 동료, 각종 조직과 단체 등)인 행동체계(action system)다(Pincus & Minahan, 1980).

사례관리자(변화매개 체계)는 클라이언트를 도울 때 개입단계에 따라 누가 가장 도움을 원하고 있는지(클라이언트 체계), 변화가 필요한 사람은 누구인지(표적 체계), 변화를 위해 함께 할 사람은 누구인지(행동체계)를 분명히 해야 한다. 이때 고려할 점은 각 체계는 고정되어 있지 않고, 시간과 상황에 따라 변한다는 것이다. 앞서 실직 가족의 예로, 실직 당사자인 남편이 일차적인 클라이언트 체계가 되지만, 경우에 따라서 혹은 시간이 지나면서 가족 전체가 클라이언트 체계가 되기도 한다. 실직한 남편을 돕기 위해서는 아내 혹은 다른 가족원이 행동체계가 될 수 있는데 경우에 따라 오히려 변화가 필요한 표적체계가 된다. 특히 사례관리자는 주변의 사회관계망과 자원을 활용하는 역할이 중요하기 때문에, 클라이언트 체계를 도울 수 있는 지역 내 다양한 행동체계(서비스와 자원)를 찾아 연결하고 그 결과를 점검, 조정하는 일에 최선을 다해야 한다.

넷째, 클라이언트가 당면한 문제와 상황을 총체적, 통합적으로 이해하기 때문에 개입에서도 어느 한 부분에 치우치지 않고 관여된 여러 체계를 함께 인식하면서 다양한 수준(미시, 중범위, 거시)의 변화를 끌어낸다. 문제해결에 참여했던 주변 체계들은 개입 후에도 클라이언트의 자립과 자활을 도와주는 유용한 지지체계이면서 관계망으로 활용이 가능하다. 앞서 실직을 당한 가족의 경우, 가족이 어떤 긍정적 변화를 경험하게 되면 그 상황이 계속 유지되거나 혹은 더 개선되도록 체계적 관점에서 개인, 가족원, 그리고 관여된 주변 사람들을 연결시켜 지지적인 관계망을 만들 수 있다(최옥채 외, 2023).

2. 강점 관점

1) 강점 관점의 개요

강점 관점(strengths perspective)은 최근 사회복지실천의 흐름을 잘 대변해준다. 이 관점은 기존의 병리적 접근과 달리 실천과정에서 클라이언트 역량을 강화하고 그가 가진 강점이나 장점을 적극 활용하고자 한다. 여기서 강점이란 클라이언트가 달성하고자 하는 목적을 성취하는데 활용할 수 있는 능력과 용기, 의지, 자신감, 가능성, 비전, 가치, 희망, 통합성 등을 일컫는다. 예로 클라이언트가 갖고 있는 대처기술, 지지체계, 문제해결기술, 책임감, 성취동기, 대인관계기술, 도덕적 발달수준, 일과 직업에서의 성공요인, 건강한 습관, 자아기능, 유연성, 흥미, 영적 성숙, 결단력 따위이다(박미은, 2018).

이 관점에서 문제해결의 주체는 전문가가 아니라 클라이언트 자신이며, 문제해결을 위한 접근도 전문가가 원하는 방향이 아니라 클라이언트가 원하는 것에 초점을 두고 함께 협력하는 과정을 중시한다. 이 특징은 사례관리에서도 동일하게 적용된다. 앞서 서술한 바와 같이, 사례관리의 기본 목적은 클라이언트 스스로 자신을 관리하는 주체가 되어 가는 것이다. 즉, 자립이나 자활, 독립을 통해 자기보호의 주체가 되는 것이다. 이런 목적을 위해 사례관리에서 유용하게 적용할 수 있는 관점이 바로 강점 관점이다.

최근 우리 현장에서 강점 관점을 활용한 사례관리 실천이 늘고 있다. 앞으로도 사회복지실천의 흐름을 반영하는 강점 관점은 사례관리에서 확대될 전망이다. 사례관리 실천에서 강점 관점을 활용하는 원칙은 다음과 같다(노혜련 · 유성은, 2007: 78-79).

① 모든 사람은 강점이 있다고 믿는다. 그렇기 때문에 사례관리 실천과정은 각 개인의 강점과 관심에 초점을 두고 이를 적극 활용한다. 삶의 고난에도 불구하고 모든 사람은 자신의 삶의 질을 향상시키는 데 필요한 강점을 갖고 있다. 대부분의 경우에 클라이언트는 부정적인 것보다는 긍정적이고 기능적인 면이 많다고 믿는다.

② 모든 사람은 본래부터 배우고, 성장하고, 변화할 수 있는 능력을 갖고 있다. 그렇기 때문에 사례관리 실천과정은 클라이언트에 대한 기대를 가능한 한 높이 설정하고 그들이 갖고 있는 관심, 희망, 꿈에 초점을 두고 전개하는 것이 좋다.

③ 클라이언트는 자신을 위한 최선의 것을 결정할 능력이 있으므로 사례관리 실천과정은 클라이언트가 원하는 것에 초점을 맞춘다.

④ 사례관리자는 클라이언트와 협력할 때 가장 효과적으로 실천할 수 있다.

⑤ 모든 환경은 클라이언트를 도와줄 수 있는 잠재적 자원이다. 그렇기 때문에 사례관리자는 가족, 이웃, 친구, 친지 등을 통해서 이미 자연적으로 이루어지고 있거나 앞으로 이루어질 수 있는 비공식적 자원을 먼저 찾아 촉진시키는 것이 필요하다.

참고로, 기존의 병리 관점과 강점 관점의 차이를 제시하면 〈표 3-1〉과 같다.

〈표 3-1〉 병리적 관점과 강점 관점의 비교

병리적 관점	강점 관점
개인을 "사례"로 정의한다. 증상을 보고 진단을 한다.	개인을 독특한 존재로 정의한다. 특성, 재능, 자원을 강점에 추가한다.
문제에 초점을 둔 치료를 한다.	가능성에 초점을 둔 치료를 한다.
개인의 이야기는 전문가에 의한 해석을 통해 진단을 환기시키는 데 도움을 준다.	개인적인 이야기는 그 사람을 알고 평가하기 위한 과정에 필수적인 요소이다.

병리적 관점	강점 관점
실천가는 개인의 이야기에 회의적이다.	실천가는 그 사람의 내면으로부터 개인들을 이해한다.
아동기 외상은 성인 병리의 전조 증상이며, 예측요인이다.	아동기 외상은 병리의 예측 요인이 아니다. 그것은 개인을 약하게도 강하게도 할 수 있다.
치료 작업의 중심은 실천가에 의해 고안된 치료계획이다.	치료 작업의 중심은 가족, 개인, 혹은 지역사회의 열망이다.
사회복지사는 클라이언트 삶의 전문가이다.	사회복지사가 클라이언트 삶의 전문가가 아니라, 클라이언트, 가족, 지역사회가 전문가이다.
선택, 통제, 헌신, 개인적 발달의 가능성은 병리에 의해 제한된다.	선택, 통제, 헌신, 개인적 발달의 가능성은 열려있다.
실천을 위한 자원은 전문가의 지식과 기술이다.	실천을 위한 자원은 개인, 가족, 혹은 지역사회의 강점 역량과 적응적 기술이다.
원조는 증상들과 행동, 감정, 사고, 관계의 부정적인 개별적, 사회적 결과들의 영향을 줄이는 데 초점이 있다.	원조는 삶에 대한 확신을 갖고 살아가도록 돕고, 유익한 가치들과 헌신성을 발달시키며, 지역사회에 대한 소속감을 발전시켜 나가는 데 초점을 둔다.

출처: Saleebey(1996), p.298.

2) 사례관리에서 강점 관점의 적용

첫째, 강점 관점의 중요한 특성은 클라이언트 및 환경을 바라보는 태도가 매우 긍정적이고 낙관적이라는 점이다. 따라서 사례관리자가 이 관점을 적용하기 위해서는 먼저 강점 관점의 철학과 특성을 내면화하여 실천에서 자연스럽게 묻어나도록 해야 한다. 강점 관점은 구체적인 방법이나 기술이기에 앞서 클라이언트 및 그가 당면한 상황을 긍정적으로 바라보는 시각 혹은 인식의 틀이기 때문에, 사례관리자가 이를 실천에 옮기기 위해서는 끊임없는 자기성찰의 노력이 있어야 한다. 사례관리자의 시각이 강점에 기초하고 있을 때 클라이언트의 강점을 찾아 적극 활용할 수 있다.

둘째, 강점의 내용과 범위는 다양하지만, 클라이언트에게 필요한 강점을 선택하고 활용하는 능력은 사례관리자의 몫이다. 복잡한 문제와 어려움에 가려 잘 드러나지 않는 강점을 찾아내기는 쉽지 않다. 클라이언트가 갖고 있는 유형과 무형의 강점은 사례관리자가 클라이언트를 개별화하여 믿어주고, 그의 결정을 인정하고 동의해주는 협력과정을 통해 활용이 가능하다. 강점 관점은 임파워먼트(empowerment) 실천으로 구체화되는데, 그 실천원리는 클라이언트와의 협력적 관계형성, 자기결정권과 선택권의 존중, 자발적인 참여 등이다. 임파워먼트 실천에서 기대하는 것은 클라이언트가 대처능력을 강화하여 외부 도움 없이 자립과 자활의 삶을 살아가는 것이다. 따라서 사례관리자는 강점 관점을 실천에 옮기는 구체적인 방법과 전략을 잘 습득하여 클라이언트가 자기보호(self-care)의 수준을 높일 수 있도록 지원해야 한다.

보충자료 **강점, 임파워먼트, 역량의 개념 익히기**

사회복지실천에서 강점 관점(strengths perspective) - 임파워먼트(empowerment) - 역량(competence)은 어떤 관계에 있을까?
학자들의 대체적인 의견은 강점 관점이 구체화된 것이 임파워먼트이고, 임파워먼트의 핵심개념이 역량이라고 지적한다. 다시 정리하면, 임파워먼트는 강점 관점에 토대를 두고 있고, 임파워먼트에서 가장 중요한 요소는 클라이언트의 역량 강화이다. 이러한 관계는 서로 분리된 것이 아니라 연속적인 일련의 과정으로서 밀접한 연관성이 있다(박미은, 2001; 양옥경 · 최명민, 2006). 이와 관련한 세 용어의 의미를 제시한다.

- **강점**: 이는 병리(pathology)와 구별되는 개념이다. 어원적으로는 정상, 주장성, 행동성, 통합성을 나타낸다. 이에 반해 병리란 보통 비정상, 장애, 그리고 질환을 뜻하며, 그 어원은 고통, 인내, 슬픔을 나타내는 그리스어 'pathos'에서 유래하였다. 이런 측면에서 강점이란 개인, 가족, 집단, 지역사회가 갖고 있는 능력, 용기, 의지, 역량, 가능성, 비전, 가치, 희망, 통합성 등을 일컫는다.
- **임파워먼트**: 이는 힘(power)의 개념에 뿌리를 둔다. 힘에는 보통 타인에 대한 통제나 영향력의 소유, 법적이고 공적인 권위, 능력이나 권리, 신체적인 힘 등이 포함된다. 힘이란 한 마디로 권리, 자원, 기회에 일정한 통제를 가하는 것이다. 이런 측면에서 임파워먼트란 타인에 대해 통제와 권위, 영향력을 행사할 뿐 아니라 자신의 삶을 통제할 수 있도록 도와주는 것이다.
- **역량**: 이는 다른 말로 유능성(competence)이라 불리는 것으로, 역량은 일반적인 능력(ability)과 약간 차이가 있다. 능력은 주어진 힘이나 기술을 최대한 활용하는 데 초점이 있다면, 역량은 그런 능력에 더해서 아직 발휘되지 않은 내적 잠재력을 최대화하여 끌어낸 힘을 의미한다. 또한 역량은 앞서 생태체계적 관점에서 다루었듯이, 개인이 주변 환경과 효과적으로 상호작용하는 능력을 말한다. 그 예로 확신을 바탕으로 의사결정을 할 뿐 아니라 자신의 판단을 믿으며, 환경 안에서 자신이 원하는 바가 실현될 것이라고 받아들이고, 환경적 자원이나 사회적 지지를 계획성 있게 활용하는 능력 따위이다.

셋째, 강점의 발견과 활용은 클라이언트가 살고 있는 생활현장에서 이루어지는 것이 좋다. 사무실에서도 클라이언트나 가족을 면담할 수 있지만, 생활현장을 찾는 적극적인 아웃리치(out-reach)가 여러 면에서 장점이 있다. 우선 클라이언트의 생생한 모습을 관찰할 수 있을 뿐 아니라, 문제 이면에 가려져 있는 강점과 가능성을 가까이서 찾아낼 수 있다. 따라서 강점 관점을 실천에 옮기는 사례관리자는 가정방문과 현장방문을 통해 클라이언트의 강점과 가능성을 찾아내고 이를 적극적으로 활용하려는 자세가 필요하다(박미은, 2018).

3. 임파워먼트 관점

1) 임파워먼트 관점의 개요

임파워먼트(empowerment)란 스스로 힘을 획득하거나 행사하는 것, 누군가로부터 힘을 부여받는 것을 의미한다. 힘이란 자신이나 타인에 대한 통제, 영향력의 발휘, 공적인 지위나 권위, 자원이나 기회에 대한 접근 등을 의미한다. 이런 면에서 임파워먼트란 개인적 이유든, 사회구조적 이유든, 혹은 양자 간의 복합적인 이유든 개인이 환경과의 상호작용에서 억압되었거나 상실한 권리, 기회, 자원, 통제력을 회복시키는 것이다.

임파워먼트 관점은 앞에서 살펴본 강점 관점과 관련이 있다. 강점 관점은 인간의 병리보다는 강점에 초점을 두는데, 그 강점의 핵심이 역량(임파워먼트)이기 때문이다. 따라서 임파워먼트 관점은 실무에서 역량강화 실천의 근거가 되며, 사례관리 실천에서도 서비스 이용자의 역량강화를 위한 유용한 지침이 될 수 있다. 임파워먼트 관점을 활용하는 원칙은 다음과 같다(박미은, 2001, 2018; 정순둘 외, 2007: 271-291; 박선영, 2011).

① 클라이언트의 내적, 외적 역량을 사정하고 이를 활용한다.

사회복지사는 클라이언트가 경험하는 무력감이 무엇인지 알아보고, 이를 극복하는 데 필요한 내적, 외적 역량을 사정한다. 무력감의 근원은 무엇이며, 이로 인해 심리사회적 기능에 어떤 영향을 미치는지 알아본다. 클라이언트가 회복되는 과정에서 그의 강점과 잠재력을 밝혀내고 이를 활용함으로써 자신에 대한 비난과 부정적인 평가에서 벗어나도록 돕는다. 아울러 클라이언트에게 도움이 되는 가족, 친척, 이웃, 관련기관과 같은 공식적, 비공식적 자원을 활용한다.

② 클라이언트의 자기결정권을 존중해야 한다.

자기결정권은 클라이언트가 서비스에 참여하는 시점에서부터 새로운 문제해결의 방법을 찾아 자신의 삶을 주도해 가는 전 과정에서 존중되어야 한다. 이를 통해 클라이언트는 자신이 처한 상황을 충분히 이해하고 해결책을 선택, 결정할 수 있다. 클라이언트가 자신의 삶에 대한 통제력을 회복해가는 과정에서 그 구체적인 개입방법은 클라이언트 수준에 맞게 개별화되어야 한다.

③ 클라이언트와 상호 협력적인 관계를 유지한다.

임파워먼트 관점에서 사회복지사와 클라이언트의 관계는 상호협력과 신뢰, 힘의 균형을 바탕으로 한다. 개입의 전 과정에서 서로 존중하고 배려하며, 진실함을 느낄 수 있어야 한다. 사회복지사는 위급상황을 제외하고는 클라이언트가 참여하는 속도에 맞추어 개입을 진행해야 한다. 클라이언트는 사회복지사와 함께 주도적으로 관계를 형성하며, 사회복지사는 이를 지지하고 격려한다.

2) 사례관리에서 임파워먼트 관점의 적용

임파워먼트 관점에서 개입은 크게 세 가지 수준에서 이루어진다. 즉 개인적이고 대인적인 수준(미시적 수준), 조직 및 기관의 수준, 그리고 지역사회 및 사회적 수준이다. 세 가지 수준을 고려하여 다음과 같이 제시할 수 있다.

첫째, 미시적인 수준에서 사례관리자는 클라이언트와 협력적 관계를 형성하고 그로 하여금 필요한 자원에 접근하도록 도우며, 내적인 유능감과 자기효능감을 높이도록 개입한다. 대인관계에서도 클라이언트로 하여금 타인에게 영향력을 행사할 수 있는 힘을 키우도록 지원한다. 미시적 수준에서 사례관리자가 활용하는 개입 전략은 다음과 같다.

① 자원과 서비스에 대한 정보 제공
② 법적인 권리주장에 대한 훈련
③ 내적인 욕구충족 및 문제해결에 필요한 교육과 훈련
④ 클라이언트가 자신의 자원을 직접 활용하도록 지지하는 것
⑤ 비공식적 지원체계를 활용한 자원획득 기회의 증가
⑥ 자원획득에 방해되는 요인을 관리하는 교육
⑦ 지역의 다양한 지원체계에 클라이언트를 연결하는 것

둘째, 조직 및 기관의 수준에서 사례관리자는 클라이언트의 이익을 대변하기 위해 기관정책이나 규정(혹은 내규) 등에 영향을 미치는 개입을 할 수 있다. 또한 사례관리 서비스에 클라이언트가 주도적으로 참여하도록 격려할 수 있다. 이 수준에서 사례관리자가 활용하는 개입 전략은 다음과 같다.

① 사례관리자는 자신이 속한 기관에서 역량강화 실천이 가능하도록 하는 것
② 클라이언트가 서비스선택과 결정권을 행사하도록 보장하는 것
③ 클라이언트를 옹호하는 조직 내 힘을 결집하여 기관 정책에 영향력을 행사하는 것
④ 클라이언트를 옹호하기 위해 개별 접촉보다는 집단적 힘을 결집하여 기관과 협상하는 것
⑤ 기존 서비스를 개선하기 위해 새로운 서비스 개발을 촉진하는 것

셋째, 지역사회 수준에서 사례관리자는 클라이언트가 스스로 자신이 경험하고 있는 문제의 근원을 분석하고, 억압된 욕구를 탐색하며, 필요한 전략을 모색하도록 지원한다. 이를 위해 사례관리자는 클라이언트 문제에 대한 정확한 인식, 집단적 연대, 개혁적 마인드를 갖추고 있어야 한다. 또한 지역자원을 활용하여 서비스 이용자 및

개혁적 마인드를 갖추고 있어야 한다. 또한 지역자원을 활용하여 서비스 이용자 및 주민의 삶의 질을 높이고, 주민과 함께 복지공동체를 이루어가는 노력을 지속적으로 전개해야 한다. 이 수준에서 사례관리자가 활용할 수 있는 개입 전략은 다음과 같다.

① 주민들과 지역사회의 목표를 공유하기
② 목표에 대한 지역 주민들의 헌신과 참여를 이끌어내기
③ 갈등처리에 필요한 효과적 의사소통을 훈련하기
④ 지역사회 외부 체계들과 효과적으로 상호작용하기
⑤ 지역사회 문제해결에 필요한 자원을 동원하기
⑥ 장기적 차원에서 지역사회의 힘과 자산을 구축하기

4. 가족사정과 개입 이론

1) 가족사정과 개입 이론의 개요

클라이언트를 이해하기 위해 사례관리자가 중요하게 생각하는 환경체계는 가족체계(family system)이다. 클라이언트에게 가족은 일차집단으로서 문제해결에 긍정적인 자원이면서 동시에 변화의 대상이다. 그렇기 때문에 사례관리 실천에서 가족은 문제의 사정과 개입에서 중요한 단위가 된다. 실제로 사회복지사에 의한 사례관리는 가족 혹은 가구를 그 기본 단위로 하는 실천이라고 할 수 있다.

가족은 하나의 역동적인 체계이다. 가족은 시간이 흐르면서 여러 면에서 고유한 특성을 만들어 가는데 나름의 규칙, 역할, 세력, 구조, 의사소통 유형 등을 발전시킨다. 가족 안에 어떤 문제가 발생하면 그것은 특정 구성원의 문제이기보다 가족 전체의 문제이며, 그 구성원은 '가족의 문제를 표출시키고 있는 사람'으로 간주한다. 예를 들어, 한 아동이 습관적으로 공격적인 행동을 한다면, 그것은 그 아동만의 문제라기보다 전체 가족의 문제로 이해한다. 따라서 사례관리자는 한 개인의 성장과 발달, 그리고 문제를 이해할 때 이러한 시각에서 접근할 필요가 있다. 다음은 가족을 하나의 체

계로 이해할 때 고려하는 특성이다(김유숙, 1998; 박미은 외, 2020).

① 가족은 각 부분의 특성을 합한 것 이상의 특성을 지닌 체계이다.
② 이러한 가족체계의 움직임은 어떤 일반적 규칙(family rule)에 의해 지배되고 있다.
③ 모든 가족체계는 경계(boundary)를 가지고 있다. 이와 같은 경계의 특성은 가족체계가 어떻게 기능하는가를 이해하는 데 중요하다.
④ 가족체계의 한 부분의 변화는 가족체계 전체의 변화를 초래할 수 있다.
⑤ 가족체계는 완전하지 않아 항상 비교적 안정된 상태를 유지하려는 경향이 있다.
⑥ 가족체계 기능 중 체계 간의 의사소통이나 피드백(feedback) 기능이 중요하다.
⑦ 가족 내 개인의 행동은 직선적(linear)인 인간관계보다는 순환적(circular)인 인간관계로 보는 것이 이해하기 쉽다.
⑧ 다른 열린 체계와 마찬가지로 가족체계는 목적을 가지고 있다.
⑨ 가족체계는 여러 하위체계에 의해서 성립되며, 또한 가족체계는 지역사회와 같은 보다 큰 상위체계의 일부이다.

가족을 사정하는 목적은 가족의 욕구와 문제를 파악하고 가족의 장점과 자원을 활용하여 가족을 지원하기 위해서이다. 가족에 대한 사정은 크게 다섯 가지로 볼 수 있다. ① 가족이 제시하는 문제를 확인한다. ② 생태학적(혹은 환경적) 사정으로 가족과 환경체계 사이의 관계를 파악한다. ③ 세대 간 사정으로 확대 가족과의 관계 및 여러 세대에 걸쳐 반복적으로 나타나는 문제를 파악한다. ④ 가족 내부에 대한 사정으로 가족의 구조와 기능, 의사소통, 가치, 신념체계 등을 파악한다. ⑤ 가족생애주기에 따라 가족문제의 특수성과 보편성을 파악한다.

이러한 사정을 바탕으로 가족개입에서는 가족과 신뢰관계를 형성한 후, 문제해결을 위한 다양한 활동을 한다. 가족 혹은 가구단위 개입에서는 다양한 가족치료이론(예: 정신역동, 보웬(Bowen), 경험적, 구조적, 전략적, 해결중심 가족치료 등)을 비롯하여, 여러 상담이론(정신분석상담, 인지행동상담, 가족중재, 역할연습, 가족옹호 등)과 기법을 활용할 수 있다(김혜란 외, 2022).

2) 사례관리에서 가족사정과 개입 이론의 적용

여기서는 사례관리자가 가족 혹은 가구 단위로 실천할 때 활용할 수 있는 개입 전략을 살펴보고자 한다(박미은 외, 2020: 89-121).

첫째, 사례관리자가 가족을 도울 때 제일 먼저 하는 것이 관계형성이다. 가족치료에서는 이를 '가족과 합류하기(joining)'라고 한다. 이는 상담자가 개인과 맺는 라포(rapport, 친화관계)와 유사한 것이다. 합류란 사례관리자가 가족 안으로 들어가는 것을 말하는데, 이를 위해 사례관리자가 먼저 가족에게 진심어린 관심을 보이고 이야기를 경청하고 공감하는 것이다. 가족의 언어사용 및 대화방식에 맞는 말을 하면서, 이끌기보다는 따라가면서 가족과 친해지고 모든 가족원과 고르게 관계를 맺도록 애써야 한다.

둘째, 가족 혹은 가구 단위의 욕구를 잘 파악할 필요가 있다. 욕구는 크게 세 가지로 분류된다. ① 의, 식, 주와 같이 가구 단위의 생존을 위해 충족되어야 하는 기본적 욕구이다. ② 발달적 욕구로서 이는 자녀의 출산이나 독립, 성인기나 노년기로 이행하는 과정에서 겪는 문제나 스트레스와 관련된다. ③ 이 밖에 가구의 경제 여건이나 가족원들의 관계갈등, 자녀문제와 같은 상황적 욕구도 파악해야 한다. 사례관리자는 가족원들의 욕구를 가능한 고르게 사정하고, 가족 단위에서 통합적으로 파악할 필요가 있다.

셋째, 가족체계를 이해할 때 사례관리자는 환경적 사정의 방법으로 생태도(eco-map)를 활용한다. 생태도는 가족과 주요 환경체계 간의 상호작용과 자원의 흐름, 교환, 관계 양상 등을 시각적으로 표현해준다. 이를 통해 가족이 그들의 욕구를 어떻게 충족해 왔는지, 혹은 어떤 자원들이 결핍되어 있는지, 향후 필요한 자원은 무엇인지를 파악할 수 있다. 사례관리는 가족원의 복합적인 욕구를 충족시키는 자원과 서비스의 연결이라는 측면에서, 생태도 활용을 통해 개입 전과 후 가족 자원망의 변화를 확인할 수 있다.

넷째, 가족체계를 파악하는 또 다른 방법은 가계도(geno-gram)를 활용한 종적인 사정이다. 가계도는 최소 2~3세대에 걸친 가족의 역사와 흐름을 한눈에 보여주는 사정도구이다. 이를 통해 가족의 구조와 구성, 여러 세대에 걸쳐 반복되는 문제, 가족의 독특한 문화와 역사 등을 이해할 수 있다. 사례관리 실천에서 클라이언트가 처한 어려움이 그 가족의 독특한 구조 및 흐름과 관련이 있을 경우, 가계도를 통해 이를 확인하고 적절한 개입방법을 모색할 수 있다. 즉, 여러 세대에 걸친 가족문제를 예방하는 가족치료 기법(예, 보웬의 다세대 가족치료, 탈삼각화 기법과 코칭 등)을 사용할 수 있다.

다섯째, 가족옹호를 통해 가족을 적극적으로 도울 수 있다. 사례관리자는 가족이 장애나 능력 손상 혹은 원치 않는 억압과 피해 등으로 자신의 권리를 주장하기 어려울 때 가족을 옹호할 필요가 있다. 옹호를 통해 가족원 혹은 가구에 필요한 주거환경, 수입, 보건의료 등과 같은 서비스나 자원을 확보해주고, 가족에게 우호적인 환경을 만들 수 있다.

쉬어가기 **사례관리 맛보기**

"나를 쓰다듬어 주시는 우리 할머니" (3)

잔잔하게 부는 바람이 때론 선선하게 느껴지듯 민수네 가정에도 잔잔한 바람이 불기 시작했다. 지정후원자가 생겼고, 급식 단체에서는 식료품 지원도 결정되었다. 물론, 여전히 할머니가 갈망하는 주거 문제는 남아 있었지만, 기다림 속에 행복한 소식이 다시금 전해졌다.

주거를 신청했던 곳에서 민수의 사례가 선정된 것이다.

"너무 잘되었어요. 다행이다. 집이 이래서 민수는 계절에 상관없이 감기에 걸리고, 민수 아범도 피부병에 걸릴 정도였거든."

민수 가정에 도움의 손길이 하나둘 닿기 시작하였다. 민수의 사례를 보고 무료 시공을 해 주겠다는 기업도 있었고, 필요한 가전제품을 지원해 준 후원자도 있었다. 민수에게 종이박스 책상 대신 이제는 진짜 책상도 생겼다.

"선생님, 저 책상이 생겼어요."

행복한 듯 웃는 민수의 얼굴이 아직도 생생하다.

출처: 희망의 지렛대 사례관리네트워크 편저(2013). 『희망 이야기』 p.19에서 발췌

5. 상징적 상호작용주의 관점

1) 상징적 상호작용주의 개요

상징적 상호작용주의(symbolic interaction theory) 관점은 미드(G. Mead)에 의해 체계화된 사회심리학 이론의 한 분파이다. 이 관점을 통해 사회복지사는 인간의 사회적 행위와 상징적인 의사소통을 이해할 수 있다. 상징적 상호작용주의 관점의 기본 원칙은 다음과 같다(김왕배 외, 2006: 500-501).

① 인간은 사고능력을 갖고 있다.
② 사고능력은 사회적 상호작용에 의해 형성된다.
③ 사회적 상호작용을 통해 사람들은 인간 고유의 사고능력을 가능하게 해주는 의미와 상징을 배운다.
④ 의미와 상징은 인간 고유의 행위 및 상호작용을 수행하게 해준다.
⑤ 사람들은 상황에 대한 그들의 해석에 근거해서 행동하고, 상호작용할 때 사용하는 의미와 상징을 수정 · 변경할 수 있다.
⑥ 이러한 수정 · 변경의 능력 때문에 사람들은 여러 가지 행위의 경로를 검토하고, 그 유익함과 불리함을 평가하며, 그 평가에 기초해 어떤 행위를 선택할 수 있다.
⑦ 행위와 상호작용이 누적된 유형이 집단과 사회를 구성하는 것이다.

이 관점에서 인간의 모든 행위는 사회적 행위이고 사회적 상호작용의 산물이다. 사회적 상호작용은 한 사람이 다른 사람을 상대로 하는 의도적인 행위(proaction)와 이에 대한 다른 사람의 반응(reaction)으로 이루어지는 과정으로, 인간의 모든 사회적 행위를 이해하는 기본 개념이다. 인간의 모든 행위는 상황이라는 맥락에서 일어나고, 이 상황을 주관적으로 해석하고 의미를 부여하면서 상호작용이 일어난다. 인간의 상호작용은 다양한 상징들의 교환을 통해 이루어지는데, 이런 면에서 인간의 모든 상호작용은 상징적 의사소통이라고 할 수 있다. 상징에는 언어를 비롯하여, 문자, 기호, 신체적 움직임, 표정, 제스쳐 등이 포함되며, 이는 사회화과정을 통해 학습되고 내면화된다.

특히 미드(Mead)가 주장한 자아개념은 개인이 속한 사회의 가치, 신념, 태도, 지식, 행동을 내면화하는 사회화과정을 통해 지속적으로 발달한다. 자아란 타인이 생각하는 나를 내가 인식하는 것으로서, 이는 두 가지 측면으로 구성된다. 첫째, 객체적 자아로서 나(Me)는 타인과의 상호작용을 통해 형성된 '사회적 자아'이다. 둘째, 주체적 자아로서 나(I)는 타인의 태도에 대한 나 자신의 반응으로 능동적이고 창조적인 자아이다. 진정한 나는 이러한 Me와 I가 균형을 이루는 사람이다. 인간은 다양한 상징적 상호작용을 통해 자아를 형성하고 자신에게 기대되는 역할과 행동을 일생 동안 학습한다.

2) 사례관리에서 상징적 상호작용주의 적용

첫째, 이 관점에서 인간은 사회로부터 영향을 받는 수동적 존재가 아니라 자신의 사고능력을 활용해 상황을 해석하고 의미를 부여하는 능동적 존재이다. 자신이 처한 상황의 맥락에서 주위 사람과 상징을 통해 상호작용하면서 살아간다. 따라서 사례관리자는 실천 현장에서 클라이언트가 자신이 처한 여건(맥락)과 어려움을 어떻게 해석하고 의미를 부여하고 있는지 그들의 관점에서 이해할 필요가 있다. 또한 이런 의미부여는 고정된 것이 아니라 상황에 따라 달라지기 때문에, 사례관리자는 클라이언트가 자신과 상황에 대해 보다 긍정적인 의미를 부여할 수 있도록 지원해야 한다.

둘째, 사례관리자는 클라이언트가 오랫동안 사용해온 상징에 관심을 갖고 이에 공감할 필요가 있다. 인간은 누구나 성장하면서 여러 대상(개인, 가족, 집단, 조직 등)과 상호작용하는 특정의 방식과 유형을 발달시키고 내면화하는 경향이 있다. 따라서 사례관리자는 클라이언트의 의사소통 방식을 주의 깊게 관찰하고, 그가 사용하는 말과 언어습관, 비언어적 의사소통 등을 충분히 이해하고 존중하면서 최대한 공감대를 형성할 필요가 있다.

셋째, 사례관리자는 클라이언트가 자신을 어떻게 바라보는지에 관심을 갖고 개입을 해야 한다. 객체로서의 나와 주체로서의 나의 모습은 어떠한지, 긍정적인지 혹은 부정적인지, 또한 이 둘 사이에 적절한 균형을 이루고 있는지를 살펴보고, 건강한 자아개념을 가질 수 있도록 도와야 한다. 특히 가족을 포함하여 자신이 속한 다양한 집단에서 건강한 객체적 자아를 형성하도록 지원하며, 그를 둘러싼 환경이 우호적이 되도록 도와줄 필요가 있다. 또한 능동적인 주체적 자아를 형성하도록 그의 강점과 가능성을 발견해 주고, 그에 맞는 역할을 찾을 수 있도록 지원해야 한다.

넷째, 클라이언트의 욕구충족에 도움이 되는 의미 있는 관계를 확대하는 개입이 중요하다. 사람들은 지리적으로 가까이 있는 사람에게, 자신의 의견에 동조하는 사람에게, 자신과 성격이 비슷한 사람에게, 자신에게 도움이 되는 사람에게, 자신을 좋아하는 사람에게 정서적으로 가까이 가려는 경향이 있다(한규석, 2017; 전병재, 1993: 381-382). 사례관리자는 이러한 경향을 적극 활용하여 클라이언트의 인적 지지망을 확대하고, 이들과 의미 있는 상호작용을 증가시켜 사례관리 실천의 성과를 높여갈 필요가 있다.

6. 사회자본 이론

1) 사회자본 이론의 개요

사회자본 이론(social capital theory)은 최근 사회복지 분야에서 많은 관심을 받고 있다. 여기서는 사회자본의 개념과 구성요소, 그리고 개인과 개인, 개인과 집단 사이에서 사회자본이 어떤 역할을 하는지 살펴보고자 한다(홍현미라, 2006: 65-92 재인용).

사회자본이란 사회적 관계가 제공하는 다양한 기회와 이익의 총합을 말한다. 다양한 사회적 관계망(네트워크)을 토대로 구성원들 간에 신뢰와 호혜성에 의해 만들어진 비실체적 자본이라 할 수 있다. 사회자본 이론을 체계화한 콜먼(Coleman)은 사회자본을 사회적 관계의 측면에서 보았고, 부르디외(Bourdieu)는 우리 사회에 제도화되어 있는 각종 사회적 관계망을 중심으로 보았다. 한편, 퍼트남(Putnam)은 사회적 관계를 사회 안에서 제도적, 비제도적으로 맺어진 관계망으로 보았는데, 이때 구성원들 간에 수평적 관계가 중요하다고 하였다. 인적, 물적 자본은 구체적으로 관찰이 가능하나, 사회자본은 직접 관찰하기 어렵다. 사회자본의 구성요소는 다음과 같다.

① **사회적 관계망**(social networks)

이 관계망은 다양한 제도적 노력을 통해 만들어진다. 사회적 관계망은 대면적이고 자발적이며, 수평적인 관계를 특징으로 한다. 또한 상호 간의 신뢰와 호혜성(상호부조), 시민참여의 역량을 만들어낸다. 관계망 구성원의 이질성과 다양성이 망의 특성과 성격을 좌우한다. 최근에는 정보화 시대의 특성을 반영하여 사회적 연결망으로 불리기도 한다.

② **신뢰**(trustworthiness)

구성원 간에 신뢰는 사회자본의 중요한 요소이다. 신뢰에는 세 가지 유형이 있다. 첫째, 친근하고 사적인 관계에서의 신뢰이다. 이는 당사자들 간에 구체적 상황이 가지고 있는 관계의 구조적 측면을 이해하지 않고는 설명하기 어렵다. 둘째, 알지 못하는 사람과의 관계에서 경험하는 신뢰이다. 이는 서로 잘 알지 못하지만 특정 가치를 공유하거나 규범에 합의할 때 신뢰가 형성된다. 셋째, 제도에 의한 신뢰이다. 이는 공식적인 거버넌스 등의 제도에 초점을 두고 규칙이나 절차의 공정성 확보 및 자원배분을 통해 신뢰가 형성된다.

③ **상호호혜성 규범**(the norms of reciprocity)

이는 사회적 자본의 규범 요소로서, 상호부조의 규범이라고 할 수 있다. 상호부조의 규범은 '호혜적 성격(서로 돌보는 것)'과 '규범적 성격'을 동시에 갖는다. 규범은 공동의 목적을 위해 서로 협력하고, 개인의 이익보다는 공동체의 이익을 지향하도록 이끈다. 이 규범은 사회적 지원이나 지위, 명예나 보상 등에 의해 강화된다. 규범은 구성원들로 하여금 이웃을 위한 배려와 헌신, 공동체를 위한 참여를 촉진하는 중요한 역할을 한다.

이러한 사회자본은 개인과 개인, 개인과 집단 사이에서 긍정적인 역할을 한다. 친근하고 사적인 관계에서 개인들은 언제든지 서로를 돌보고, 필요한 도움을 주고받을 수 있다. 서로 잘 알지 못하는 관계에서도 개인들은 더불어 살아가는 나눔의 정신과 이타성에 따라 서로를 돌보고, 공식 · 비공식으로 도움을 주고받을 수 있다. 또한 자신이 속한 다양한 조직과 집단에서 서로 간에 형성된 신뢰와 호혜성의 규범에 따라 다양한 도움을 주고받을 수 있다. 조직의 구성원으로서 개인의 이익보다 공동체의 이익을 지향하여 조직의 발전에 헌신하고 공동체를 유지하는 데 기여할 수 있다. 이러한 구성원들의 신뢰에 기초한 상호부조 행위는 사회적 약자를 돌보는 사회적 비용을 줄일 수 있다.

2) 사례관리에서 사회자본 이론의 적용

첫째, 사례관리자는 실천과정에서 클라이언트가 갖고 있는 사회자본을 찾아내어 이를 적극 활용할 필요가 있다. 클라이언트를 둘러싼 친근하고 사적인 관계들, 즉 그의 가족, 친구, 이웃, 동네 주민들과의 관계가 어떠한지, 신뢰에 기초하고 있는지, 상호 도움을 주고받는 호혜적 관계인지 파악한다. 이 관계들을 비공식적 지지망 혹은 자원망으로 활용하여 클라이언트가 친근하고 우호적인 환경에서 생활할 수 있는 여건을 만들어야 한다.

둘째, 사례관리자는 클라이언트를 상호부조의 주체로 인식하고, 그를 사례관리 과정에 적극 참여시키는 노력이 필요하다. 사회자본 이론에 따르면 개인들은 상호부조의 일방적 수혜자가 아니라 주체이자 참여자로 간주한다. 긴급한 도움이 필요한 경우에도 현재는 내가 도움을 받지만 언젠가 그 도움을 돌려준다는 것이 상호부조의 규범이다. 이러한 호혜성의 원칙에 따라 사례관리자는 클라이언트를 존중하고 그가 자신의 삶을 주도해 가도록 격려해야 한다.

셋째, 사례관리자는 클라이언트가 새로운 사회적 관계를 형성하도록 도와주어야 한다. 사회적 자본은 사회적 관계 안에 존재하는 자본을 말한다. 클라이언트가 맺고 있는 기존 관계가 취약하거나 기능적이지 않을 때, 사례관리자는 클라이언트로 하여금 새로운 관계망을 형성하도록 관여할 필요가 있다. 새로운 관계망은 클라이언트의 만성적인 욕구를 충족시키는 데 필요한 망으로서, 사례관리자의 개입이 종결된 후에도 의미 있는 상호부조 체계로 기능할 수 있다.

넷째, 사례관리자는 복합적이고 만성적 욕구가 있는 클라이언트를 돌보는 마을 공동체를 만드는 일에 노력해야 한다. 사회적 자본의 가치는 개인들 간의 연결을 뛰어넘어 개인과 집단, 집단과 공동체 간의 연결을 통해 사회 전반으로 확대된다. 사회적 자본은 구성원이 사용하면 할수록 더욱 늘어나는 특성이 있다. 사회적 자본이 사례관리 실천에 갖는 의미는 상호 돌봄의 가치를 지역공동체 안에서 실현하는 것이다. 사례관리자는 사회자본의 호혜적 규범을 내면화하여, 지역 단위의 통합사례관리에 다양한 주체들이 자발적으로 참여할 수 있도록 사회적 연결망을 확대하는 노력을 해야 한다.

다섯째, 실천 현장에서 사회자본의 가치가 구체적으로 드러나려면 사회복지기관들 간에 상호신뢰의 분위기가 성숙되어야 한다. 현재 사회복지 분야는 서비스 공급 주체들의 지나친 경쟁과 이기주의, 시설평가의 부담 등으로 인해 클라이언트를 위한 자발적, 호혜적 협력이 어려운 실정이다. 따라서 사회복지사들은 사회자본의 가치를 내면화하여 동료들 간에, 사회복지기관들 간에 신뢰를 회복하고 경쟁보다는 상생과 협력을 확고히 하는 노력이 필요하다. 사회복지사 자신도 클라이언트에게 가치 있는 사회적 자본이 되어야 한다.

7. 네트워크 이론

1) 네트워크 이론의 개요

네트워크(network)란 그물이나 망을 의미하는 개념이다. 이는 자원, 기술, 사회관계, 지식, 신뢰 등을 서로 공유할 수 있는 사람들 혹은 조직의 공식적, 비공식적인 관계의 망(net)으로서 유대(tie) 또는 연계(linkage)로 정의된다(이준영, 2007: 6). 한편, 네트워킹(networking)이란 조직이나 기관들 간에 망을 형성하는 행위나 과정이다.

최근에는 사례관리에서 의미하는 네트워크를 보다 폭넓게 규정하는 경향이 있다. 즉 네트워크란 "조직(혹은 기관) 간에 상호작용을 하고 유지하고자 하는 활동"이다. 또한 사례관리 네트워크 활동에는 "조직(혹은 기관) 간에 자원교환, 공동사업, 정보교환, 이용자 의뢰, 공동학습, 공동 슈퍼비전 등이 포함된다(진재찬 · 유서구, 2020). 네트워크 활동은 실천분야나 기관 특성에 따라 다르게 나타나지만 대체로 지역 중심의 실천기관일수록 더 활발하고, 서비스가 특화된 기관일수록 덜 활발한 경향을 보여준다.

사회복지 사례관리에서 네트워크가 필요한 이유는 첫째, 서비스 이용자(클라이언트)를 찾고 관리하는 데 어려움이 있어 서비스 누락이 발생하거나, 클라이언트에 서비스가 중복되는 현상이 발생하고 있기 때문이다. 둘째, 클라이언트에게 제공되는 서비스가 단편적이고 자원이 부족하여 지역 내 다양한 관련 조직들 간의 협력이 필요하기 때문이다. 네트워크가 이루어지는 단계는 크게 준비단계, 구성단계, 실행단계, 관리단계로 구성된다. 각 단계별 주요 과제를 간략히 제시해 본다(김영종 외, 2010: 78-98).

① 네트워킹 준비단계

이는 네트워킹이 왜 필요한지에 대한 근거를 마련하는 단계이다. 왜 필요한지를 검토하는 것과 아울러 무엇을 목적으로 하는지를 분명하게 밝히는 단계이다. 아울러 네트워킹의 이득과 비용을 분석하고, 네트워킹 활동을 승인받는 과정이다.

② 네트워킹 구성단계

이는 네트워크를 구성하는 목적을 고려하여 실제 참여가능성을 타진하는 단계이다. 이를 위해 참여 기관에 대한 자세한 정보수집이 필요하다. 참여조직의 규모가 너무 크면 네트워크를 다루기 어려워 명목상 네트워크로 전락할 위험이 있다. 주축이 되는 조직과 지원 조직을 나누어 보고, 네트워크 유형을 고려해 보는 것이 필요하다.

③ 네트워킹 실행단계

네트워크가 구성되면 실행단계로 들어간다. 이전 단계에서 참여기관의 역할을 충분히 논의했다면 분명한 계획에 따라 실제적인 협력 활동을 해야 한다. 네트워크를 운영하면서 겪는 큰 어려움은 협력의 본래 목적을 상실하는 것이다. 그렇기 때문에 참여하는 조직이나 기관을 대상으로 교육을 실시해야 한다. 교육은 협력의 강력한 촉매제가 된다. 교육은 네트워킹의 목적과 각자의 역할을 재확인하고 필요한 기술을 익히며, 의사소통을 촉진하는 장이 된다.

④ 네트워킹 관리단계

이 단계는 네트워크에 참여한 기관들 간에 힘의 균형을 유지하고, 참여기관들이 비용과 이득 사이의 균형을 유지하도록 하는 것이다. 또한 네트워크의 유지를 위해 갈등관리가 필요하다. 참여기관의 무관심과 이탈을 방지하는 노력이 필요하다. 특히 온라인, 오프라인 의사소통을 꾸준히 유지하는 것은 협력을 지속하는 데 도움이 된다.

보충자료 **사례관리 네트워크 구축에서 고려할 사항**

사례관리의 간접적 서비스 기능이 효과적으로 이루어지려면 지역사회 네트워크를 통한 조직 간 서비스 연계와 협력이 필요하다. 사례관리를 위한 지역사회 네트워크를 구축할 때 다음의 원칙을 고려할 필요가 있다.

① 네트워크는 강제나 의무가 아니라 자율적인 수준에서 이루어지도록 한다.
② 네트워크는 참여하는 구성원들이 일정한 목적을 공유 내지 공감하면서, 자율적으로 연계하고 협력한다는 점을 인식해야 한다.
③ 네트워크에서는 구성원 모두가 네트워크 전체에 대해 책임을 진다. 또한 네트워크의 지도자는 구성원들을 통제하거나 관리하는 것이 아니라 네트워크의 제반 활동이 잘 이루어지도록 촉진하고 지원한다.
④ 네트워크의 참여와 탈퇴는 자유로워야 한다. 네트워크가 추구하는 목적에 공감하는 개인과 기관은 자유로이 참여하고, 그렇지 않은 경우는 자유로이 탈퇴할 수 있다.
⑤ 사례관리를 위한 지역 네트워크는 한순간에 외부적인 압력에 의해 이루어지는 것이 아니며, 시간을 두고 단계를 밟아 진행해가는 연속선상의 발전과정으로 인식하는 것이 필요하다.

2) 사례관리에서 네트워크 이론의 적용

첫째, 네트워크 이론은 사례관리의 간접적인 기능인 서비스연계와 조정에서 많은 도움을 받을 수 있다. 사례관리자는 클라이언트의 욕구충족을 위해서 해당 기관의 수준을 넘어 지역사회의 다양한 기관들이 갖고 있는 서비스와 자원을 활용한다. 이때, 사례관리자를 비롯한 협력체계들은 상호신뢰와 호혜성에 근거하여 협력의 목적과 내용, 교류의 수준과 방법을 잘 선택하고 결정해야 한다. 협력의 과정에서 기관들 간에 관계나 사례관리자들 간에 관계는 수평적 구조를 유지해야 하며, 충분한 논의와 협의를 거쳐 일을 처리해야 한다.

둘째, 네트워크 이론은 사례관리의 실천을 보다 효과적이고 효율적으로 진행하도록 사례관리 운영체계에 대한 유용한 정보를 제공한다. 따라서 사례관리를 수행하는 기관에서는 기관 내 팀 사례회의뿐 아니라 지역사회 관련 기관들이 함께 만들어가는 통합사례회의나 통합사례관리 네트워크 형태를 구축해야 한다. 특히 통합적 네트워크에 기반을 둔 사례관리 운영체계는 기관 중심의 사례관리와 비교하여 그 협력내용과 운영방식에 상당한 차이가 있다. 그렇기 때문에 사례관리자들은 네트워크의 개념과 네트워킹의 과정에 대한 충분한 이해가 필요하다.

셋째, 네트워크가 활성화되려면 협력에 영향을 미치는 요인들을 고려할 필요가 있다. 네트워크의 중요한 성공요인은 관련 기관들이 공동 목적에 대해 분명히 합의하는 것이다. 협력의 취지나 목적에 대해 다른 견해가 있거나 사전에 충분한 논의를 거치지 않는 경우, 실제 협력활동이 제대로 이루어질 수 없다. 그리고 공동의 목적은 해당 기관의 이익을 넘어 클라이언트의 권리와 복지를 지향해야 한다. 다양한 기관과 전문가들이 이해관계를 뛰어넘어 협력할 수 있는 명분은 바로 클라이언트의 복지를 위한 것이기 때문이다. 그 외에도 네트워크 담당자 간 충분한 정보공유 및 원활한 의사소통, 상호이해와 신뢰가 뒷받침되어야 하며, 기관 간 업무협약을 체결하고, 사례관리를 전담하는 실무자를 선정하며, 사례관리에 대한 행정적 지원과 함께 사례관리자들에게 슈퍼비전을 제공하는 것이 필요하다.

보충자료 **사례관리를 성공적으로 이끄는 요인**

사례관리자라면 누구나 자신이 하는 사례관리 실천이 잘되기를 바랄 것이다. 그러나 현실은 마음만큼 쉽지 않다. 최선의 실천이 요구된다. 그렇다면 어떤 노력들이 사례관리를 성공적으로 이끄는 것일까? 최근 5년 이상 현장경험이 있는 사회복지사 다섯 명을 심도 있게 인터뷰하여 얻어낸 결과를 보자.

① **클라이언트를 충분히 이해함**: 이는 사례관리자가 자신이 갖고 있는 지식의 한계를 인식하고 클라이언트의 입장에서 최선을 다해 상황을 파악하고 이해한다.
"지금 가장 시급한 일은 여성 클라이언트가 현재 상황에 처할 수밖에 없었던 문화적인 이유, 클라이언트가 주변 환경에 어떻게 영향을 받고, 받아들이는지 같은 여성과 관련된 특수한 이슈들과 관계형성에 도움을 주는 것에 대해 지속적으로 알아보는 거예요."

② **상호 원만한 관계를 형성함**: 이는 클라이언트와 좋은 관계를 형성하면 사례관리자를 인정해주고 필요한 도움을 주도적으로 요청하게 된다.
"필요한 부분에 대해서는 먼저 클라이언트에게 연락이 와서 '이러한 서비스를 제공받고 싶다. 알아봐 줄 수 없겠는지'를 묻는 경우도 있어요. 이런 경우 따로 재사정을 나가지 않더라도 욕구를 확인할 수 있어서 좋을 때도 있어요."

③ **클라이언트의 역량 강화를 위해 노력함**: 이는 사례관리자가 문제나 약점보다는 강점을 강조하는 접근을 통해 가능하다.
"여성 클라이언트가 힘든 상황 속에서 아이들을 그만큼 성장시킬 수 있었던 것에 대해 인정하고 격려해야 해요. 그 힘을 유지시켜 나갈 수 있도록 도와주는 것도 물론 필요하죠. … (중략) … 애들이 말하고 싶을 때 최대한 이야기를 들어주려고 해요. 아무래도 부모님이랑 이야기를 하면 부모님이 화를 낸다는 생각을 많이 하거든요. 오히려 맘을 닫아버리는 거예요. 그래서 기다리는 거죠. 말도 안 되는 소리라도 듣다 보면 다른 의견이 나올 수 있어서 오히려 격려해줘요. 그러고 나서 여러 아동이 제시한 대안 중에 쓸 만한 것을 조금 다듬어서 이야기하고 그 대안을 마련할 수 있도록 강점들을 이야기해주는 편이에요."

④ **클라이언트의 역할 회복을 격려함**: 사례관리자는 클라이언트를 끝까지 대신해줄 수 없기에, 가능한 스스로의 힘으로 자신의 역할을 회복하도록 격려한다.
"몇몇 클라이언트들은 사례관리자와 관계를 지속하기를 원할지도 몰라요. 그런데 시간과 목적달성이 이루어진 경우에는 간간히 전화연락으로만 체크하는 경우가 많아요. 사례관리자라는 것이 그 사람 인생을 좌지우지하는 인생 설계자는 아니잖아요? 그들의 문제점과 그들이 충분히 느끼고 그들이 자립을 하는 시점이라면 사례를 종결하고 다른 사례를 살펴보는 것이 맞다고 생각해요."

출처: 노주환(2012). "성공적인 사례관리를 위한 실천경험에 관한 연구", 숭실대학교 대학원 석사학위논문. pp.70-76에서 발췌.

생각해볼 문제

1. 자신을 사례관리가 필요한 클라이언트로 간주하여, 내가 환경에 영향을 미치는 것과 환경이 나에게 영향을 미치는 것을 생각해 보자. 환경의 범주는 가족, 친구, 학교 혹은 일터를 중심으로 하여 어떤 영향을 주고받는지 의미 있는 것을 적어보자.
2. 자신을 사례관리자로 간주하여, 먼저 나의 강점은 무엇인지 생각해 보자. 그리고 강점 관점의 철학과 태도를 내면화하고 삶을 통해 지속적으로 터득해 갈 의지가 있는지 함께 자유롭게 토의해 보자.
3. 사례관리에서 상징적 상호작용주의 관점과 사회자본 이론의 적용 가능성을 이야기해 보자.
4. 사례관리에서 네트워크가 필요한 이유 및 네트워킹의 단계를 토의해 보자.

Chapter 04

사례관리 구성 체계

사례관리의 구성 체계는 크게 네 가지이다. ① 도움이 필요한 클라이언트, 즉 사례관리 이용자(대상자), ② 클라이언트의 문제와 욕구를 해결할 수 있는 다양한 자원 즉 사회자원, ③ 클라이언트의 욕구를 사정하고 이에 근거하여 다양한 사회자원을 찾고 연결하는 사례관리자, ④ 사례관리 실천을 지원하는 운영체계(사례관리 전담팀, 사례회의, 슈퍼비전 등)이다(아래 [그림 4-1] 참조). 4장에서는 이러한 네 가지 사례관리 구성 체계를 살펴본다.

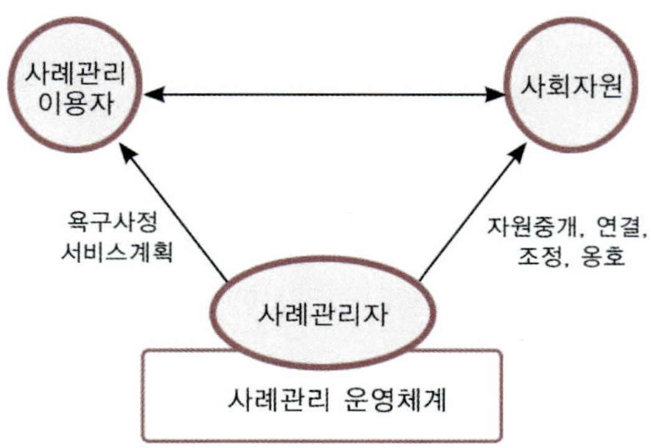

[그림 4-1] 사례관리의 구성 체계

1. 사례관리 이용자

Q & A

Q 사례관리 이용자는 누구든 될 수 있다?

A 반은 맞고, 반은 틀리다. 왜 그럴까?

질문을 풀어 보면 이렇다. 사례관리의 특성을 고려할 때, 사회복지사가 만나는 클라이언트 중에 누가 사례관리 이용자(대상자)가 되는 걸까? 사례관리를 통해 최선의 도움을 받을 수 있는 클라이언트는 누구인가? 사례관리가 필요한 클라이언트(client)는 과연 누구인가? 이에 대해 부연 설명을 해 보자.

역사적으로 사례관리 서비스가 필요했던 사람들은 자기보호(self-care)의 능력을 상실했거나 상당히 약화된 노인, 신체장애인, 정신장애인, 아동 등이었다. 이들은 대부분이 심한 장애나 손상으로 인해 자신이 처한 상황에서 스스로 외부 자원을 찾을 수 없는 사람들이었다. 찾았다 해도 자신의 욕구에 맞는 서비스를 선택하고 결정하기 위해서 서비스 기관이나 전문가들과 협상을 하거나 주장하는 능력이 부족한 경우가 많았다.

요즘 사회복지 현장에는 클라이언트라면 누구나 사례관리가 필요하다고 생각하는 사람들이 많은데 이는 사실과 다르다. 어떤 실천방법은 다른 실천방법과 차별화되는 나름의 특성과 장점이 있기에, 사례관리도 일정한 절차에 따라 적합한 서비스대상을 선정해야 한다. 따라서 사례관리 이용자는 사회복지기관의 모든 클라이언트가 아니라, 사례관리 실천방법을 통해 최선의 도움을 받을 수 있는 사람이 되어야 한다.

이 책에서 사례관리 이용자를 "클라이언트 및 그 가족이 당면한 문제와 욕구가 복합적이고 만성적이어서 이를 해결하는 데는 일부 특정 서비스보다 해당 기관을 포함한 지역의 다양한 서비스와 자원을 통합적으로 제공할 필요가 있는 경우"로 간주한다. 이 기준을 적용했을 때, 사례관리 이용자는 사회복지기관의 단순 서비스 이용자와 다르다고 하겠다.

아래 [그림 4-2]는 사회복지기관의 다양한 클라이언트 중 누가 사례관리 이용자가 되어야 하는지를 잘 보여준다. 각 대상자의 특성은 아래와 같으며, 이와 관련한 보다 구체적인 기준은 사회복지기관의 유형이나 사회복지 분야에 따라 약간 차이가 있다(한국사례관리학회, 2012a: 97-102). [그림 4-2]에 있는 내용 중 서비스의 정형성과 무정형성의 차이는 이렇게 볼 수 있다. 정보이용자와 서비스이용자의 경우에는 기존 서비스 이용의 적정성을 평가하고 그에 따라 어느 정도 미리 정해져 있는 유형화된 서비스를 받는다는 의미에서 서비스 정형성을 특징으로 한다. 이에 비해 잠재적이거나 실제적인 사례관리 이용자의 경우에는 클라이언트의 욕구를 평가하고 그에 따른 서비스를 상대적으로 더 자유롭게 선택하여 패키지화된 서비스를 제공한다는 의미에서 서비스의 무정형성을 특징으로 한다.

- **정보이용자**: 사회복지 관련 정보의 부족으로 당면한 문제해결이나 욕구충족에 어려움을 겪고 있는 클라이언트
- **서비스 이용자**: 개인과 가족의 기능 강화와 복지 수준의 향상을 위해 기관의 단위 서비스를 필요로 하는 클라이언트
- **잠재적 사례관리 이용자**: 복합적이고 만성적인 욕구와 문제를 경험하고 있어서 다양한 사회적 지원을 통한 기능 강화와 삶의 질 향상이 필요한 클라이언트로서, 지속적인 모니터링을 통해 개입의 적절한 시기와 수준을 고려하는 상태
- **사례관리 이용자**: 잠재적 사례관리 이용자 중에서 기관이 마련한 사례관리 운영지침에서 이용자(대상자) 선정기준에 부합한 클라이언트로서, 기능 강화와 삶의 질 향상을 위해 사례관리의 주요 절차 및 업무수행 방식에 동의하고 필요한 서비스 계약을 수립한 클라이언트
- **위기지원 서비스 이용자**: 긴급한 사회적 지원이 없다면 개인과 가족의 물리적 안전이나 심리·정서적 안전을 확보하기 어려운 클라이언트로서, 단기간(3개월 이내)의 위기 안정화조치 이후 필요시 사례관리 이용자로 등록이 가능

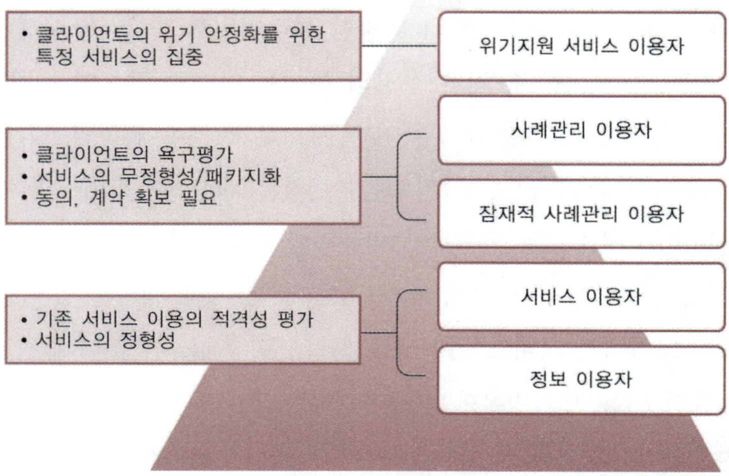

[그림 4-2] 사회복지기관 서비스 이용자와 사례관리 이용자의 구분

출처: 한국사례관리학회(2012a), p.100.

사회복지 실천의 맥락에서 보면, 원칙적으로 사례관리 이용자와 위기지원 서비스 이용자를 구분하는 것이 바람직하다. 하지만 사회복지 현장에는 클라이언트가 위기 상황에서 사례관리 이용자로 선정되어 위기지원 서비스를 받은 후 이어서 일반사례 혹은 집중사례로 분류되어 개입을 지속하는 경우가 많다. 따라서 사회복지기관에서 위기지원이나 긴급지원의 형태로 사례관리가 시작된 경우(혹은 위기나 긴급사례로 시작된 경우) 단기간의 위기지원 후 일반사례 혹은 집중사례로 계속 개입하는 것은 문제가 되지 않는다.

현재 민간 사회복지 현장과 공공영역에서는 클라이언트의 욕구 및 문제의 심각성 수준에 따라 사례관리 이용자를 다음과 같이 분류한다(김성경, 2017; 대전복지재단, 2014; 보건복지부, 2019).

① 일반 사례관리 이용자

문제와 욕구의 심각성이 상대적으로 낮아, 개별 기관에서 단순한 서비스 연계를 통해 지원이 가능한 클라이언트와 가족

• 예시
- 개입해야 하는 이용자의 욕구가 단순하고 명확한 경우
- 단순한 서비스 연계로 이용자가 호소하는 어려움을 해결할 수 있는 경우
- 이용자의 근로의욕이 있고, 문제에 대한 인식이 있어서 단기간 개입으로 자활이 가능한 경우

② 집중 사례관리 이용자

복합적 문제를 가지고 있으며, 문제와 욕구의 심각성이 높아 사례관리자의 집중적인 개입이 요구되며, 다양한 자원과 서비스 연계를 위해 통합적 개입이 필요한 클라이언트와 가족

• 예시
- 어렸을 때부터 지지체계가 미약하여 복합적인 문제를 장기간 갖고 있는 경우
- 전문기관의 장기적 개입을 통한 역량강화 및 지지체계 마련이 필요한 경우
- 위기상황이 해소되더라도 연계기관의 개입에 대한 지속적인 모니터링 필요한 경우
- 지역사회의 인적, 물적 자원연계로 상황이 호전될 가능성이 있는 경우

③ 위기(긴급) 사례관리 이용자

복합적인 문제와 욕구가 심각하고 긴급하여 일상생활 수행의 어려움이 있고, 다양한 자원의 긴급한 개입이 요구되는 클라이언트와 가족

• 예시
- 만성적인 정신질환, 알코올, 지적장애로 자·타해 위험요인이 있는 경우
- 위기상황으로 기본적인 의식주 및 일상생활이 어려운 경우
- 긴급한 문제에 개입하기 위해 개별 기관보다는 전문기관 혹은 다른 기관과의 협력적 대응이 필요한 경우

2. 사회자원

인간은 누구나 자신의 생활과업을 원만히 수행하고 사회생활에 필요한 욕구를 충족시키기 위해 여러 수준의 지원체계(support system)가 필요하다. 이 지원체계는 인간의 삶에서 중요한 사회자원(social resources)이 된다. 이런 의미에서 자원이란 인간의 다양한 생활상의 욕구충족과 문제해결을 목적으로 활용되는 각종의 제도, 시설, 기관, 단체, 프로그램 및 사람들의 지식, 기술, 정보 등을 포함하는 인적, 물적 제요소를 총칭한다.

사례관리를 나타내는 두 가지 키워드는 욕구(need)와 자원(resource)이다. 욕구는 클라이언트의 것이며, 사례관리자에 의해 적절한 자원과 연결된다. 앞서 사례관리 이용자에 대해 살펴보았는데, 이들의 복합적이고 만성적인 욕구가 사례관리의 전제 조건이 된다. 클라이언트 스스로 해소하기 힘든 다양한 생활상의 욕구를 채워주는 것이 사회자원이다. 사례관리의 성공 여부는 적절한 자원연결과 밀접한 관련이 있기에, 자원연계(linkage of resources)는 어떤 한 기관 내에서 이루어지는 활동이 아니라 해당 기관을 벗어나 지역으로 경계를 넓히는 활동이며, 소위 '담장을 넘어가는' 활동이다.

사례관리에 필요한 자원에는 어떤 것이 있는지 알아보자. 자원은 크게 공식적 자원과 비공식적 자원으로 나누어진다(정순둘, 2005: 116-119). 공식적 자원은 공식적인 조직을 통해 제공될 수 있는 자원으로 국가기관, 공공법인, 민간기관이나 시설, 사회단체, 공식협의회, 회원조직 등이 보유하고 있는 것을 말한다. 이러한 공식자원은 특수한 욕구를 가진 클라이언트를 대상으로 서비스를 제공하는 경우가 많으므로 사례관리자는 이러한 지원체계가 제공하는 서비스를 확인하고 목록화하여 활용도를 높여야 한다. 또한 관련 규정이나 지침의 변화를 민감하게 파악하여 가장 최근의 정보를 소유하고 있어야 한다. 각각의 자원 유형이 갖는 특징을 정리해 본다.

- **국가기관**: 시 · 군 · 구 사회복지공무원, 보건의료 서비스를 제공하는 국 · 공립병원, 보건소, 광역 및 기초정신건강복지센터, 그리고 국가에서 시행하고 있는 각종 제도(국민기초생활지원, 장애인활동지원 따위)
- **공공법인**: 클라이언트의 자립생활이 어려울 경우 시설에서 보호받을 수 있는 사회복지생활시설, 시설에서 보호받지 않고 지역에 거주하면서 각종 사회복지서비스를 받을 수 있는 사회복지 이용시설과 사회복지기관, 적십자 등
- **민간기관과 시설**: 민간 기업에서 사회복지 증진을 위해 출자하는 기업의 사회복지재단, 민간이 출자하여 운영하는 유료 사회복지 이용시설과 복지기업 등
- **사회단체**: 사회적 상호작용, 레크리에이션, 취미생활, 기능교육 등을 실시하는 YMCA, YWCA, 여성 단체 등
- **공식협의체**: 중앙 및 전국에 소재한 사회복지협의회 및 사회복지사협회, 사회복지관협회, 각종 사회복지시설협회, 여성단체협의회, 지역사회보장협의체 등
- **회원조직**: 의사회, 약사회, 변호사회, 각종 공제회, 노인회 등

한편 비공식적 자원은 가족, 친척, 동료, 이웃, 자원봉사자 등에 의해 제공되는 것이다. 이 같은 자원은 개인적인 연줄이나 배경, 혹은 사람들 사이의 정과 이타적 동기, 선행에 기반해 형성되는 특징이 있다. 클라이언트는 생활상의 위기나 어려움이 닥칠 때 공식적인 자원보다는 가까운 주변의 도움을 먼저 청하는 경향이 있다. 그 이유는 그의 삶을 가까이서 지켜봐 주고, 존재 그 자체로 위로가 되고, 비록 지금은 도움을 요청하는 처지에 있지만 언젠가는 자신도 그들에게 도움이 될 것이라는 상호부조가 가능하기 때문이다.

현재 민간 사회복지현장과 공공영역에서 이루어지는 자원 활용의 예는 다음과 같다.

- 일상생활 지원: 가사, 식사, 위생 지원 서비스, 이불세탁지원 서비스, 병원동행 및 연계, 가사지원(청소)서비스, 공공요금 지원, 무료 집수리업체 연결 등
- 의료비 지원: 긴급 의료비지원 사업 연계, 희귀 및 난치성 질환지원 사업, 재활치료, 보장구 지원, 간병 및 치료비 지원 등
- 경제적 지원: 경제적 지원(생계비, 주거비), 결연후원금 지원, 어린이재단 교육비 지원 등
- 요양 및 돌봄 지원: 가사지원, 외출동행, 요양보호사 파견 서비스, 아동/청소년 쉼터, 출산 및 산후조리 지원 등

- 주거 지원: 주거환경 개선, 임대주택, 이사지원, 장 · 단기 임시거처 제공 등
- 문화 및 여가 지원: 각종 문화프로그램 참여 지원 등
- 법률적 지원: 법률 소송, 인권보호, 생활법률 상담 등
- 일자리 지원: 노인일자리(시니어 클럽), 적성검사, 직업교육, 자활지원, 취업 알선 등
- 보육 및 교육 지원: 유아 보육, 방과후 돌봄, 특수교육, 아동보호(방임, 학대)지원, 중퇴자 지원 등
- 심리 · 정서적 지원: 정신질환과 각종 중독 상담, 위기상담, 정신건강 및 폭력 피해자 상담 등

실천현장에서 사례관리자가 사회자원을 중요하게 생각하는 이유는 첫째, 사례관리 이용자의 욕구가 복합적이고 만성적이기 때문이다. 따라서 이러한 욕구를 지속적이고도 포괄적으로 충족시키기 위해서는 특정한 기관을 넘어 지역의 다양한 자원을 활용하는 것이 불가피하기 때문이다. 둘째, 사례관리 이용자들이 자원에 대한 인식이 부족하기 때문이다. 클라이언트는 여러 가지 육체적, 정신적 한계로 인해 자신에게 필요한 자원을 스스로 찾기 어렵다. 자원에 접근하려 해도 구체적인 정보가 없거나 이용방법을 몰라 쉽게 포기하거나 체념해버리는 경우가 많다. 따라서 이들이 지역사회의 다양한 자원에 접근하여 필요한 자원을 얻을 수 있도록 도와주어야 한다.

3. 사례관리자

사례관리자(case manager)란 사례관리 이용자를 전문적으로 도와주는 실천가이다. 사례관리자는 사례관리 구성 체계에서 가장 핵심적인 요소이다. 사례관리자가 소속되어 있는 기관을 사례관리 수행기관이라고 하는데, 클라이언트를 도울 때 기관이 정한 사례관리 지침과 절차에 따라 사례관리 실천이 이루어진다.

사례관리자는 자신의 역할을 효과적으로 수행하기 위해 사례관리에 대한 지식과 기술을 충분히 터득하고 숙련되어야 한다. 사례관리는 누구나 쉽게 할 수 있는 게 아

니다. 실천가의 위치에서 책임을 다해 도우려는 진지한 태도가 필요하다. 사회복지실천과 마찬가지로 사례관리 실천도 열심히 배우고 익힌 만큼 현장에서 좋은 성과를 낼 수 있다.

사회복지 사례관리자가 소유한 전문성의 원천(sources)을 살펴보자. 역사적으로 사례관리는 여러 전문직이 공유해온 실천방법이지만, 사회복지 사례관리에는 사회복지 전문직의 특성이 반영되어 있다. [그림 4-3]과 같이, 사회복지의 기본 철학과 가치, 사회복지의 전문 지식과 기술을 익힌 후에 사례관리의 고유한 특성과 절차를 학습하는 것이므로 실제 현장에서 '전문 사회복지사가 수행하는 사례관리 실천'으로 나타나야 한다.

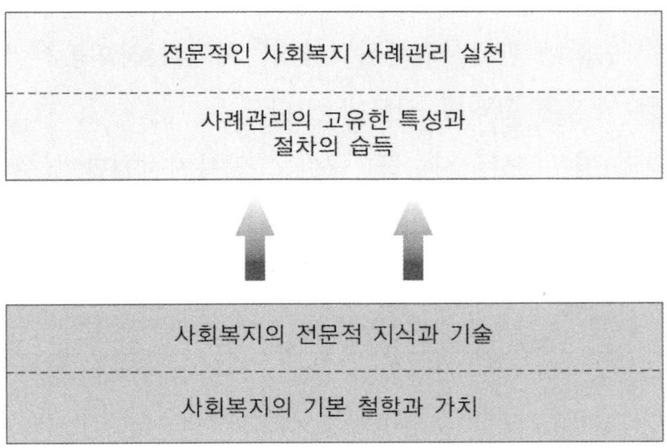

[그림 4-3] 사회복지 사례관리자의 전문성의 원천

사회복지 사례관리자는 대학에서 사회복지학을 전공한 후 사회복지사 자격증을 취득하고 사례관리에 대한 일정한 교육과 훈련을 거쳐 현장에서 일하는 사회복지사이다.

미국의 경우 사례관리자는 미국사회복지사협회(NASW)가 권고하는 사회복지사 자격증 소지자로서, 일정한 훈련을 거쳐 사례관리자 자격증(C-SWCM: Certified Social Work Case Manager)을 신청할 수 있다. 자격증을 신청하기 위해서는 사례관리 기관에서 3년의 실천경험(약 4,500시간)을 이수해야 하며, 이 기간 동안 반드시 유급 전일제 슈퍼바이저의 슈퍼비전을 받아야 한다. 자격증 신청자는 일차적인 업무가 사례관리이어야 하며, 현직에서 5년 이하의 사례관리 경력자여야 한다(김성경, 2017: 24-25). 즉, 현장에서 사례관리 업무를 하면서, 일정한 조건을 충족했을 때 '공인된 사례관리자' 자격증을 부여받는다. 또한 미국사회복지사협회(NASW, 2013)에서는 전문 사회복지 사례관리를 위한 표준원리(개념, 목적, 과업과 기능, 그리고 10가지 실천지침)를 제시하여, 사례관리의 전문성을 강화하고 있다.

우리나라의 경우는 현재까지 한국사회복지사협회 차원에서 사례관리자 자격요건을 제시한 적은 없다. 그러나 거의 모든 현장에서 사회복지사 1급이나 2급을 소지한 사회복지사들이 사례관리 업무를 수행하고 있다. 또한 한국사례관리학회가 주축이 되어 사례관리 슈퍼바이저 양성과정을 운영해왔으며, 사회복지관을 비롯한 대부분의 이용시설과 생활시설에 사례관리 전담부서(혹은 담당부서)가 마련되어 있다. 우리나라도 한국사회복지사협회나 한국사회복지교육협의회에서 사회복지 사례관리자 자격요건과 상위 자격증 과정을 고려할 필요가 있다.

한편, 공공영역의 경우 모든 시·군·구에 희망복지지원단이 설치되어 있으며, 통합사례관리 사업을 수행하는 인력으로 '통합사례관리사'를 기간제로 채용하고 있다(보건복지부, 2019; 2025). 통합사례관리사의 응시자격과 업무내용은 다음과 같다.

- **응시자격**
  ① 사회복지사 1급 자격증을 취득한 후 사회복지 분야 근무경력이 2년 이상인 자
  ② 사회복지사 2급 자격증을 취득한 후 사회복지 분야 근무경력이 4년 이상인 자
  ③ 정신건강사회복지사 2급 이상 자격증을 취득한 후 사회복지분야 혹은 보건분야 근무경력이 2년 이상인 자
  ④ 간호사 면허증을 취득한 후 사회복지분야 혹은 보건분야 근무경력이 2년 이상인 자

- **업무내용**
  ① 지원대상자에 대한 상담·지도 및 사회보장에 대한 욕구조사
  ② 서비스 제공계획의 수립과 그에 따른 사회보장급여 및 서비스의 연계
  ③ 보장기관과 민간 법인·단체·시설 등이 제공하는 서비스의 관리·점검
  ④ 그 밖에 통합사례관리에 필요한 사항으로서 보건복지부장관이 정하는 사항

그렇다면, 현장에서 사례관리자의 모습은 어떠해야 할까? 무슨 일을 어떻게 해야 할까? 이와 관련하여 두 가지 논점을 제시해 본다.

Q & A

Q **사례관리자는 제너럴리스트(generalist)인가 혹은 스페셜리스트(specialist)인가?**

A 둘 다 가능하다.

이 논점은 사회복지 영역에서 사회복지사를 제너럴리스트(일반 실천가)로 볼 것인가 혹은 스페셜리스트(전문 실천가)로 볼 것인가의 논점과 유사하다. 제너럴리스트로서의 사례관리자는 사례관리 이용자인 클라이언트의 욕구를 사정하고 서비스계획을 세우며, 자원을 연계하고 조정하는 활동을 전반적으로 관리하는 자이다. 그가 개입하는 이용자 유형도 다양하고 관여하는 일도 상당히 많다. 반면 스페셜리스트로서 사례관리자는 한정된 대상을 돕는 데 높은 전문성에 기초하여 욕구사정과 상담 및 치료를 통해 직접적 문제해결 활동에 집중적으로 관여하는 자이다(Holt, 2000: 20-22). 우리나라 상황에서는 각 현장의 특성과 차이를 모두 고려하긴 힘들지만, 대체로 사회복지 일차현장과 생활시설에서는 제너럴리스트, 학제 간 팀워크가 강조되는 이차현장에서는 스페셜리스트로서 사례관리자의 위치를 잡아가는 것이 바람직하다.

Q & A

Q **사례관리자의 사례량(caseload)은 많아야 하는가? 혹은 적어야 하는가?**

A 주어진 여건에서 사례량과 개입수준은 반비례한다. 즉, 사례량이 많으면 개입의 수준이 낮아질 수 있고, 적으면 개입의 수준이 높아질 수 있다.

최근 사례관리가 다양한 실천 분야로 확대되고 사회복지 시설평가에서도 점차 중요한 평가지표로 반영되면서 현장에서는 사회복지사들이 몇 사례를 다루어야 하는지, 서비스 이용자의 수를 어떻게 유지해야 하는지에 관심이 커지고 있다. 이에 대한 정확한 답안은 존재하지 않는다. 사례 수는 그야말로 기관의 인적, 물적 여건에 따라 달라지기 때문이다. 사례관리자가 여러 명이어서 기관 서비스를 이용하는 모든 사람을 사례관리 이용자로 선정하려는 시도는 적절치 않으며, 더욱이 사례관리자가 한 명이어서 도움이 꼭 필요한 대상자를 임의로 제외하는 것도 바람직하지 않다. 기관의 여건과 상황을 고려하되 사례관리가 필요한 클라이언트를 일반사례, 집중사례, 위기(긴급)사례로 구분하여 사례관리자의 개입수준을 조절하는 것이 좋다. 한 예로 개입의 정도가 높은 집중사례의 경우 한 명의 사례관리자가 20사례 이상 개입하면 더 이상 전문성을 발휘할 수 없다는 것이 보편적 견해이다.

쉬어가기 **사례관리 맛보기**

"나를 쓰다듬어 주시는 우리 할머니" (4)

많은 고민 끝에 동료 사회복지사들과 의논하고자 통합사례회의에 민수의 사례를 내놓게 되었다.

"민수 사례는 정말 에너지를 많이 투입했음에도 너무 어려워요. 민수가 잘 크려면 할머니가 도와 주셔야 하는데 할머니는 연세도 많으시고, 민수 아빠도 간병해야 하고 여러 가지로 힘들어 하시는 게 이해가 되니까."

"아버지 의료비는 병원 사회복지사와 한 번 더 의논해 보는 게 좋을 것 같아요."

"할머니가 민수를 데리고 복지관에 왔다 갔다 하실 정도의 힘이 있으시네요. 강점으로 볼 수 있지 않을까요?"

동료 사례관리자들은 민수 아버지 의료비를 지원받을 수 있는 자원에 대한 정보도 주시고, 자신의 사례 경험을 바탕으로 새로운 관점도 제시해 주었다.

'할머니가 어려운 상황 속에서 지금까지 민수를 양육하고 계신 것은 대단한 것 같다. 사례관리자가 할머니의 마음을 읽고 지지해 드리는 역할을 하면 좋겠다. 통합사례회의에서 동료 피드백이 나에게로 흡수되었다.

민수가 조금씩 긍정적으로 변해가는 모습에 무척 기뻐서 약간 과장스럽게 보일 만큼 칭찬해줬다. 민수는 뿌듯하다는 얼굴로 "감사합니다."라고 말하며 배시시 웃는다.

민수는 꾸준히 상담도 받고, 멘토링 활동을 하며 조금씩 안정을 찾아가고 있다.

출처: 희망의 지렛대 사례관리네트워크 편저(2013). 『희망 이야기』 pp.21-28에서 발췌

4. 사례관리 운영체계

Q & A

Q 사례관리 운영체계는 어떤 면에서 도움이 되는가?

A 여기서는 세 가지로 정리해 본다.
첫째, 사례관리자 실천의 수준을 향상시키는 데 도움을 준다. 사례관리자가 개인적인 실천역량이 있다 하더라도 운영체계가 잘 갖추어져 있지 않으면 그 역량을 제대로 발휘할 수 없다. 반대로 운영체계가 안정적으로 구축되어 있으면 사례관리자의 개인적 역량이 보다 효과적으로 발휘될 수 있으며 전반적인 실천의 수준도 향상된다.
둘째, 사례관리의 간접적인 서비스 기능을 활성화하는 데 도움을 준다. 자원연계와 자원개발, 서비스 조정과 점검 따위의 간접적인 서비스 기능은 사례관리의 핵심기능으로 사례관리자 개인의 역량만으로는 효과적으로 이루어지기 어렵다. 이는 기관 단위의 사례회의를 통해서 혹은 지역 단위의 통합사례회의나 통합네트워크를 통해서 활성화될 수 있다.
셋째, 사례관리자들의 전문성 향상에 도움을 준다. 사례관리 운영체계인 기관 내부와 외부의 사례관리팀 활동 및 각종 사례회의는 사례관리자들의 실무역량을 끌어올릴 수 있는 좋은 기회가 된다. 이러한 활동은 사례관리자들의 적절한 자격조건이나 교육과 훈련, 슈퍼비전, 윤리적 성찰 등을 통해서 보다 전문적인 실천으로 향상될 수 있다.

사례관리 운영체계(operating system)란 사례관리 실천과정을 뒷받침하는 지원체계 혹은 수행구조라고 할 수 있다. 현장에서 사례관리자들이 정해진 절차와 과정에 따라 사례관리 실천을 하려면 운영체계의 구축과 지원이 필수적이다. 현장에서 필요한 사례관리 운영체계는 사례관리 전담팀, 사례회의, 슈퍼비전 등이다.

1) 사례관리 전담팀

사례관리 수행기관은 내부에 사례관리 전담팀을 구성하고 그 팀을 기반으로 사례회의를 진행한다(권진숙 외, 2008, 2009; 한국사례관리학회, 2012a).

기관 내부 사례관리팀은 기본적으로 사례관리 팀장과 2인 이상의 사례관리자로 구성된다. 필요한 경우 기관 내부의 다른 실천가들이 참여할 수 있다. 사례관리 팀장의 자격은 기관유형이나 업무특성에 따라 달라질 수 있으나 대체로 최소 3년 이상의 현장 경력(가능한 사례관리업무 경력)을 갖춘 사회복지사가 맡는 것이 바람직하다. 팀장은 사례관리 업무 매뉴얼이나 지침을 구비해야 하며, 사례관리 업무를 수행하면서 기관 내 다른 부서와 협력을 도모하고, 사례관리자에게 상시적인 슈퍼비전을 제공한다. 팀장과 팀원 모두 사례관리에 대한 기본교육을 이수하고, 필요 시 보수교육을 통해 전문성을 유지하는 노력을 한다.

사회복지기관이나 시설의 사례관리 전담팀은 다음과 같은 역할을 한다.

① 사례관리 이용자를 선정하고 사정하며, 사정결과에 따라 개별화된 서비스를 계획하고, 이를 실행하며 필요시 조정, 점검, 평가하는 사례관리 전 과정을 담당한다.
② 지역사회 자원을 발굴, 연계하며 이를 위해 자원목록표를 작성하고 활용한다.
③ 사례관리 수행을 위해 정기, 비정기의 사례회의를 실시하고 슈퍼비전을 받는다.
④ 기관 혹은 지역에서 사례관리 실천사례를 발표하고 사례집을 발간한다.
⑤ 지역 단위의 통합사례회의에 참여하고 서비스연계를 위해 협력한다.
⑥ 필요 시 통합사례관리지원단의 지원(교육과 훈련 등)을 받는다.

다음의 〈표 4-1〉은 사례관리 전담팀의 구성과 역할을 정리한 것이다.

〈표 4-1〉 사례관리 전담팀의 구성과 기능

구성	역할
• 사례관리팀장 1인 • 사례관리자 2인 이상 - 팀장과 팀원 모두 관련 교육 이수 • 사례관리 업무 매뉴얼이나 업무지침 구비 -팀장, 팀원 업무분장 명시	• 사례관리 전반의 실천과정 수행 • 사례관리 자원목록표 작성과 활용 • 사례회의 및 슈퍼비전 체계 운영 • 사례발표 및 우수사례집 발간 • 지역단위 통합사례회의 참여 • 필요시 통합사례관리지원단의 지원을 받음

출처: 권진숙 외(2009), p.110; 김성경(2017), p.30.

2) 사례회의

(1) 기관 내부 사례회의

사례관리 운영체계로서 사례관리 전담팀에서 개최하는 회의가 '사례회의(case conference)'이다. 사례회의에서 사례관리 전반에 관한 사항을 다룬다. 사례에 대한 초기면담과 이용자(대상자) 판정 여부, 사정결과에 따른 개입 유형(일반, 집중, 위기 혹은 긴급사례)의 결정, 서비스계획 수립, 실행과정 점검, 재사정, 평가 및 종결 등을 의논하고 결정한다. 그런 면에서 사례회의는 사례관리 전 과정에 대해 협의하고 조정하는 자리이다. 사례관리자는 정기, 비정기 사례회의를 통해 자신의 역량을 강화하고 이용자를 위한 최적의 서비스를 준비하고 제공할 수 있다. 사례회의의 주요 기능은 다음과 같다.

- 클라이언트와 가족, 그리고 그를 둘러싼 환경에 대한 자료수집의 결과 검토
- 클라이언트의 문제와 욕구, 강점, 장애물, 자원에 대한 사정 및 재사정
- 클라이언트에 대한 개입 방안 협의
- 개별화된 서비스계획의 수립 및 검토
- 클라이언트에 대한 개입상황 및 변화과정 점검
- 클라이언트에 대한 평가와 종결여부 결정
- 사례관리와 관련한 행정적 사항(기록, 평가, 사례 수 등) 점검

사례회의는 사례관리 전 과정이 원활하게 이루어지도록 사례관리자를 지원하는 자리이다. 사례회의에서 행정적인 점검 사항이나 개입 중 실패한 부분을 지나치게 강조하다 보면, 사례관리자의 동기와 의욕이 저하될 수 있다. 이러한 분위기는 사례관리 팀원들 사이에 불신을 갖게 하고, 팀워크를 방해할 수 있다. 따라서 사례회의는 사례관리자의 활동을 지지하고, 클라이언트의 긍정적 변화를 끌어내는 데 도움이 되는 의견을 제시하고 개입방안을 함께 모색하는 자리가 되어야 한다(권진숙 외, 2009; 보건복지부, 2025).

사례회의 운영지침은 다음과 같다.

① 사례회의는 사례관리팀장이 주도한다.

② 회의는 가능한 주 1회 이상(1회 3시간 이내)을 기준으로 하되, 최소 월 2회 이상 정기적으로 실시한다.

③ 회의를 효과적으로 진행하기 위해 사전에 사례에 관한 정보를 공유하는 것이 좋다.

④ 사례관리자는 사례에 대해 보고하고, 필요한 사항을 함께 점검하고 논의하며, 팀장의 슈퍼비전을 받는다.

⑤ 회의 결과는 기록하여 보관한다.

(예시: 강점 관점을 적용한 사례회의)

강점 관점에 기초한 사례회의에서는 이용자가 그동안 잘 해왔던 부분에 초점을 두고 그의 강점을 강화하는 방안을 논의한다. 사례관리자도 자신의 노력을 통해 이용자를 더 잘 돕는 방안이 있는지 함께 의견을 나눈다(노혜련 외, 2004: 198-205에서 부분 인용 및 수정). 다음의 사례를 보자.

> 아버지는 신체장애와 음주문제가 있고 아내를 구타한다. 어머니는 이미 아이들(7세 아들과 5세 딸)을 데리고 2~3회 가정폭력 쉼터에 갔으며, 그곳에 얼마 있다가 다시 집으로 돌아가는 악순환을 반복해왔다. 가정폭력 전문가는 이런 상황에서는 부모가 같이 아이를 키우는 것이 어렵다고 했으나 부모는 둘 다 무슨 일이 있어도 키우겠다고 하고 있다. 이 가정에서는 할머니가 경제력을 가지고 있는데, 할머니는 가정폭력 사실을 강하게 부인하면서 사례관리자를 만나기를 거부하고 있다.

강점 관점 사례회의에서는 다음 사항에 초점을 두고 질문할 수 있다.

첫째, 사례관리자가 사례회의를 통해 도움받기 원하는 것은 무엇인가?

둘째, 이용자의 강점은 무엇인가?

셋째, 사례관리자가 지금까지 해온 것 중에서 이용자에게 도움이 된 것은 무엇인가?

넷째, 다음에 이와 같은 이용자를 만나면 지금까지 해왔던 것과는 어떤 점을 다르게 하겠는가?

다섯째, 이용자를 돕기 위해 사례관리 전담팀에서 결정할 것은 무엇인가?

위 사례와 관련하여 사례회의에서 다룬 질문의 예를 소개한다.

- 이 시간을 통해 어떤 걸 알게 되면 앞으로 사례관리를 진행하는 데 도움이 되겠어요?
- 그동안 가족이 잘해 온 것은 무엇인가요?
- 가족에게 물어보면 선생님이 어떻게 한 것이 도움이 되었다고 이야기할까요?
- 가족상황이 쉽지 않은데도 이 부모는 어떻게 아이들은 꼭 자신이 키우겠다고 이야기할 수 있나요?
- 부인한테 물어보면 남편의 폭력이 계속되는데도 다시 집으로 돌아가는 이유가 뭐라고 할까요?
- 아이들에게 물어보면 어떻게 지내고 싶다고 할까요?
- 앞으로 이용자를 만나서 이걸 해 보면 도움이 되겠다고 생각하는 건 어떤 것이 있나요?

(2) 지역 단위 통합사례회의

통합사례회의는 지역을 기반으로 조직된 통합사례관리팀에서 실시하는 사례회의이다. 통합사례회의에는 사례관리 수행기관의 사례관리팀, 지역사회 전문가, 전문 슈퍼바이저 등이 참여한다. 통합사례회의는 주로 긴급(위기)사례나 집중사례를 의논하며, 현장 상황을 고려하여 융통성 있게 운영된다.

통합사례회의 운영지침은 다음과 같다.

① 통합사례회의는 사례관리 수행기관의 사례관리 팀장이 주관한다.

② 월 1회 이상(1회 3시간 이내) 실시하는 것을 원칙으로 한다.

③ 안정적인 회의 진행을 위해 통합사례회의 요일과 시간을 가능한 한 고정시킨다.

④ 통합사례회의서 다룰 사례와 안건은 사전에 준비한다.

⑤ 회의 진행은 사례관리자가 사례를 보고하고, 이용자의 문제와 욕구에 대한 사정, 서비스 계획 및 자원연계, 서비스 조정 등을 함께 논의한 후 전문 슈퍼바이저의 슈퍼비전을 받는다.

통합사례회의는 전문 슈퍼바이저의 역할이 중요하다. 왜냐하면, 통합사례회의에 참여하는 사람들의 전문성 수준과 문제를 바라보는 시각이 각기 다를 수 있기 때문이다. 따라서 전문 슈퍼바이저는 사례에 대한 임상적인 자문, 행정적인 자문, 자원의 활용 등에 관한 자문을 통해 전문적 개입방안을 모색하도록 돕는다. 아울러 다양한 서비스 제공자들 간의 이견이나 관점의 차이를 조정해 줄 수 있다. 전문 슈퍼바이저로 사례관리 전문성을 가진 실천현장의 전문가 혹은 대학교수 등을 위촉할 수 있다. 현장에서는 기관 내부의 슈퍼바이저와 구분하는 의미로 전문 슈퍼바이저라는 용어를 사용한다. 전문 슈퍼바이저는 1년 단위로 위촉하여 슈퍼비전의 안정성을 유지하도록 한다. 전문 슈퍼바이저의 자격과 역할은 〈표 4-2〉와 같다.

〈표 4-2〉 전문 슈퍼바이저의 자격과 역할

자격	역할
사례관리에 대한 이론적·실천적 전문성을 가진 자로서 현장 전문가나 대학교수	• 임상적인 자문 • 행정적인 지도 • 사례관리실천에 필요한 교육·훈련 • 사례관리기관에 대한 조정과 중재 • 사례관리자들의 소진 예방 및 극복을 위한 지원 등

출처: 권진숙 외(2009), p.114.

통합사례회의에서 논의한 사항은 회의록에 기록하고, 사례를 발표했던 수행기관에서 가능한 한 1주일 이내에 내부결재를 거쳐 통합사례관리팀 구성원 모두에게 보내 공유하도록 한다(한국사례관리학회, 2012a: 74-75).

(3) 솔루션 위원회

솔루션 위원회는 사례관리 수행기관이 자체적으로 해결하기 힘든 복잡한 사례에 대해 자문을 제공하는 전문적 지원체계이다. 평소 통합사례관리팀이 이러한 지원기능을 수행하지만, 한 사례에 두 기관 이상이 공식적으로 협력하는 공동사례관리의 경우 솔루션위원회의 역할이 매우 중요하다. 솔루션 위원회는 의사결정의 권한보다 자문 역할에 초점이 있다.

사례관리를 하다 보면 일상적인 심리·사회적 문제뿐 아니라 이용자의 알코올중독이나 정신질환, 폭력문제 등으로 매우 심각한 상태에 직면할 수 있고, 해결의 실마리가 보이지 않은 복잡한 상황에 직면할 수 있다. 이 상황에서 사례관리자는 무력감에 빠질 수 있는데, 이용자뿐 아니라 전문가 자신을 위해서 전문적 도움이 필요하다. 이렇듯 복잡하고 위험성이 높은 사례에 효과적으로 대응하기 위해 솔루션 위원회를 구성하게 된다. 솔루션 위원회는 구 단위로 설치하는 것이 좋지만, 업무의 효율성이나 재정여건을 고려해서 개별 기관 혹은 기관 연합의 형태로 설치할 수 있다.

솔루션 위원회에는 관련 분야 교수, 사회복지 현장전문가, 의사, 사례관리 전문가, 상담 전문가, 변호사, 지자체 의원, 지역사회보장협의체 위원 등 지역을 기반으로 한 통합사례관리에 필요한 인사로 구성하는 것이 좋다. 이 위원회가 공적인 권위를 갖고 업무를 효과적으로 진행하기 위해서는 공공부문(시 · 군 · 구)에서 인정하고 지원하는 것이 바람직하다.

솔루션 위원회가 수행하는 기능은 임상적인 자문과 행정적인 심의와 판정, 그리고 관련 제도개선을 위한 정책적 제언을 한다. 위원회는 정기적으로 개최하되, 긴급사례 혹은 심의나 판정이 필요한 사안이 발생한 경우 신속하게 소집하여 사례에 대한 자문과 행정적인 판정, 사례관리 실천을 위한 정책적 자문을 한다. 해당 기관의 사례관리자와 사례관리팀장은 위원회에 참석하여 사례 보고를 하며, 논의 후 회의 내용을 기록한다(한국사례관리학회, 2012a: 76-78). 솔루션 위원회의 구성과 기능을 정리하면 〈표 4-3〉과 같다.

〈표 4-3〉 솔루션 위원회의 구성과 기능

구성	기능
• 관련 분야 교수 • 사회복지 현장전문가 • 의사 • 사례관리 전문가 • 상담관련 전문가 • 변호사 • 지자체 의원 • 지역사회보장협의체 위원 등	• 사례에 대한 임상적인 자문 • 사례에 대한 행정적인 판단 • 사례에 대한 자원 제공 및 정보 제공 • 사례관리를 위한 정책적 제언 등

출처: 권진숙 외(2009), p.116.

3) 사례관리 슈퍼비전

(1) 사례관리 슈퍼비전의 필요성

사례관리 실천에서 슈퍼비전은 필수사항이다. 사례관리자의 전문성과 업무역량을 높이고, 업무상 소진이나 스트레스를 예방하기 위해 임상적, 행정적 슈퍼비전이 필요하다. 그러나 실제 현장에서는 사례관리자가 사례관리 업무 외에도 다른 업무를 병행하는 경우가 많아 전문성을 높일 수 있는 여건이나 기반이 약한 실정이다. 따라서 사례관리 운영체계로서 슈퍼비전 체계를 구축하는 것은 사례관리자의 전문성 및 업무역량 강화를 위해 꼭 필요하다.

슈퍼비전 체계가 안정되려면, 기관 내부에서 기관장이나 중간관리자가 사례관리 슈퍼비전에 대해 긍정적으로 인식하고 이를 적극적으로 지원할 필요가 있다. 이를 위해 기관장은 슈퍼비전에 대한 명문화된 규정이나 지침을 마련하도록 해야 한다. 사례관리 슈퍼비전 지침에는 슈퍼바이저와 슈퍼바이지의 자격조건, 슈퍼비전의 목표, 슈퍼비전의 빈도 및 기간, 슈퍼비전을 통해 다루어질 주요 내용과 방법 등을 포함하고 있어야 한다. 이러한 지침에 의해 수행된 결과는 기록으로 관리되어야 한다. 슈퍼비전은 슈퍼바이저와 슈퍼바이지 간의 상호작용뿐만 아니라 조직의 전반적 지원이 필요한 사안이므로 기관 내부에 슈퍼비전에 대한 협력적 분위기를 조성해야 한다(한국사례관리학회, 2012a: 92-93).

(2) 슈퍼바이저의 기준과 역할

기관 내부에서 사례관리 슈퍼비전을 제공하는 슈퍼바이저의 자격 기준은 최소 3년 이상의 현장 경력이 있는 팀장급의 사회복지사가 바람직하다. 여기에 학력기준을 추가하면 ① 사회복지 분야의 석 · 박사인 경우, 직접 서비스나 사례관리에서 최소 2년 이상의 경력자, 사회복지분야의 학사일 경우는 직접 서비스나 사례관리에서 최소 4년 이상의 경력자로 구성하는 것이 좋다. 기관에 따라 선임 이상의 슈퍼바이지에 대한 슈퍼비전 체계를 고려하는 경우, 슈퍼바이저는 이러한 최소한의 자격기준보다 좀 더 상위의 기준을 적용하되 경험과 숙련도를 동시에 고려한다. 추가로 관련 협회나 단체에서 인정하는 사례관리 및 슈퍼비전 관련 자격과정 이수자나 교육경험이 있는 자를 고려한다.

또한 슈퍼바이저의 업무에서 슈퍼비전이 차지하는 비중에 따라 다소의 차이는 있겠으나, 슈퍼바이저 1인당 최대 3인 이하의 슈퍼바이지를 배정하는 것이 바람직하다. 슈퍼바이저는 슈퍼바이지의 슈퍼비전에 대한 욕구 및 업무역량, 개인적 학습 성향과 비전 등을 고려하여 가장 적합한 슈퍼비전 방법과 구조(개별슈퍼비전, 집단슈퍼비전, 교육이나 사례회의의 활용 등)를 설계한다. 슈퍼바이저 역시 자기개발이 필요하며, 특히 사례관리 업무지식과 기술을 습득하는 노력을 해야 한다.

특히 독립적인 슈퍼비전 체계가 갖추어지지 않은 기관에서는 실제로 슈퍼비전이 가장 활발히 이루어지는 상황은 사례회의가 된다. 그러나 사례회의의 주요 목적이 사정평가를 통한 사례판정이나 서비스 계획의 검토, 진행과정에 대한 의견 제시 등에 집중되기 때문에, 사례관리자의 다양한 욕구충족이나 전문성을 강화하는 수준의 상호작용은 제한될 수밖에 없다. 따라서 슈퍼비전을 위해 사례회의를 활용할 경우 슈퍼비전의 초점을 잘 유지하는 노력이 필요하다. 슈퍼비전의 초점을 유지하는 구체적인 방법으로 ① 사례관리자가 사례회의를 통해 도움받기 원하는 것이 무엇인가? ② 사례관리자는 팀에서 어떤 지원을 하면 실천을 더 잘할 수 있는가? ③ 팀에서 함께 결정해 주어야 할 사항은 무엇인가? 등을 질문할 수 있다(한국사례관리학회, 2012a: 93-95).

(3) 슈퍼비전의 방향성

① 사례관리 실천을 지원하는 슈퍼비전

사례관리 실천을 지원하는 슈퍼비전의 목적은 사례관리자의 업무능력을 높여 궁극적으로 클라이언트에게 수준 높은 서비스를 제공하는 데 있다. 이와 관련하여 몇 가지 방향성을 제시하면 다음과 같다.

첫째, 현장에서 중간관리자급의 사례관리 슈퍼바이저를 양성해야 한다. 이를 위해 기관장이 장기적인 안목에서 중관관리자급의 직원이 사례관리 슈퍼바이저가 될 수 있도록 교육과 훈련의 기회를 부여하고 적극 지원할 필요가 있다. 슈퍼바이저를 양성하는 것은 사례관리가 전문적인 실천방법으로 정착되는 데 밑거름이 된다.

둘째, 사례관리 실천을 위한 슈퍼비전은 교육 중심의 임상적 슈퍼비전이 바람직하다. 임상적 슈퍼비전은 사례관리자에게 필요한 지식과 기술, 태도를 점검하고 숙련시켜 전문가로 성장하도록 도와준다. 이를 위한 슈퍼비전의 유형이 바로 교육(education)이다. 슈퍼바이저는 사례회의를 비롯한 개인적, 집단적 슈퍼비전을 통해 슈퍼바이지(일선 사례관리자)의 업무능력을 향상시킬 수 있다.

셋째, 교육 중심의 임상적 슈퍼비전이 가능하려면 기관의 슈퍼비전 체계가 달라져야 한다. 무엇보다 기관 내 사례회의가 활성화되어야 하며, 사례회의를 통해 슈퍼비전이 정착되어야 한다. 장기적으로는 기관 및 지역 차원에서 사례관리 슈퍼비전에 대한 표준화 작업을 시도해 보는 것이 필요하다.

② 사례관리 운영체계를 지원하는 슈퍼비전

사례관리 운영체계를 위한 슈퍼비전의 목적은 기관 및 지역 단위의 협력체계를 구축하여 서비스 전달의 효율성을 높이고, 궁극적으로는 클라이언트에게 수준 높은 서비스를 제공하는 데 있다. 이와 관련하여 몇 가지 방향성을 제시하면 다음과 같다.

첫째, 지역에서 사례관리 전문 슈퍼바이저를 양성해야 한다. 전문 슈퍼바이저는 사례관리에 대한 이론적, 실천적 전문성을 갖춘 자로서 지역 단위의 협력을 주도하는 기관장이 위촉하거나 여러 기관이 연합하여 위촉할 수 있다. 또한 지역에서 자격을 갖춘 슈퍼바이저들을 대상으로 인력 풀을 구성하고 체계적으로 관리하는 것이 필요하다.

둘째, 사례관리 운영체계를 지원하는 슈퍼비전은 행정 중심의 관리적 슈퍼비전이 바람직하다. 이는 사례관리자들이 기관 간 협력과 네트워크를 통해 다양한 자원과 서비스를 효과적으로 공유하도록 도와준다. 그런 면에서 슈퍼바이저는 폭넓은 안목과 균형감각이 있어야 하며, 여러 기관의 사례관리자들이 동반 성장하도록 안내해야 한다.

셋째, 행정 중심의 관리적 슈퍼비전이 가능하려면 지역의 사례관리 슈퍼비전 체계가 달라져야 한다. 이를 위해서는 지역 통합사례회의가 안정적으로 운영될 필요가 있

다. 통합사례회의를 통해 협력적 네트워크 경험을 축적해가면서, 장기적으로는 통합 사례관리에 필요한 슈퍼비전의 지침과 민관협력 방안을 마련하는 것이 필요하다(박미은, 2011; 보건복지부, 2025).

보충자료 **사례관리 관련 용어 및 자주 연결하는 자원**

욕구	사례관리에서 실천가의 개입이나 대응이 필요한 부족함의 상태. 최소한의 기능적 생활을 위한 필요와 현재 상황 간이 차이를 의미하기도 함
자원	욕구를 해결하기 위해 동원하는 유무형의 수단. 기능적 삶을 영위하는 데 필수적인 물질적, 정신적, 환경적, 사회적, 인적자원을 모두 포괄하는 개념
통합사례관리	복합적인 욕구를 가진 대상자의 문제와 욕구를 파악하여, 다양한 지역사회 자원을 연계하고 문제해결을 지원하는 사업
슈퍼비전	실무자의 역량강화를 위해 슈퍼바이저가 슈퍼비전 대상 실무자에게 제공하는 자문, 교육, 지지, 평가 등
주사례관리기관	대상자를 사례관리로 접수하여 전담하는 기관으로, 초기상담, 욕구조사, 서비스계획 수립, 서비스제공 및 점검, 종결, 사후관리의 전 과정을 수행
동주민센터 복지팀	동 단위 사례관리기관
통합사례관리사	자치구 희망복지지원단에서 고난도 통합사례관리, 동 통합사례관리 모니터링 및 지원 등을 수행하는 통합사례관리 업무를 전담하는 전문인력
사회적고립가구 지원센터	서울시복지재단 내에 설치된 센터로, 사회적고립가구 발굴 및 지원방안 도출, 현장대응체계 시행 등 고립가구에 대한 종합적 지원을 하는 기관
노인보호전문기관	노인학대 문제해결을 위한 서비스제공 및 연계, 사례관리, 노인학대 전문상담, 신고접수 및 현장조사 실시, 일시보호서비스를 제공하는 전문기관
아동보호전문기관	아동들의 권리보호와 학대 예방 및 치료를 위해서 학대피해아동지원, 상담치료사업, 교육 및 홍보사업을 실시하는 전문기관
정신건강복지센터	지역사회 내 정신질환자를 위한 등록관리, 사례관리, 주간재활, 교육과 훈련, 타 기관 연계, 그리고 지역주민의 정신건강증진을 위한 사업을 수행하는 기관
치매안심센터	치매예방 및 인식개선사업, 치매조기검진사업, 치매예방등록관리사업 등 치매와 관련된 건강 및 복지서비스를 제공하는 기관
드림스타트	취약계층 아동에게 맞춤형 통합서비스를 제공하여 아동의 건강한 성장과 발달을 도모하고 공평한 출발기회를 보장하는 사업
법률홈닥터	법적 도움을 받기 어려운 취약계층을 대상으로 법률복지서비스를 제공하는 사업. 법률상담, 법교육, 법률문서작성, 복지연계 등의 서비스를 제공함

출처: 서울시복지재단(2022), p. 33.

생각해볼 문제

1. 사례관리 구성 체계로서 실천 현장에서 누가 사례관리 이용자가 될 수 있는지 함께 토의해 보자.
2. 사례관리에서 사회자원이 중요한 이유와 자원의 유형에 대해 생각해 보자.
3. 사례관리 운영체계가 중요한 이유에 대해 지금까지 배운 것을 토대로 함께 토의해 보자.
4. 3~4명으로 구성된 집단을 만들어 사례관리팀이 하는 사례회의를 한번 연습해 보자. 사례회의에 올릴 사례는 본문에 제시한 '강점 관점을 적용한 사례회의' 자료를 참조해 보자.
5. 운영체계의 기본 구조는 회의이다. 따라서 사례관리자는 회의를 효과적으로 진행하는 지식과 기술이 필요하다. 사례관리 학습자로서 본인은 '팀 회의'를 어떻게 생각하며, 어떤 기술과 노하우를 쌓아야 한다고 생각하는가?

Chapter 05

사례관리의 기능과 사례관리자의 역할

사회복지 사례관리가 수행하는 기능은 ① 사례관리자가 이용자의 욕구충족과 문제해결을 위해 직접 서비스를 제공하는 활동과 ② 다른 서비스 기관이나 실천가를 통해 간접 서비스를 제공하는 활동으로 나눈다. 최근에는 직접 서비스와 간접 서비스를 함께 제공하는 통합적 기능이 주목받고 있다. 5장에서는 이러한 사례관리의 기능과 이에 따른 사례관리자의 다양한 역할을 살펴본다.

1. 사례관리의 기능

사례관리의 기능은 크게 두 가지이다. 첫째, 직접적 서비스 기능으로서 사례관리 실천과정을 통해서 문제와 욕구가 있는 클라이언트를 직접 도와주는 기능이다. 직접이라는 말의 의미는 클라이언트와 면대면(face to face) 관계를 통해 문제를 해결하는 것으로 상담, 치료, 교육, 정보제공, 위기개입 등을 일컫는다. 직접적 서비스를 제공하는 사례관리자는 클라이언트에게 상담자, 교육자, 위기관리자, 지원자 등의 역할을 한다. 둘째, 간접적 서비스 기능으로서 사례를 맡은 사례관리자가 클라이언트 문제나 욕구를 직접 다루기보다는 다른 서비스 기관이나 실천가, 관계망을 활용해서 해결하는 것이다. 이러한 기능에는 중개, 연결, 조정, 옹호, 관계망 만들기 등을 포함한다. 이 기능을 수행하는 사례관리자는 중개자, 연결자, 조정자, 옹호자, 점검자 등의 역할을 한다. 사례관리에서 이 두 가지 기능은 수레의 두 바퀴처럼 긴밀하게 연결되어 있으며, 어느 한 가지도 소홀하게 다룰 수 없다. 어느 현장이든 이 기능이 균형 있게 통합적으로 이루어지는 것이 좋다. 그런 면에서 사례관리의 통합적 기능이 최근 주목받고 있다.

이 두 가지 기능이 조화를 이루기 위해서는 사례관리자가 클라이언트의 문제와 욕구를 파악하고 해결하는 내적 역량과 지역사회 자원을 찾아 연계하고 조정하는 관리 역량을 함께 갖추어야 한다. 사례관리는 '담장을 넘어가는 특성'이 있기 때문에 클라이언트의 욕구사정에 따른 적절한 자원연결 및 이에 대한 체계적인 관리가 중요하다. 그럼에도 사례관리자 스스로 클라이언트의 문제해결을 위한 역량을 갖추지 못한다면 실천에서 자신의 전문성을 충분히 발휘할 수 없다. 이 내적 역량은 직접적 서비스 제공과 관련된 능력으로서 클라이언트의 변화 동기를 자극하고 내적 장애물을 제거하며, 제공된 서비스들을 목적에 맞게 통합하고 재구성하여 클라이언트가 자립 혹은 자활의 길로 나가도록 이끄는 사례관리자의 힘이다.

여기서는 사례관리의 두 가지 기능이 통합적으로 수행되어야 한다는 전제하에, 학습자의 이해를 돕기 위해 직접적 서비스 기능과 간접적 서비스 기능을 나누어 살펴보고자 한다. 아울러 사례관리의 통합적 서비스 기능에 대해서도 차후에 살펴보고자 한다. 이러한 기능에 따라 사례관리자의 역할도 직접적 역할과 간접적 역할로 나누어 소개한다(〈표 5-1〉 참조).

〈표 5-1〉 사례관리 서비스의 기능과 사례관리자의 역할

기능	직접적 서비스 기능	간접적 서비스 기능
	상담, 치료, 교육, 정보제공, 위기개입 등	중개, 연결, 조정, 옹호, 관계망 만들기 등
주요 역할	상담자, 교육자, 위기관리자, 지원자 등	중개자, 연결자, 조정자, 옹호자, 점검자 등

1) 사례관리의 직접적 서비스 기능

(1) 욕구중심의 사정과 직접적 서비스 기능

사례관리의 직접적 서비스 기능에서 중요한 것은 사례관리자가 클라이언트를 욕구중심으로 사정하고 그 결과에 따라 서비스계획을 수립한 후 이를 실행에 옮긴다는 것이다. 이 부분이야말로 사회복지실천과 차이나는 사례관리의 필수적인 전제이다. 왜 그렇게 볼 수 있는지 이유를 들어보자.

사례관리의 직접적 서비스 기능은 복합적이고 만성적인 욕구가 있는 클라이언트(사례관리의 대상자)를 돕기 위해 신뢰에 기초한 전문적 관계를 형성하고 그 관계를 통해 상담이나 교육, 치료 등의 서비스를 제공하는 것이다. 이 기능은 기존의 개별사회사업에서 수행한 것과 상당히 유사하다. 그리고 최근 사회복지학 교과과정에서 사회복지실천론과 사회복지실천기술론에서 배우는 문제해결의 방법 가운데 개인과 가족을 돕는 '직접적 서비스(direct service)'의 의미와 매우 유사하다. 현장 사회복지사가 클라이언트와 전문적 관계를 맺고 이를 토대로 직접 문제해결 활동을 하는 것이 여기에 해당된다.

이렇듯 사회복지실천에서 말하는 직접적 서비스와 사례관리에서 말하는 직접적 서비스 기능은 분명히 유사하다. 그렇기 때문에 직접적 서비스에 잘 훈련된 사회복지사는 사례관리에서도 전문적 역량을 발휘할 수 있다. 차이가 있다면, 기존 개별사회사업에서 의미하는 직접적 서비스는 그 사례를 맡고 있는 전문가에 의한 '치료(therapy)'에 더 초점이 있다면, 사례관리에서는 다양한 생활상의 문제 혹은 복합적인 욕구를 지속적으로 충족시키는 '서비스 제공(service provision)'에 초점을 두고 상담이나 교육을 제공한다는 것이다. 경우에 따라서는 그 사례를 맡고 있는 사례관리자가 아닌 다른 기관의 실천가에 의해 전문적인 상담과 치료가 제공될 수 있다.

또한 사회복지실천에서 말하는 직접적 서비스와 사례관리의 직접적 서비스 기능은 사회복지기관에서 수행되는 기능이라는 점에서는 동일하지만, 세부적으로 들어가면 제공되는 서비스의 패키지와 실천과정이 약간 다르다. 사회복지실천의 과정과 사례관리의 실천과정이 과거에는 관련 학자들에 의해 사뭇 다르게 제시되곤 했으나, 최근에는 상당히 유사해지는 경향을 보이고 있다. 일반적으로 사회복지실천의 과정은 인테이크 - 사정 - 개입 - 평가 및 종결로 이어진다. 최근 사례관리 실천과정도 초기단계 - 사정단계 - 계획단계 - 실행단계 - 평가 및 종결단계로 구성된다. 언뜻 보면 유사하나, 그 내용으로 들어가면 사례관리는 몇 가지 강조점에서 차이가 있다.

여기서는 사회복지실천의 과정을 기준으로 하여 사례관리의 직접적 서비스 기능을 소개한다. 〈표 5-2〉에서 보듯, 사회복지사가 클라이언트와 신뢰 관계를 바탕으로 개입을 시작하고 개인과 그 가족을 대상으로 다양한 직접적 서비스를 제공한다는 점에서는 동일하다. 그러나 사정(assessment)의 측면에서 뚜렷한 차이를 보인다. 사정이 중요한 이유는 사정의 과정과 결과가 어떠했는가에 따라 서비스 계획과 실행이 달라지기 때문이다. 전반적으로 사회복지실천은 기관이 제공할 수 있는 서비스 중심(service-directed)으로 사정이 이루어지는 반면, 사례관리는 클라이언트의 욕구중심(need-led, need-based)으로 사정이 이루어진다. 그렇기 때문에 사례관리는 기관 내 서비스로 욕구가 충족될 수 없는 경우에는 원칙적으로 지역의 다른 공식, 비공식 서비스를 활용해서 욕구에 가장 적합한 서비스를 제공해야 한다(Phillips, 1996).

〈표 5-2〉 사회복지실천과 사례관리의 직접적 서비스 비교

<table>
<tr><th>구분</th><th>사회복지실천의 과정</th><th>사례관리 실천과정</th></tr>
<tr><td rowspan="5">직접적 서비스</td><td>1. 인테이크
• 신뢰관계 형성(초기면담)
• 서비스대상 여부 및 적합성 판단</td><td>초기단계
• 신뢰관계 형성(초기면담)
• 사례관리 대상자 판정</td></tr>
<tr><td>2. 사정
• 서비스 중심의 사정
• 개입계획 수립</td><td>2. 사정단계
• 욕구 중심의 사정(욕구, 자원, 강점, 장애물 사정)</td></tr>
<tr><td rowspan="2">3. 개입
• 직접적 서비스 제공(간접적 서비스도 중요하나 기관 내 서비스 중심)</td><td>3. 계획단계
• 개별화된 서비스계획 수립</td></tr>
<tr><td>4. 실행단계
• 직접적 서비스 제공(지역 내 공식, 비공식 자원 연결을 통한 간접적 서비스도 동일하게 중요)</td></tr>
<tr><td>4. 평가 및 종결</td><td>5. 평가 및 종결단계</td></tr>
</table>

(2) 사례관리의 직접적 서비스 기능

사례관리의 직접적 서비스 기능은 사례관리자가 실천과정을 통해 문제와 욕구가 있는 클라이언트를 직접 도와주는 것이다. 여기에는 이용자를 위한 심리적 지원과 이용자의 역량강화를 위한 활동이 포함된다.

① 이용자를 위한 심리적 지원

가. 이용자와 신뢰 관계 형성

사례관리자가 이용자(클라이언트)를 돕는 첫 단계는 신뢰에 기초한 전문적 관계를 형성하는 것이다. 특히 주변인을 통해 의뢰된(refer-in) 사례관리 이용자의 경우, 사례관리 서비스에 대해 잘 알지 못할 뿐 아니라 기관 환경이 낯설어 심리적으로 위축되거나 불안해하고 저항할 수 있다. 이 경우 사례관리자는 전문적인 상담기술을 활용하여 이용자와 신속히 친화관계(rapport)를 수립해야 한다. 가족 단위의 도움이 필요한 경우에는 이용자 가족과 합류(joining)를 통해 신뢰에 기초한 관계를 형성해야 한다. 사례관리자의 관계 형성기술은 개입 초기뿐만 아니라 사례관리 전 과정에서 필요한 기술이다. 효과적인 관계 형성을 위해 사례관리자는 전문적인 대화기술과 상담기술을 지속적으로 익히고 실제에 적용할 수 있어야 한다.

나. 변화의 동기 부여

사례관리 이용자가 자신의 문제를 해결하고, 스스로 욕구를 관리하기 위해서는 반드시 변화하려는 동기가 필요하다. 사례관리를 시작할 때 이용자들은 자신의 오래된 문제나 복잡한 상황으로 인해 변화의 동기가 약해졌거나 이를 지각하지 못하는 경우가 많다. 사례관리자가 이용자를 상담하고 서비스를 연계하면서 비로소 내적 변화의 필요성을 지각할 수 있다. 그러나 변화의 동기를 자극하고 끌어내는 개입이 계속되지 않는다면, 이용자는 다시 의존적이거나 무기력한 상태로 되돌아갈 수 있다. 따라서 사례관리자는 이용자로 하여금 자신의 내적 장애물인 무기력과 체념, 의존성, 부정적 생각에서 벗어나 변화의 동기를 강화하도록 관여해야 한다. 이를 위해 사례관리자는 공감, 지지, 조언, 명료화, 직면과 같은 상담 및 치료기법을 활용할 수 있다.

② 이용자의 역량 강화

가. 이용자의 내적 역량 발견 및 활용

사례관리는 이용자가 전문가로부터 일정 기간 보호를 받으면서 궁극적으로는 자신의 삶을 스스로 책임지는 자기보호(self-care)의 수준을 높이는 개입이다. 이용자가 자기보호의 수준을 높이려면 타인에 대한 의존성을 줄이고, 자신의 내적 역량을 발견하여 이를 잘 활용할 필요가 있다. 이에 사례관리자는 이용자로 하여금 사례관리 과정에 적극 참여하도록 권유하고, 강점 관점과 임파워먼트 관점을 활용하여 이용자의 강점과 역량을 끌어내어 이를 문제해결에 활용할 수 있어야 한다. 이러한 내적 역량은 이용자와 충분히 대화하고 그의 생활환경을 면밀히 관찰함으로써 찾아낼 수 있다.

나. 이용자의 대처능력 향상

이용자들은 만성적이고 복합적인 욕구가 있어서 여러 가지 생활상의 스트레스에 취약한 상태에 있다. 육체적 질병, 외로움, 고독, 고통, 상처 등으로 힘들어하거나, 정신질환이나 알코올중독, 가족갈등이나 가정폭력, 대인관계 어려움을 경험하기도 한다. 따라서 사례관리자는 이용자의 부정적 스트레스(distress)가 개선될 수 있도록 집중적인 개입을 해야 한다. 사례관리자는 개인적인 상담이나 가족상담 혹은 집단상담을 활용하여 이용자의 생활 스트레스를 다루어 주고, 스스로 대처할 수 있는 능력을 강화해야 한다. 이 때 사례관리자는 전문가로서 직접적 문제해결 역량을 활용한다.

다. 유용한 정보제공

사례관리에서 정보제공이 필요한 상황은 크게 두 가지이다. 첫째, 이용자가 자신에게 필요한 정보를 사례관리자에게 요청하는 경우이다. 사례관리 서비스에 대한 정보, 자신의 권리 및 자격조건에 대한 정보, 자신이 이용할 수 있는 서비스에 대한 정보 등이다. 이 경우 사례관리자는 정확하고 가장 최신의 정보를 준비해 이용자가 쉽게 이해하도록 설명해야 한다. 둘째, 이용자가 요청하지 않아도 사례관리자가 필요하다고 판단하여 제공하는 정보이다. 이용자에게 꼭 필요한 정보로서 기관이나 서비스를 소개하는 브로셔, 자료, 책자, 인터넷 정보와 매뉴얼 등이다. 또한 이용자의 욕구충족에 도움이 되는 지역사회 정보도 제공할 수 있다. 어떤 정보든 이용자의 눈높이에 맞춰 정확하고 쉽게 전달하는 것이 좋다.

라. 교육과 훈련

사례관리자는 이용자의 욕구충족을 위해 필요한 교육과 훈련을 직접 수행한다. 이용자에게 필요한 재정 관리, 부모역할, 일상생활 관리, 대인관계, 구직준비 등 여러 영역에서 이용자나 그 가족을 대상으로 직접 교육하고 훈련할 수 있다. 교육과 훈련의 방법은 이용자의 특성과 여건에 맞춰 개별적으로 혹은 가족 단위나 소집단을 활용하여 실시할 수 있다. 이를 위해 사례관리자는 역할연습, 모델링, 코칭, 과제부여, 체험학습 등의 방법을 활용한다. 교육과 훈련의 효과는 이용자의 만족도 및 욕구충족의 정도로 평가할 수 있다.

보충자료 **사례관리자의 활동에 따른 사례관리의 기능**

사례관리의 기능이란 "실천가가 수행하는 다양한 활동들의 분류"라고 주장했던 무어(Moore, 1990) 교수가 제시한 내용을 소개한다. 사례관리가 등장했던 초창기에 사례관리자의 어떤 활동들이 강조되었는지를 엿볼 수 있다.

- 사례관리의 기능이란 클라이언트에게 발생한 환경적인 어려움과 그로 인한 도전에 대처하는 능력을 사정하는 것이다.
- 클라이언트의 가족과 주변인(비공식적 보호체계)의 보호능력을 사정하는 것이다.
- 공식적인 보호체계 안의 자원을 사정하는 것이다.
- 환경적인 도전에 직면할 때 그의 개인적 자원을 활용할 수 있도록 돕는 것이다.
- 클라이언트 가족과 주변인이 보호능력을 확대하도록 돕는 것이다.
- 클라이언트가 필요로 하는 자원획득을 위해 가족과 주변인, 그리고 공식적인 서비스 제공자와 효과적으로 협상하도록 촉진한다.
- 가족과 주변인, 그리고 공식적인 보호체계 사이에서 효과적인 교류를 촉진한다.
- 클라이언트의 욕구를 지속적으로 평가한다.
- 가족과 주변인, 그리고 공식적인 보호체계로부터 클라이언트가 적절하게 지지받고 있는지를 평가한다.
- 가족과 주변인의 노력이 공식적인 보호체계의 노력과 통합되고 있는지를 평가한다.

2) 사례관리의 간접적 서비스 기능

사례관리의 간접적 서비스 기능은 사례를 맡은 사례관리자가 클라이언트의 문제나 욕구를 직접 다루기보다는 다른 서비스 제공기관이나 실천가 혹은 관계망을 활용해서 해결하려는 것이다. 간접적인 서비스 기능에는 중개, 연결, 조정, 옹호, 관계망 만들기 등이 있다. 이 기능은 사례관리자가 클라이언트로 하여금 자원에 대한 접근성을 높이고, 자원의 반응 역량을 강화하기 위한 것이다([그림 5-1] 참조). 이에 대해 자세히 살펴보자(김만두, 1993: 187-223; 권진숙 · 박지영, 2008: 50-52).

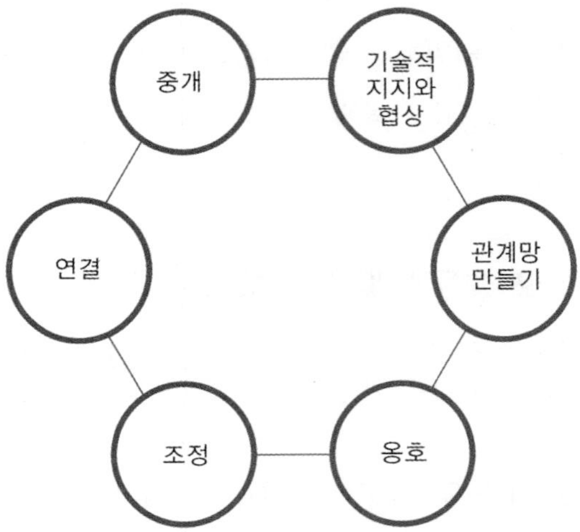

[그림 5-1] 사례관리의 간접적 서비스 기능

첫째, 중개(brokering) 기능이다. 이는 클라이언트의 욕구사정에 기초하여 수립된 서비스계획에 따라 지역사회의 적절한 기관이나 자원을 선정하는 데 관여하는 것이다. 이를 위해 사례관리자는 클라이언트 욕구에 적절하고, 적합한 서비스를 제공할 수 있도록 지역사회자원을 충분히 파악한 다음 각 기관의 프로파일과 질적 사정 내용을 확보하고 있어야 한다. 또한 지금까지 수행해 온 사례관리자로서의 직접적인 경험도 중개를 효과적으로 이끄는 바탕이 된다. 이 기능의 목적은 클라이언트의 욕구와 관련된 서비스를 보유하고 있는 기관을 분명히 하고 선정하는 것이다.

둘째, 연결(linking) 기능이다. 이는 중개를 통해 선정된 서비스나 자원에 클라이언트를 연결하는 것으로 의뢰(referral) 서비스가 여기에 해당한다. 연결은 때로 '서비스연계(service linkage) 혹은 자원연계(resource linkage)'라는 용어로 사용되곤 하는데 그 의미는 동일하다고 볼 수 있다. 이 기능을 효과적으로 수행하기 위해서는 클라이언트를 준비시키는 것뿐 아니라 연결하는 기관이나 자원도 준비가 필요하다. 즉, 클라이언트에게 서비스 의뢰에 대한 필요성을 설명한 후 자발적 동의를 확보하고, 의뢰로 인한 염려와 걱정, 기대 등을 잘 다루어 주어야 한다. 아울러 연결되는 기관이 서비스 의뢰를 기꺼이 받아들일 것인지를 확인한 후, 수락에 동의하는 경우에는 클라이언트에 대한 관련 정보를 이전한다. 그리고 연결된 기관에서 클라이언트에게 서비스를 제공하는 동안 발생할 수 있는 문제나 장애요소를 예측하고 이를 해결하기 위해 적절하게 관여해야 한다. 관여의 방법으로는 정기적, 비정기적인 연계회의 혹은 점검체계(전화, 서신, 모임 등)를 만드는 것이다.

셋째, 조정(coordinating) 기능이다. 사례관리자는 클라이언트에게 필요한 여러 서비스를 전달하는 복잡한 과정을 관리하는 책임이 있기에, 조정이야 말로 간접적 서비스의 꽃이라 할 수 있다. 연결 후에 이루어지는 조정 기능은 의뢰된 서비스가 클라이언트 수준에 맞는 서비스로 제공될 수 있도록 서비스를 조정하는 것이다. 이를 위해서는 관련 기관이나 관계망들이 상호 간에 조화롭고 적합한 방법으로 클라이언트에게 서비스를 제공하도록 사례관리자의 관여가 필요하다. 조정의 주요 요소로는 조직 간 혹은 기관 간 협력을 저해하거나 방해하는 요인을 제거하고 서로 상생하는 협력을 유지하는 것이다. 또한 이 과정에서는 특정 기관이나 전문가의 관심과 이득이 드러나기보다는 서비스를 필요로 하는 '클라이언트의 욕구'가 우선적으로 강조되어 상호협력의 가치를 공유하는 것이 좋다. 서비스를 제공하는 기관에는 공식, 비공식 계약이나 협의를 통해 상호협력의 결과로 주어지는 이점과 보상을 분명히 하는 노력도 필요하다.

넷째, 옹호(advocating) 기능이다. 옹호는 클라이언트가 인종이나 성, 종교, 서비스의 불충분성, 권리의 배제 등으로 서비스 수혜가 어려울 때, 사례관리자가 협상과 타협, 호소나 압력의 방법으로 클라이언트에게 필요한 서비스를 확보하는 것이다. 예를 들어 서비스제공기관이나 주변 관계망이 클라이언트의 욕구에 부응하려고 하지 않고 완고하게 나올 때 적절한 옹호전략이 필요하다. 사례관리자가 옹호전략을 활용하는 근거는 전문가 혹은 실천가로서의 합법적 권위, 관련 전문지식과 기술, 사회적 평판과 이미지, 사례관리자에 우호적인 인적 자원 등이다. 옹호의 예는 조직의 일선 담당자와 협상하는 것, 조직망을 통해 직접적으로 호소하는 것, 법적 강제에 호소하는 것, 외부 감독자에게 호소하는 것, 해당기관의 재정의 원천으로 가서 주장하는 것, 사회적 이슈를 형성하고 대중매체를 통해 여론화하는 것, 조직화된 소비자 집단과 협동하는 것, 권리보호와 옹호를 위한 법적 기관이나 체계들과 연대하는 등 보다 강력한 활동을 포함한다.

다섯째, 관계망 만들기(networking) 기능이다. 이는 클라이언트의 삶에 중요한 원천이 되는 사람들을 동원하여 클라이언트에게 우호적이고 반응적인 지지망(supportive network)을 형성하는 것이다. 가족, 친구, 이웃, 기타 비공식적으로 도와주는 사람들로 구성된 관계망이 주는 이점은 여러 가지다. 일상적인 문제로 인해 생기는 갈등에 대해 감정적 지지나 현실적인 도움을 얻을 수 있고, 유사한 문제를 경험했던 사람들로부터 유익한 해결방법이나 미래에 대한 희망을 얻을 수 있다. 우호적이고 반응적인 관계망을 만들기 위해 사례관리자는 그 망에 속한 사람들을 교육하고 지원하는 활동을 한다. 예로 관계망에 속한 사람들에게 클라이언트의 상황, 장애, 문제 및 욕구, 함께 살아가는 방법, 스트레스에 대처하는 방법 등을 교육한다. 또한 관계망 구성원에 대한 이차적 활동으로서 클라이언트를 돕는 과정에서 발생하는 감정적, 신체적 소진(burn out)을 효과적으로 관리하도록 그들의 역할과 기능을 분명히 하고, 휴식을 위한 대체적인 보호망을 확대하거나 개발하고, 위기에 대응하는 상담 서비스를 마련해 줄 수 있다.

여섯째, 기술적 지지와 협상(technical support and negotiation) 기능이다. 이 전략은 클라이언트의 욕구에 부응하는 대인서비스 조직이나 기관에 대해 변화를 촉구하는 전략이다. 이 전략을 활용하기 위해서 사례관리자는 자신의 분야에 대한 전문적 지식과 능력을 갖추고, 경험을 통한 협상력을 갖출 필요가 있다. 구체적인 활동으로는 클라이언트를 돕고 있는 기관의 지원 요청에 반응하는 것, 클라이언트의 욕구를 기관에 알리기 위해 기관 대표들에게 접근하는 것, 클라이언트의 충족되지 못한 욕구와 클라이언트와 관련된 특성에 대해 기관을 교육하는 것, 서비스 전달의 문제를 해결하기 위한 접근을 개발하는 것, 그리고 실질적인 자원획득이 가능하도록 기관을 지지하는 것이다. 이러한 지지와 협상을 통해 클라이언트의 욕구에 부응하는 관련 기관의 변화 및 역량강화를 촉진하고, 제공하는 서비스나 자원의 수준을 긍정적으로 향상시킬 수 있다.

3) 사례관리의 통합적 서비스 기능

통합적 서비스 기능은 앞서 설명한 직접적 서비스 기능과 간접적 서비스 기능 모두를 수행하는 것이다. 이 두 가지 기능은 원칙적으로 성격이 다르지만, 현장에서는 동시에 혹은 병행하여 수행되는 경우가 많다. 예를 들어, 사례관리자가 이용자를 처음 만나거나 의뢰를 받는 경우 가장 먼저 관계 형성을 하고, 초기면접과 욕구사정을 위한 개입을 한다. 그리고 욕구사정 결과를 토대로 이용자와 함께 서비스 계획을 수립하고, 그 계획에 따라 사례관리자가 이용자에게 직접 정보를 제공하거나, 교육이나 훈련을 제공할 수 있고, 경우에 따라 변화의 동기를 부여하고 대처능력을 향상시키는 역량강화 상담을 진행할 수 있다. 이러한 활동은 사례관리자에 의한 직접적 서비스 기능에 해당한다.

또한 사례관리자는 서비스 계획에 따라 이용자의 동의를 얻어 지역의 다른 기관이나 전문가를 찾아보고, 적절한 기관을 선정하여 이용자를 의뢰하며 그 진행과정을 모니터링(점검)을 할 수 있다. 서비스연계는 대체로 기관 내 사례관리팀에서 수행하지만, 위기사례나 집중사례의 경우 지역의 통합사례회의를 거쳐 이루어지는 경우가 많다. 이때 사례관리자는 사례를 의뢰받은 기관에서 이용자에게 적절한 서비스를 제공하는지 확인해야 하며, 필요한 경우 서비스 조정이나 옹호와 같은 적극적인 개입을 할 수 있다.

따라서 사례관리자는 기관 내에서 자신이나 동료에 의해 제공되는 서비스뿐만 아니라, 지역사회 다른 기관으로 연계한 서비스를 점검하고 조정하는 등 서비스 전 과정을 책임 있게 관리하는 역할을 한다. 그런 면에서 실제 사례관리 현장에서는 직접 서비스와 간접 서비스 기능이 통합적으로 이루어지고 있다고 할 수 있다.

쉬어가기 **사례관리 맛보기**

"아이들은 믿는 만큼 성장한다" (1)

사례관리자의 입장에서 영수를 보면서 항상 불안하고 문제투성이라고 생각했다. 하지만 영수랑 이야기를 나누고 보니 영수도 나름대로 무엇인가를 고민하고 생각하고 행동한다는 것을 알 수 있었다. 대부분의 아이들은 미성숙하기 때문에 어른들 마음대로 판단하기 쉬운데 잘못된 생각인 것 같다.

영수를 만나면서 나 스스로 관리자가 아닌 한 아이와 나와의 관계라고 생각하니 부담이 줄어드는 듯하고 무엇보다 아이를 편하게 대할 수 있었다. 우리 아이와 나와의 관계, 가족과 우리 아이와의 관계, 선생님과 우리 아이와의 관계, 지역사회와 아이와의 관계를 고민하게 되었고, 어떻게 하면 아이가 관계 속에서 편안하고 행복하게 지낼 수 있는지를 찾게 되었다.

결국 사람만큼 대단한 프로그램은 없고 사람만큼 귀한 자원도 없다.

영수에게도 필요한 건 '누군가'인 것 같다. 가족, 친구, 선생님, 그리고 이웃이 있어야 하지 않을까 싶다.

출처: 희망의 지렛대 사례관리네트워크 편저(2013). 『희망 이야기』, pp.36-37에서 발췌

2. 사례관리자의 역할

사례관리자의 역할은 실천현장이나 기관 유형, 클라이언트 문제, 자원의 정도에 따라 달라질 수 있다. 여기서는 앞서 언급한 사례관리의 두 가지 서비스 기능을 중심으로 사례관리자의 직접적 역할과 간접적 역할을 살펴보고자 한다. 사례관리자가 직접적 서비스를 제공하는 과정을 보면 개입 초기에는 사례관리자가 먼저 적극적으로 활동하지만 시간이 지나면서 오히려 클라이언트가 주도적으로 참여하게 되고 그 과정에서 자기보호(self-care)의 수준이 향상된다. 클라이언트의 자기보호 능력이란 스스로

자신의 욕구를 충족시킬 수 있는 능력과 필요한 자원을 스스로 획득하여 자신의 상황을 변화시켜 가는 능력이다.

간접적 서비스 기능을 수행하는 사례관리자의 역할은 클라이언트 욕구에 맞는 자원을 찾아 연계하고 점검·조정하며, 자원이나 서비스에서 제외된 클라이언트를 위해 옹호자의 역할을 한다. 현장에서는 이 두 가지 역할이 모두 중요하며, 상황에 따라 통합적으로 수행된다. 따라서 실제로 사례관리자가 수행하는 여러 역할을 이 두 가지 범주로 정리하기는 어렵지만, 주요 역할을 중심으로 제시하고자 한다(권진숙 역, 2004; 한국사례관리학회, 2012a).

1) 사례관리자의 직접적인 역할

사례관리자가 클라이언트와 그 가족을 도울 때 일차적으로 다양한 유형의 직접적 서비스 제공자(direct-service provider)의 역할을 수행한다. 이 역할은 클라이언트의 욕구를 충족시키기 위해 사례관리자가 직접 나서서 서비스를 제공하는 것이다. 앞서 언급한 클라이언트의 자기보호 수준에 적용해 보면, 처음에는 사례관리자가 적극적으로 개입하여 여러 가지 도움을 주지만 이후에는 클라이언트 스스로 자신을 관리하도록 변화의 동기를 촉진하면서 지원자의 역할을 하게 된다. 사례관리자의 직접적인 역할을 몇 가지로 살펴본다([그림 5-2] 참조).

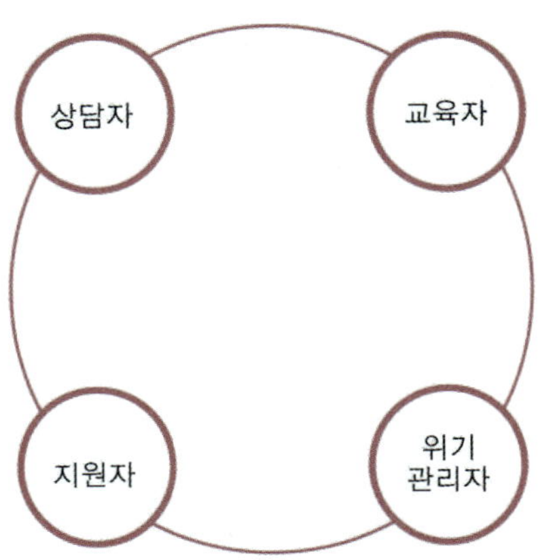

[그림 5-2] 사례관리자의 직접적인 역할

(1) 상담자

이는 클라이언트의 복합적이고 만성적인 욕구를 충족시키고, 생활상의 여러 문제로 발생한 심리·정서적 불안과 정신적 고통을 다루어 주는 역할이다. 일상적인 생활상담에서부터 내면의 깊은 상처를 다루는 전문적 치료까지 가능하다. 클라이언트나 그 가족을 위해 전문적 치료가 필요한 경우 사례관리자는 상담가(counselor)인 동시에 치료자(therapist)의 역할을 수행하게 된다. 상담가로서 사례관리자는 클라이언트를 처음 접촉하여 종결에 이르기까지 사례관리 전 과정에서 느끼는 불안, 좌절, 무력감의 문제를 다루어 준다. 사례관리자와의 신뢰 관계를 바탕으로 클라이언트가 자신의 삶에 대해 희망과 기대를 갖게 하고, 안정감과 통제력을 회복하도록 하여 궁극적으로 자기보호의 수준을 높이도록 지지하는 역할을 한다.

(2) 교육자

사례관리자는 클라이언트의 욕구충족에 필요한 지식과 기술을 직접 가르치는 교육자의 역할을 수행한다. 그 예로 클라이언트로 하여금 자신에 대한 이해를 높이며, 감정을 통제하거나 사고방식을 바꾸고, 다양한 생활기술을 익히도록 구체적으로 교육한다. 효과적인 교육을 위해서 사례관리자는 클라이언트 수준에 맞는 정확한 정보제공과 함께 코칭(coaching), 모델링(modeling), 역할연습(role play), 실제훈련(rehearsal)과 같은 기법을 활용하기도 한다. 클라이언트의 경우 대체로 관련 정보가 부족할 뿐 아니라, 지속적인 욕구충족을 위해서는 내면의 변화와 함께 주위 환경의 변화가 동시에 요구되기 때문에 상담자의 역할 만큼이나 교사(educator)로서의 역할이 중요하다.

(3) 위기관리자

사례관리 실천에서 클라이언트나 가족에게 위기상황이 발생하면 사례관리자는 위기관리자(crisis manager)로서 신속하고 정확하게 개입한다. 위기의 정도 및 심각성을 사정한 후, 심리적인 안정을 위한 위기상담과 물리적인 원조를 제공하며, 필요시 전문기관으로 의뢰하거나 의료적 도움을 위해 신속한 조치를 취한다. 이 역할을 효과적으로 수행하기 위해서는 평소에 위기상황에 대비할 수 있는 자원목록을 확보하고, 필요한 자원이나 서비스를 신속하게 확보할 수 있도록 상시적인 연계체계를 구축해 놓는 것이 좋다.

(4) 지원자

클라이언트의 자기보호 능력이 조금씩 높아지기 시작하면 사례관리자는 지원자(supporter)의 역할을 수행한다. 클라이언트가 사례관리자의 도움으로 자신의 욕구충족을 위한 자원에 접근할 수 있고, 자원을 찾아낼 수 있는 정도로 성장하면, 이제는 자기보호와 자기옹호가 가능한 수준에 도달할 수 있도록 개입해야 한다. 이때 지원자로서 사례관리자는 클라이언트가 이러한 주도적인 능력을 익혀 적극 실행하도록 개입한다. 그 예로 클라이언트로 하여금 자신의 욕구가 무엇인지 충분히 이해하도록 안내하고, 욕구에 부응하는 자원은 어떤 것이고 어떻게 찾을 수 있는지를 도와준다. 또한 직접적인 문제해결 기술이나 위기관리 기술, 그리고 서비스제공자들과 협상하는 기술을 익히도록 도와준다. 그 외에도 자기옹호를 행사하는 과정에서 발생하는 여러 가지 어려움을 잘 극복하도록 도와줌으로써 지속적으로 자기보호의 수준을 높이도록 지지하고 격려해준다. 지원자는 사회복지실천에서 흔히 거론되는 가능케 하는 자(enabler)와 유사한 것으로, 이는 실천가가 앞장서 이끌어가는 것이 아니라 클라이언트 스스로가 자신의 삶의 방향을 선택하고 결정해가는 과정에서 이를 잘 성취하도록 뒤에서 격려하고 용기를 주고, 변화를 유지시켜주는 역할이다.

2) 사례관리자의 간접적인 역할

사례관리자가 수행하는 또 다른 역할은 간접적인 서비스제공자(indirect-service provider)의 역할이다. 이 역할은 사례관리가 갖는 '경계교량 혹은 경계확장(boundary spanning)'의 특성과 관련이 있다. 사례관리자는 클라이언트의 욕구를 사정한 후에는 필요한 서비스와 자원을 얻기 위해 지역사회 관련 기관이나 서비스제공자들과 협력적 관계를 형성해야 한다. 즉, 사례관리자는 클라이언트를 위해서 자신이 속한 기관에만 머물지 않고 '담장을 넘어가는 활동'을 해야 하는데, 이를 통해 지역사회와 교류가 확대되고 기관들 간에 경계가 넓어지게 된다. 이런 측면에서 사례관리자를 경계교량자 혹은 경계확장자(boundary spanner)로 부른다. 경계확장은 한 사람의 사례관리자보다는 사례관리팀이나 네트워크 활동을 통하여 더 잘 이루어진다. 간접적인 역할을 몇 가지로 살펴보자([그림 5-3] 참조).

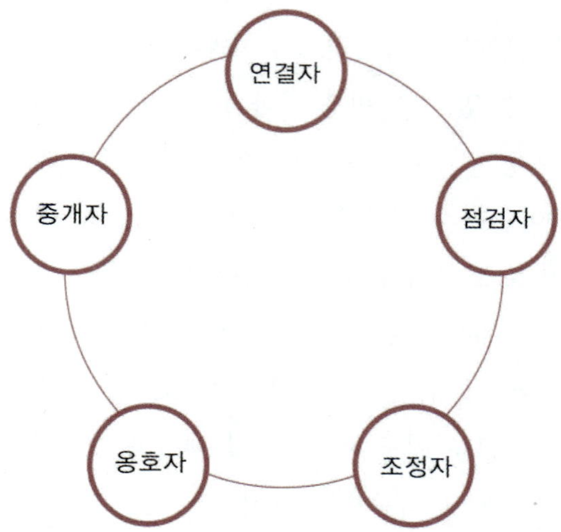

[그림 5-3] 사례관리자의 간접적인 역할

(1) 중개자

앞서 사례관리의 간접적 서비스 기능에서 언급했듯이, 중개자(broker)의 역할은 클라이언트의 욕구에 부응하는 지역사회 내 적절한 기관이나 자원을 선정하는 데 관여하는 것이다. 이 역할을 잘 수행하기 위해서는 먼저 클라이언트와 신뢰관계를 형성하고 그 바탕 위에 정확한 욕구사정 및 그에 따른 개별화된 서비스계획을 수립할 필요가 있다. 서비스 계획표에 외부 자원을 활용하는 항목이 포함되어 있을 때, 사례관리자는 그가 확보한 자원목록을 참조하여 클라이언트와 충분히 상의하고 자발적인 동의를 거쳐 가장 최선의 자원이나 기관을 선정하도록 도와주어야 한다.

(2) 연결자

적절한 기관이나 서비스가 선정되면, 그 후에는 연결자(linker)의 역할이 필요하다. 이는 곧 의뢰자(referrer)의 역할인데, 보내는 쪽과 받는 쪽의 과업이 원만하게 이루어지도록 도와주는 것이다. 우선 받는 기관에서 동의가 이루어지면 서비스 제공에 필요한 정보 즉, 클라이언트의 욕구사정과 서비스계획에 대한 정보를 전달한다. 이때 클라이언트의 개인정보 보호 및 비밀보장의 지침이 잘 지켜지도록 사전에 협의할 필요가 있다. 또한 사례관리자는 다른 기관의 서비스가 필요한 클라이언트에게 의뢰의 필요성을 충분히 설명해주고, 의뢰된 기관에서 어떤 서비스를 어떤 방식으로 받게 되는지 충분히 인지하도록 도와주고 적극적인 참여를 격려한다.

(3) 점검자

사례관리자는 점검자(monitor)로서 서비스계획에 포함되어 있는 내용에 따라 목표가 성취되고 욕구가 충족되고 있는지, 관련된 과업들이 적절히 수행되고 있는지를 확인하고 평가한다. 사례관리자는 직접적인 문제해결 활동 이외에도 클라이언트에게 서비스를 제공하는 기관들이 합의된 계획에 따라 움직이고 있는지를 면밀하게 분석한다. 점검(monitoring)은 단순한 확인에 머물지 않고 경우에 따라서는 재평가 및 계획과 목표의 변경을 요구하기도 한다. 클라이언트들은 사례관리 과정을 통해 많은 것을 배우고 성장하고 변화한다. 그렇기 때문에 클라이언트에게 나타나는 긍정적인 변화들이 잘 유지될 수 있도록 수시로 점검해야 한다. 조정자(coordinator)가 지역단위의 협력체계와 네트워크를 통해 기관 간 서비스연계를 통합적으로 관리하는 역할이라면, 점검자는 기관 내부와 외부에서 이루어지는 서비스 제공의 전 과정을 수시로 확인하고 재평가하여 목표달성을 보다 원활하게 하는 역할이라고 하겠다.

(4) 조정자

이는 사례관리의 꽃이라 불리는 조정 기능을 수행하는 역할이다. 조정자(coordinator)

로서 사례관리자는 다른 기관으로 연계된 클라이언트가 예정된 서비스를 적합하고 충분하게 받고 있는지를 확인하고, 클라이언트를 위해 해당 기관의 변화가 필요할 때는 일정한 영향력을 행사할 수 있다. 사례관리자는 적절한 조정 활동을 통하여 서비스의 중복을 피하고, 연계된 서비스 기관들이 본래의 목적에 맞게 서비스를 제공하도록 책임 있게 관리하며, 필요시 기술적 지원과 협의 등을 통해 서비스 제공기관으로서 역량을 강화하도록 도움을 준다. 조정자의 역할은 사례관리자 개인의 입장보다는 지역사회 단위의 다양한 통합사례회의나 통합네트워크를 통해 더욱 효과적으로 이루어진다.

(5) 옹호자

사례관리자는 클라이언트의 서비스권리를 확보하고 장애물을 극복하기 위해 때로는 옹호자(advocate)의 역할을 수행한다. 클라이언트를 대신하는 활동이므로 매우 적극적인 개입이다. 이는 서비스 제공기관들이 본래의 계획대로 협력하지 않고 서비스 제공을 거부하거나 미룰 때 다양한 옹호전략을 통해 그들을 변화시키려는 것이다. 그 예로 당사자나 해당기관을 설득하거나 협의하는 전략에서부터 상위의 조직망이나 법적 권위, 여론화 및 사회적 연대를 활용하는 전략 등이 있다. 옹호자가 되기 위해서는 옹호를 위해 동원할 인적, 물적 기반을 잘 알아야 하고, 사례관리자로서 분명한 철학과 윤리의식, 그리고 클라이언트에게 주어진 서비스 권리를 존중하고 이를 강화하려는 신념이 갖추어져 있어야 한다.

보충자료 **사례관리를 실패로 이끄는 요인**

앞서 4장에서는 사례관리를 성공적으로 이끄는 요인을 보충자료에 제시하였다. 이번에는 사례관리를 실패로 이끌 수 있는 요인을 알아본다. 현장의 여건에 따라 많은 변수가 있겠지만, 여기서는 5년 이상의 현장경험이 있는 사회복지사 다섯 명을 심도 있게 인터뷰하여 도출한 결과를 보자. 그리고 성공적 요인과 실패 요인을 비교해 보면서 우리의 현실에 대해 깊은 관심과 애정을 가져보자.

① **제대로 된 사정(assessment)이 곤란함**: 이는 클라이언트의 비협조 및 거부 등으로 인해 제대로 된 욕구파악이나 체계적인 사정이 어려운 상황에 부딪힌다.
"처음 욕구파악을 하러 나가면 혹시나 자신의 이야기가 밖으로 나가지 않을까 하는 의심을 해요. 심지어 문도 열어주지 않는 경우도 있으니까요. … (중략) … 클라이언트 문제에 대해 가족들에게 물어보려고 해도 '그냥 그렇다'라는 식의 대답을 듣기도 해요."

② **사례관리자 역할의 불명확성**: 사례관리자가 열심히 하려는 의지가 있다 해도, 업무과중과 인력부족, 과잉기대 등으로 책임 있는 역할수행에 제한을 받는다.
"개입의 필요성은 느끼지만 다들 알다시피 사회복지 현장은 인력이 부족하잖아요. 안타깝지만 어쩔 수 없죠. … (중략) … 청소년들은 감각적이고 빠른 흐름을 추구하기 때문에 다른 클라이언트에 비해 서비스 제공을 잘 못해요. 어떤 경우에는 부모님들이 단순히 사례관리자에게 모든 것을 일임하는 거죠. 수수방관하는 식이죠. 모든 것을 다 해결해 줄 것이라 믿는 것이 문제라니까요."

③ **상호 신뢰관계 형성의 어려움**: 여러 가지 제약으로 인해 클라이언트와 신뢰관계를 형성하는 데 어려움을 경험한다.
"클라이언트가 바쁘다는 핑계로 약속시간을 어기거나 전화를 피하는 경우가 있어요. … (중략) … 또 어떤 애들은 반강제로 상담에 임하는 경우가 많아 욕구를 파악하기 전에 관심 밖의 사람으로 치부하여 회피하는 경우가 대다수예요. … (중략) … 클라이언트의 반응을 보면 자신의 삶에 자포자기하고 '내 팔자가 그런 것 아니겠느냐, 그냥 내버려둬라'는 식의 반응을 많이 보여요."

④ **사례관리자의 역량 부족과 기관의 한계**: 사회복지사 자격증을 소지한 사례관리자로서 자신이 수행하는 역할에 최선을 다하지 않거나 혹은 기관 내 사례관리 운영지침과 지원방안이 없는 경우 사례관리가 실패하기 쉽다.
"사례가 한두 개 있는 것도 아니고, '형식적으로 줄 것만 주자, 일단 다른 일부터 하자'라고 생각할 때가 많죠. 사례관리자도 사람이잖아요. 어쩔 수 없는 것 같아요. … (중략) … 게다가 꼭 기본적인 사정이 아니라 더욱 깊게 들어간다고 해도 취업이나 복지시설 정보, 건강 등 상담주제가 굉장히 국한되어 있는 실정이지요. … (중략) … 그리고 기관마다 사정이 다르겠지만, 일반적으로 우리가 상담을 한다고 해도, 예를 들어 노인 한글교실? 노래교실? 등 다른 서비스를 제공하기 위한 면접이나 기본적인 사정에 그치는 경우가 많은 것이 사실입니다."

출처: 노주환(2012). "성공적인 사례관리를 위한 실천경험에 관한 연구". 숭실대학교 대학원 석사학위논문. pp.65-69에서 발췌.

생각해볼 문제

1. 사례관리는 '담장을 넘어가는 특성'이 있다고 했는데, 이를 사례관리의 간접적 서비스 기능과 관련시켜 자유롭게 이야기해 보자.
2. 사례관리를 배우는 입장에서, 앞으로 사례관리자가 된다면 클라이언트의 문제해결을 위해 자신이 활용할 수 있는 직접적 서비스는 어떤 것들이 있을지 생각해 보자.
3. 직접적 서비스의 중요한 특징이 기관 혹은 서비스 중심의 사정(assessment)이 아니라 클라이언트의 욕구 중심의 사정이라는 말이 무엇을 말하는지 함께 토론해 보자.
4. 사례관리의 간접적 서비스 기능인 중개-연결-조정-옹호-관계망 만들기의 전략을 한 묶음으로 이해해 보고, 현장에서는 어떤 기능이 가장 많이 활용되고 있을지를 상상해 보자.

PART

02

사례관리 실천과정과 단계별 과업

Case Management

제2부에서는 사례관리 실천과정 및 단계별 과업에 대해 학습한다. 사례관리 실천과정은 총 5단계로 구성되는데, 초기단계 - 사정단계 - 계획단계 - 실행단계 - 평가 및 종결단계이다. 각 단계에 대한 체계적 고찰을 통해 학습자는 사례관리자가 각 단계에서 어떤 과업을 수행하는지 이해할 수 있을 것이다.

Chapter 06

실천과정의 개요 및 초기단계

사례관리는 다섯 단계의 실천과정을 통해 수행된다. 사회복지 현장에서 활용되고 있는 다양한 실천방법(practice methodology)은 클라이언트의 문제해결을 돕는 일정한 진행절차가 제시되어 있어서 누구든 그 절차를 따라 실천하면 목표를 성취하도록 안내한다. 사례관리도 클라이언트의 사회적 기능 강화 및 삶의 질 향상, 혹은 역량 강화와 자립을 위해 초기단계부터 평가 및 종결단계에 이르는 일련의 실천과정이 있다. 6장에서는 사례관리 실천과정의 개요 및 초기단계에 대해 살펴본다.

1. 실천과정의 개요

1) 사례관리 실천과정의 개요 및 특징

사례관리의 실천과정은 학자마다 조금씩 다르게 제시하고 있다. 예를 들어 목슬레이(Moxley, 1989)는 사정 - 서비스계획 - 실행 - 점검 - 검토 및 평가의 단계를 제시했고, 벨로와 밍크(Ballew & Mink, 1996)는 초기단계 - 사정단계 - 계획단계 - 자원사정 및 접근단계 - 조정단계 - 철회단계(서비스 분리)를 제시하였다. 미국사회복지사협회(2013)는 클라이언트 확인과 접수 - 계약 - 사정 - 서비스 계획수립 - 서비스의 실행 - 점검 및 조정 - 자원연결 및 옹호 - 재사정 - 종결의 단계를 제시하였다.

이 실천과정은 사례관리의 목적을 달성하기 위한 일련의 개입과정으로 초기부터 종결에 이르기까지 시간적 연속성을 갖고 순서대로 진행된다. 그러나 이러한 순서는 고정된 것이 아니라 순환적이며 탄력적으로 적용된다. 그 예로 서비스계획의 수립이나 실행의 단계에서 클라이언트 상황이 달라지거나 새로운 문제와 욕구가 발견될 경우 언제든 이전 단계로 돌아가 재사정하고 그 결과에 따라 개입목표와 방법을 수정할 수 있다.

이 책에서는 사례관리 실천과정을 초기단계, 사정단계(욕구사정, 자원사정, 강점사정, 장애물사정), 계획단계(ISP), 실행단계(자원연계, 점검, 조정, 옹호 등), 평가 및 종결단계로 나누어 살펴본다. 이렇게 구분하는 이유는 최근 들어 사례관리의 흐름이 사회복지실천의 단계와 그 명칭이 유사해지고 있기 때문이다. 이 점을 고려하여 사례관리 실천과정의 개요를 제시한 후, 각 단계별 특징과 주요과업을 이어서 살펴본다(권진숙 · 박지영, 2008; 이기연 외, 2008; 한국사례관리학회, 2012a, 2020).

다섯 단계로 구성된 사례관리 실천과정은 〈표 6-1〉과 같다.

〈표 6-1〉 사례관리 실천과정

사례관리 실천과정	주요 과업
1. 초기단계	• 서비스 동의와 계약
2. 사정단계	• 욕구사정 • 자원사정 • 강점사정 • 장애물사정
3. 계획단계	• 개별 서비스계획(ISP) 수립
4. 실행단계	• 자원연계 • 점검 및 조정 • 옹호
5. 평가 및 종결단계	• 서비스 분리(철회) • 사후관리

다섯 단계 사례관리 실천과정은 사회복지실천과 비교하여 다음과 같은 두 가지 고유한 특성을 갖는다.

첫째, 사례관리 실천과정에서 사정단계는 욕구사정, 자원사정, 강점사정, 장애물사정을 강조한다. 특히 사례관리에서 사정은 클라이언트의 욕구를 우선적으로 확인하는데, 이는 서비스 이용자 중심의 욕구사정이라고 하겠다. 다시 말해서 사회복지실천에서는 서비스 중심(service-directed)의 사정이 강조된다면, 사례관리에서는 욕구 중심(need-led or need-based)의 사정이 강조된다. 그리고 자원과 장애물에 대한 사정도 이러한 욕구사정과 관련성을 갖고 포괄적으로 이루어진다.

둘째, 일반적으로 사회복지실천에서 개입(intervention)에 해당하는 사례관리단계가 실행(implementation)이다. 실행단계에서는 다양한 개입활동이 가능하지만 자원연계, 점검 및 조정, 옹호가 핵심 과업이 된다. 이는 사례관리 실천에서 문제해결을 위한 개입은 상담과 치료 등의 직접적 서비스 제공 못지않게 간접적 서비스가 중요하다는 것을 보여준다. 따라서 사례관리 실행단계에서는 임상적인 개입과 임상가의 역할(clinical intervention, the clinician)에 더해 행정적 개입과 행정가의 역할(administrative intervention, the administrator)을 모두 포함한다(정순둘, 2005: 26-31).

2) 사례관리자가 개입하는 사례 유형

사례관리 실천과정은 다양한 사례 유형에 개입하는 것이다. 일반적으로 사례 유형은 사례관리의 기능을 무엇으로 보는지, 서비스나 자원의 활용 정도는 어떠한지, 그리고 사례관리자의 역할을 무엇으로 보는지에 따라 다양하게 제시된다. 사례 유형을 고려하는 이유는 어떤 유형인가에 따라 사례관리자의 책임과 역할, 개입의 정도가 달라지기 때문이다.

이 책에서는 우리나라 사회복지 현장의 여건을 고려하여 쉽게 이해하고 적용할 수 있는 사례 유형을 제시하였다. 즉 일반 사례(단순 서비스 연계 포함), 집중 사례, 위기 사례이다. 현재 사회복지 현장에서 이루어지는 사례관리는 대부분 이 세 가지 유형으로 구분되는데, 이에 대해 자세히 살펴보자(한국사례관리학회, 2012a, 2012b; 보건복지부, 2019).

(1) 일반 사례

이 유형은 이용자 및 그 가족의 문제와 욕구의 심각성이 상대적으로 낮아서 기관 내부 사례회의를 통해 각종 지원과 서비스(자원) 연계가 가능한 사례이다. 과거 단순사례(서비스 연계 대상자나 가구)로 불리던 유형도 이 유형에 포함된다. 단, 현재 일부 현장에서는 사례관리 대상자에 대한 위기도 사정의 결과, 위기 수준이 상대적으로 낮은 경우 단순사례로 분류하여 일반사례와는 다르게 개입하는 경우가 있다(위기도 사정은 제10장 참조).

일반 사례의 경우 사례관리자는 클라이언트에게 필요한 서비스를 연계할 뿐만 아니라, 클라이언트의 문제와 욕구를 해결하기 위해 직접적 서비스를 제공한다. 사례관리자는 서비스 중개자, 연계자(연결자)의 역할과 함께 문제해결을 위한 직접적 서비스 제공자(상담자, 교육자, 정보제공자 등)의 역할을 수행한다. 사례관리자의 개입수준은 다음에 소개하는 집중 사례에 비해 낮다고 할 수 있다.

사례관리자는 지역사회 자원 및 서비스 연계와 직접적 서비스(기초 상담)를 함께 제공하기 때문에 사례관리 실천에 대한 전문지식과 기술이 필요하다. 기관에서 사례관리를 주 업무로 하는 경우 약 20~40명의 사례를 관리할 수 있다. 슈퍼비전은 내부 사례회의에서 경력 3~5년의 사례관리 팀장으로부터 수시로 받는다.

(2) 집중 사례

이 유형은 이용자 및 그 가족이 복합적인 문제를 가지고 있으며, 문제와 욕구의 심각성이 높아 사례관리자의 집중적인 개입이 요구되며, 다양한 서비스(자원) 연계를 위해 통합적 개입이 필요한 사례이다.

집중 사례의 경우 기관 내 사례회의를 통해 사례관리 이용자 판정 및 욕구 사정을 마친 후, 지역 통합사례회의를 통해 필요한 서비스를 연계할 뿐만 아니라, 사례관리자가 클라이언트의 문제와 욕구를 해결하기 위해 수준 높은 직접적 서비스를 제공한다. 일반 사례와 비교하여 사례관리의 간접적, 직접적 기능과 그에 따른 사례관리자의 역할이 더 체계적이고 집중적으로 요구된다. 이런 면에서 집중 사례를 다루는 사례관리자는 관련 지식과 기술을 충분히 갖추고 있어야 한다.

사례관리자가 집중 사례에 개입하는 수준은 일반 사례에 비해 높다고 할 수 있다. 기관에서 사례관리를 주 업무로 하는 경우 약 10~20명의 사례를 관리할 수 있다. 슈퍼비전은 통합사례회의에서 경력 5년 이상의 현장 전문가나 전문 슈퍼바이저로부터 받는다.

(3) 위기(긴급) 사례

이 유형은 이용자 및 그 가족의 복합적인 문제와 욕구가 심각하고 긴급하여 일상생활 수행의 어려움이 있고, 다양한 서비스(자원) 연계 및 긴급한 개입이 요구되는 사례이다. 현장에서는 이를 위기 사례 혹은 긴급 사례로 부른다.

위기 사례는 이용자가 복합적이고 고질적인 문제(만성 정신질환, 자살기도 및 자·타해 위험, 중독, 가정폭력, 성폭력 등)를 가지고 있어서 전문가의 자문과 도움이 필요한 경우이다. 긴급 사례는 이용자 및 가족원이 소득이나 건강의 상실, 주거지의 상실, 학대 등으로 생계유지가 곤란해져 긴급한 지원이 필요한 대상을 말한다.

이 유형에서 사례관리자는 이용자의 상태 및 가족원(혹은 가구)의 위기 수준을 즉각적으로 파악하여 긴급 사례회의나 솔루션위원회를 통해 자문과 슈퍼비전을 받고 개입계획을 수립한다. 정신적, 정서적으로 위기에 처한 이용자는 가능한 한 빨리 전문기관에 의뢰하여 필요한 상담과 치료, 의료적 처치를 받도록 조치한다. 생계형의 긴급 지원이 필요한 이용자에게는 관련 서비스와 정보를 제공하여 위기 상황을 안정시키는 개입을 한다. 이를 위해 사례관리자는 서비스 연계자, 위기관리자로서 역할을 수행하며, 위기 및 긴급 상황을 이해하고 신속히 대처할 수 있는 위기관리 능력이 필요하다.

이상에서 제시한 사례 유형을 요약하면 〈표 6-2〉와 같다.

〈표 6-2〉 **사례 유형 구분**

	일반 사례	집중 사례	위기(긴급) 사례
사례관리 목표	기관 사례회의를 통해 기관 내외의 서비스 연계 및 직접적 서비스 제공	기관 사례회의와 지역 통합사례회의를 통해 다양한 서비스 연계 및 직접적인 전문 서비스 제공	긴급 사례회의나 솔루션위원회를 통해 전문적 서비스 연계 및 위기 안정화
사례관리 이용자	이용자 및 그 가족의 문제와 욕구의 심각성이 상대적으로 낮은 경우	이용자 및 그 가족의 문제와 욕구의 심각성이 상대적으로 높은 경우	이용자 및 그 가족의 문제와 욕구가 심각하고, 고질적인 문제나 위기가 있는 경우
사례관리 활동	지역사회 자원과 서비스 연계, 기초상담	지역사회 자원과 서비스 연계, 상담을 보다 전문적이고 집중적으로 제공	기본적인 사례관리 기능 외에 전문가 자문 및 위기관리 제공
사례관리자 역할	중개자와 연계자, 직접적 서비스 제공자	중개자, 연계자, 조정자, 옹호자, 직접적 서비스 제공자, 전문가	중개자, 연계자, 전문가, 위기관리자
사례관리자 개입 정도	일반적 수준, 단기적 개입	집중적이고 전문적 수준, 장기적 개입	전문적 수준, 위기 및 긴급 개입
운영체계	기관 내 사례회의	지역 통합사례회의(일부 집중 사례는 기관 사례회의에서 가능)	긴급 사례회의(기관/지역), 솔루션위원회 등
적정 사례 수	20~40사례*	10~20사례	사례 발생 시
슈퍼바이저	경력 3~5년의 사례관리 팀장	경력 5년 이상의 현장 전문가 또는 전문 슈퍼바이저	전문가, 사례관리 팀장

* 단순사례를 포함할 경우 사례 수는 더 늘어날 수 있다.

쉬어가기 **사례관리 맛보기**

"아이들은 믿는 만큼 성장한다" (2)

아이들은 스스로 정답을 찾을 수 있다. 그런데 사례관리자가 혹은 어른들이 스스로 불안하기 때문에 섣불리 정답을 알려주는 경우가 있다. 그렇다 보면 아이들은 의존하게 되고 실패하게 된다.

영수를 만나서 나는 많은 것을 알게 되었다. 많은 시행착오가 있었지만 영수가 나에게 오히려 중요한 것을 알게 해주었다. 아이들이 무엇을 원하는지 알아야 하는 것, 그리고 사정기록지를 채우는 것보다는 마음으로 다가가야 한다는 것, 관리보다는 관계를 먼저 고민해야 한다는 것을 알았다.

사랑나눔터에 오는 한 학생이 나에게 시를 한 편 선물로 주었다. 나는 시를 읽으면서 반성했고, 감동받았다. 내가 아이들에게 어떤 문제든 해결해주는 해결사가 아니어도 된다는 것, 그런 부담감 때문에 힘들어하지 않아도 된다는 것, 그저 아이들이 머물 수 있는 편안하고 안정된 곳을 만들어 주면 된다는 것을 알게 해주었다.

고맙다, 얘들아.

출처: 희망의 지렛대 사례관리네트워크 편저(2013). 『희망 이야기』, pp.37-38에서 발췌

2. 사례관리 실천과정: 초기단계

사례관리 초기단계는 사례관리자가 다양한 경로로 클라이언트를 발견하고, 인테이크 및 사례회의를 통해 사례관리 적격성 여부를 판단한 후 그 결과에 따라 사례관리 대상자(이용자)로 선정하는 단계이다(한국사례관리학회, 2012a, 2012b; 김성경, 2017; 대전복지재단, 2014, 2018).

- 사례관리 초기단계의 과업
  - 사례발견: 직접 요청, 의뢰받기, 직접적인 사례발굴(아웃리치)
  - 인테이크(초기면접)
  - 사례회의를 통해 사례관리 클라이언트(대상자) 선정 및 동의서 작성

1) 사례 발견

사례 발견(case-finding)은 사례발굴이나 대상자 발굴이라는 말과 혼용된다. 사례관리자가 사례를 발견하는 방법에는 클라이언트의 직접 요청, 의뢰받기(기관 내부 및 외부에서 의뢰받기), 직접적인 사례발굴(아웃리치) 등이 있다.

(1) 클라이언트의 직접 요청

이 경우는 잠재적인 클라이언트가 직접 기관을 방문하거나 전화를 걸어 자신의 상황을 알리는 것이다. 현장에서는 클라이언트가 직접 도움을 요청하는 경우는 흔치 않다. 클라이언트가 복합적인 욕구와 문제가 있다 하더라도 어디에서 어떤 도움을 받을 수 있는지 잘 모르기 때문이다.

직접 도움을 요청한 경우, 클라이언트는 자신의 상황을 개선하려는 의지가 있고, 변화의 동기가 클 수 있기에 사례관리자는 가능한 한 현실적인 기대와 희망을 품도록 잘 이끌어야 한다. 또한 클라이언트가 사례관리에 대한 이해가 부족한 점을 고려하여 이를 쉽게 설명하면서, 인테이크 및 그 이후의 진행과정에 적극 참여하도록 동기를 부여할 필요가 있다.

(2) 의뢰받기

사례관리 시작은 대부분 의뢰를 통해 이루어진다. 일반적으로 의뢰는 외부로부터 의뢰를 받는 것(refer-in)과 외부로 의뢰를 보내는 것(refer-out)으로 나누어진다. 사례발견의 한 방법으로서 의뢰(referral)는 외부의 기관이나 관련인 혹은 기관 내부의 다른 부서나 실천가로부터 잠재적 사례관리 대상자를 의뢰(추천, refer-in)받는 것이다.

의뢰처(referral source)는 매우 다양하다. 우선 해당 기관 안에서는 다른 사업이나 프로그램에 참여하는 서비스이용자 중에서 사례관리가 필요하다고 판단하여 사례관리팀에 의뢰할 수 있다. 외부 혹은 지역에서는 시·군·구청, 읍·면·동 주민센터, 사회복지기관이나 시설, 보건소, 학교(교육청), 고용센터, 경찰, 교회, 지역아동센터, 상담센터, 통장, 반장, 이웃 등 다양한 공식, 비공식망의 통로를 통해 의뢰된다.

의뢰받기가 효과적으로 이루어지려면 평소 의뢰처에 대한 관리가 중요하다. 관련 기관목록표를 작성한 후 이를 주기적으로 업데이트하면서 협력적 관계를 유지해야 한다. 특히 의뢰를 수동적으로 받아들이기보다는 의뢰처에 정기적으로 공문을 보내 사례관리가 필요한 잠재적 클라이언트를 언제든 의뢰할 수 있도록 관련 정보를 제공할 수 있다.

사례를 의뢰받을 때 사례관리자는 다음의 사항을 유의할 필요가 있다(김성경, 2017: 85-86).

- 의뢰받을 때 가능한 한 '서비스 의뢰서'를 받는 것이 좋다. 의뢰서에는 잠재적 클라이언트를 의뢰하는 이유와 필요한 서비스 등을 기록하도록 한다.
- '서비스 의뢰서'를 접수한 후(서비스 의뢰서가 없더라도), 의뢰를 받은 사례관리자는 우선 전화통화를 하여 잠재적 클라이언트가 도움을 원하는 상황인지 확인한다.
- 도움을 원하는 경우, 인테이크(초기면접)를 진행한다. 의뢰받은 잠재적 클라이언트가 모두 클라이언트가 되는 것은 아니다. 의뢰받은 문제가 클라이언트에게 우선순위가 되는 문제이며, 클라이언트가 해결을 원하는 문제라는 것에 클라이언트가 동의해야 한다.

(3) 직접적인 사례발굴(아웃리치)

이는 사례관리자가 직접 잠재적인 클라이언트를 찾아 나서는 것이다. 클라이언트가 있는 곳으로 직접 나간다는 의미에서 아웃리치(outreach)라고 한다. 이런 면에서 사례발굴은 취약계층을 위한 복지사각지대 발굴과 유사한 의미를 갖는다. 사례발굴은 수시로 가능하나, 안정적인 활동을 위해 정기적으로 수행하는 것이 바람직하다. 경우에 따라 민관이 협력하여 사례를 발굴하는 경우가 있다.

아웃리치를 위하여 사례관리자가 고려해야 하는 사항은 다음과 같다(김성경, 2017: 87-88).

- 서비스가 필요한 잠재적 클라이언트를 찾아낸다. 이를 위해서는 지속적으로 잠재적 클라이언트를 발굴할 수 있는 발견가능 장소 및 네트워크 체계 등 지역사회 정보를 충분히 알아야 한다.
- 발견한 잠재적 클라이언트와 개별적인 상호작용을 통해서 이용 가능한 서비스와 자원을 알려주며, 기관의 서비스 체계 내로 들어올 수 있도록 격려하고 권유한다. 대부분의 잠재적 클라이언트들이 갖는 자신의 정보 노출에 대한 두려움, 무력감, 서비스에 대한 방어 및 저항감 등을 주의하여 다루어야 한다.

현장 사정을 고려할 때, 사례관리 필요도가 높은 대상자일수록 서비스에 대한 인지도가 낮아 서비스에 대한 접근성이 매우 낮다. 따라서 대상자 발굴 경로를 확보하고 유지하는 것은 사례관리자에게 중요한 과제이다.

보충자료 **사례발굴에서 민관의 협력활동**

- 사례관리를 진행하는 기관이나 서비스를 제공하는 기관에서 추진하고 있는 대상자 발굴사업 및 프로그램 정보를 공유하는 협력체계 구축하기. SNS나 통합사례회의를 통해 새로운 정보를 수시로 공유하기
- 방문형 사회서비스 기관, 방문형 보건서비스 기관, 야쿠르트 배달이나 수도 검침원 등 민간기관과 사례발굴 협력체계 구축하기
- 동주민센터의 찾아가는 복지전담팀, 학교 등 공공기관과 사례발굴 협력체계 구축하기
- 개별 기관은 지역사회 내 기관의 운영목적과 기관이 진행하는 사례회의의 특성을 고려하여 적절하게 대상자를 상호의뢰하고 접수하기

참조: 대전복지재단(2018), p. 19.

2) 인테이크(초기면접)

(1) 인테이크의 의미와 중요성

- 사례관리 실천과정에서 인테이크(초기면접 혹은 초기상담)는 다음과 같은 과업을 수행한다.

- 클라이언트와 초기 관계 형성
- 초기면접을 통해 클라이언트 상황을 이해하는 데 필요한 정보수집
- 면접 후 사례회의를 통해 사례관리 대상자 여부 판정
- 사례관리 서비스에 대한 동의서 작성하기
- 개인정보 수집, 이용, 제공 동의서 작성하기

- 초기면접(intake interview)을 실시하여 그 결과로 초기면접지를 작성한다. 참고로 초기면접은 현장에서 초기상담으로 불리는 경우가 많으며, 그에 따라 초기상담지 작성으로 이해해도 무방하다.
- 초기면접의 주요업무는 본격적인 사정(assessment)의 전 단계로서, 클라이언트와 그 가족이 당면한 문제와 욕구를 대략적으로 파악하여 사례관리의 대상자 적격여부를 판정하는 일이다. 면접결과에 따라 사례관리 대상자로 포함시킬 것인지 아닌지를 결정하고 적격기준에 해당하는 자에 한해 사례관리 서비스를 제공한다.
- 초기면담에서 얻을 수 있는 정보로 클라이언트의 현재 상황에 대한 객관적인 사실과 과거력 정보를 들 수 있고, 사회보장정보시스템이나 의뢰기관 등 다양한 정보원으로부터 수집된 클라이언트에 관한 다양한 정보를 확인하여 얻는 정보들을 포함한다.
- 위기상황을 제외하고는 초기면접과 사정은 분명한 단계적 차이가 있다. 그 차이는 초기면접이 클라이언트의 대략적인 욕구를 파악하여 사례관리 대상이 되는지의 여부를 잠정적으로 판단하는 것이라면, 사정단계는 그 욕구를 정확하게 파악하여 사례관리 유형별 대상자 여부를 확정하는 데 있다. 그러나 사실상 초기면접과 사정은 동시에 이루어질 수 있다.
- 대략적인 문제와 욕구를 파악하기 위해 사례관리자는 클라이언트 상황에 대한 기본적 정보수집과 함께 가계도 및 생태도를 그린다. 이 가계도 및 생태도는 이후 사정단계에서도 클라이언트 상황을 분석하는 도구로서 유용하게 활용되는데, 특히 생태도 경우에는 서비스제공에 따른 사회적 망의 변화를 확인할 수 있는 근거자료가 된다.

- 초기과정을 잘 이끌기 위해서는 사례관리자가 클라이언트를 상담하고 정보를 수집하는 기술을 잘 터득하고 있어야 한다. 예를 들어, 신뢰를 구축하고 기대를 명료화하며, 부정적인 감정을 잘 다루고 관련 정보를 객관적으로 수집하고 파악하는 능력이 필요하다.
- 면접에서 클라이언트와 주변인(의뢰인, 후견인, 가족 등)이 진술하는 내용 중 주요 문제나 욕구와 관련된 사항은 가능한 한 그들이 진술한 내용 그대로를 기록하는 것이 좋다.
- 사례관리 대상자 판정은 일차적으로 초기면접을 진행한 사람의 의견을 토대로 하여 가능한 한 사례회의를 통해 결정하는 것이 좋다.
- 사례관리의 주요 대상은 클라이언트 및 그 가족이 당면한 문제와 욕구가 복합적이고 만성적이어서 이를 해결하는 데는 일부 특정 서비스보다는 해당 기관 및 지역의 다양한 서비스와 자원을 통합적으로 제공할 필요가 있는 경우이다.
- 이러한 대상자 중에서 해당 기관의 사례관리 운영지침에서 대상자 선정기준에 부합한 클라이언트로서, 사회적 기능 강화와 삶의 질 향상을 위한 사례관리의 주요 절차 및 업무수행방식에 동의하고, 필요한 서비스 계약을 수립한 클라이언트가 실제적인 대상자이다.

(2) 초기면접을 통한 관계 형성하기

사례관리자가 클라이언트를 처음부터 끝까지 잘 도와주려고 할 때 가장 중요한 요소는 무엇일까? 많은 사람들이 좋은 관계의 형성을 꼽는다. 관계형성을 통해 대화를 시작하고 삶을 변화시키며 성장을 촉진할 수 있기 때문이다.

초기면접자로서 사례관리자는 짧은 시간의 상담을 통해 클라이언트의 문제나 욕구를 파악할 수 있는 전문성을 필요로 한다. 그렇기 때문에 관련 지식과 기술, 경험을 살려 초기면접에 최선을 다해야 한다. 면접은 심리적으로 편안함을 느낄 수 있는 장소(기관 상담실이나 가정)에서 하는 것이 효과적이다.

사례관리자가 클라이언트와 신뢰에 기초한 관계를 형성하기 위해 어떤 기술을 활용할 수 있을까? 좋은 관계를 맺기 위해 어떻게 해야 할까? 몇 가지 기술을 소개한다.

• 소개하기 기술

사례관리자가 먼저 자신과 기관을 소개하고, 사례관리의 의미와 과정에 대해 이해하기 쉽게 설명한 후, 초기면접이란 어떤 것이며 어떻게 진행되는지를 알려준다. 이때 설명을 너무 간단하게 혹은 장황하게 하면 이해하기 힘들다. 가능한 한 명료하고 받아들이기 쉽게 전달한다. 그리고 질문의 기회를 주어 알고 싶은 부분을 추가로 설명한다. 사례관리자는 자신을 소개할 때 클라이언트의 상태 및 이해 수준을 고려하되, 사례관리자로서의 기본 역할과 관련 경험을 알려주어 클라이언트가 믿음과 기대를 갖고 면담에 응할 수 있도록 분위기를 조성한다.

• 경청하기 기술

사례관리자가 여러 질문을 통해 정보를 요청한 후에는 진지하면서도 공감 어린 경청이 필요하다. 사례관리자는 클라이언트의 말을 주의 깊게 듣고 인정하면서 적절하게 반응해준다. 클라이언트가 조사받는다는 느낌이 들지 않도록 적절한 질문기술을 활용한다. 경청을 위한 질문기술은 다음과 같다(행정안전부 · 보건복지부, 2019).

- 클라이언트의 이야기를 경청한 후 사례관리자가 요약해서 다시 이야기함으로써 진술내용과 욕구를 구체적으로 확인한다.
- 클라이언트의 욕구나 어려움을 보다 정확히 이야기하고 초점화할 수 있는 질문을 활용한다.
- 클라이언트가 진술한 내용을 사례관리자가 정확히 이해했는지 명료화하는 질문을 활용한다.

또한 경청의 한 가지 방법은 '강점 관점에 기초한 경청기술'을 적용해 보는 것이다.

"이것은 클라이언트가 하는 이야기의 리듬과 패턴에 최대한 주의하면서 그 이야기를 잘 듣는 것이며, 클라이언트가 말하는 사건들을 함께 공유하면서 이를 어떤 전체적인 맥락 속에서 바라보도록 해주는 방식이다. 중요한 것은 희망과 용기의 신호를 어떻게 찾아낼 것인지 그리고 그런 가운데 그 신호들을 강화하는 방식으로 그것들에 어떻게 이름을 붙일 것인가 하는 것이다"(남찬섭 역, 2012: 355). 클라이언트의 호소와 바람, 어려움에 귀를 기울이되, 문제 뒤에 가려진 강점, 장점에도 함께 귀를 기울이는 노력이 필요하다.

• 반응하기 기술

반응은 클라이언트의 진술(호소)을 충분히 들으면서 추가적인 확인이 필요하거나 혹은 이해와 수용, 그리고 공감하는 감정과 내용을 전달하는 사례관리자의 피드백이다. 특히 초기단계에서는 사례관리자가 클라이언트를 충분한 이해하고 경청하고 있다는 표시로 반응을 하는 것이 좋다. 클라이언트가 했던 말을 반복하거나 강조하는 것, 요약이나 정리, 대화를 촉진하는 진술과 질문 등을 통해 상황에 맞는 적절한 반응을 할 수 있다.

• 부정적인 감정을 다루는 기술

사례관리자를 처음 만나는 클라이언트는 여러 가지 낯선 상황으로 인해 불안한 마음을 갖게 된다. 처음 보는 사람에게 자신을 노출하고 도움을 요청한다는 것은 한편으로는 기대와 희망을 갖게 하지만 다른 한편으로는 부끄럽고 빨리 피하고 싶은 마음을 불러일으킨다. 자신의 상황이 과연 달라질 수 있을까에 대한 양가감정과 혼란스러움도 있다. 따라서 사례관리자는 클라이언트가 갖는 이러한 복잡하고 부정적인 감정을 잘 다루어주어 초기저항을 줄이고 정서적 안정을 통해 그다음 단계로 진행될 수 있는 우호적인 여건을 만들어야 한다.

• 참여를 촉진하는 기술

사례관리에서 초기단계는 클라이언트와의 관계형성과 더불어 정보수집(스크리닝)을 통해 사례관리 대상자를 판정한다. 대상자로 판정이 되면 사례관리 서비스에 대한 동의서를 받고 본격적인 사정단계로 넘어간다. 이때 클라이언트는 자칫 사례관리자에게 모든 것을 맡기고 수동적이고 의존적인 상태에 머무를 수 있다. 이런 점을 극복하기 위해서 사례관리자는 초기단계부터 클라이언트의 주체적인 참여가 얼마나 중요하고 어떻게 참여할 수 있는지 자세히 안내하고 격려해야 한다. 사례관리자는 클라이언트와 동등한 협력적 관계를 맺고, 시간이 다소 걸려도 자발적 선택 및 의사결정을 중시하고, 매사 함께 의논하고 고민하면서 가능한 한 주도적으로 참여하도록 촉진할 필요가 있다.

다음은 초기면담에서 신중하게 접근해야 하는 두 가지 상황의 예이다. 하나는 폭행이나 폭력이 예상되는 상황이고, 다른 하나는 전문상담이 필요한 상황이다.

상황 1. 폭력이나 폭행이 예상되는 경우의 초기면담

- 가정폭력, 성폭력, 정신질환, 범죄 경력 등으로 인하여 위험하다고 추정되는 이용자를 처음 만날 때는 지인을 통하여 최대한의 정보를 확인한 후에 초기면담을 한다.
- 가정을 방문하여 면담하는 경우는 지인과 함께 방문하거나 2인 이상이 함께 만난다.
- 폭력이나 폭행은 감정조절이 잘 안되거나 왜곡된 사고, 피해의식 등으로 발생하는 경우가 많으며, 내재된 분노가 폭발하는 경우가 많다. 보여지는 것과 달리 두려움과 불안에 노출된 경험이 많을 수 있다.
- 감정을 자극하지 않도록 유의하며, 스스로 감정이나 생각이 조절되지 않아서 겪는 어려움이나 생활습관이나 문화를 이해하고자 하는 세심한 배려가 필요하다.
- 방어적인 태도를 취하기보다 개방적인 태도를 취한다. 최대한 편안하고 친절하게 대하며, 선입견을 가지고 대하기보다 보여지는 모습 그대로 수용하고 소통하고자 노력한다.
- 이용자가 필요로 하는 도움을 확인하고, 함께 문제를 해결하고자 하는 파트너로서 관계, 사례관리자로서 전문가적 태도를 잃지 않도록 유지한다.

참조: 대전복지재단(2014), p. 35.

상황 2. 전문상담이 필요한 경우의 초기상담

- 정신질환, 알코올중독으로 응급입원이 필요한 경우
  → 정신건강복지센터, 중독관리통합지원센터, 병원 등 관련 기관의 전문가와 관련인들과 함께 면담을 진행하고, 신속하게 적절한 기관으로 보내 도움을 요청한다.
- 학대 등으로 긴급 분리가 필요한 경우
  → 아동보호전문기관, 노인보호전문기관, 경찰서 등 관련 기관의 전문가와 관련인들과 함께 면담을 진행하고, 신속하고 안전하게 보호하거나 분리할 수 있도록 한다.
- 노인학대 사례의 경우 노인보호전문기관으로 즉시 상담 연계한다.

참조: 대전복지재단(2014), p. 33.

(3) 사례관리 대상자 여부 판정 및 서비스에 대한 동의

- 사례관리자의 인테이크(초기면접) 결과를 토대로 사례회의를 개최한다. 회의를 통해 사례관리 대상자 여부를 판정한다. 즉 사례관리 서비스 제공의 적합성을 결정한다.

이때 적격성 여부는 다음의 두 가지 기준에 따른다(김성경, 2017: 91).

첫째, 기관의 사례관리 서비스 자격기준에 대한 적합성이다. 사례관리 기관은 내부적으로 정해놓은 기준이 있으므로 이에 적합한 사람인지 확인하고(사례관리 클라이언트 확인), 사례관리 서비스의 대상자로 선정한다.

둘째, 기관의 자격기준에 적합한 클라이언트가 자신의 문제와 욕구를 해결하려는 의지와 동기가 있는지를 확인한 후 최종적으로 대상자 선정을 마무리한다.

- 사례관리 대상자로 결정된 후에는 사례관리 서비스를 설명하고, 안내하며, 사례관리 전체과정에 참여할 것을 권유하고, 필요한 동의를 받는다.
- 서비스 동의의 중요성은 다음과 같다.

> – 서비스 성과 및 결과에 대한 클라이언트의 책임을 강조
> – 사례관리자와 주변인의 일방적인 도움 제공이 아니라 대상자의 노력과 주체적 참여가 전제되어야 하는 협력적 실천임을 인식하게 함

- 실천의 윤리적 측면을 고려하여 동의는 충분한 정보제공 및 합리적인 설명, 그리고 자발성에 기초한 사전 동의(informed consent) 형태로 이루어지는 것이 바람직하다.
- 대상자(혹은 후견인)가 직접 참여하여 서비스 동의서를 작성한다. 서비스 동의서에는 ① 기관에서 책임 있게 사례관리 서비스를 제공하겠다는 서비스 제공 동의서와 ② 클라이언트가 사례관리 서비스를 자발적으로 받겠다는 서비스 이용 동의서를 포함한다.
- 서비스 동의서 작성과 함께 '개인정보 수집 및 활용에 대한 서면 동의'를 함께 받는다(개인정보 보호에 대해서는 9장 사례관리 기록 부분 참조).
- 사례관리 서비스의 기본 단위는 1년으로 한다.

보충자료 사례관리자의 소진 다루기

사례관리 실천을 하는 사회복지사들은 사례관리자로서 많은 스트레스와 갈등을 경험한다. 대부분의 클라이언트가 만성적, 복합적 욕구로 인해 장기적인 개입을 필요로 하기 때문이다. 클라이언트 및 주변인과 함께 일하는 과정에서 이 같은 스트레스(distress)가 누적되면 적절하게 관리해 주어야 하는데, 여러 가지 여건으로 방치되거나 관리되지 않으면 소진 혹은 탈진(burn-out)의 상태로 이어질 수 있다. 이는 클라이언트에게 제공되는 서비스 질에도 좋지 않은 영향을 미치게 된다. 그렇다면, 사례관리자들의 소진은 어떻게 관리되어야 할까? 의미 있는 자료를 몇 가지 제시한다.

• 사례관리자들이 인식하는 소진의 원인

사례관리자들이 직접 호소하는 소진의 원인을 살펴보자.

- 한 사례에 투입되는 에너지 조절의 실패
- 양적인 측면의 실적 관리로 인해 사례관리의 질 관리 어려움에서 오는 갈등
- 궁극적으로 잘 해결되지 않는 사례로 인한 회의감
- 사례관리 시 대상자에 대한 개입이 성공적이지 못한 상태에서 중단될 경우
- 슈퍼바이저와 성별이 달라서 정서적인 지지를 받기 어려운 경우
- 사례회의 등 빈번한 회의 참석으로 인한 부담
- 대상자의 욕구 해결을 완벽히 해줘야 하는 부분에서 오는 부담
- 대상자의 과도한 요구와 이에 대해 해결을 해줘야 하는 마음의 부담
- 퇴근 후에도 끝나지 않는 일처리 등

• 소진의 단계

열정 → 침체 → 좌절 → 무반응 혹은 냉담

위의 열거한 소진의 원인을 생각하면, 이러한 4단계는 충분히 공감할 수 있다.

• 소진의 예방과 관리

- 지지적 슈퍼비전: 슈퍼바이저와 슈퍼바이지의 긍정적인 관계에 기초하여 지지적 활동을 공유한다.
- 자기보호 활동: 규형 잡힌 식사, 충분한 수면, 유머, 운동과 휴식, 오락, 종교 활동을 한다.
- 재충전 기회: 조직이나 기관에서는 사례관리자들의 재충전을 위한 쉼(힐링), 연수 프로그램을 마련한다.
- 업무환경 조정: 과도한 업무투입 시간과 사례량을 조정하여 과중한 업무부담을 줄인다. 그리고 휴식공간의 마련, 전산기록체계의 정비, 기관 내 협력적 분위기 조성이 필요하다.
- 전문적 역량의 개발: 업무상 개입효과를 높이기 위한 지식, 기술, 태도를 향상시킨다. 이를 위해 기관에서는 교육과 훈련의 기회를 많이 제공한다.
- 업무관리 기술의 개발: 시간관리 기술, 활동량 조절 기술, 적정한 업무계획 기술을 익힌다.
- 성과에 대한 인식 변화: 가시적인 성과에 집착하지 말고, 장기적인 차원에서 클라이언트의 작은 변화 및 자기보호 수준의 점진적 향상에 초점을 둔다. 성과에 대한 조급함을 제거한다.

출처: 경기복지재단(2010), pp.74-75, 69-90에서 부분 발췌

생각해볼 문제

1. 사례관리 실천과정은 사회복지실천의 과정과 어떤 면에서 다른지 함께 토의해 보자. 특히 욕구 중심 사정과 실행의 의미에 대해 함께 생각해 보자.
2. 사례관리자가 현장에서 개입하는 사례의 유형에 대해 자유롭게 이야기해 보자. 세 가지 유형(일반, 집중, 위기)으로 모든 사례를 다 포괄할 수 있을까?
3. 초기단계에서 사례를 발견하는 적극적인 방법으로 사례발굴이란 무엇이고, 현장에서 어떻게 하고 있는지 관련 자료를 찾아 발표해 보자.
4. 클라이언트와 좋은 관계를 형성하기 위해 사례관리자는 평소 어떤 노력을 하면 좋을지를 학습자의 입장에서 의견을 발표해 보자.
5. 초기단계에서 하는 서비스 동의서는 클라이언트가 사례관리에 본격적으로 참여한다는 의미에서 매우 중요하다. 이 책에서는 일반적인 동의서 양식을 제시하였는데, 클라이언트 및 기관에 따라 다소 보완해서 활용할 수 있다. 사례관리를 배우는 학습자 입장에서 관심 있는 대상(예: 지역아동센터의 아동과 부모, 혹은 노인복지관의 어르신)을 정한 후, 본인이 생각하기에 가장 적절하다고 생각되는 서비스 동의서를 만들어보자.

Chapter 07

사정단계 및 계획단계

7장에서는 사례관리 실천과정 중 사정단계와 계획단계를 다룬다. 사정단계는 사례관리 서비스에 참여하기로 동의한 클라이언트와 가족의 욕구, 자원, 강점, 장애물을 심층적이며 포괄적으로 파악하는 단계이다. 계획단계는 사정의 결과를 바탕으로 클라이언트의 문제와 욕구를 해결하기 위한 개별 서비스계획을 수립하는 단계이다. 사례관리에서 사정은 주로 인테이크 이후에 이루어지나 상황에 따라 재사정이 요구되며, 그 결과에 따라 서비스 계획이 수정된다. 사정 및 계획단계의 특징과 각 단계별 과업을 살펴본다.

1. 사정단계

사정단계에서 사례관리자가 수행해야 하는 과업은 다음과 같다.

- 욕구사정: 욕구영역별 파악, 욕구사정 도구 활용
- 자원사정: 공식적, 비공식적 자원
- 강점사정
- 장애물사정

1) 사례관리에서 사정의 의미와 주요 지침

• 사례관리에서 사정(assessment)이 갖는 의미, 주요 사정내용, 사정지침은 다음과 같다.

(1) 사정의 의미

사정은 사례관리 실천에서 중요한 요소로서 초기 인테이크 후에 수행되나, 사례관리 전 과정에서 지속적이고 반복적으로 이루어진다. 사정의 의미는 다음과 같다.

- 욕구에 대한 정보수집과 분석, 우선순위를 고려하여 종합하는 과정
- 욕구충족을 위한 방법과 전략을 모색하는 정보수집
- 욕구충족에 방해가 되는 클라이언트와 환경체계의 장애물 파악
- 욕구충족을 위해 활용할 수 있는 강점과 자원 파악
- 클라이언트 상황에 대한 원인－경과(과정)－해결책을 이해하는 가설적 틀의 구성

(2) 주요 사정내용과 지침

- 이용자(사례관리 대상자)의 능력과 서비스 욕구를 파악
- 이용자의 사회적 망(관계망)과 이러한 망의 구성원들이 이용자 욕구에 부응하는 능력의 정도를 파악
- 서비스제공자와 이들이 이용자 욕구에 부응하는 능력의 정도를 파악
- 구체적으로는 이용자 삶에 대한 기대, 희망, 목표를 파악하며, 욕구의 우선순위, 목표달성에 필요한 자원 및 현재 확보된 내·외적 자원을 확인하고, 자원을 확보하고 연계하는 방법을 확인

• 사례관리에서 사정은 한 마디로 클라이언트의 실제적인 욕구를 주의 깊게 찾는 과정이다(최지선·김연수, 2019). 그러기 위해서는 클라이언트에게 가깝게 다가가서 면담뿐 아니라 일상생활 속에서 이를 면밀하게 들려다 보는 노력이 필요하다. 정확한 사정은 사례관리 실천과정에서 핵심적인 부분이며, 이후 서비스계획 및 실행에 직접적인 영향을 미친다. 따라서 사례관리자는 다양하고 충분한 정보를 확보하기 위해 노력해

야 한다. 즉 클라이언트나 주변인, 서비스제공자의 진술뿐 아니라, 서면화된 정보(심리검사기록, 건강진단기록, 재산증명, 서비스제공기록 등), 클라이언트 행동과 대인관계, 가정 형편 등에 대한 관찰 정보를 수집해야 한다. 주요 정보원들 간에 내용이 일하지 않을 때는 그 의미가 무엇인지 탐색하고 재확인하는 등의 추가적 노력을 한다.

- 사회복지현장에서 사례관리 사정은 앞서 기술한 바와 같이, 생태체계적 관점과 가족사정 및 개입 이론, 강점 관점과 임파워먼트 관점, 네트워크 이론 등 관련 이론과 관점을 활용해서 수행된다. 즉, 사정에서는 가능한 한 사례관리 대상자와 가족을 한 단위로 보고, 주변 체계와의 상호관련성을 종합적으로 이해해야 한다. 문제나 병리에 집중하기보다는 강점을 강조하도록 하며, 비공식적이고 공식적인 지지체계와 관계망을 끌어들여 문제해결의 실마리를 찾아낸다.
- 사례관리자가 사정단계를 잘 이끌기 위해서는 클라이언트와의 지속적인 신뢰 및 협력관계를 유지하는 것이 중요하다. 이러한 관계형성 기술은 초기단계와 마찬가지로 사정단계 업무수행에 기본이 된다. 그리고 문제(problem: 관심을 갖게 하는 상황적 어려움) - 요구(want, demand: 어려움으로 인해 달라졌으면 하고 바라는 것) - 욕구(need: 문제와 요구를 만들어 내는 근원적인 결핍 혹은 미충족의 상태)의 관련성을 정확히 파악하고, 적절한 해결의 실마리를 찾기 위해서는 이를 뒷받침하는 관련 이론에 대한 지식과 이를 상황에 맞게 적용하는 방법과 기술을 터득하고 있어야 한다.

- **문제, 요구, 욕구의 차이**

- 문제(problem): 클라이언트에게 관심을 갖게 하는 상황적 어려움
  예): 클라이언트 자녀가 학교에서 친구들을 때리고 수업에 집중하지 못하는 행동
- 요구(want/demand): 어려움으로 인해 달라졌으면 하고 바라는 것
  예): "우리 아이가 친구들을 때리지 않고, 공부에 조금 집중했으면 좋겠어요"
- 욕구(need): 문제와 요구를 만들어 내는 근원적인 결핍 혹은 미충족의 상태
  예): 자녀가 친구나 학교에서 하는 행동은 집에서 부모님의 사랑을 받지 못해 불안한 마음을 표출하는 것으로 볼 수 있다. 따라서 그러한 행동과 상황은 "사랑이나 관심을 받고 싶은 욕구"의 표출이다.

- 사정은 한 번으로 끝나는 것이 아니라, 클라이언트의 상황이나 여건이 변하면 추가적으로 재사정을 할 수 있다.
- 사정의 결과(문제와 욕구, 위기도 사정)를 바탕으로 사례회의에서 사례의 유형(일반 사례, 집중 사례)을 결정한다. 위기(긴급) 사례의 경우는 대부분 인테이크(초기면담) 이후에 결정되는 경우가 많다.

한편, 공공 영역의 통합사례관리에서는 사정 결과를 바탕으로 ① 사례관리 가구(일반, 집중) ② 서비스 연계 가구(단순 사례) ③ 미선정 가구(통합사례관리가 불필요한 가구, 대상자 연락 두절 및 거부의 경우)로 구분하여 조치를 취한다.

- 사례관리 사정표(사정기록지)를 작성한다.

> **• 사례관리 대상자 선정과 사례 유형의 판단**
> – 사례관리 클라이언트(대상자) 선정은 인테이크(초기면담) 이후에 결정
> – 사례 유형(일반, 집중)의 판단은 사정 이후에 결정

Q & A

Q 사례관리 실천에서 재사정(reassessment)은 꼭 해야 하나? 한다면 주로 언제 하나?

A 사례관리가 장기적인 실천인 만큼 재사정은 모든 사례에 꼭 필요한 과정이다.

부연하여 설명하면, 재사정은 초기사정이 이루어진 후 이에 기초하여 서비스계획이 수립되고 본격적으로 개입(실행단계)이 이루어지는 과정에서 주기적으로 혹은 필요에 의해 이루어진다. 최소 1년 이상의 장기 개입을 전제로 하는 사례관리에서 재사정은 필수적이다. 재사정의 주기는 정기적으로 혹은 수시로 가능하며, 그 빈도는 상황에 따라 다르다. 재사정이 필요한 상황은 클라이언트에 관한 중요한 정보가 추가적으로 수집되었거나, 반대로 정보수집이 처음부터 불충분하여 추가적인 사정이 필요했거나, 서비스계획 수립 후 실행과정이 매우 더디고 효과가 불확실한 때 등이다. 재사

정의 결과로 새로운 서비스 의뢰나 연계가 뒤따를 수 있고, 추가적인 서비스계획이 수립되거나 목표가 수정될 수 있다.

2) 욕구사정의 의미와 주요 지침

(1) 욕구사정의 의미

• 사정단계에서 욕구사정(needs assessment)의 의미는 다음과 같다.

- 클라이언트의 요구, 바람, 요청이나 호소에 기초하여 진정한 욕구를 파악
- 클라이언트의 요구를 그대로 혹은 무조건적으로 수용하기보다는 욕구에 기초한 합의된 목표로 제시
- 클라이언트 상황에 공감하면서 요구를 청취하고, 사례관리자의 전문성에 기초하여 욕구 충족을 위한 최선의 목표 제시
- 클라이언트의 근본 문제를 해결하는 장기적인 관점에서 요구나 호소의 의미를 탐색

(2) 욕구사정의 주요 지침

• 욕구사정은 클라이언트의 강점과 적극적 참여를 기반으로 협력적이고 상호의존적인 관계에서 이루어져야 한다.

• 욕구사정은 클라이언트가 어떤 서비스를 필요로 하는지를 결정하기 전에 그가 경험하고 있는 문제나 혹은 문제라고 인식되는 상황에 대한 체계적인 분석을 통해 변화의 방향이나 변화의 목표를 설정하기 위해 필요하다.

• 욕구사정에서 가장 중요한 기술은 의뢰자(referrer)를 포함하여 클라이언트와 가족이 제시하는 요구 혹은 문제의 내용을 중립적인 입장에서 구체적으로 확인하는 것과 이들로부터 밝혀낸 욕구를 근거로 성취 가능한 합의된 목표를 끌어내는 일이다.

• 욕구사정을 위해 활용할 수 있는 정보는 다양하다. 가정방문이나 상담에서 관찰

한 내용(가정생활 모습, 클라이언트의 행동, 태도, 반응 등), 상담을 통해 얻어진 진술내용(클라이언트 및 주변인의 이야기), 관련 자료(건강진단서, 심리평가서, 각종 증명서 등)를 통한 문서화된 내용 등이다. 이러한 정보들을 다양하게 확보하고 이를 종합적으로 분석할 때 보다 풍부하고 객관적인 평가가 가능하다.

3) 사정의 방법

• 현장에서 욕구를 사정할 때 활용할 수 있는 방법은 다음과 같다.

- 가계도(genogram)를 통한 사정: 세대 간 사정(종단적 사정) 혹은 가족력 사정
- 생태도(ecomap)를 통한 사정: 환경적 사정(횡단적 사정) 혹은 환경 사정
- 사회적 관계망을 통한 사정
- 욕구사정표를 통한 사정
- 기타 표준화된 측정도구나 개별화된 주관적 척도를 활용한 사정

• 임상적 사정도구를 선택하여 활용할 때는 클라이언트의 특성에 맞게 그리고 해당 척도의 강조점과 활용도를 고려해서 사용한다. 현장에서는 삶의 질이나 삶의 만족도, 자존감, 일상생활 수행능력 및 도구적 일상생활 수행능력(ADL: activities of daily living/IADL: instrumental activities of daily living), 문제해결능력, 가족관계 및 기능, 그리고 가족구조를 파악하는 척도를 비롯하여, 정신건강이나 신체장애와 관련해서 우울, 무망감, 자살사고, 알코올 및 중독 관련 척도, 장애수준을 평가하는 척도 등을 활용할 수 있다.

• 주요 사정 방법(가계도, 생태도)을 간략히 소개한다.

① 가계도를 활용한 사정

가계도란 현장에서 가족체계를 사정하는 방법이다. 이는 2~3세대 이상에 걸친 가족구성원에 관한 정보와 그들 간의 관계를 도식으로 나타내는 것이다. 가족에 관한 정보를 도식화함으로써 복잡한 가족유형의 형태를 한눈에 볼 수 있다. 현재의 클라이

언트의 문제가 가족 맥락과 어떻게 관련되는지, 그리고 그 문제가 가족 안에서 과거로부터 현재까지 어떻게 전개되어 왔는지, 가족의 정서적 관계 등을 파악한다.

가계도의 사용 목적은 복잡한 가족 내 유형들이 어떻게 세대를 거쳐 전달되며, 죽음, 질병, 성공, 실패 따위의 과거 사건들이 현재의 가족 유형과 가족 내 2인 관계 혹은 삼각관계에 어떻게 영향을 주고 있는지 보여주는 데 있다. 이러한 가계도는 사례관리에서 효과적인 사정도구로 활용된다. 가계도는 현장의 여건에 따라 사례관리자들이 가족을 면담하거나 관찰한 근거를 가지고 독자적으로 기록하는 경우가 있으나, 원칙적으로는 가족들과 함께 작성하면서 가족의 문제에 대한 이해를 높이는 것이 바람직하다. 따라서 가족들이 가계도를 친숙하게 받아들일 수 있도록 사례관리자는 가계도의 의미와 작성방법을 충분히 설명한 후 함께 그림을 그리는 것이 좋다. 작성 후에는 가계도를 그린 느낌과 가족을 새롭게 이해한 부분에 대해 같이 이야기하도록 한다. [그림 7-1]은 가계도 작성의 예이다.

기관명		사례관리자	
대상자 이름		작성 일자	

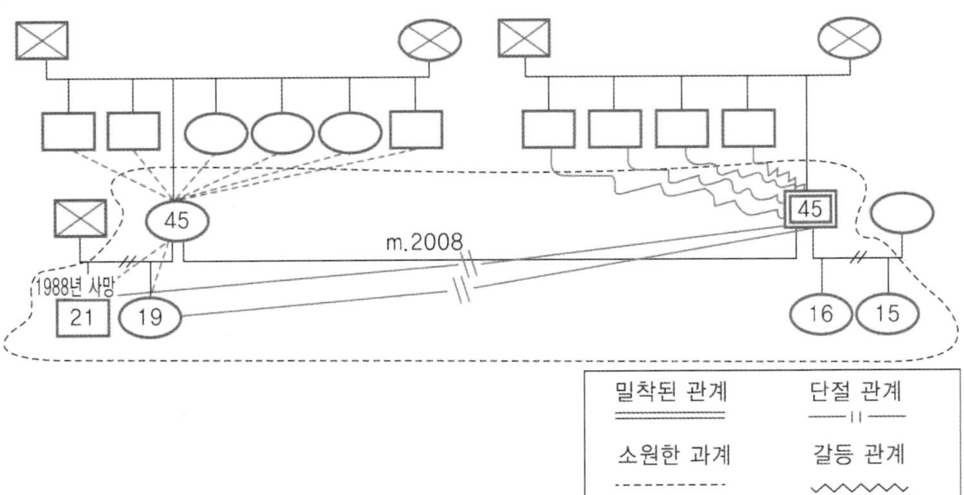

[그림 7-1] **가계도 작성의 예**

② 생태도를 활용한 사정

생태도란 개인과 가족을 포함하는 클라이언트 체계가 외부환경 체계들과 어떻게 관련되어 있는지를 그림으로 나타내는 것이다. 클라이언트 체계와 외부체계 혹은 외부자원과 관련성은 주위에 얼마나 다양한 체계들이 존재하는지의 구조적인 면(자원체계의 수나 크기 등)뿐만 아니라 그 외부의 체계들이 현재 어떻게 작용하는지의 기능적인 면(관계의 질과 내용)을 동시에 파악한다.

특히, 생태도는 대체로 지난 3개월을 기준으로 하여 작성하며, 개인체계뿐 아니라 가족체계를 사정할 때 많이 활용된다. 즉, 가족원들 사이에 혹은 가족과 외부체계 사이의 에너지 흐름과 자원의 교환, 그리고 스트레스나 갈등의 정도를 파악하는 도구가 된다. 생태도를 활용함으로써 사례관리자는 그 가족 내에 존재하는 결속, 긴장, 지지뿐 아니라 가족과 외부체계 사이에 존재하는 자원의 부족과 결핍, 자원의 흐름, 자원의 유용성을 이해할 수 있다. 생태도는 개인과 가족의 상태를 전체적으로 조망하도록 도울 뿐 아니라, 체계들 간의 관계를 원활하게 하기 위해서 어느 체계를 어떻게 변화시켜야 할지를 결정하도록 도와준다.

사정단계에서 그린 생태도(개입 전 생태도)와 개입 후 혹은 종결단계에서 보여주는 생태도(개입 후 생태도)를 비교해 보면 클라이언트 환경체계가 어떻게 달라졌는지를 한눈에 확인할 수 있다. 생태도를 그리는 주요 지침과 실례는 다음과 같다.

- 중앙에 있는 원을 중심으로 클라이언트 환경체계에 있는 사람들을 원으로 표시한다. 이때 클라이언트 원을 중심으로 하여 주변 원의 크기와 거리를 조절한다.
- 그 환경체계 속에 있는 사람이나 대상에 대해 전반적으로 이야기한다.
- 각 환경체계에 대한 클라이언트의 생각과 경험에 대해 이야기한다. 이때 상호관계의 종류를 부호로 표시한다.
- 완성된 그림을 확인한다.
- 클라이언트로 하여금 그림 전반에 대한 느낌과 생각을 이야기하도록 하고, 이후에 변화되었으면 하는 부분이나 개선되었으면 하는 부분을 논의한다.

기관명		사례관리자	
대상자 이름		작성 일자	

참조사항: 사정단계에서 제시하는 생태도는 개입 전 생태도에 해당한다. 개입 후 생태도 변화는 차후 종결단계에서 제시한다.

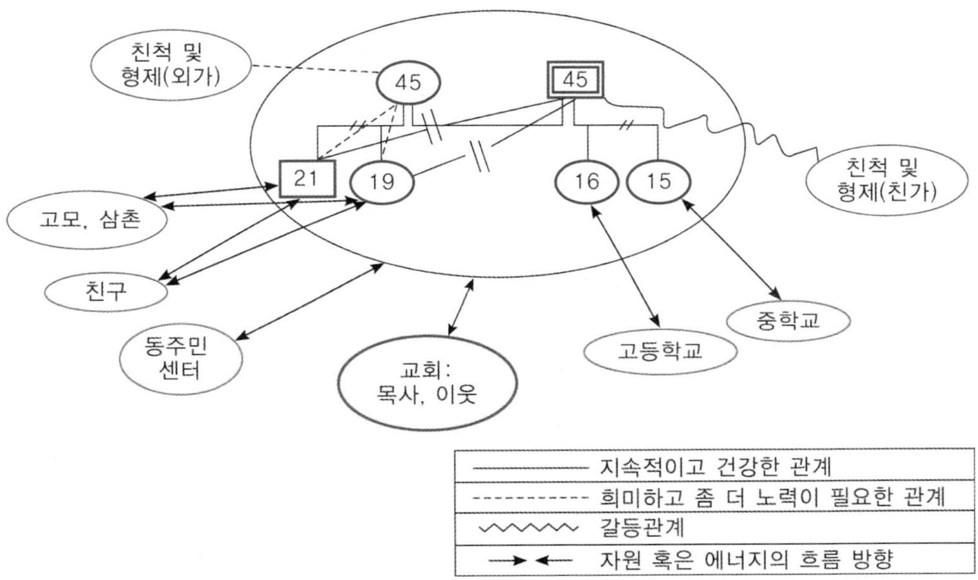

[그림 7-2] **생태도 작성의 예**

4) 사례관리에서 사정의 내용

(1) 욕구 사정

- 사례관리에서 이루어지는 욕구사정의 영역은 〈표 7-1〉과 같다. 즉 안전, 건강, 일상생활 유지, 가족관계, 사회적 관계, 경제, 교육, 고용, 생활환경, 법률 및 권익보장 등 열 가지 영역이다(보건복지부, 2019; 2025).
- 열 가지 욕구영역에서 살펴보는 내용은 세 가지인데, 즉 현재 상황과 문제, 개인적 바람과 욕구, 자원과 강점을 파악하는 것이다. 이에 대한 자세한 정보는 이후 소개하는 사례관리 기록양식에서 사정 부분의 활용지침을 참조하면 된다.

- 욕구 자체나 욕구충족의 수준 혹은 미충족의 수준을 객관적으로 측정하는 절대적인 기준은 없다. 그렇기 때문에 각 현장에서는 나름대로의 합의가 필요하다. 욕구충족의 한 가지 기준으로는 욕구충족을 위해 합의한 목표가 어느 정도 달성되었는지를 보는 것이다.

〈표 7-1〉 **욕구사정의 영역**

욕구 영역	
① 안전	□ 가족 내 안전 유지
	□ 가족 외부로부터의 안전 유지
② 건강	□ 신체적 건강유지
	□ 정신적 건강유지
③ 일상생활 유지	□ 의식주 관련 일상생활 유지
	□ 여가생활 활용
④ 가족관계	□ 관계형성
	□ 가족 돌봄
⑤ 사회적 관계	□ 친인척 및 이웃 간 관계형성
	□ 소속된 집단 및 사회생활
⑥ 경제	□ 기초생활 해결
	□ 자산관리
⑦ 교육	□ 기초학습 습득 및 향상
	□ 교육 개선
⑧ 고용	□ 취(창)업
	□ 고용유지
⑨ 생활환경	□ 주거 내부 환경 개선과 안전 □ 주거 내외부 환경과 지역사회
⑩ 법률 및 권익보장	□ 권익보장 □ 법률적 지원

출처: 보건복지부(2019; 2025). 희망복지지원단 업무안내.

- 〈표 7-1〉과 관련하여, 각 욕구영역을 사정하기 위한 접근방법과 욕구영역별 점검 질문, 강점관점 질문의 예, 활용가능한 척도의 예는 다음과 같다(보건복지부, 2019; 2025).

① 안전 영역

- 가족 내부나 외부의 안전 문제가 발생할 가능성이 있을 때 먼저 위험의 정도를 정확하게 사정해야 한다. 예를 들면 생명이 위태로운 응급 상황인지, 균형감각을 잃고 불안정한 상태가 일시적으로 일어나는 위기상황인지 구분해야 한다. 왜냐하면 응급상황은 생명을 보호하기 위한 입원, 쉼터, 시설입소 등의 분리와 안전의 확보가 우선되어야 하기 때문이다. 그러나 생명에 직접적인 영향이 없을 경우 현재 상태에서 안정을 찾도록 개입한다.
- 본인의 의견을 표현하지 못하고, 본인이 원하는 것을 스스로 인식하지 못하는 경우가 많다. 그러나 대부분 익숙한 집을 떠나는 것을 원치 않으므로 재가 상태에서 안전을 확보할 수 있는 방법을 우선적으로 고려해야 한다. 즉, 가족 간의 분리나 거주지를 옮기는 방법은 차선책으로 검토해야 한다.
- 일시적인 평형감각을 잃은 위기상태와 영구적으로 생명에 손상을 입힐 수 있는 응급상태를 구분하여 접근하여야 하는데, 위기 상태는 일시적인(6주 내외) 도움으로 평형감각을 회복할 수 있는 상태이며, 응급상태는 입원이나 분리 등의 신속한 조치를 취하지 않으면 자해 혹은 타해의 위험이 있거나 생명이 위태로워질 수 있는 상황을 말한다. 따라서 위기와 응급상태를 구별할 수 있어야 하며, 응급은 안전의 확보와 생명보호, 위기상태는 억압과 스트레스 등으로 인한 불균형상태가 회복되도록 개입한다.
- 응급상황에 해당하는 것은 보호체계가 없거나, 보호체계 구축이 어렵고, 타인이나 자신의 생명이 위험할 경우에는 응급상태로 보고 이에 준하는 조치를 취한다.
- 보호하고 지원해줄 자원이 없는 경우도 지역사회자원을 활용하면 보호체계를 구축할 수 있으므로 가능성을 배제하지 말고 사정하고 개입한다.
- 성폭력, 정신질환, 학대, 가정폭력 등이 있는 경우 개입이 어려울 뿐만 아니라 전문성을 필요로 하기 때문에 전문가와 팀을 구성하여 개입하는 것이 바람직하다.

- **안전 영역을 점검하는 질문**

－가족 구성원, 비동거 가족, 이웃, 친구, 사회(학교, 직장)로부터 안전을 위협받고 있는가?
－대상자가 타인의 안전을 위협하고 있는가?
－위기 상황이 발생할 경우 도움을 요청하거나 대처할 수 있는가?

[강점관점 질문의 예]
- 가족 구성원으로부터의 위협에 대처하기 위해 어떠한 것들을 시도하였는가?
- 가족 외부적 요인으로부터의 위협을 극복하기 위해서 무엇을 하였는가?
- 이들 중 도움이 되었던 것들은 어떤 것이었나?
- 어떤 경우에 안전하다고 생각하는가?
- 자녀를 어떻게 안전하게 보호하는가?

- **사정 척도**: 자살사고 척도, 불안 척도, 노인학대 척도

② 건강 영역

- 신체적 건강영역은 장애, 상해, 희귀난치성 질환, 비만, 영양결핍 등으로 인한 신체질환과 생활의 불편함을 사정하고 원인을 파악함으로 문제해결의 실마리를 찾는 접근이 필요하다. 예를 들면 비만은 스트레스로 인한 호르몬 과다분비에 기인한 경우가 많으므로 스트레스 근원을 찾아서 스트레스에 대처하고 적응할 수 있도록 제반환경에 개입함으로써 비만을 근본적으로 해결해나갈 수 있다. 심인성 신체질환은 일상생활에서 발생하는 문제를 해결함으로 신체질환을 완화할 수 있으므로 통합적인 사정과 개입의 관점이 필요하다.
- 신체적 불편이나 생활의 곤란이 있음에도 불구하고 개인별 희망사항이나 욕구가 있으므로 이를 충족할 수 있도록 강점을 활용하는 개입이 필요하다. 또한 보건 · 의료적 처치와 약물치료 등이 병행되어야 하는 경우가 많으므로 이를 위한 연계와 팀 구성이 필요하다.
- 정신적 건강의 영역은 정신질환, 음주, 불안, 폭력행위, 대인기피 등의 문제가 있는데 정신건강은 신체건강과도 상호 관련되어 있다. 따라서 일상생활(부적절한 여가활동)이나 교육, 취업, 경제영역, 가족관계 등 다른 모든 영역과도 맞물려 있으므로 포괄적으로 사정하여 개입할 필요가 있다.

- 정신질환 및 대처에 관한 전문적 지식(관계형성, 의사소통, 감정표현, 자존감 향상 방법 등)을 필요로 하며 이는 사례관리자로서 직접서비스를 제공하기 위한 필수적인 전문가적 기술이 필요하다.
- 건강영역은 개인별 능력과 증상 수준별로 구체적인 서비스 계획을 수립하는 것이 필요하다. 사례관리자가 직접 시행할 서비스와 연계할 간접서비스를 구분함에 있어서 서비스 자원에 기준을 맞출 것이 아니라 이용자의 욕구와 사례관리자의 전문가적 판단에 근거하여 이용자의 자립을 지향하는 계획을 수립한다.

• 건강 영역을 점검하는 질문

- 본인이나 동거가족 중 신체적 질환 혹은 정신적 질환(중독, 우울, 조현병 등)으로 치료나 약물관리를 하고 있는가?
- 신체적 질환 또는 정신적 질환으로 일상생활, 사회생활에 어려움이 있는가?
- 본인이나 동거가족 중 지난 6개월 동안 자살을 시도한 적이 있는가?

[강점관점 질문의 예]

- 어떤 경우에 본인이 신체적으로 건강하다고 생각하는가?
- 신체적으로 가장 잘할 수 있는 것은 무엇인가?
- 무엇이 자신을 신체적으로 건강하게 만든다고 생각하는가?
- 현재까지 이 정도의 건강을 유지하는 비결은 무엇이라고 생각하는가?
- 어떤 경우에 본인이 정신적으로 건강하다고 생각하는가?
- 무엇이 자신을 정신적으로 건강하게 만든다고 생각하는가?
- 현재까지 이 정도의 정신건강을 유지하는 비결은 무엇이라고 생각하는가?

• 사정 척도

- 신체건강: 전문의 소견이나 진단(고혈압, 당뇨, 뇌졸중, 디스크, 희귀질환 등)
- 정신건강: ADHD(주의력결핍과잉행동장애), BPRS(정신건강 간이척도), 사회적 회피 및 불안 척도, 우울증 척도, 충동성향 척도, 공격성 척도, 스트레스 척도, 인터넷 중독, 알코올중독 척도 등

③ 일상생활 유지 영역

- 식사, 용변, 의복착용, 외출, 약물복용, 가사활동 등을 스스로 할 수 있는지에 관한 문제와 긴급 상황 시에 대처할 수 있는 능력이 있느냐에 관한 영역이다. 여가활동을 건전하게 보낼 수 있는지, 아니면 부적절하게 게임이나 도박을 하

면서 보내는지에 대한 문제를 점검하는 영역이다.

- 다른 영역에 비해 가장 많은 서비스 자원이 확보되어 있는 영역으로 자원을 연계하기 쉬운 장점이 있다. 인터넷 중독, 도박 등과 같은 부적절한 여가활동은 정신건강 영역과 관련되어 있으므로 포괄적 사정 후 우선순위를 정해서 개입한다.
- 서비스 지원방법을 선택할 때 이용자의 욕구와 자립성이 우선되어야 한다. 예를 들면 청소 서비스를 제공함에 있어서 자원봉사단체와 연계할 수도 있고, 친척이나 가족 중에 청소를 하도록 연계할 수도 있고, 사례관리자가 직접 청소를 하거나, 이용자와 함께할 수도 있다. 어떤 방법이 가장 적합한 것인지는 이용자의 욕구에 부합하는 것을 선택하되, 서비스에 의존하지 않도록 하는 자립을 지향하는 개입이 되도록 한다.
- 사정도구 영역에 구체적으로 제시되지 않았으나 의복관리, 주택관리, 위생관리 등의 관리능력도 포함하여 사정한다.

> • **일상생활 영역을 점검하는 질문**
> – 본인이나 동거가족이 일상생활에 어려움이 있는가?
>   * 식사, 용변처리, 옷입기, 세탁, 몸씻기, 청소, 정리정돈, 수면, 그 외 가사활동
> – 외출시 이동이 어려운가?
> – 무엇을 하면서 하루를 보내는가?
>
> [강점관점 질문의 예]
> • 어떻게 모든 일상생활(의식주 관련, 가사 등)을 처리하고 있는가?
> • 이동시 누구에게 도움을 받는가?
> • 어떤 지원을 받고 있는가?
>
> • **사정 척도**: ADL(일상생활동작), IADL(도구적일상생활동작)

④ 가족관계 영역

- 가족관계의 영역은 부부갈등, 부모갈등, 고부갈등, 형제자매갈등, 가족의 무관심(소원함) 등으로 분류된다. 가족돌봄 부담에 있어서 장애인 돌봄, 노인 돌봄, 아동 돌봄, 만성질환자 돌봄 등이 있다.

- 모든 대인관계의 출발은 가족이기 때문에 가족 간의 관계에 어려움이 있다는 것은 사회적 관계의 어려움도 동반할 가능성이 높다. 가족 갈등관계, 가족 관계의 소원함, 가족 부양부담으로 인한 스트레스, 가족 내 억압 등에 적절하게 개입한다.
- 가족관계의 문제는 단순히 개인적인 이유보다는 개인을 둘러싼 제반 문제들의 영향을 받으므로 경제적인 문제, 질병, 정신건강, 의사소통의 문제, 기타 스트레스 상황 등을 점검하여 이를 해결함으로 관계를 원활하게 할 수 있다. 또한 관계의 양상(패턴)을 변화시키기 위해서는 필요한 경우 구체적인 대화법을 제시해 준다.
- 가족의 관계 패턴, 대화방식, 가족 내 약자, 가족분위기, 클라이언트의 기질 등을 고려하여 가족 내 관계의 역동성을 분석하면 가족관계 개입의 단서를 찾을 수 있다.

- **가족관계 영역을 점검하는 질문**
 - 동거 혹은 비동거 가족구성원 간 갈등이 있거나 단절된 상황인가?
 - 영유아, 아동, 노인, 장애인 등을 양육하거나 돌보는 데 어려움이 있는가?

 [강점관점 질문의 예]
 - 도움이 필요할 때 가족 중 누가 가장 많은 의지가 되고 도움을 주는가?
 - 가족 중 주로 누구와, 무엇을 하며 시간을 보내는가?
 - 가족 중에서 누가 가장 당신을 걱정하고 있다고 생각하는가?
- **사정 척도**: 가족응집력 척도, 가족부담 척도, 가족관계 척도

⑤ 사회적 관계 영역

- 사회관계 영역은 친척 갈등, 이웃갈등, 이웃소원, 직장생활, 학교생활, 종교생활, 사회생활의 어려움, 상습 범죄로 분류된다.
- 이 영역에서의 갈등과 어려움은 영유아기, 아동청소년기에 원활하지 못한 가족관계에서 기인하는 경우가 많으므로, 가족관계의 패턴과 경험을 경청하여 잠재된 갈등관계와 밀착관계를 파악하고, 스스로 자신의 관계패턴을 이해하고

통찰하게 하는 상담을 제공한다.

- 사회관계 활성화를 위한 개입은 작고 단순한 일, 흥미와 관심 있는 일부터 시작하며 함께 동행을 하고 사회활동에 참여하는 경험을 갖도록 한다. 사회적인 역할과 과제를 부여하며, 사회활동 시 발생하는 특정 문제를 해결함에 있어 사례관리자는 지지자와 중재자로서의 역할을 하며, 이용자 스스로 문제해결의 최종적인 결정과 책임을 지도록 격려한다. 사례관리자는 결정을 돕기 위해 최대의 정보를 제공하고 스스로 선택한 것을 책임질 수 있도록 적극적으로 지원한다.
- 이용자와 우호적인 관계에 있는 단체나 기관 혹은 개인을 최대한 강점으로 활용하며, 지지할 수 있는 새로운 관계를 형성하여 궁극적으로 사회적 지지망을 구축하도록 한다.

> • **사회적 관계 영역을 점검하는 질문**
> - 도움을 받을 만한 친인척, 이웃, 동료관계, 단체나 기관이 있는가?
> - 본인이나 동거가족이 외부활동이나 연락을 하는가? 혹 단절된 상황은 아닌가?
> - 본인이나 동거가족이 이웃과 갈등을 유발하고 있는가?
>
> > [강점관점 질문의 예]
> > • 도움이 필요할 때 누가 가장 많은 의지가 되고 도움을 주는가?
> > • 이웃, 지역사회기관, 종교기관 등으로부터 어떤 지지를 받고 있는가?
> > • 과거에 이웃, 지역사회기관, 종교기관 등으로부터 어떤 지지를 받았었는가?
> > • 잘 지내는 친구나 이웃은 누구인가?
> > • 현재 참여하고 있는 모임은 무엇인가?
>
> • **사정 척도**: 사회적 지지 척도, 사회적 갈등 척도, 대인관계능력 척도 등

⑥ 경제 영역

- 경제 영역은 결식, 주거비, 의복비, 난방비, 공과금, 통신비, 의료비 등의 최소한의 생활에 필요한 경제력이 부족한 상태 및 자산관리 능력, 부채상황, 과소비 등의 문제를 점검하는 것이다.
- 지적장애인, 정신장애인의 경우 자산관리 능력을 구체적으로 사정하고, 과소비

가 심한 경우 정신건강 상태를 확인한다.

- 경제력 지원은 국민기초생활보장지원, 긴급지원, 공동모금회, 민간자원을 동원하여 지원하는데, 특히 국민기초생활보장법상 지원 가능한 대상 여부 재확인, 생계비 변동을 확인하는 등 공공 영역에서 우선 지원 가능한 것을 점검한다.
- 현금지원뿐만 아니라 민간의 관계기관에 현물지원 요청, 민간단체에 지원 요청 등의 협력과 연계를 이끌어내며, 개인적인 바람이나 작고 사소한 욕구도 자원을 개발하여 지원할 경우 변화의 동기부여가 되고 변화의 동력이 된다.

- **경제 영역을 점검하는 질문**

- 돈이 없어서 기초생활(의식주, 교육비, 의료비, 집세, 퇴거위험, 난방, 공과금 등)에 어려움은 없는가?
- 금전관리(수입과 지출)나 빚 때문에 어려움이 있는가?

  [강점관점 질문의 예]
  - 어려운 형편에 어떻게 지금까지 유지를 잘 해왔는가?
  - 가족원 중에 누가 어떤 일을 하는가?
  - 돈이 있다면 무엇을 가장 먼저 구매하겠는가?
  - 당신을 위해 어떤 보상을 줄 것인가?

- **사정 척도**: 기초사정 시 현금급여 수령액, 수입규모, 지출규모 확인

⑦ 교육 영역

- 교육 영역은 읽기, 쓰기, 말하기, 수셈과 관련된 기초지식 습득과 교육비, 사교육, 특수교육, 진학, 무단결석, 학업성적 등과 관련된 교육개선 영역으로 구분한다.
- 기초지식이 부진한 이유를 먼저 진단하고, 진단결과에 따라 개입방법을 선택하여 지원한다. 예를 들어 아동의 언어발달이 또래보다 지체되는 경우 지적 수준(IQ)에 문제가 있는지, 학습환경이 제공되지 못했는지, 정서·심리적 문제가 있는지 진단결과에 따라 그에 적합한 방법으로 개입이 이루어져야 하기 때문이다.
- 교육비 문제는 경제영역과 관련되어 있고, 무단결석은 가족관계나 정신건강과 관련되어 있고, 특수교육은 장애나 질병, 정신건강과 관련되어 있으므로 이를

고려한 통합적인 개입이 필요하다.

- 사교육은 지역사회의 수준과 지역사회의 합의에 의해 이루어져야 하며, 낙인감을 주지 않는 범위 내에서 자원봉사자나 민간자원을 활용하는 것이 바람직하다.
- 아동의 경우 학습동기, 과제수행능력, 교과적응력, 미래 비전 심어주기 등을 구체적으로 사정하고, 노인의 경우 남은 노후 계획 등을 사정하여 개입한다.

> • **교육 영역을 점검하는 질문**
> – 본인이나 자녀가 기초학습능력(읽기, 쓰기, 말하기, 듣기, 타인 이해하기, 계산하기 등)이 부족하여 사회생활이 어려운가?
> – 본인이나 자녀가 학교생활이나 학업유지에 어려움이 있는가?
>
> [강점관점 질문의 예]
> • 자녀는 어떤 과목을 좋아하는가?
> • 교육관련 정보를 어느 정도 확보하고 있는가?
> • 아이가 어린이집이나 유치원, 기타 또래그룹에 참여하고 있는가?
> • 누가 아이와 함께 놀아주고 책을 읽어 주는가?
>
> • **사정 척도**: 지능검사, 기초교육평가, 지적장애 진단, 자폐성진단 척도 등

⑧ 고용 영역

- 고용 영역은 실업, 실직, 열악한 근로환경, 저임금, 비정규직, 구직, 창업의 어려움으로 구분한다.
- 취업을 위한 개입은 취업 전에 필요한 활동부터 시작해야 하며, 취업처 탐색, 취업활동 적응 과정으로 연속적 지원이 필요하며, 취업이나 창업을 위한 자기이해와 스트레스 관리와 스트레스 대처요령 등이 병행되거나 우선되어야 한다.
- 열악한 근로환경, 저임금 등의 문제는 객관적 입장에서의 근로환경과 임금수준에 대한 판단과 아울러 이용자의 입장에서의 대변인 역할이 필요하다.
- 취업지원을 위한 개입은 취업 전 활동이 중요한데, 동기부여와 의미부여, 무기력감과 자존감 회복 등이 필요하고, 취업처 수준의 합의와 취업목적을 명확하게 하는 단계적 개입이 필요하다.

- **고용 영역을 점검하는 질문**

－본인이나 동거가족이 근로능력, 가족돌봄, 자녀양육, 일자리 발굴, 개인관계 기술, 신용, 신체 및 정신건강 등에 어려움이 있어서 일하기 어려운가?

[강점관점 질문의 예]
- 어떤 직업들을 가져보았는가?
- 현재 직장생활을 잘하고 있는 것은 무엇 때문이라고 생각하는가?
- 직장과 관련해서 무엇을 가장 좋아하는가?
- 일하는 동안, 어떤 영역에서 최선을 다하는가?

- **사정 척도**: 직무능력 척도 등

⑨ 생활환경 영역

- 주거내부 환경, 주거외부 환경, 권익보장 영역으로 구분하여 접근하는데, 주거내부는 화장실, 주방, 위생, 도배, 냉난방, 전기, 가스, 상하수도, 주택 내 이동, 사생활공간의 문제를 다루며, 주거외부 환경은 학습환경, 교통 접근성, 주변위험물, 상습침수, 철거 등의 문제를 다룬다.
- 주거환경으로 인한 불편사항이나 생활의 곤란을 해결하기 위해 시설을 보수하고 수리하며, 주거지역 환경의 문제를 보완하기 위한 해결방법을 지원한다.
- 아동의 경우 접근성, 유해환경으로 인한 유기, 폭력, 성폭력 등의 위험이 있을 수 있으므로 주거 외부 환경에 대한 안전성을 사정해야 한다.

- **생활환경 영역을 점검하는 질문**

－주거나 주거환경이 본인이나 가족의 안전과 건강에 해를 끼치는가?
－주거환경 문제로 본인이나 동거가족이 이웃과 갈등을 유발하고 있는가?

[강점관점 질문의 예]
- 자신이 살고 있는 곳/지역사회의 어떤 점이 좋은가?
- 다른 사람들은 현재 거주하고 있는 곳/지역사회에 사는 것이 어떤 면에서 좋다고 이야기할 것 같은가?

⑩ 법률 및 권익보장 영역

- 이혼, 상속 등 문제로 재산권 행사, 위자료 등 법률적 지원의 필요성을 확인한다.

- 주민등록말소자, 노숙인 등 신분 상실 여부를 확인한다.
- 경제적 파산, 신용불량 등으로 법적 회복지원이 필요한지 확인한다.
- 불법체류, 국적취득 등 법적 지원이 필요한 경우를 확인한다.
- 피소, 기소, 교통사고, 벌금, 처벌, 보상 등 법적 지원의 여부를 파악한다.
- 외국인 근로자, 장애 등으로 차별대우를 받고 있지 않은지 확인한다.
- 권리주장이 어려운 장애인, 불법체류자 등이 권리를 침해당하고 있는지 확인한다.

• 법률 및 권익보장 영역을 점검하는 질문
－본인이나 동거가족이 법적인 문제로 일상생활이나 사회생활에 어려움이 있는가?
－본인이나 동거가족이 차별대우나 불이익을 받고 있는가?

[강점관점 질문의 예]
• 현재 법적인 문제와 관련하여 누구에게 어떤 기관의 자문을 받고 있는가?
• 어떻게 대처하고 있는가?

쉬어가기 **사례관리 맛보기**

"우리 동네 슈퍼스타" (1)

철수는 동네에서도 수없이 사고를 치고 다녔다. 이제 동네에서도 모르는 사람이 없을 정도다. 좋은 일로 슈퍼스타가 되어야 하는데, 사고치고 잘못된 일로 슈퍼스타가 되었다. 하지만 이상하게도 동네에서는 철수를 버리지 않는 것 같았다.

아이를 손가락질하고, 매번 혼내기보다는 누구든 도움을 주려고 하였다. 아마도 아이들만의 잘못이 아니라 환경의 어려움을 알기 때문일 것이다. 특히 학교에서 철수 정도 사건을 벌이면 벌써 다른 학교로 보냈을 텐데 '이 아이 우리 학교에서 품지 않으면 다른 학교에서도 받아주지 않는다.'는 여러 선생님들의 의지가 철수를 붙잡고 있었다. 이런 선생님들을 만났다는 것이 철수에게 얼마나 감사하고 다행스러운 일인지….

또한 지역기관의 회의에 가면 사회복지사들이 철수의 안부를 묻곤 한다. 철수는 이렇게 동네 슈퍼스타가 되어 있었다.

출처: 희망의 지렛대 사례관리네트워크 편저(2013). 『희망 이야기』, pp.59-60에서 발췌

(2) 자원사정

- 사정단계에서 자원에 대한 사정은 필수적이다. 자원이란 클라이언트 스스로 해결하기 힘든 다양한 생활상의 욕구를 채우기 위해 반드시 필요한 것이다. 사례관리의 성공 여부는 자원을 어떻게 활용할 것인가와 밀접한 관련이 있기 때문에, 사정단계에서 현재 클라이언트가 활용하고 있는 것, 활용할 수 있는 것, 그리고 앞으로 꼭 필요한 자원이 무엇인지를 파악하는 것은 매우 중요하다. 이러한 자원사정이 충분히 이루어졌을 때 그다음 단계인 서비스계획단계에서 개입목표의 성취를 위한 자원활용(의뢰 및 연계) 방안을 구체화할 수 있다.
- 자원의 개념과 종류, 공식적 · 비공식적 자원활용의 중요성에 대해서는 앞서 제4장(사례관리의 구성체계 중 사회자원)에 언급되어 있으니 참조하기 바란다. 아울러 클라이언트의 자원사정은 생태도(ecomap)를 통해서도 가능하므로 이 또한 앞서 기술한 '생태도를 통한 사정'과 연결성을 갖고 이해하도록 한다. 사례관리자가 자원사정을 할 때 다음의 사항을 고려한다.

> - 자원은 크게 인적/물적 자원, 공식/비공식 자원으로 구분하여 파악
> - 생태도나 관계망 사정을 통해서 파악 가능
> - 클라이언트와 가족 단위에서 동원할 수 있는 인적, 물적 자원 파악
> - 현재 이용하고 있는 자원(이용자원), 앞으로 활용 가능한 자원(가용자원), 개발이 필요한 자원(잠재자원), 그리고 자원과 관련한 장애물 파악
> - 클라이언트 및 주변인의 자원 활용의 긍정적 경험 혹은 부정적 경험 파악

(3) 강점사정

- 사정단계에서 개인 및 가족의 강점사정은 필수적이다.
- 강점이란 클라이언트가 갖고 있는 능력, 용기, 의지, 역량, 가능성, 가치, 통합성 등 긍정적인 요소를 의미한다. 강점은 장점과 유사한 면이 있으나, 서로 다른 속성이 있다.

• 장점과 강점의 차이
– 장점: 개인이 잘하는 것, 보기에 좋은 것, 어떤 기준에 의해 인정을 받은 것 등
예: 지능이 높은 것, 키가 큰 것, 달리기를 잘하는 것, 피아노를 잘 치는 것, 얼굴이 준수한 것, 시험성적이 높은 것 등
– 강점: 개인에게 강한 것, 유연한 것, 내면에 잠재되어 있는 것, 오랫동안 단련된 것, 고통을 통해 성장한 것 등
예: 탄력성, 회복력, 잠재력, 강인함, 고통을 이겨내는 힘, 인내력, 사랑, 지혜 등
* 장점이 모두 강점이 되는 것은 아니며, 약점을 잘 극복하면 강점이 된다. 클라이언트의 문제나 어려운 상황에는 그것을 이겨내려고 노력하는 과정에서 만들어진 강점이 분명히 있다. 이를 잘 활용하는 것이 강점 활용의 중요한 원칙이다.

• 사례관리자가 클라이언트의 강점을 사정할 때 다음과 같은 지침을 고려하면 도움이 된다.

– 클라이언트가 직면한 문제 상황과 관련하여 그가 진술하는 주관적인 견해를 경청한다. 즉 심리내적, 발달적, 인지적, 정신적, 사회적 측면의 상태를 사정을 할 때, 클라이언트의 견해와 느낌을 존중하고 공감한다.
– 클라이언트를 신뢰한다.
– 클라이언트가 원하는 것이 무엇인지 밝혀낸다. 즉, 기관 내부와 외부 서비스로부터 바라고 기대하는 것은 무엇인가, 문제 상황에서 변화되기를 바라는 것은 무엇인지 밝혀낸다.
– 사정은 개인적, 환경적 강점을 찾아내는 데 주목해야 하는데, 이때 강점은 클라이언트가 처한 상황에서 개별화되어야 한다.

• 클라이언트가 이해할 수 있는 언어 혹은 용어를 사용한다.
• 사정을 클라이언트와 사례관리자 사이의 협력적 활동으로 만든다.
• 사정내용에 대해 상호동의를 이끌어 낸다.
• 비난과 낙인, 인과론적 생각, 진단을 피한다.

강점을 사정할 때 사례관리자는 클라이언트가 자신의 환경을 어떻게 바라보고 있으며, 어떤 의미를 부여하고 있는지, 그리고 그 상황에 관한 정서적 반응은 무엇인지를 이해할 필요가 있다. 구체적으로 어떤 영역에서 어떤 강점을 사정해야 하는지는 학자

마다 다소 다른 의견을 제시하고 있다. 몇몇 학자(Milley et al., 1995; Saleebey, 2008)의 의견을 종합하여, 우리 상황에 맞게 정리한 내용을 보면 〈표 7-2〉와 같다.

〈표 7-2〉 강점사정의 영역

개인 내부의 강점	가족의 강점
• 순발력, 융통성, 인내심, 이해력 • 자발성, 집중력, 책임감, 자존감 • 대처기제, 정서조절, 자기통제력 • 낙관적 사고 및 긍정적 사고 • 신체적 외모 • 자기인식 • 삶에 대한 애착과 생존력 • 일상생활수행 능력 • 교육 수준 등	• 가족구성원의 좋은 성격적 특성 • 가족과 클라이언트의 우호적 관계 • 정서적 지지 정도(애정, 관심, 수용) • 경제적, 물질적 지지 정도 • 의존과 독립의 균형적 가족관계 • 가족 간 긍정적 의사소통/충분한 대화 • 책임 있는 자녀양육 • 원만한 부부관계 등
대인관계 및 직업 관련 강점	
• 친구 및 중요한 타인과의 긍정적 관계 • 대인관계에서 의사소통, 자기주장 능력 • 갈등처리 능력, 협력과 화합의 능력 • 신뢰관계 형성 능력 • 봉사와 나눔 • 종교 활동, 취미, 여가생활 • 리더십 등	• 직장 경력, 구직의 경력 • 일에 대한 동기나 직업훈련 • 자격증 소지 • 기타 의미 있는 사회생활 경험 • 수입(근로소득)이나 후원금 • 제도적 지원(수급자 등) 등

(4) 장애물사정

- 장애물사정도 매우 중요하다. 장애물이란 클라이언트와 가족이 문제나 욕구를 해결하는 데 걸림돌이 되는 요인이다. 그 하나는 내부 장애물로서 문제해결에 부정적으로 작용하는 심리적, 정서적 상태이다. 변화의 동기가 없거나 무기력하고 의존심이 강하고 희망이 없고, 삶에 대해 비관적이거나 비판적인 태도 등이 그것이다. 현장에서 보면 전문가의 노력이나 외적 지원에도 불구하고 실천과정에서 이러한 클라이언트의 내부 장애물이 변화되지 않는다면 자활 혹은 자립이라는 사례관리의 본래 목적에 도달하기 힘들다.

- 사례관리가 추구하는 진정한 자기보호(self-care)는 오랫동안 삶의 밑바탕에 자리 잡은 이런 내부 장애물을 걷어내는 노력에서 시작된다. 사례관리자의 임상적 역할 혹은 직접 서비스제공자의 역할은 상당 부분 이런 내부 장애물에 도전하고 변화를 끌어내는 역량이다. 이를 위해 사례관리자는 의도적이고 계획적인 개별 상담을 통해 클라이언트의 무력감과 현실에 안주하려는 마음을 변화시켜야 한다. 어려운 상황에 공감하면서도 변화의 동기를 강화하고 조금씩 자활의 길로 나아가도록 지지하고 격려하는 등 지원자(supporter), 촉진자(facilitator), 상담자(counselor)의 역할을 수행해야 한다.
- 아래는 벨로와 밍크(Ballew & Mink, 1993)가 주장한 네 가지 내부 장애물에 대한 것인데, 이를 보면 문제해결을 방해하는 부정적인 태도임을 알 수 있다(한국사례관리학회, 2012b: 129).

① 비관주의 태도

"내가 무엇을 얼마나, 어떻게 하든지 항상 잘못되어 있다."

② 비판주의 태도

"난 항상 불공평한 대접을 받아왔으며, 더 이상 그런 대우를 받을 필요가 없다."

③ 운명주의 태도

"내 인생은 혼란스럽다. 그리고 예측 불가능하다."

④ 냉소주의 태도

"누군가가 나를 이용할 것이다. 나만 자급자족할 것이다."

- 다른 한 가지는 외부 장애물로서 문제해결에 필요한 자원을 발견하고 활용하는 데 걸림돌이 되는 요인이다. 이는 클라이언트 자신보다는 외적 환경이 클라이언트에게 어려움을 초래하는 경우이다. 자원을 획득할 책임은 기본적으로 클라이언트에게 있지만 자원사정과 개발, 연결, 유지 등에 보다 전문적 훈련을 받은 사례관리자

의 역할이 유용한 도움이 될 수 있다. 외부 장애물의 대표적인 예로는 부적절한 자원, 자원이용에 대한 능력부족, 자원의 고갈 등이다. 사례관리자는 이러한 외부 장애물을 잘 파악하여 서비스계획 수립과 실행과정에 구체적으로 반영해야 한다.

2. 계획단계

계획단계에서 사례관리자는 클라이언트와 함께 개별 서비스계획(ISP)을 수립해야 하며, 이를 위한 과업은 다음과 같다.

- 사례관리 계획단계의 과업
  - 목표 설정: 장기 및 단기목표
  - 개입계획 수립: 목표달성을 위한 실행방법

1) 계획단계의 개요

- 사례관리에서 계획(planning)이란 클라이언트의 문제와 욕구를 해결하기 위해 어떠한 방법으로 서비스를 제공할 수 있는지에 대한 실천적, 논리적 근거가 확보된 개별 서비스계획(ISP: individualized service plan)을 말한다.
- ISP는 건축으로 보면 설계도면이고, 음악으로 보면 악보이며, 연극으로 보면 대본이고, 진료에서는 의사의 처방전에 해당한다. 따라서 계획수립을 위한 사례관리자의 역할은 설계자, 작곡가, 극작가 등에 비유된다. 클라이언트 체계를 비롯하여 행동체계, 변화매개체계, 표적체계로서 관련된 사람들이 수행해야 하는 역할과 책임을 나누는 것이다. 이러한 계획은 주어진 여건과 시간적 안배, 자원의 활용가능성 등을 고려하여 작성되어야 한다.
- 계획을 수립한다는 것은 전 단계의 사정평가를 통해 밝혀진 내용을 기반으로 하여 클라이언트의 욕구충족을 위한 달성 가능한 목표를 발전시키는 과정이며, 또

한 그 목표를 달성하기 위해 서비스를 구체화하는 과정이다.

- 효과적인 계획수립을 위해서는 이전 단계에서 다음과 같은 사항들에 대한 충분한 이해가 선행되어야 한다.

- 사정과정을 통해 클라이언트의 다양한 욕구를 충분히 이해 - 개인, 가족, 조직, 지역 수준의 욕구들에 우선순위를 정하고 이를 세분화 - 욕구충족을 위한 내, 외적 자원 파악 및 이에 걸림돌이 되는 장애물 파악 - 클라이언트와의 협력적 관계형성 및 변화를 위한 동기 강화

2) 서비스계획 수립의 기본원칙

① 이전 단계에서 실시한 사정의 결과에 따라 연속성이 유지되는 계획을 세워야 한다. 사정단계에서 클라이언트의 전반적인 어려움과 욕구를 파악하고, 이에 기초하여 욕구의 우선순위를 정하는 것이 필요하다. 욕구의 우선순위는 클라이언트가 중요하다고 생각하는 것, 클라이언트 및 가족에게 긴급하고 서비스 필요성이 가장 큰 것, 생활에서 불가피하게 변화가 필요한 것, 여러 욕구 중 가장 현실적인 것 등을 고려하여 정한다.

② 서비스 계획에 클라이언트나 가족이 참여하지 않으면 작성된 서비스계획에 대해 차후 그들의 불만이 있을 수 있고, 서비스계획의 실행이 불가능한 경우가 있으므로 가능한 함께 참여하도록 한다.

③ 서비스계획은 영구적인 것이 아니라 특정기간(보통 6개월 단위)의 계획으로, 클라이언트 욕구의 변화나 급격한 환경적 변화로 인해 서비스계획의 변경이 가능하다.

④ 서비스계획은 공식적인 서비스와 비공식적인 서비스를 모두 포함하여 사회자원의 특성을 충분히 살린다. 참고로 공식적인 자원은 공평하고 표준적이며, 비공식 자원은 탄력적이며 이용기준이 엄격하지 않은 점 등을 지적할 수 있다.

⑤ 서비스계획에서 욕구영역 - 합의된 목표(서비스 목표) - 구체적 실천계획은 서로 연결되고 연속적으로 이루어져야 한다(서비스계획표의 기록 방법은 10장을 참조할 것).

3) 서비스계획 수립의 내용

(1) 목표 설정

• 서비스계획은 사정단계에서 파악한 욕구들의 우선순위를 고려하여, 이용자의 변화를 도모하기 위한 장, 단기목표를 설정한다. 목표설정 시 사례관리자는 다음과 같은 사항을 고려한다(보건복지부, 2019, 2025).

① **장기목표 수립**(개입기간이 6개월 이상)

- 클라이언트가 바라거나 성취하기 원하는 것을 기술한다.
  예): 취업지원을 통한 경제적 안정 도모
  경제적 지원을 통한 가족의 위기상황 극복
- 사례관리자가 임의로 클라이언트의 진술을 재구조화거나 전문적인 용어로 해석하거나 재해석하지 않는다.
  예): 단순한 '친구 사귀기'를 '사회적 기술 향상'으로 재해석하지 않는다.

② **단기목표 수립**(개입기간이 3개월 전후이며, 최대 6개월까지)

- 목표는 클라이언트에게 중요한 것이어야 한다. 즉, 서비스에 클라이언트를 맞출 것이 아니라 클라이언트의 욕구에 서비스나 자원을 맞춘다.
- 목표는 클라이언트가 직면한 상황의 시급성과 위험성을 고려한다.
- 목표는 구체적이고 명확하며, 달성하기 쉬운 것부터 세운다.
- 목표는 결핍된 것보다는 가지고 있는 것에 대한 것을 강조한다.
- 목표는 바람직하지 않은 행동을 중단하는 것보다는 새로운 대안적 행동을 기술한다.
- 목표는 클라이언트에게 어느 정도 어려운 일로 인식되는 것이어야 한다.
- 목표는 클라이언트의 참여와 동의를 토대로 작성해야 한다.
  예): 심리검사 및 정신과 상담을 통한 정신적 건강상태 회복
  거주환경 개선　　　　일자리 연계를 통한 취업지원
  취업 전 생계비 지원　　　　복지관의 재가서비스 제공

③ 적절한 용어를 사용하여 목표를 기술한다.

- 동사형(관찰가능한 행동을 설명하는 용어)으로 서술하기(거실청결유지 → 거실청소하기)
- 긍정적 용어 사용하기(결근 줄이기 → 출근 늘리기)
- 투입형태가 아닌 성과(결과)형태로 서술하기(위생관리 교육 → 위생관리기술 향상)
- 달성가능한 수준으로 나누기(집안청소 → 방닦기)
- 측정가능하도록 수량화하기(방닦기 → 주 3회 방닦기)
- 대상자가 이해하기 쉬운 용어로 표현하기(구강청결관리 → 양치질하기)

④ 욕구 영역별 목표설정의 실례

욕구영역		단기목표	장기목표
안전		• 가정폭력위험 대응 역량 강화 • 일상생활 유지역량 강화	• 가정폭력위험 탈피 • 자기방임 예방
건강	신체적 건강	• 고혈압, 당뇨관리를 위한 정기진료 • 암 진단에 따른 치료계획 결정	• 고혈압, 당뇨관리 역량 강화 • 항암치료
	정신적 건강	• 우울증 완화를 위한 약물복용 • 문제 음주 행동 줄이기 • 자살예방 상담 참여 • 집 밖 외출시도	• 우울증 관리로 자녀방임 예방 • 문제 음주 행동으로 인한 결근 예방 • 자살사고 감소 • 사회적 고립 예방
일상생활유지 (여가)		• ○○프로그램 참여	• 이웃 맺기를 위한 여가활동
가족관계	돌봄	• 거동이 불편한 조모의 일상생활 유지를 위한 자원 확보 • 유아 자녀양육기술 향상	• 긴급상황 대처를 위한 안전망 마련 • 근로유지를 위한 자녀돌봄 자원확보
	관계형성	• 원가족과 정기적 안부확인	• 원가족과의 관계회복
경제		• 식비부족으로 인한 결식예방 • 월세 체납으로 인한 퇴거 위기 예방 • 체납 공과금 납부	• 식습관 개선 • 월세 부담금 마련 • 수급비 관리 역량제고
교육		• 졸업요건을 충족시키는 수업일수 확보 • 학력 취득을 위한 대안모색 • 방과 후 수업 프로그램 비용 확보	• 학업 성취도 제고 • 재학 중이던 학교 복학 • 방과 후 수업으로 미래진로 탐색
고용 (일자리)		• 발달장애인 직업 훈련 프로그램 참여 • 초등학생 자녀의 방과 후 양육과 병행할 수 있는 일자리 탐색	• 보유하고 있는 기술을 활용할 수 있는 ○○ 직종 취업 • 방과 후 양육과 병행할 수 있는 일자리 취업

욕구영역	단기목표	장기목표
생활환경 (주거)	• 초등학생 자녀의 학습 기자재 마련 • 침실 내 낙상예방 환경 조성 • 효율적 공간사용을 위한 수납 정리	• 초등학생 자녀의 공부방 마련 • 휠체어 접근이 가능한 주거지로 이사 • 주거비용부담을 완화할 수 있는 LH주택 입주
법률 및 권익보장	• 주민등록 등 신분 관계 정정	• 이혼 • 부채에 대한 법적 해결

출처: 보건복지부(2025), pp. 150-151. 재구성.

(2) 개입계획 수립

- 욕구의 우선순위에 따라 장, 단기목표를 설정한 후에는 목표달성을 위한 개입계획(실천계획)을 수립해야 한다. 여기에는 이용자의 변화를 고려한 구체적인 실행방법과 자원확보 방안을 포함한다.
- 사례관리가 장기적 서비스임을 고려하여, 사례관리자는 단기목표의 달성을 통해 자연스럽게 장기목표가 달성될 수 있도록 이용자의 변화과정을 전체적으로 바라보는 시각이 필요하다. 단기목표 달성을 위한 실행계획도 이용자의 욕구 우선순위와 문제의 시급성을 고려하여 순차적으로 계획하는 것이 바람직하다. 또한 사정단계에서 파악한 이용자 및 가족의 자원과 강점을 개입계획에 반영하여 가족을 비롯한 지지적인 주변체계, 우호적인 공식 자원망들을 충분히 활용할 수 있어야 한다.
- 개입계획에는 장기목표, 단기목표, 서비스 제공기관(내부 기관/외부 지역사회), 담당자(사례관리자/외부 전문가), 서비스 제공의 횟수와 기간 등을 포함한다. 자세한 것은 이후의 단계별 기록양식을 참조하면 된다.
- 계획수립의 과정은 〈표 7-3〉과 같으며, 계획수립의 결과로 사례관리 서비스계획표를 작성한다(권진숙 · 박지영, 2008; 이기연, 2011). 계획수립의 과정은 다음과 같다.

- 1단계: 욕구사정 내용에 대한 숙고	- 2단계: 장 · 단기 변화목표 수립
- 3단계: 서비스 제공자 및 기관의 선정	- 4단계: 시간계획 수립
- 5단계: 계약수립	- 6단계: 서비스계약표의 공유

〈표 7-3〉 **서비스계획 수립의 과정**

단계	내용
1단계 욕구사정 내용에 대한 숙고	• 사정단계에서 이루어진 욕구사정 내용을 종합적으로 정리하고 분석하여 계획수립의 근거가 되는 욕구사정 평가내용이 과연 적절하고 현실성이 있는지를 최종 검토하는 숙고작업이 필요하다. • 사례관리자의 이러한 최종 검토는 대상자를 피상적으로 이해하지 않고 그의 삶을 본질적으로 이해하며 변화에 대한 진정한 기대를 반영하는 것이다. • 대상자도 이 과정을 통해 삶의 의지를 북돋고 변화의 동기를 확인하는 기회가 된다. 이는 결과적으로 문제해결에 걸림돌이 되는 내 · 외적 장애요인을 극복하는 의지로 작용할 수 있다.
2단계 장 · 단기 변화목표 수립	• 욕구사정 내용에 대한 숙고과정을 거쳐 대상자의 변화모습을 장 · 단기적인 관점에서 구체화하는 노력이 필요하다. • 특히 대상자의 장기목표 수준을 어떻게 설정해야 하는지는 매우 중요한 과제이다. 대상자에 맞는 장기 변화의 방향성과 수준을 먼저 검토하고 이를 달성하기 위한 단기 목표를 끌어내야 한다. • 변화목표 설정은 대상자와 충분한 의논한 결과로 합의된 것이어야 하며, 적절한 타협이나 사례관리자의 일방적인 판단과 유도에 의해 결정되는 것이 아니어야 한다. 협력과정을 통해 함께 만들어 내는 것이다. • 계획수립은 기본적으로 1년을 단위로 하되, 여건에 따라 재수립될 수 있다. 이런 맥락에서 장기목표는 최소한 6개월 이상의 기간이 소요되는 것이며, 단기목표는 3개월 전후로 달성 가능한 것을 말한다. 장 · 단기 목표는 큰 틀에서 관련성이 있어야 한다. 일반적으로 제시된 욕구는 장기목표(최종목표)와 합의된 목표는 단기목표(단기과제)로 간주할 수 있다. • 단기목표는 가능한 클라이언트가 중요하게 생각하고 시급성이 있고, 달성 가능한 것부터 설정하는 것이 좋다.
3단계 서비스제공자/ 기관의 선정	• 목표달성을 위해 누가 어떻게 참여하고 협력할 것인지를 선정한다. 이때 사례관리자 혼자 하는 것보다는 기관 내 · 외부의 사례회의 등을 거쳐 최선의 계획을 설정하는 것이 좋다. • 서비스는 내 · 외부 공식자원을 비롯하여 클라이언트의 비공식적 지원이나 지지체계도 함께 참여시키는 것이 필요하다. • 잠정적인 서비스 기관이나 제공자가 선정된 후에는 그들을 접촉하여 가능성을 확인하고 협력을 촉구하며, 서비스제공에 대한 동의를 얻는다. 그리고 이러한 결과를 대상자에게 알려준다.
4단계 시간계획 수립	• 정해진 서비스를 어느 정도의 기간 동안 어떤 주기로 받을 것인지에 대해서도 계획을 수립한다. • 외부 기관을 활용할 때는 시간계획을 해당 기관에 일방적으로 위임하기보

단계	내용
	다는 가능한 한 대상자의 목표달성에 도움이 되는 수준에서 충분한 서비스가 제공되도록 협조를 구하는 것이 좋다. • 시간계획은 고정되어 있는 것이 아니라, 상황변화에 따라 융통성을 갖고 다시 계획할 수 있다.
5단계 계약수립	• 장 · 단기 목표 및 서비스 제공기관, 그리고 시간계획이 확정되면 대상자와의 계약이 필요하다. 계약서에 들어갈 사항은 기관 사정에 따라 달라질 수 있으나, 가능한 한 서비스계획표의 하단에 대상자 혹은 의뢰인이 직접 서명하도록 하는 것이 좋다. • 대상자와 계약을 수립할 때는 문제를 해결하거나 삶이 변화하기 위해서는 대상자의 적극적인 참여가 중요하고, 주변인들과 공동으로 협력하는 것이 필요하다는 것을 인식하도록 해야 한다.
6단계 서비스계획표의 공유	• 서비스계획표가 완성되면 이를 대상자와 공유하도록 한다. 대상자에게도 사본을 주어 전체 진행과정을 쉽게 알 수 있도록 하며, 자신이 해야 할 역할과 과제를 인식하도록 한다. • 차후 상황이 바뀌어 서비스계획표가 수정되어야 할 경우, 그때도 위와 유사한 과정을 거쳐 대상자가 수정된 계획표에 대해 충분히 알고 있어야 한다.

생각해볼 문제

1. 사정단계에서 가장 중요한 욕구사정이란 무엇이며, 어떻게 하는 것인지 책을 참조하여 서로 자유롭게 토의해 보자.
2. 강점사정에 익숙해지기 위해 학습자는 먼저 자신의 강점이 무엇인지 생각해 보고, 이를 자세히 적어보면서 개인의 강점을 어떻게 분류하는 것이 좋은지 의견을 말해 보자.
3. 욕구영역을 10가지로 제시하였는데 각 영역이 중복되거나 혼합된 경우는 없는지 살펴보자. 그리고 욕구의 우선순위를 고려하는 기준은 무엇인지를 참고자료를 찾아 함께 의논해 보자.
4. 개별 서비스계획이란 무슨 의미이며, 단기와 장기의 목표를 나누는 기준은 무엇인지, 그리고 욕구영역-단기목표-장기목표의 연결성에 대해 자유롭게 토의해 보자.
5. 지난 학습을 참조하여, 클라이언트의 문제와 상황-요구-욕구-합의된 목표-개입(서비스) 계획으로 이어지는 과정에 대해 간단한 사례를 들어 연습해 보자.

Chapter 08

실행단계와 평가 및 종결단계

8장에서는 사례관리 실천과정 중 실행단계와 평가 및 종결단계를 다룬다. 실행단계는 이전 단계에서 수립한 서비스 계획에 따라 클라이언트에게 직접서비스와 간접서비스를 제공하는 단계이다. 평가 및 종결단계는 실천의 마지막 단계로서 서비스가 효과적이었는지, 대상자의 삶이 변화하였는지를 확인하여 사례관리 과정을 마무리하는 단계이다. 실행단계 및 평가와 종결단계의 특징과 각 단계별 과업을 살펴본다.

1. 실행단계

실행단계에서 사례관리자는 이전 단계에서 수립한 서비스계획(ISP)에 따라 클라이언트에게 간접 및 직접 서비스를 제공한다. 사례관리는 간접 서비스를 강조하는 측면이 있기에 이에 대해 먼저 소개한다. 실행단계의 과업은 다음과 같다.

- 간접 실천: 외부 자원연계를 통한 서비스 제공
- 직접 실천: 사례관리자의 직접 서비스 제공

- 사례관리에서 실행(implementation)이란 이전 단계에서 수립한 개별 서비스계획(ISP)을 실제로 이행해 가는 것을 말한다. 즉 서비스계획단계에서 작성한 목적을 달성하기 위해 이루어지는 직·간접적인 서비스 제공을 말한다. 사회복지실천에

서는 이를 개입(intervention)이라고 하는데, 이는 사정의 결과로 작성된 개입계획을 구체화하는 것이다. 사례관리에서의 실행은 개입과 유사하지만, 개별 서비스 계획(ISP)을 강조하는 사례관리의 특성상 그 계획을 현장에서 이행한다는 의미의 '실행'이라는 용어를 사용하고 있다.

- 사례관리자가 실행단계를 효과적으로 운영하기 위해서는 지역의 다양한 기관의 실무자 및 협력체계와 긴밀하게 소통해야 하며, 클라이언트가 변화의 동기를 유지할 수 있도록 지속적으로 격려하고 촉진할 필요가 있다. 이 단계에서 기록해야 하는 양식에는 사례관리 과정기록지, 서비스 의뢰서, 사례관리 점검일지, 사례회의록, 슈퍼비전 일지, 사례보고서가 있으나, 기관의 여건을 고려하여 일부 양식은 선택적으로 사용할 수 있다.
- 실행단계에서는 사례관리자의 간접 실천과 직접 실천이 이루어진다. 이에 대한 보다 자세한 설명은 제5장(사례관리의 기능 및 사례관리자의 역할)을 참조하기 바란다.

1) 간접 실천

간접 실천(간접 서비스 제공)은 사례관리자가 외부 자원을 연결하여 클라이언트의 욕구나 문제를 해결하는 활동이다. 사례관리 실행단계에서 수행되는 간접 실천으로는 자원연계, 점검 및 조정, 옹호를 들 수 있다.

(1) 자원연계

- 서비스계획의 충실한 이행을 위해서는 많은 자원이 필요하다. 사례관리자는 지역사회에서 필요한 자원을 동원하여 클라이언트에게 연결해 주어야 한다. 클라이언트에게 유용한 지역사회의 자원은 체계적으로 목록을 만들어 지속적으로 활용할 수 있어야 한다. 이러한 자원목록은 자원의 특성, 접근방법, 제공기준, 접촉대상자 등으로 구성된 색인표(index)로서 사례관리자의 경험에 따라 더욱 구체화된다. 더욱이 지역사회자원 부족뿐 아니라 자원과 서비스 이용에 관한 규정이 바뀌는 등 자신이

가진 자원목록이 시기적으로 뒤떨어질 수 있기에 지속적으로 확인하고 수정 보완해야 한다. 사례관리자는 현재의 자원목록에만 의존하지 말고 계속해서 새로운 지역자원을 개발해야 한다. 참고로 현재 공공사례관리를 담당하는 시 · 군 · 구 희망복지지원단에서는 각 지역별로 사례관리에서 활용 가능한 자원을 각 영역과 분야별로 체계적으로 조사, 발굴하여 관리하고 있다. 민간 사례관리기관에서도 각 기관별 특성을 반영하여 일정한 양식의 자원목록표를 만들어 관리해오고 있다. 자원목록표의 양식은 각 현장마다 다양하지만, 그 한 예를 제시하면 〈표 8-1〉과 같다.

〈표 8-1〉 **자원목록표의 예**

구분		기관명	연락처	협력사항	특이사항	담당자	비고
복지 관련	공공	동주민센터 (사회복지공무원)	○○○ - ○○○○	• 국민기초생활보장제도 대상자 선정 및 관리 • 공공 사례관리대상자 접수	최근 담당 공무원 바뀜	○○○	
	민간	○○ 지역아동센터	○○○ - ○○○○	저소득층 아동보호 및 관리, 다양한 교육 및 문화 서비스	야간보호사업 진행 중	○○○	공동모금회에서 차량 지원

• 클라이언트의 욕구충족을 위해 필요한 자원이나 서비스를 연계하는 것은 사례관리에서 가장 핵심적인 기능이다. 이것은 단순한 의뢰의 수준을 넘어 클라이언트에게 꼭 필요한 공식적, 비공식적 자원을 연결하여 그의 문제와 욕구를 해결하는 데 목적이 있다. 이러한 공식적, 비공식적 자원의 연계에는 다음과 같은 사회적 지원망을 포함한다.

① **내부자원 연계**: 내부 자원으로 개인적 자원과 가족 자원을 활용한다. 개인적 자원에는 개인의 장점, 지식, 기술, 신뢰성, 건강, 능력, 가치 철학 등이다. 가족 자원으로는 가족의 정서적 지지능력, 의사소통 능력 등이 있다.

가족을 활용할 때 고려할 점은 의존적인 가족원을 보호하는 데 드는 심적, 물적 부담을 가족이 과연 지탱할 수 있는지, 그리고 가족의 보호가 과연 클라이언트의 욕구 해결에 도움이 되는지를 사전에 충분히 평가해야 한다.

② **공식적 자원연계**: 시청, 구청, 동 주민센터, 각종 지역 단체, 종합사회복지관(결연후원, 급식, 정서 서비스 등), 외부 복지기관 등이다. 특히 공식적 자원으로서 공공자원에는 조세를 이용하여 정부(중앙정부 및 지방자치단체), 공기업, 공단 등 공공기관 및 단체가 제공하는 현금, 현물, 바우처, 프로그램 및 대여/감면 서비스 등이 있다.

- 공식적 자원의 분류는 크게 의료 및 보건, 공공 행정기관, 교육기관, 지역단체, 종교단체, 고용관련 기관, 복지관련 기관, 법무기관(경찰, 법조계 등), 기업 등으로 나누어진다.
- 공공자원의 예시
  - 생계급여 등 국민기초생활보장법 및 긴급복지지원법에 의한 공적 급여, 기초연금, 장애인 연금 등
  - 노인돌봄서비스, 보건소의 각종 보건서비스, 방과후 돌봄서비스 등 공공서비스
  - 공공근로, 저소득가정을 위한 사업 등 지자체 예산으로 실시하는 복지사업
  - 각종 바우처 사업 등

③ **비공식적 자원연계**: 교회, 이웃, 친척, 친구, 자원봉사자 등

- 클라이언트를 연결하는 절차는 기관마다 다소 차이가 있다. 여기서는 몇 가지 공통사항을 제시한다. 첫째, 사례관리 이용자의 서비스 욕구를 분명히 한다. 둘째, 이용자에 적합한 기관을 신중하게 선정하여 연결시킨다. 셋째, 연결할 기관과 전화접촉을 한다. 넷째, 서류를 준비한다. 다섯째, 이용자를 준비시킨다. 그에게 구체적인 정보를 제공하고, 어려움을 예측해주고, 실전 연습을 하도록 한다. 여섯째, 이용자가 기관에 처음 방문할 때 함께 동행해준다.

보충자료 사례관리에서 자원연계가 안 되는 이유는?

사례관리가 잘 이루어지려면 기관들 간의 자원연계는 필수적인 요소이다. 그러나 우리의 현주소는 자원연계가 원활하게 이루어지지 못하고 있다. 여러 가지 불가피한 이유가 있겠으나, 관련 연구를 통해 나타난 몇 가지 사항을 제시한다.

1. 사례관리자들이 자신이 맡은 여러 역할 가운데 자원연계를 중요하게 생각하지 않음
2. 사례관리자들의 업무선호도를 보면 자원연계를 크게 선호하지 않음
3. 사례관리로 인한 기관 내부업무가 과중하여 지역사회를 상대로 하는 자원연계 업무는 후순위로 밀려남
4. 사례관리자들의 자원을 연계하는 능력과 경험의 부족(지역자원 개발, 기관 조정, 연계망 구축에 관한 역량 부족)
5. 사례관리자들의 관련 교육의 불충분
6. 사례관리 업무에 투여할 수 있는 시간의 부족
7. 기관장의 자원연계에 대한 소극적, 회의적 태도
8. 기관장뿐 아니라 동료의 지원 및 협조 부족
9. 기관 이기주의, 기관 간의 경쟁, 자원 독점의 욕구
10. 지역 내 가용 자원의 부족
11. 사례관리를 지원하는 지역사회 지원체계 혹은 조정기구의 부재 등

- 지역에서 확보할 수 있는 공식, 비공식 자원은 기본적으로 사례관리 이용자에게 문제해결에 대한 희망과 자극을 주고, 서비스계획에 설정된 목표를 성취하는 데 실질적인 도움을 준다. 특히 이용자에게 친숙한 지지망(supportive network)은 여러 면에서 유익하다. 즉 첫째, 클라이언트의 건강 및 사회적 기능에 긍정적인 영향을 끼친다. 둘째, 스트레스의 부정적 측면을 완화시킨다. 셋째, 감정적이고 물질적인 지지를 획득하도록 하여 공식적 서비스를 보완하고 전체 지지망의 크기와 기능을 확대한다. 넷째, 지지망 구성원들 사이의 활발한 상호작용은 결과적으로 사례관리의 본래적 목적인 자기보호의 수준을 향상시킨다.
- 사례관리자는 이러한 사회적 지지망을 지원하는 역할을 수행하는데, 다음과 같은 세 가지 활동으로 참여한다(한국사례관리학회, 2010).

가. 교육적 활동

- 클라이언트에 대한 이해를 증진시킴
- 클라이언트의 욕구에 대응하는 방법을 가르침
- 자조집단으로 발전시키기

나. 이차적 지원활동

- 일차적 지원망이 지치지 않도록 쉬는 시간을 제공해 줌
- 일차적 지원망(가족, 주부양자 등)이 이차적 지원을 활용하도록 돕기
- 일차적 지원망의 스트레스 해소, 긴장완화를 위해 지지망 증가시키기
- 사회망을 위한 위기개입 상담과 실제 서비스 제공

다. 기술적 지지와 협상을 제공하는 활동

- 사례관리자가 서비스제공 기관에 새로운 지식, 정보, 전략을 소개하여 서비스 이용자에 대한 서비스 수준과 내용을 향상시키는 것
- 필요한 자문과 교육에 응하는 것
- 서비스제공자에게 격려와 지지를 해주는 것

(2) 점검과 조정

- 사례관리자는 서비스계획에 따라 클라이언트 및 관련 체계들이 제대로 활동하고 있는지, 변화목표에 부합한 활동이 진행되고 있는지를 민감하게 파악하면서 필요한 점검과 조정 활동을 한다. 즉 클라이언트와 사례관리자, 그리고 관련 지원망(가족, 전문가 등)이 계획단계에서 합의한 목적을 계속 공유하면서 약속대로 협조하고 있는지, 협력관계 속에 갈등이나 혹은 위기가 잠재되어 있지는 않은지 등을 점검하고 조정한다.

① 점검

- 점검(monitoring)은 관련 활동들이 개별 서비스계획(ISP)에 의거하여 충실하게 이행되고 있는지, 실천의 과정을 통해 변화목표가 잘 성취되어 가고 있는지, 클라이언트의

상황이나 서비스 환경에 변화가 있는지를 종합적으로 확인하는 과정이다. 이때 주의할 것은 점검은 더 많은 지원을 제공하기 위한 것에 초점이 있고, 상대편의 활동을 감시하거나 평가하는 활동이 아니라는 것이다. 점검해야 할 사항은 서비스 동의서나 계약서에 기술되어 있는 내용이 근거가 된다. 점검의 대상은 크게 클라이언트 점검, 자원망(공식, 비공식) 점검, 클라이언트와 자원 간의 상호작용 점검이다. 점검의 방법과 시기는 기관의 특성이나 이용자의 상태를 고려하여 진행하되 사례 진행 과정을 전반적으로 검토하는 것은 최소 3개월 단위로 하고, 단위별 하위목표에 따른 점검활동은 필요시 수시로 한다. 점검 방법의 예로는 전화, 방문상담, 설문지 조사, 이웃이나 관계자 상담, 관련 기록부와 문서화된 자료, 클라이언트의 자가보고 등이 있다.

• 점검을 위한 지침의 예는 다음과 같다.

- 클라이언트의 상황이 변화하고 있는가?
- 서비스 의뢰는 여전히 적절한가?
- 서비스 지원기관의 협력 정도는 어떠한가?
- 희망하는 결과가 달성되어 가고 있는가?
- 현 시점에서 서비스계획은 수정되어야 하는가? 재사정이 필요한 상황인가?
- 클라이언트의 참여 정도와 서비스에 대한 만족 수준은 어떠한가?

• 서비스 점검결과에 따른 조치의 예는 다음과 같다(보건복지부, 2025).

점검 결과	조치방안
• 클라이언트를 둘러싼 환경의 변화가 발생하여 재검토가 필요한 경우 • 서비스가 진행되면서 심각한 신규 욕구 또는 문제가 발생한 경우	• 욕구 재조사
• 서비스의 양 또는 횟수에 대해 클라이언트가 변경 요청 시 • 사례관리자의 판단 결과 서비스의 양 또는 횟수의 변경이 필요한 경우 • 욕구 재조사(재사정) 결과 서비스의 종류 변경이 필요한 경우 • 서비스 제공자의 여건 변화로 서비스 제공이 어려운 경우	• 서비스계획 변경
• 클라이언트의 상황이 사례관리 서비스가 필요하지 않을 정도로 호전된 경우 • 클라이언트의 이사, 연락 두절 등으로 사례관리 진행이 어려운 경우 • 클라이언트가 1개월 이상 지속적인 사례관리 서비스를 거절하거나 포기하는 경우	• 종결을 위한 평가

② 조정

- 조정(coordination)이란 계획단계에서 수립한 서비스계획이 클라이언트의 삶에 변화를 가져오기 위한 방향으로 나아가도록 실행과정 전반을 지휘하는 활동이다. 이런 면에서 조정자의 역할을 하는 사례관리자를 지휘자(conductor)에 비유하기도 한다.
- 조정을 위한 지침은 다음과 같다.

> - 사례관리자는 클라이언트와 함께 수립한 장, 단기목표와 실행계획을 이루기 위해 지원망 속의 개인들과 함께 일하고 있는가?
> - 각자의 노력이 상대방의 작업에 어떤 영향을 미치고 있는가?
> - 각각의 노력을 통합하고 갈등을 줄여나가고 있는가?
> - 성공을 평가하기 위해 사례관리자는 필요시 클라이언트와 원조자의 진행 및 진전 상황과 활동을 계속 점검하여 필요시 변화시켜야 하는데, 이때 사례관리자의 활동은 경계확장자(boundary spanner)이다. 이런 측면에서 사례관리자는 경계확장자로서의 기능을 수행하고 있는가?

- 조정은 자원이나 서비스 연계를 촉진할 수 있는 기관들 사이의 관계를 다룬다. 이는 기관들 사이의 공식적인 동의(업무협약)에 의하거나 혹은 비공식적 동의에 의해 이루어진다. 공식적인 협약은 전형적으로 가장 높은 위계 수준에서 이루어지는데, 비공식적인 동의는 구속력이 약하고 법적인 책임이 없다. 이는 사례관리자들에 의해 프로그램 수준에서 이루어지기도 한다. 이러한 기관들 사이의 교류는 서비스 유형과 클라이언트 유형과 수, 재정여건 등에 따라 다르다. 협약은 가능한 서비스나 프로그램이 시작되기 전에 이루어지는 것이 가장 좋다.
- 조정이 필요한 상황은 현장의 여건에 따라 다르지만, 흔하게 제기되는 몇 가지 갈등상황을 들어보자. 서비스제공자들 간의 상이한 접근방식의 차이로 인한 갈등과 서비스 제공시기와 방법, 참여 순서에 대한 의견 차이, 기관장 및 중간관리자의 이해부족, 기관의 이질적 정책 등으로 본래의 서비스계획이 의도대로 제공되기 힘든 경우가 있다. 이러한 갈등은 관련된 기관들 간의 사례관리에 대한 이해부족, 기관평가와 대외 이미지를 의식한 지나친 경쟁심, 기관 이기주의, 비협력적

태도 등에 기인한다. 이런 경우에는 가능한 한 공식적 회의를 거쳐 협상과 설득, 자문, 교육, 영향력 행사 등의 조정 노력이 필요하다.

- 조정 활동을 하는 사례관리자는 다음의 사항을 유의하여야 한다(김성경, 2017: 132).

> – 자원 간의 조정 시 클라이언트의 욕구에 초점을 맞춰야 한다.
> – 조정 활동을 통해 얻은 이점을 함께 공유한다.
> – 사례관리자의 조정노력을 통한 결과를 클라이언트 및 관련인과 공유한다.
> – 조정을 위한 시스템(정례적인 통합사례회의)을 마련한다.

- 조정을 통해 현재 클라이언트에게 도움을 주고 있는 기관들의 서비스 제공방식이나 내용이 달라져야 한다고 판단하는 경우, 사례관리자가 과연 그 기관을 상대로 현실적인 영향력을 행사할 수 있는지는 매우 민감한 사안이다. 사례관리자가 자발적인 협력 이외에 다른 공식적인 권한이나 책임을 갖고 있지 못한 경우 조정의 실효성은 극히 낮기 때문이다. 사례관리는 그 기능에서 '담장을 넘어가는' 특성이 있기 때문에 기관들 간 혹은 서비스제공자들 간의 연계활동은 그것을 뒷받침하는 협력구조와 사례관리자들의 권한이 보장되지 않는 한 실제로 다른 기관의 서비스에 깊게 관여하여 이를 조정하기는 어려운 측면이 있다.

Q & A

Q 개념적으로 점검과 조정은 비슷한 것 같은데, 공통점과 차이점은 무엇인가?

A 우선 공통점은 본래 의도한 목적을 달성하기 위해 진행과정을 검토하고 확인하는 것이다. 사례관리자가 점검과 조정을 통해서 사례관리 대상자의 서비스계획이 효과적, 효율적으로 진행되도록 책임을 다하는 것이다. 차이점이 있다면 점검은 다소 중립적인 입장에서 진행과정 전반과 목표달성 정도를 확인하고, 관련된 어려움을 찾아내는 데 있다면, 조정은 클라이언트 입장에서 더 나은 서비스 제공을 위해 상대 기관에 일정한 영향력을 행사하는 것이다. 긍정적인 성과는 유지하면서 계획대로 이루어지지 않는 부분에 대해서는 충분히 분석하고 협의를 통해 변화를 유도하는 전략이다. 따라서 점검보다는 조정이 더 공식적인 개입이고, 가능한 정례적인 회의와 협의(㉔: 지역 단위 통합사례회의)를 거쳐 진행되는 특징이 있다.

(3) 옹호

- 옹호(advocacy)는 사례관리 실천의 장애물을 제거하고 목적을 성취하는 데 큰 도움이 된다. 옹호는 서비스 연계 이후에 요구되는 경우가 많다. 즉 서비스를 제공하기로 했던 기관이 불가피한 사유 없이 서비스 제공을 거부하거나, 서비스 제공 시점을 불합리하게 연기하는 경우 그 상황을 변화시키기 위해 옹호 전략이 필요하다. 그런 면에서 옹호는 클라이언트에게 꼭 필요한 서비스가 제공되도록 영향력을 행사하는 단호하고 주장적인 접근이다. 옹호자는 클라이언트가 직면한 장애물을 극복하고, 예정된 서비스를 받을 수 있도록 시의적절하게 개입할 준비가 되어 있어야 한다. 옹호의 전략으로 논의, 설득, 강제 등 다양한 방법을 활용할 수 있다(이에 대한 자세한 설명은 제5장 참조).

2) 직접 실천

직접 실천(직접 서비스 제공)은 사례관리자가 직접 클라이언트의 욕구나 문제를 해결하는 활동을 하는 것이다. 사례관리 실행단계에서 수행되는 직접 실천으로는 위기개입, 교육 및 훈련, 정보제공, 협력적 활동, 상담과 치료 등이 있다(대전복지재단, 2014: 74-75).

(1) 위기개입

위기가 발생한 경우 클라이언트가 안정을 찾도록 도와주는 활동이다. 위기란 주거 상실, 가까운 사람의 죽음, 소득 상실 등으로 인해 무기력한 상황에 있거나 일상적인 대처로 극복하기 힘든 상황에 직면한 경우이다. 사례관리자는 클라이언트의 위기상황을 신속히 사정하고 의료기관이나 위기관리 기관과 연계하며, 보호와 상담, 구체적 서비스 제공 및 연계를 통해 위기상황에서 벗어나 일상으로 돌아오도록 지원한다.

(2) 상담 및 치료

사례관리에서 필요한 상담은 클라이언트의 문제해결 동기의 강화, 자원접근에 대한 장애물 대처 상담, 문제해결 활동이나 참여에 대한 점검 상담 등에 주안점이 있다. 치료는 사례관리자의 전문성 정도에 따라 클라이언트를 변화시키는 전문적이고 의도적인 치료 활동이 가능하다. 이는 사례관리 과정에서 발생하는 상담 즉, 초기면접 상담, 사정, 정보제공 등과는 구분된다.

(3) 교육 및 훈련

클라이언트에게 독립적인 삶의 기술을 가르치는 것을 목적으로 하는 활동이다. 즉 클라이언트의 욕구충족에 필요한 기술을 습득하여 직접 활동하는 데 이용할 수 있도록 구조화된 학습방법을 활용하는 활동을 말한다. 교육방법으로는 모델링, 코칭, 역할바꾸기, 강화물 활용하기, 집단교육, 실습 등 다양하고 창의적인 방법을 활용할 수 있다.

클라이언트에게 교육을 제공할 경우 ① 교육의 목표를 인지하게 한 후 실시해야 하며, ② 행동순서를 구체화하여 반복 경험할 수 있도록 하며, ③ 반복적으로 연습할 수 있도록 안전한 환경을 제공하고 적절한 보상을 제공하며, ④ 획득한 기술을 실제 삶에 적용하여 실천할 수 있는 기회를 제공해야 한다. 이 과정에서 성공의 경험은 강화하고 실제 적용에서 발생한 어려움은 보완하고 지지해준다.

(4) 정보제공

이는 클라이언트의 욕구충족과 사회생활을 위해 필요한 정보를 제공하는 활동이다. 클라이언트의 수준에서 이해가 가능하고 활용할 수 있는 정보가 되어야 한다. 정보는 최신의 정확한 내용이어야 한다. 정보제공 이후의 상황을 확인하고 추가적인 정보제공의 필요성을 검토한다.

(5) 협력적 활동

이는 클라이언트가 수행하는 활동에 사례관리자가 직접 참여하여 협력하는 것이다. 사례관리자는 클라이언트와 의논하여 면접이나 어떤 활동에 동행할 수 있다. 클라이언트가 혼자 하기 어려웠던 일을 함께 해주고, 필요시 일상생활을 함께 해준다.

협력적 활동에는 ① 문제의 우선순위 정하기, 자원 선택하기 등 함께 문제를 해결하기 위한 정보를 탐색하고 대안을 선택하는 활동, ② 자원검토 방법, 자원과 접촉하는 방법, 협상활동 방법, 기관 방문하기 등과 같은 결정된 자원활용을 위해 동행활동, 모델링 등의 활동이 있다.

(6) 자기옹호 활동 지원

이는 클라이언트 자신이 요구충족을 위해 필요한 자원에 접근할 수 있고, 자원을 찾아낼 수 있는 존재로 여기고, 주체적으로 참여할 수 있도록 동기를 부여하고 그를 대변하는 활동이다. 클라이언트가 자기옹호 활동에서 생겨나는 어려움에 잘 대처하도록 사례관리자의 경험과 권위를 활용하여 도와주거나, 심리적 지지를 해주어야 한다.

보충자료 **직접 실천에서 사용하는 상담용어 익히기**

- 경청: 이용자의 말을 주의 깊게 열심히 듣는 것, 이용자의 말을 가로막지 말고 끝까지 듣는 것이 중요하다.
- 공감: 감정이입, 상대방의 감정 상태를 받아들이고 이해하며 경험하는 능력, 언어적 · 비언어적 표현 모두를 포함한다.
- 격려: 이용자가 하는 생각이나 일에 대하여 용기와 힘을 주는 것이다.
- 동기부여: 이용자로 하여금 문제해결이나 역할을 적극적으로 수행할 수 있도록 의욕이 생기게 하는 활동이다.
- 조언: 이용자가 해야 할 것을 추천하거나 제안하고 권유하는 활동이다.
- 정보제공: 이용자의 문제해결이나 욕구충족을 위해 필요한 정보를 안내하는 것이다.
- 설명: 이용자가 특정 사건이나 상황에 대하여 이해할 수 있도록 자세하게 안내하거나 해석을 돕는 활동이다.
- 지지: 이용자의 감정, 행동이나 사고, 사람들의 반응 양식, 의사결정의 방법 및 내용, 새로운 시도, 실패의 경험 등 다양한 영역에서 이용자가 자기 확신을 가질 수 있도록 적극적으로 찬성하며 힘을 실어주는 언어적, 비언어적 활동이다.
- 환기: 이용자의 억압된 감정이나 사고, 어떤 한 곳에 집중된 사고 등의 관심을 다른 곳으로 기울일 수 있도록 하는 것이다.
- 재명명: 특정 문제에 대하여 이용자가 부여하는 의미를 수정해줌으로써 이용자의 시각을 긍정적인 방향으로 변화시키는 기술이다.
- 해석: 이용자에게 새로운 준거 틀을 제공하는 것이다.

- 도전과 직면: 행동이나 사고가 문제를 회피하는 경우에 문제를 직접적으로 생각하게 하거나 문제 상황에 처할 수 있도록 함으로써 현실을 직시할 수 있게 하는 활동이다.
- 정화: 억압된 감정이나 사고를 표출하도록 돕는 것이다.
- 정당화: 표출된 감정이나 사고가 잘못된 것이 아님을 인식하게 도와주고 지지하는 활동이다.
- 합리화: 어떤 일을 하고 나서 죄책감 또는 자책감에서 벗어나기 위해 그럴듯한 이유를 들어 자신의 입장을 정당화하는 것이다.

참조: 대전복지재단(2014), p.100.

쉬어가기 **사례관리 맛보기**

"우리 동네 슈퍼스타" (2)

아빠에 대한 아이들의 저항심은 나날이 커져만 갔다. 심지어는 나가서 살고 싶다고 했다. 심각한 수준이었다. 그래서 철수네 가정에 도움을 주고 있는 마을 사람들과 함께 의논해 보기로 했다. 주민센터 및 인근 복지관 사례담당자, 교사, 인근 교육복지사가 모였다.

모두들 아빠의 귀환으로 가족의 구조가 변화한 만큼 아빠와 아이들이 잘 적응할 수 있도록 도와주자는 데 의견을 모았다.

우선 아빠와 라포형성을 통해 일관적이고 지속적인 관계를 할 수 있는 주 사례관리기관으로 철수와 누나를 잘 아는 복지관으로 정하였고, 또 다른 복지관에서 아빠가 아이들과 친해질 수 있도록, 잘 양육할 수 있도록 부모 교육을 제공하기로 하였다.

"철수야, 너희 가정을 위해 마을 사람들이 이렇게 노력하고 있는 거 알고 있니?"

아이들이 아빠의 노력을 알았으면 좋겠다. 아니 아이들이 아빠를 용서해 줬으면 한다. 또한 아빠도 아이들을 용서해 줬으면 한다. 아이들이 커서 온전한 가정을 이루며 살아갔으면 한다. 지금은 쉽지 않겠지만 커서 꼭 행복한 가정을 이룰 수 있으리라 기대한다. 특히, 철수가 우리 동네 멋진 슈퍼스타가 될 수 있다고 믿는다.

"철수야! 넌 멋진 아빠, 가장이 될 거야!"

출처: 희망의 지렛대 사례관리네트워크 편저(2013). 『희망 이야기』, pp.61-63에서 발췌

2. 평가 및 종결단계

사례관리에서 평가는 클라이언트가 사례관리를 통해 욕구가 충족되고 원하는 변화를 성취하였는지를 확인하는 과정이다. 종결은 평가과정을 거쳐 클라이언트가 더 이상 사례관리 서비스가 필요하지 않다고 합의를 하거나, 사례관리를 지속할 수 없는 불가피한 상황이 발생한 경우에 이루어진다. 종결 후에도 일정 기간 동안 사후관리가 필요하다. 평가 및 종결단계의 과업은 다음과 같다.

- 평가: 과정평가, 결과평가
- 종결: 서비스의 종결(철회)
- 사후관리: 변화의 안정화 및 재개입 여부 확인

1) 평가

(1) 평가의 개념

- 사례관리에서 평가(evaluation)는 클라이언트에 대한 서비스 제공을 통해 어떤 변화가 생겼는지 그 성과에 대한 평가를 실시하는 것이다. 이를 위해 사례관리자는 양적이고 질적인 평가방법을 활용한다.
- 평가를 위한 사례관리자의 질문은 다음과 같다.

- "클라이언트에게 어떠한 변화가 나타났는가?" 혹은 "계획대로 수행한 결과가 클라이언트의 기능회복과 삶의 질 개선에 도움이 되었는가?"이며, 이 질문에 대한 답에 따라 종결 여부를 결정한다.
- 또 다른 질문으로는 "클라이언트의 사회적 지지망이 얼마나 활성화되었는가?"인데, 이는 사회적 망 구성원들이 클라이언트를 지원하는 데 그들의 능력을 얼마나 향상시키고 있는가에 대한 것이다.
- 또한 "지역사회 자원, 서비스제공자들의 역량이 얼마나 강화되었는가?"인데, 이는 서비스제공자들이 클라이언트와 유사한 문제가 있는 대상자들에게 도움을 제공하기 위해 그들의 능력을 얼마나 개선하고 있는지에 대한 것이다.

• 이상의 평가 질문에서, 두 번째인 지지망의 확대는 생태도의 변화를 통해서도 쉽게 확인이 가능하다. 지지망의 확대는 망의 크기(구조적 차원)와 기능(관계적 차원)의 변화가 모두 중요하기 때문에 생태도의 변화를 분석할 때는 이 두 측면을 모두 평가하는 것이 바람직하다. [그림 8-1]은 개입 후 생태도의 예다. 이는 앞서 사정단계에서 제시했던 [그림 7-2]가 종결단계에서는 어떻게 달라질 수 있는지를 보여주는 예라고 하겠다.

기관명		사례관리자	
대상자 이름		작성 일자	

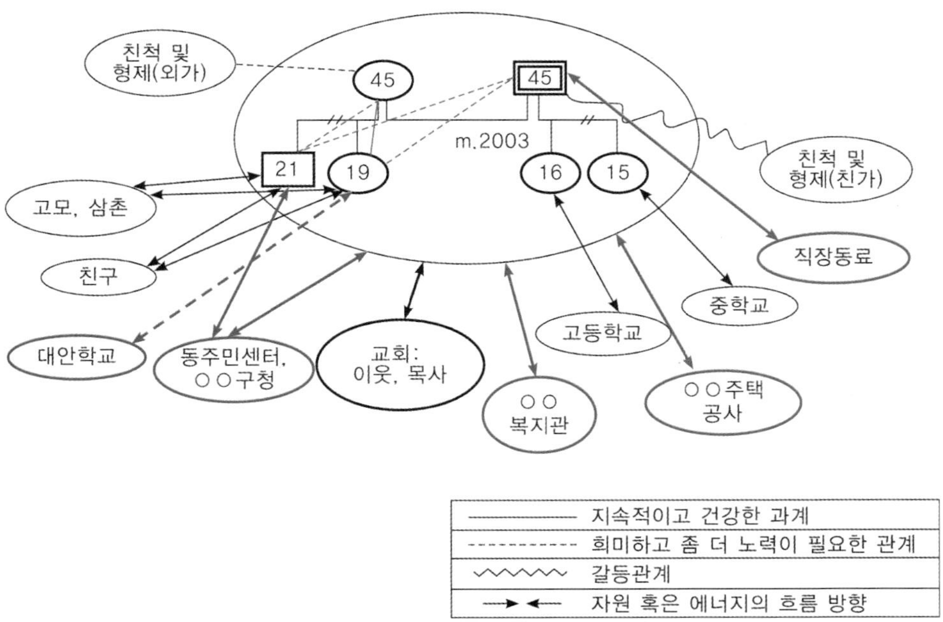

[그림 8-1] 개입 후 생태도의 예

• 평가와 관련하여 유의할 점은 사례관리는 클라이언트 한 개인의 변화뿐 아니라 그가 속한 가족, 더 나아가 관련 지지망의 변화까지를 포함하는 넓은 범위와 영역을 포괄하는 실천이라는 점에서 사례관리자의 평가 업무는 매우 신중하게 수행되어야 한다.

(2) 평가의 유형

- 평가는 다음과 같이 세 가지 유형으로 나누어진다(권진숙 · 박지영, 2008).

① 과정평가

이는 사례관리 서비스가 어떻게 제공되었는가에 대한 평가이다. 다른 말로 형성평가라고도 한다. 예를 들어 사례관리 실천과정이 어떤 지침과 지원체계에 근거하여 진행되었는지를 보는 것이다. 기관에서 사례관리 지침이나 매뉴얼을 갖고 있다면, 이에 근거하여 실천과정과 단계별 과업이 잘 이루어졌는지, 자원과 서비스가 적절히 활용되었는지, 실천과정을 뒷받침하는 운영체계가 어떠했는지를 파악하는 것을 과정평가라고 한다.

사례관리 과정평가의 영역과 내용을 정리하면 〈표 8-2〉와 같다(김성경, 2017: 139-140).

〈표 8-2〉 사례관리 과정평가의 영역과 내용

과정 평가의 영역	내 용
실천과정 평가	• 사례관리 실천과정이 초기단계부터 종결단계까지 잘 진행되었으며, 성과측정과 잘 연결되도록 기록되고 관리되었는지 평가
서비스 및 자원 평가	• 클라이언트의 욕구에 부합하는 서비스와 자원이 잘 계획되고 전달되었는지를 평가
운영체계 평가	• 사례관리 운영체계와 실천환경에 대한 평가

② 결과평가

결과평가는 성과평가라고도 하는데, 사례관리 전반의 효과성과 효율성을 평가하는 것이다. 즉 사례관리 실천을 통해 클라이언트의 변화목표가 성취되었는지를 확인함으로써 서비스 효과성을 평가하는 것이다. 또한 서비스를 전달하는 과정에서 지역사회 자원연계 및 자원개발을 적극적으로 하여 보호 비용을 줄였는지를 확인함으로써 서비스 비용에 대한 효율성 평가도 포함된다. 그러나 보호 비용을 통제하는 효율성 평가는 개별 기관이나 지역에서 수행하기가 어려워 평가에서 다루어지고 있지 않다.

따라서 사례관리 결과평가에는 목표달성도 평가와 서비스 만족도가 포함된다. 목표달성도 평가는 클라이언트와 사례관리자가 함께 주체가 되어 목표달성 여부를 평가하는 것이며, 서비스 만족도 평가는 클라이언트가 주체가 되어 하는 평가이다. 두 가지 평가에 대한 간략한 설명은 다음과 같다(김성경, 2017: 140-141).

첫째, 목표달성도 평가

사례관리 이용자(클라이언트)와 사례관리자가 서비스계획에서 합의한 장기목표와 단기목표가 잘 달성되었는지를 평가하는 것이다. 계량화가 가능한 것은 수치로 나타내며, 그렇지 않으면 주관적인 평정에 의존하여 평가한다.

둘째, 만족도 평가

이는 사례관리 이용자가 사례관리 서비스에 대해 얼마나 만족하는지를 평가하는 것으로, 종결 시에 이용자 및 가족이 응답하도록 한다. 만일 사례관리자가 척도형 만족도 검사만으로 충분하지 않다고 생각될 때는 개방형 질문을 추가하거나 반구조화된 개방형 질문지를 추가하여 분석할 수 있다.

2) 종결

(1) 종결의 개념

- 사례관리는 당면한 문제의 일시적인 해결보다는 욕구충족에 일차적인 관심이 있다. 따라서 욕구의 특성상 욕구의 완전한 충족을 통한 서비스 종결(termination)은 존재하지 않는다. 최근 사회복지실천에서도 개입 이후의 완전한 종결보다는 언제든 다시 도움을 받을 수 있는 열린 종결을 중시하고 있다. 그런 측면에서 종결이라는 용어보다는 약속의 철회를 의미하는 분리(disengagement), 계약의 해지를 의미하는 철회(discharge), 다양한 성과들을 한데로 묶는 통합(integration gains)이란 용어가 그 대안이 될 수 있다. 이 책에서는 그러한 특성에 공감하긴 하지만, 사례관리 실천은 제한된 여건과 상황에서 이루어지는 실천이기에 서비스 제공기간이 만료된다

는 의미에서 종결(termination)이란 용어를 쓰고자 한다.

- 사례관리에서 종결은 서비스 제공을 통해 이용자의 욕구가 충족되거나 목표가 달성되어 더 이상 사례관리 서비스가 필요하지 않다고 판단되는 경우에 마무리된다. 종결에 대해서는 사전에 클라이언트와 의논하고 협의해야 하며, 종결 여부는 사례회의를 통해 최종 결정된다.

(2) 종결의 유형

- 현실적으로 종결은 다음과 같이 두 가지 유형이 있다(보건복지부, 2025).

① 목표를 달성했을 때

이는 이용자에게 긍정적인 변화가 나타난 것으로, 목표달성이나 상황이 호전되어 더 이상 사례관리 서비스가 불필요한 경우이다.

- 목표달성 여부를 확인
- 종결 준비사항 확인
- 종결에 대한 감정 나누기
- 사후관리계획 수립
- 최선의 종결 시점을 탐색
- 사례관리 전 과정을 검토
- 성과의 일반화

② 서비스 중단이 불가피할 때

여러 가지 불가피한 사유로 사례관리를 더 이상 진행할 수 없는 경우이다.

- 사례관리 서비스가 중단되어야 하는 이유에 대해 인식하기
  * 주거지 이전(전출), 사망, 연락 두절, 서비스 거절이나 포기 등
  * 기관의 자원이나 능력의 한계, 이용자의 소극적인 참여 등
- 이용자와 사례관리자를 위한 해결 방안 탐색하기

- 종결단계에서는 다음과 같은 사항들을 세심하게 다루어줘야 한다(한국사회보장정보원, 2021: 71).

- 종결에 대한 부정적 감정 다루기
  * 종결 준비는 사례관리 시작단계부터 고려해야 함
  * 대상자가 종결을 앞두고 느끼는 부정적인 감정을 잘 다루어 주어야 함. 대상자의 부정적인 감정을 억압하기보다는 대화를 통해 건강하게 표출하도록 지원함
- 성취에 대한 축하와 기념하기
  * 지금까지 대상자가 성취했던 성과와 노력을 축하하고, 건강한 문제해결 역량을 갖게 된 것을 스스로 느끼도록 도움
  * 작은 성공이나 성취는 더 큰 성공을 위한 밑받침이 된다는 것을 주지시킴
- 노력한 것에 대한 칭찬과 격려로 강화하기
  * 결과적인 성취 외에도 대상자가 보여준 용기와 노력을 부각하고, 이것이 자신의 내적 자원임을 인지하도록 도움
- 예견되는 어려움에 대처하기
  * 성취된 변화를 유지하기 위해 종결 후에 걱정이나 염려되는 일은 없는지 토론하고 이에 어떻게 대응할지를 함께 준비함
- 실패에 대해 다루기
  * 성공한 것만 강조하면, 향후 다시 실패할 경우 사례관리자에게 미안함과 죄책감을 느끼게 되고 더 나빠질 수 있음. 따라서 사례관리 과정을 통해 터득한 문제해결의 힘을 강조하되, 힘들 경우 언제든 다시 서비스를 요청할 수 있음을 주지시킴

• 이 단계에서 사례관리자는 사례관리 종결보고서를 작성한다. 종결보고서에는 제한된 지면을 고려하여 간략하게나마 대상자의 서비스 만족도 및 목표달성 정도, 그리고 사회관계망의 변화, 척도를 활용한 문제의 개선 정도를 기록한다. 일정한 형식의 종결보고서와는 별도로 이용자 개인별 혹은 유형별 욕구 수준의 변화 및 서비스 만족도, 지지망의 변화, 환경적 변화, 그리고 사례관리자에 대한 평가, 사례관리 실천과정에 대한 평가, 기관 및 지역 단위의 사례관리 운영체계에 대한 평가결과를 함께 첨부할 수 있다.

3) 사후관리

• 사례관리에서 사후관리(follow-up)는 종결 이후 일정 기간 동안 변화의 안정화를 확인하고, 새로운 문제나 욕구가 발생해서 재개입이 필요하지 않은지 판단하기

위해 수행된다. 사후관리에서 사례관리자는 새로운 개입을 시도하기보다는 클라이언트가 변화를 잘 유지하도록 지지하고 격려한다. 과거보다 향상된 자기보호(self-care)의 수준을 효과적으로 유지하도록 돕고, 주위 지지체계 및 자원망이 구성되어 작동하고 있는지 확인한다.

- 사후관리 기간은 상황에 따라 융통성 있게 설정하되, 대체로 6개월 정도까지 수행되며, 이용자의 동의를 거쳐 이루어진다. 사후관리는 주로 전화접촉으로 이루어지나, 경우에 따라서는 가정방문이나 기관 내방을 통해 이루어질 수 있다. 클라이언트를 우선 접촉하되, 필요에 따라서 그의 지지체계 기능을 담당하고 있는 이웃이나 가족, 지인을 통해 점검할 수 있다(김성경, 2017; 대전복지재단, 2018).

생각해볼 문제

1. 자원연계는 '지역사회복지론' 과목에서도 중요시되는 사회복지사의 역할이다. 사례관리에서 의미하는 자원이란 무엇이고, 그 자원을 클라이언트와 연결한 후 이를 점검하고 조정한다는 것은 무슨 의미인지를 폭넓게 생각해 보고 함께 토론해 보자.
2. 사례관리자가 간접 실천과 직접 실천을 잘 하기 위해 평소 어떤 역량을 구비하고 있어야 하는지 생각해 보고, 가능하다면 인근의 사회복지기관을 방문하여 사례관리자를 만나 이야기를 들어보자.
3. 서비스 점검과 조정은 왜 중요한지, 그리고 서로 어떻게 다른지 알아보고 함께 토의해 보자.
4. 사회복지실천에서의 종결과 사례관리에서의 종결은 서로 어떻게 다른지 이야기해 보자. 특히 욕구에 기초한 사례관리에서 종결을 서비스 철회로 간주하는 이유를 생각해 발표해 보자.

PART

03

사례관리의 단계별 기록양식과 활용지침

Case Management

제3부에서는 사례관리단계별 기록양식과 활용지침을 학습한다. 사례관리 실천과정은 총 5단계로 구성되는데, 초기단계 - 사정단계 - 계획단계 - 실행단계 - 평가 및 종결단계이다. 각 단계별 기록양식과 활용지침을 배워서 학습자는 사례관리자가 각 단계에서 무엇을 어떻게 기록하는지 이해할 수 있을 것이다.

Chapter 09

사례관리 기록양식의 개요 및 초기단계

사례관리 실천은 일정한 양식에 의해 기록된 후 보관된다. 사례관리자의 실천은 전문적 개입이기 때문에 모든 활동을 책임 있게 기록할 필요가 있다. 9장에서는 사례관리 기록의 의미와 구성을 개략적으로 알아본 후에 초기단계의 기록양식과 활용지침에 대해 살펴보고자 한다.

1. 사례관리 기록양식의 개요

1) 사례관리 기록의 의미

사례관리 기록의 이점과 실천과정에서 챙겨야 할 부분을 Q & A로 풀어보기로 한다.

Q & A

Q 사례관리에서 기록양식이 주는 이점은 무엇인가?

A 사례관리 실천을 효과적으로 하도록 도와준다. 그 몇 가지 예로,
첫째, 기록의 시간을 줄여준다.
둘째, 각 단계마다 꼭 필요한 정보를 얻도록 해준다.
셋째, 사례관리의 일정한 흐름을 따라가도록 해준다.
넷째, 사례관리자 및 관련 전문가들 사이에 의사소통과 논의의 근거가 된다.

Q 사례관리 기록양식을 작성할 때 꼭 챙겨야 할 부분은?

A 여기에 대해 몇 가지 예로 답을 해 본다.

첫째, 클라이언트로부터 동의서는 두 번 받는다(초기단계에서 서비스 동의서, 계획단계에서 계획내용 및 참여에 대한 동의서).

둘째, 사정은 처음에 하는 사정결과표와 재사정결과표 두 가지가 있다.

셋째, 초기면접 후에는 사례관리 이용자 여부를 판정하고, 사정 후에는 사례관리 개입 정도와 사례 유형(일반, 집중)을 결정한다.

넷째, 기록을 잘하려면 문제(problem) - 요구(want/demand) - 욕구(need) - 합의된 목표(agreed purpose) - 실천과제(tasks for practice)로 이어지는 일련의 과정을 잘 이해할 필요가 있다.

다섯째, 내부에서 사례관리팀장을 중심으로 진행하는 회의는 '사례회의록'으로 기록하고, 외부 전문가로부터 슈퍼비전을 받은 경우는 '슈퍼비전 일지'를 작성한다.

여섯째, 지역 단위에서 진행하는 통합네트워크 회의는 '통합사례회의록'으로 기록하고, 전문 슈퍼비전을 받은 경우는 '슈퍼비전 일지'를, 그리고 사례를 발표하는 사례관리자는 '사례보고서'를 작성하여 준비한다.

---

2) 사례관리 기록양식의 구성

사례관리는 일정한 과정과 절차가 있는 서비스이다. 앞 장에서는 사례관리 실천과정의 단계별 특징과 과업을 살펴보았다. 여기서는 초기단계 - 사정단계 - 계획단계 - 실행단계 - 평가 및 종결단계에서 요구되는 기록양식을 살펴본다.

이 책에서는 현장 사례관리자들에게 부담이 되지 않으면서 실제로 활용될 수 있는 기록양식을 제시한다. 이를 위해 한국사례관리학회(2012b), 보건복지부(2019; 2025)의 자료를 참조하여 일부 내용을 수정·보완하였다.

대부분의 현장에서 사례 유형을 일반 사례, 집중 사례, 위기(긴급) 사례로 구분하여 개입하고 있다. 사례관리 기록양식의 구성은 사례관리 실천과정과 사례 유형을 고려하여, 〈표 9-1〉과 같이 제시하였다.

〈표 9-1〉 사례관리 실천과정과 사례 유형에 따른 기록양식의 구성

실천과정	기록양식	사례 유형		
		일반 사례	집중 사례	위기(긴급) 사례
초기단계	1. 초기면접지	○	○	○
	2. 사례관리 동의서	○	○	○
사정단계	3. 사례관리 사정표	○	○	○
계획단계	4. 서비스 계획표	○	○	○
실행단계	5. 사례관리 과정기록지	○	○	○
	6. 서비스 의뢰서	○	○	○
	7. 사례관리 점검일지	○	○	○
	8. 사례회의록	○	○	○
	9. 슈퍼비전 일지	*	○	○
	10. 사례보고서	*	○	*
평가 및 종결단계	11. 사례관리 종결보고서	○	○	○

저자 주: ○ 표시는 필수, * 표시는 선택을 나타낸다. 일반형의 경우 슈퍼비전 일지와 사례보고서는 선택으로 하였는데, 그 이유는 현재 기관에서 많이 쓰고 있는 사례회의록이나 사례관리 점검일지와 그 내용이나 형식이 중복될 수 있기 때문이다. 사례보고서는 집중형에 한해서만 필수사항으로 하였는데, 이는 지역단위의 통합사례회의를 통해 사례관리를 진행할 경우에 사례보고서 작성이 필수이기 때문이다. 선택적(*)이라 함은 기관 여건을 고려하여 자율적 판단에 따라 활용 여부를 결정한다는 의미이다.

위 표에서 보듯이, 일반 사례의 경우는 슈퍼비전 일지와 사례보고서를 선택적으로 활용할 수 있다. 집중 사례의 경우는 가능한 모든 양식을 활용하되, 기관이나 대상자 특성을 고려하여 일부 양식을 수정하거나 추가할 수 있다. 위기(긴급) 사례의 경우는 사례보고서를 제외한 모든 양식을 활용하되, 상황에 따라 기록양식을 가감할 수 있다.

이러한 사례관리 기록양식은 실천을 보다 효과적으로 진행하고 서비스를 평가하기 위한 것으로, 과도한 의무감이나 부담을 갖고 활용해서는 안 된다. 사례관리 기록양식은 해당 기관과 사례관리자의 여건에 따라 융통성 있게 활용하는 것이 바람직하다.

3) 정보와 윤리

사례관리자는 인테이크(초기면접)와 욕구조사 등을 통해 확보한 클라이언트 및 가족(대상 가구)의 개인정보가 훼손 및 유출되지 않도록 철저하게 관리해야 한다. 또한 일정 기간이 지난 후에는 지체 없이 관련 정보를 파기해야 한다(보건복지부, 2019, 2025).

(1) 개인정보의 수집 · 이용 · 제공

① **대상자**(이용자) **동의를 통한 개인정보 수집**(「개인정보 보호법」 제15조, 제16조/「사회보장급여의 이용 · 제공 및 수급권자 발굴에 관한 법률 시행령」 제27조)

사례관리자는 이용자에게 수집되는 개인정보에 대한 목적과 법적 근거, 정보의 활용, 목적 달성 후 처리방법 및 이의제기 절차에 대해 명확한 설명을 하고 동의를 구해야 한다.

② **대상자**(이용자) **정보의 이용 · 제공**(「개인정보 보호법」 제17조, 제18조, 제19조)

사례관리자는 사례관리 업무수행에 필요한 최소한의 범위로 열람 범위를 제한하고, 권한이 없는 내 · 외부 관련자의 접근에 의한 정보훼손 및 유출에 대한 관리를 철저히 해야 한다. 또한 사례회의 등 욕구조사를 통해 확보된 자료를 기반으로 논의하는 경우, 개인식별이 가능한 정보는 반드시 삭제해야 한다. 통합사례회의와 사례발표 시에도 개인정보가 유출되지 않도록 조심해야 한다.

(2) 개인정보의 파기

사례관리자는 사례관리를 통해 주요 목적이 달성(사례관리 종결)되거나, 개인정보에 대한 활용이 더 이상 불필요한 이용자에 대한 정보는 5년을 초과하여 관리할 수 없다(「사회보장급여의 이용 · 제공 및 수급권자 발굴에 관한 법률」 제34조). 정보의 보유기간이 경과하고 개인정보의 처리 목적 달성 등으로 불필요한 개인정보에 대해서는 지체 없이 이를 파기하여야 한다(「개인정보 보호법」 제21조). 현재 희망복지지원단 통합사례관리의 경우, 모든 통합사례관리사들이 사례관리 업무상 사회복지시설정보시스템의 개인정보를 취급할 때 사전에 보안서약서를 작성하도록 하여 철저한 정보보안을 유지하고 있다.

(3) 기록과 관련된 윤리적 이슈

① 기록의 범위

사례관리에서 기록의 범위는 어디까지가 적절한가? 명확한 답을 제시하기가 어렵기에 현장에서 윤리적인 이슈로 제기된다. 사례관리자는 실천의 전 과정을 충실하게 기록하고 기록물을 보관할 책임이 있다. 그러나 과연 어디까지 기록할 것인지에 대해서는 전문가로서 개인적 판단과 재량에 의존하는 경우가 많다. 실천 기록에는 사례관리 이용자의 민감한 정보와 욕구 관련 정보, 가족과 주변인들의 정보가 함께 포함되어 있다. 따라서 어떤 이유로든 법적인 문제가 발생할 경우, 기록이 중요한 근거가 되기 때문에 평소 신중하고 분명한 기록 습관을 갖는 것이 좋다. 최근 사례관리자들이 표준화된 기록양식을 활용해 기록하는 경우가 늘고 있어서 기록양식 자체가 기록의 범위를 제한하는 효과가 있다고 볼 수 있다. 사례관리자는 기록양식을 작성할 때 가능한 사실적 정보, 확인된 정보, 이용자가 인정하고 동의한 정보를 중심으로 정확하게 기록할 필요가 있다.

② 기록물을 볼 수 있는 클라이언트의 권리

원칙적으로 클라이언트는 자신의 기록물을 볼 수 있다. 자신에 관한 기본적 정보, 자신의 문제와 욕구, 복잡한 상황에 대해 사례관리자가 정리하고 평가한 기록을 볼 수 있다. 자신에 관한 기록물을 보는 것은 클라이언트의 권리이다. 그러나 기록물을 봄으로써 클라이언트 자신과 사례관리자의 관계에 어떤 영향을 미칠지는 정확하게 예측하기 어렵다. 어떤 경우는 클라이언트가 자신의 상황을 기록한 내용에 만족하지 못하거나 문제를 제기할 수 있고, 사회복지사와의 관계도 약해질 수 있다. 더욱이 주변인이나 제3자에 대한 정보가 들어 있는 경우 불필요한 오해와 예상치 못한 문제가 발생할 수 있다.

따라서 사례관리자는 클라이언트가 자신에 대한 기록물을 보고자 하는 경우, 그의 의도와 필요성을 먼저 파악한 후 꼭 필요한 부분에 한해 기록을 공유하는 것이 좋다. 기록을 공유함으로 얻을 수 있는 이득과 그로 인해 발생할 수 있는 단점이나 문제를 동시에 고려하여 최선의 결정을 해야 한다.

쉬어가기 **사례관리 맛보기**

"세상에서 엄마가 가장 좋아요" (1)

"저는 엄마랑 잘 지내고 싶은데, 엄마는 내가 미운가 봐요."

눈물을 훔치며 이야기를 이어나갔다. 서윤이가 살고 있는 동네 인근에는 이모할머니가 살고 계셨다. 서윤이 어머니는 자신의 푸념을 주로 이모할머니께 풀어놓으셨고, 나누는 이야기는 대부분은 서윤이에 대한 하소연이었던 것이다. 서윤이 어머니 입장에선 이모할머니가 어머니 역할을 해주고 있었기 때문에 고달픈 인생살이에 대한 엄마의 투정은 얼마든지 가능한 일이라 나는 이해되었다. 그러나 서윤이가 엄마의 마음을 헤아리기에는 시간이 좀 더 필요했다.

서윤이가 엄마에게 가장 속상한 것은 이렇게 엄마와 이모할머니가 이야기를 나눈 후, 자기에게 돌아오는 이모할머니의 반응이었다. 엄마 마음을 알아주지 않는다며 서윤이를 많이 혼내시는 모양이었다. 서로에게 향한 마음의 방향이 어긋나서 오해를 불러오듯, 서윤이네도 온기보다는 냉기가 더 많이 감돌고 있었다.

며칠 후, 나는 서윤이 어머니와 약속 시간을 잡아 면담을 요청했다.

"어머니, 애들 키우기 힘드시죠?"

출처: 희망의 지렛대 사례관리네트워크 편저(2013). 『희망 이야기』, p.111에서 발췌

4) 교육용 가상 사례의 제시 및 기록양식의 적용 연습

(1) 교육용 가상 사례

여기서는 사회복지의 대표적 현장으로 종합사회복지관의 사례를 제시한다. 실제 사례는 개인정보 보호와 사생활 침해 등 윤리적 문제가 발생할 수 있기 때문에, 가상

사례를 통해 기록양식을 적용하는 기회를 제공해 보려고 한다.

이 가상 사례는 실제 사례가 아니다. 저자가 여러 기관의 사례를 접하면서 종합사회복지관에서 주로 다루어지는 문제와 욕구를 중심으로 가상해서 만들어낸 교육용 사례(case)다. 저자가 속한 대학에서 그동안 '사례관리론' 과목을 강의하면서 학생들에게 나눠주고, 조를 구성하여 토의한 후 기록양식을 채우고 실무적 기술을 익히던 것이다. 학생들의 토의를 활발하게 이끌기 위해서는 사례에 나타나 있지 않은 일부 정보는 조별로 자유롭게 추가하는 것이 가능하다. 먼저 토의를 위한 가상 사례를 제시한다.

▶ 가상 사례

본 사례는 00시 00구 00동 (임대)아파트에 거주하고 있는 한부모가정(모자가정)세대로 20** 년 *월 말경 아이들과 같이 죽겠다고 하면서 베란다에서 소리를 지르다가 이웃주민의 신고로 00종합사회복지관으로 긴급하게 의뢰된 사례이다. 초기 인테이크 당시 C't의 가정은 남편이 2년 전에 간암으로 사망한 후, 기초생활수급자로서 아이들과 꿋꿋하게 살아오던 아내가 만성적인 생활스트레스로 인해 정서적인 불안감이 크고, 경제적 문제 및 자녀양육 등의 복합적인 문제를 호소하여 긴급하게 개입하게 되었다.

• 가족사항

C't성명	주00	성별	여	주민번호	000000-0000000	
세대유형	모자세대	지원구분	국민기초	주정보원	C't 본인	
가족사항	성명	나이	성별	관계	직업	비고
	주영희(가명)	43	여	C't본인	자활근로자	
	박용수(가명)	12	남	C't자녀	초등학생	-
	박근수(가명)	10	남	C't자녀	초등학생	-
의뢰된 사항	1. 꿋꿋하게 살아왔으나 최근 삶의 의지를 상실하고 우울 및 무력감 호소 2. 생활비가 부족하여 살기 힘들다고 함 3. 어머니가 예민하고 화가 나 있어 자녀들이 불안해함 4. 아이들과 앞으로 어떻게 살아야 할지 막막해함.					

• C't(주영희)

- C't(1남 1녀 중 장녀, 43세)는 부모님을 중학교 때 모두 여의고 혼자 사는 이모의 도

움을 받아 남동생과 함께 갖은 고생을 하며 성장하였음. 정부지원을 받았지만, 생활이 어려웠으며, 고등학교를 마친 후 바로 의류공장에 취직하여 돈을 벌었음. 남동생이 성장기에 학교에 적응을 못하고 문제를 많이 일으켜 한 동안 저축을 못하고 남동생 뒷바라지만 하다가 29세에 남편을 소개로 만나 결혼하여 30세에 첫 아들을 출산함. 결혼 후에는 남편의 음주와 심한 학대로 오랫동안 마음고생을 해왔음. 남편이 간암으로 사망한 후 지금까지 실제적인 가장의 역할을 수행하고 있음.

- 남편(3남 중 둘째, 사망)은 결혼 후 가장으로서의 역할을 제대로 수행하지 않고 술을 좋아하고 이유 없이 집을 자주 비웠으며, 아내를 심하게 폭행하여 애정 없는 결혼생활을 하였음. 결혼 후 5년 정도 지나 회사를 그만두고 친구가 하는 사업을 같이 한다고 하다가 실패함. 그 후로는 별다른 수입 없이 PC방을 전전하다가, 첫째 아들이 초등학교 2학년 올라갈 때쯤 타지생활과 심한 음주로 간암말기가 되어 집에 돌아와 2년 전에 사망함.
- 남편 사망 후 두 아이를 데리고 00동에 있는 단칸방에서 살다가 00동 주민센터의 도움으로 수급자로 책정된 후 000임대아파트에 입주하게 되었음. 정부보조금만으로는 공과금, 생활비, 아이들 학원비 등을 내기에 힘들어 여러 가지 아르바이트와 식당일을 함. 그리고 확실한 기술이 있어야 나중에 아이들을 대학교도 보낼 수 있고 좀 더 안정적인 생활을 할 수 있을 거란 생각에 주민센터에서 추천하는 취업성공패키지(네일아트 과정, 바리스타 과정)에 참여함. 아이들과도 어떻게든 많이 대화하면서 잘 살아보고 싶다고 함.
- 자활에 대한 의지가 강하며, 최근 바리스타 자격증과 네일아트 자격증을 땄으며, 인근 00복지관 행사 및 봉사활동에 적극적으로 참여하였음. 그러나 직업을 갖기 위해서는 구체적으로 무슨 일을 어떻게 시작할 수 있을지 매우 혼란스러워함.
- 최근 들어 둘째 아들이 학교에서 친구를 때리는 등 문제를 일으키고, 임대료가 5개월 이상 밀려 독촉을 받고, 공과금 및 생활비도 부족하고, 자신의 건강도 약해지면서 삶의 의욕이 떨어짐. 그리고 남편의 오랜 학대와, 병으로 사망 후 고단한 생활가운데 참아왔던 슬픔과 상처가 폭발하면서 무기력을 경험하고 있음.
- 그러던 중 지난 **월 **일 늦은 밤 "이제는 너무 힘들어서 살기 싫고, 아이들과 함께 죽는 것이 낫다고 하면서 베란다에서 울며 소리를 질렀음" 이웃 주민의 신고로 상황은 수습되었으나, 아이들은 어머니가 소리 지른 행동에 대해 많이 놀랐고, 아버지 돌아가신 후 어머니마저 큰일을 당할까 불안하고 학교생활도 힘들어하고 있음.

• C't의 자녀 1(남, 12세)

- 현재 초등학교 5학년에 재학 중이며, 또래 아이들과 잘 어울리긴 하나 소심한 편.
- 교우관계는 2-3명과 친한데, 도서관에서 책 읽기를 좋아함.
- 동생을 잘 돌보는 편이고, 엄마에게 힘이 되어주는 듬직한 아들임.
- 아버지가 어머니를 때리고, 가족을 돌보지 않고 집을 나갔다가 돌아와 간암으로 돌아가신 데 대해 이해할 수 없다고 하면서, 아버지에 대한 적개심이 강하고, 자신은 아버지

처럼 살지 않겠다고 함.
- 엄마가 생활이 힘들어 죽으려 한 것에 대해 안타까워하면서 힘이 되고 싶다고 함.
- 지금처럼 엄마, 동생과 함께 사는 것이 좋다고 하고, 함께 살기 위해서는 자신이 참아야 한다고 생각하고 있음. 또래에 비해 조숙하고, 어머니와 집안일을 의논하기도 함.
- 앞으로 역사공부를 하고 싶은데, 돈이 없어서 여행이나 문화체험을 할 수 없다고 생각함. 일요일에는 어머니, 동생과 같이 가까운 교회에 나가고 있고, 교회에서도 책과 문구, 밑반찬과 약간의 용돈을 지원하고 있음.

• **C't의 자녀 2(남, 10세)**
- 현재 초등학교 3학년에 재학 중이나, 아버지 사망 후에는 학교에 가기 싫다고 하면서 공부도 잘 안하고, 집에 오면 밖에 나가지 않고 집에서 컴퓨터 게임만 하고 지냄.
- 최근 학교에서 친구를 크게 때려 반성문도 쓰고, 위클래스 상담을 받음.
- 아버지에 대해서는 미움도 있지만, 그래도 보고 싶다는 말을 가끔 함.
- 형을 잘 따르며, 화가 날 경우 욕을 잘하고 물건을 집어던지면서 화를 참지 못하며, 고집이 무척 센 편임. 공부에는 관심이 없고, 게임을 좋아함.
- 맛있는 음식 먹으러 외식하고 싶고, 가족끼리 놀러가고 싶다고 자주 이야기함.

(2) 기록양식 적용 연습

이 책에서 제시한 실천단계별 기록양식은 모두 11개이다. 〈표 9-1〉을 참조하면 일반형은 9개, 집중형은 11개의 기록양식이 필요하다. 실제 현장에서는 최소 일곱 가지 이상의 양식을 활용하지만, 여기서는 교육용 사례의 적용목적에 맞게 초기면접지, 사례관리 사정표, 서비스계획표, 사례관리 과정기록지, 서비스의뢰서, 사례회의록을 중심으로 제시한다.

여기에 다루지 않는 나머지 기록양식, 즉 사례관리 서비스 동의서, 사례관리 점검일지, 슈퍼비전 일지, 사례보고서, 사례관리 종결보고서는 사례에 대한 풍부한 자료를 추가하여 학습자가 자율적으로 시도해볼 수 있다. 보다 자세한 기록양식 적용의 예는 제12장(민간 사례관리: 종합사회복지관의 경우)을 참조하기 바란다.

이 가상 사례는 사례관리를 처음 접하는 학습자에게 기록양식을 채워보는 기회를 제공할 것이다. 저자가 제시한 기록은 모범답안이 아니며, 학습자의 이해를 돕기 위해 가능한 쉽게 작성한 것이다. 현장에서는 이보다 더 다양한 방식으로 문제 및 욕구 사정이 이루어지고, 사정결과에 따라 서비스계획 및 실행과정 등이 이루어진다. 또한 현장이나 분야에 따라 매뉴얼화된 기록양식이 있거나 형편에 맞게 수정하여 활용하기도 한다는 점을 유념할 필요가 있다. 여기서는 사례관리 실천과정에 맞추어 6가지 기록양식을 채워보고자 한다.

① 초기면접지(가계도 및 생태도 생략)
② 사례관리 사정표(사정기록지)
③ 서비스계획표
④ 사례관리 과정기록지
⑤ 서비스의뢰서
⑥ 사례회의록

이 책의 〈부록 2〉에 또 다른 교육용 가상 사례를 제시하였다. 강의자와 학습자 모두 개별적으로 혹은 조를 편성한 후 이 사례를 활용해 주요 기록 양식을 채워볼 수 있다.

2. 초기단계의 기록양식과 활용지침

초기단계에서 작성해야 하는 기록양식은 다음과 같다.

- 초기면접지 작성
- 사례관리 동의서 작성

- 초기단계에는 초기면접지와 사례관리 동의서를 작성한다. 초기면접은 현장에서 초기상담으로 불리는 경우가 많기에 초기상담지 작성과 같은 것으로 간주한다.
- 초기단계에서 사례관리자는 우선적으로 초기면접(intake interview)을 실시한다. 이 면접은 본격적인 사정(assessment)의 전 단계로서, 서비스를 요청한 사람 혹은 의뢰받은 사람이 해당 기관에 사례관리 대상자로 적합한지의 여부를 판정하기 위한 것이다. 따라서 위기상황을 제외하고는 초기면접과 사정은 분명한 단계적 차이가

있다. 초기단계에서 사례관리 대상자로 판정이 되면, 구체적인 개입 정도와 사례 유형(일반형, 집중형)의 구분은 사정단계에서 이루어진다.

- 초기면접은 클라이언트를 직접 상담하는 것을 원칙으로 하되, 경우에 따라 의뢰인이나 후견인을 같이 만날 수 있다. 초기면접에서 클라이언트나 주변인이 도움 요청을 위해 진술한 내용은 원형 그대로 기록하는 것이 좋다. 그가 말한 것을 토대로 문제와 상황을 사정할 경우 표면에 드러난 '요구(want)'와 그 이면에 숨겨진 '욕구(need)'를 발견할 수 있다. 또한 초기면접을 진행한 사람과 사례관리자가 다를 경우 같은 내용을 반복하여 질문하고 대답하는 수고를 덜 수 있다.
- 초기면접은 주로 해당 기관의 사례관리자가 진행하고 기록하지만, 초기면접자가 반드시 사례관리자가 되는 것은 아니다. 초기면접자가 클라이언트를 사례관리 대상자로 판정한 경우 기관의 사례관리 운영지침에 의해 사례관리자를 배정한다. 이 과정은 가능한 사례회의를 통해서 이루어지는 것이 바람직하다. 초기면접 후 3일 이내에 배정된 사례관리자가 대상자를 접촉할 수 있어야 한다.

다음은 초기단계에서 초기면접지와 사례관리 동의서를 작성하는 지침이다.

1) 초기면접지

초기면접지 양식은 기관의 필요에 따라 다소 수정하여 사용할 수 있다. 그러나 공통으로 포함되는 내용에는 기본적인 인적사항과 경제상태, 가족사항, 장애유형/등급, 주거상태, 요구 및 정보 등에 대한 내용이다. 초기면접지에 포함되어야 하는 내용을 좀 더 구체적으로 살펴보면 다음과 같다.

- **면접장소 및 접수경로**: 면접이 지역사회 관련 기관을 방문하여 이루어졌는지, 클라이언트의 가정을 방문하여 이루어졌는지, 혹은 기관으로 찾아와(내방) 대면하여 이루어졌는지, 전화로 이루어졌는지를 표시한다. 또한 면접이 대상자 본인의 요청으로 이루어졌는지, 타인에 의해 이루어진 경우에는 기관 내 의뢰인지, 지역사

회 주민이나 타 기관, 혹은 사례관리자의 발굴에 의한 것인지 등을 기록한다.

- **장애유형/등급**: 법적 장애인으로 등록된 경우 그 유형과 등급을 표시한다.
- **공적급여와 주거상태**: 현재 클라이언트가 기초생활수급자인지, 의료급여, 주거급여, 교육급여를 받고 있는지를 기록한다. 또한 차상위/저소득가정인지, 일반 가정인지 등을 표시한다. 주거상태는 자가, 전세, 월세, 사글세, 임대주택, 무상임대, 시설/그룹홈 등을 기록한다. 현장 사례관리자들은 특히 공적급여나 주거상태에 관한 최신 법규나 정책의 변경사항을 꼼꼼히 살펴보고 기록하는 것이 필요하다.
- **가족사항**: 가족과 현재 동거인을 포함하여 기록한다.
- **요구 및 정보**: 클라이언트의 요구뿐 아니라 주변인의 정보가 필요하므로, 클라이언트/가족/기타로 나누어 각각의 요구와 정보를 기록한다. 또한 상담 중 파악된 내용 중에서 의미 있는 부분은 그가 진술한 바를 원형 그대로 기록하는 것이 좋으며, 정보를 제공했을 때 그가 누구인지를 정확하게 밝히는 것이 좋다.
- **상담내용 요약 및 사례관리자의 종합의견**: 사례관리자는 클라이언트와 처음 대면하여 이루어진 상담의 내용을 체계적으로 요약하여 기록하며, 이에 기초하여 클라이언트에게 사례관리가 필요한지에 대한 종합적 의견을 제시한다. 사례관리 초기면담에서는 면접지를 활용하여 클라이언트 개인의 신상 및 가족 상황, 개선이 필요한 문제와 요구사항, 그리고 경제, 주거, 건강, 가족관계, 지역사회 생활 등에 대한 정보를 파악한다. 사정단계가 아니므로 초기단계에서의 욕구 영역별 탐색은 심층적으로 하지 않고, 클라이언트에게 사례관리가 필요한지를 확인하는 수준에서 전반적 상황을 스크리닝하는 것이 좋다.
- **면접 평가**: 사례관리자는 클라이언트의 요구(진술)와 조사된 객관적 정보를 바탕으로 사례관리 서비스 제공여부 및 위험도에 대한 사정 결과를 평가란에 기록한다. 대상자 판정은 해당 기관의 사례관리 대상자로 적합한지의 여부를 판단한다. 사례관리 대상자로 판정되면 우선 대상자에 대한 긴급지원 여부를 파악하는데, 그러한 경우에는 사례관리자 배정과 사정 및 개입이 신속히 진행되도록 처리한다. 여기서 긴급이란 위기지원이 필요한 경우를 말하며, 긴급이 아닌 상황은 위기지원이 필요

하지 않은 경우를 말한다. 그리고 사례관리 비대상으로 판정되면 필요한 관련 정보만을 제공하거나 다른 기관에 의뢰할 수 있다. 이 단계에서의 의뢰는 '서비스 의뢰서'를 사용하지 않아도 되며 구체적인 기관과 담당자에게 직접 연결(연계)하는 것이다.

• 이 책에서는 현장에서 공통적으로 쓸 수 있는 초기면접지와 지역사회복지관에서 활용할 수 있는 초기면접지 양식을 일부 수정하여 제시한다.

• 초기면접에서는 클라이언트 상황에 대한 기본적 정보수집과 함께 가계도 및 개입 전 생태도를 그리도록 한다. 이 가계도와 생태도는 이후 사정단계에서도 클라이언트 상황을 분석하는 도구로서 유용하게 활용되는데, 특히 생태도 경우에는 서비스제공에 따른 사회관계망의 변화를 쉽게 확인해 볼 수 있는 자료가 된다.

2) 사례관리 동의서

• 초기면접을 통해 서비스 대상자로 판정된 경우 면접자(사례관리자)는 해당 기관에서 하는 사례관리 서비스의 과정 및 내용에 대해 설명한다. 이때 대상자의 상태와 수준을 고려하여 가능한 자세하고 쉬운 말로 대화한다.

• 면접자는 대상자 또는 후견인이 두 가지 차원의 동의사항(서비스 제공 동의/서비스 이용자 동의)을 충분히 이해했다고 생각되면, 각자의 이름을 기록하고 직접 서명하도록 한다. 동의서는 두 장을 서명하여 사례관리자와 대상자(후견인)가 각각 한 부씩 보관한다.

• 사례관리 동의서와 함께 개인정보 수집 · 이용 · 제공 동의서도 함께 작성한다.
  - 일반 개인 정보: 이름, 나이, 연락처, 사회보장내역, 가족관계, 소득 및 재산 소계 등
  - 고유식별 정보: 대상자 및 가족의 주민등록번호 등
  - 근거 법률은 개인정보보호법, 사회보장급여의 이용 · 제공 및 수급권자 발굴에 관한 법률, 사회복지사업법 등

〈표 9-2〉 초기면접지(초기상담지) 양식

초기면접지

접수번호		일시		면접자(상담자)	
면접참여자		장소	□ 지역사회기관 방문 □ 내방상담 □ 가정방문 □ 전화상담		
접수경로	□ 대상자 요청 ( ) □ 기관 내부 의뢰 ( ) □ 지역주민 등 의뢰 ( )		□ 사례관리자 발굴 ( ) □ 타기관 의뢰 ( ) □ 기타 ( )		

클라이언트		성별	□ 남 □ 여	생년월일			
주소			연락처	* 집: * 휴대폰:			
종교		장애유형/등급		건강상태	□ 양호 □ 질환 ( )		
공적급여	□ 기초생활수급(□ 생계급여일반 □ 생계급여조건부) □ 의료급여 □ 주거급여(원) □ 교육급여 □ 보장시설 □ 차상위가정(%) □ 저소득 □ 일반 □ 기타					수급책정 연도	
주거상태	□ 자가 □ 전세 □ 월세 □ 사글세 □ 임대주택(전세임대, 청년임대, 매입임대) □ 무상임대 □ 시설/그룹홈 □ 기타 (무허가, 고시원)						
소득	□ 근로소득(만원) □ 정부보조금(만원) □ 후원금(만원) □ 기타(만원)						
가족사항	관계	성명	나이	직업	동거여부	연락처	기타

<table>
<tr><td rowspan="2">가계도와
생태도</td><td colspan="2">가계도</td><td>개입 전 생태도</td></tr>
<tr><td colspan="2"></td><td></td></tr>
<tr><td rowspan="5">(면담내용 중)
요구 및
정보</td><td>구분</td><td colspan="2">내용</td></tr>
<tr><td>클라이언트</td><td colspan="2"></td></tr>
<tr><td>가족</td><td colspan="2"></td></tr>
<tr><td rowspan="2">기타</td><td colspan="2">□ 주민 □ 전문가 소견 □ 타기관 실천가</td></tr>
<tr><td colspan="2"></td></tr>
<tr><td colspan="2">상담내용 요약</td><td colspan="2"></td></tr>
<tr><td colspan="2">사례관리자의 종합의견</td><td colspan="2"></td></tr>
<tr><td>면접평가</td><td>대상자판정</td><td colspan="2">□ 대상 (긴급여부: □ 예 □ 아니오)
□ 비대상 (□ 정보제공: □ 연계:)</td></tr>
</table>

〈표 9-3〉 사회복지관에서 활용하는 초기면접지(초기상담지) 양식

초기면접지

<table>
<tr><td>사례번호</td><td colspan="2"></td><td>접수일시</td><td colspan="2">20 년 월 일</td><td>접수자</td><td colspan="2">(인)</td></tr>
<tr><td>대상</td><td colspan="8">□ 아동 □ 청소년 □ 성인 □ 노인 □ 장애인 □ 기타</td></tr>
<tr><td>성명</td><td colspan="2"></td><td>생년월일</td><td colspan="2"></td><td>전화번호</td><td colspan="2"></td></tr>
<tr><td>주소</td><td colspan="8"></td></tr>
<tr><td>결혼상태</td><td colspan="3">□ 미혼 □ 기혼 □ 기타</td><td colspan="2">종교</td><td colspan="3"></td></tr>
<tr><td rowspan="4">가족 및 동거사항</td><td>성명</td><td>관계</td><td>나이</td><td>학력</td><td>동거여부</td><td>직업</td><td>연락처</td><td>기타</td></tr>
<tr><td></td><td></td><td></td><td></td><td></td><td></td><td></td><td></td></tr>
<tr><td></td><td></td><td></td><td></td><td></td><td></td><td></td><td></td></tr>
<tr><td></td><td></td><td></td><td></td><td></td><td></td><td></td><td></td></tr>
<tr><td>대상자분류
(복수가능)</td><td colspan="8">□ 일반수급자 □ 차상위 □ 실직가정 □ 저소득 가정
□ 다문화 □ 소년소녀가장 □ 조손가정 □ 한부모가정 □ 기타</td></tr>
<tr><td>주요문제</td><td colspan="8">□ 경제문제 □ 주택문제 □ 사회지원 □ 시설입소
□ 법률문제 □ 건강문제 □ 수발문제 □ 정신건강
□ 이동문제 □ 학교문제 □ 이성문제 □ 가족문제
□ 자녀문제 □ 대인관계 □ 기타( )</td></tr>
<tr><td rowspan="2">경제상태</td><td colspan="2">월소득</td><td colspan="3">총 만 원</td><td>직업</td><td colspan="2"></td></tr>
<tr><td colspan="2">소득원</td><td colspan="6">□ 연금 □ 정부보조금 □ 저축 □ 가족지원
□ 근로소득 □ 기타( )</td></tr>
<tr><td>건강상태</td><td colspan="2">건강 정도</td><td colspan="3">□ 양호 □ 보통 □ 허약</td><td>만성질환</td><td colspan="2">□ 무 □ 유</td></tr>
<tr><td>장애유형
/등급</td><td colspan="8">□ 지체( ) □ 시각 □ 청각 □ 언어
□ 발달장애 □ 정신장애 □ 내부장애( )
□ 기타</td></tr>
</table>

<table>
<tr><td>주거상황</td><td colspan="2">□ 자가 □ 전세(　　만원) □ 월세 □ 임대 □ 무료임대 □ 기타 (　　　)</td></tr>
<tr><td rowspan="2">가계도 및
생태도</td><td>가계도</td><td>생태도</td></tr>
<tr><td></td><td></td></tr>
<tr><td>대상자 판정</td><td colspan="2">□ 대상 (긴급여부: 예 / 아니오) □ 비대상 (정보제공 / 연계)</td></tr>
<tr><td colspan="3">사례관리자의 의견</td></tr>
<tr><td>사례관리
대상자
선정사유</td><td colspan="2"></td></tr>
</table>

〈표 9-4〉 사례관리 동의서 양식

사례관리 동의서

성명		주민등록번호	
연락처		접수일	
주소			

O (기관명) 서비스 제공 동의

1. (사례관리) 필요한 복지서비스를 제공하겠습니다.
   본 기관은 사례관리를 통해 귀하에게 필요한 서비스를 제공하도록 노력하겠습니다.

2. (비밀보장) 개인정보에 대한 비밀을 보장하겠습니다.
   귀하께서 주시는 정보는 사례관리를 위한 목적으로만 사용되며, 그 외에 개인적인 정보가 노출되지 않도록 할 것임을 약속합니다.

O 서비스 이용자 동의

1. (사례관리 동의) 사례관리 서비스에 동의합니다.
   본인은 귀 기관에서 제공하는 사례관리 서비스에 동의합니다.

2. (상호협조) 서비스 제공기관에 협조하겠습니다.
   본인은 서비스 제공상에 문제나 어려움이 있는 경우, 혹은 신상에 변동이 있는 경우 귀 기관과 긴밀하게 협의하도록 하겠습니다.

3. (정보제공) 필요시 본인의 정보를 제공하겠습니다.
   필요한 경우 동의하에 서비스 제공기관에 본인의 정보를 제공할 것을 허락합니다.

20　　.　　.　　.

서비스 제공기관 '○○ 기관'	서비스 이용자
주소: ○○시 ○구 ○○동 ○○○ 전 화 번호: ○○○-○○○-○○○○ 기관장: (인) 사례관리자: (인)	주소: ○○시 ○구 ○○동 ○○○ 전화번호: ○○○-○○○-○○○○ 이용자: (인) 보호자: (인) [관계:]

〈표 9-5〉 기록양식 적용 연습

초기면접지

접수번호		일시	년 월 일	면접자	OO복지관 사례관리자
면접 참여자	클라이언트, 아들1, 아들2	장소	□ 지역사회기관 방문 ■ 내방상담 □ 가정방문 □ 전화상담		
접수경로	□ 대상자 요청 ( ) □ 사례관리자 발굴 ( ) □ 기관 내부 의뢰 ( ) □ 타기관 의뢰 ( ) ■ 지역주민 등 의뢰 (이웃주민) □ 기타 ( )				

클라이언트	주XX	성별	여	주민등록번호	XXXXXX – 2XXXXXX
주소	OO 주공아파트		전화번호	000 – XXX – XXXX 010 – XXX – XXXX	
종교	기독교	장애유형	X	건강상태	나쁨
공적급여	■ 기초생활수급(□ 생계급여일반 □ 생계급여조건부) ■ 의료급여 □ 주거급여(원) □ 교육급여 □ 보장시설 □ 차상위가정(%) □ 저소득 □ 일반 □ 기타			수급 책정년도	20**
주거상태	□ 자가 □ 전세 □ 월세 □ 사글세 ■ 임대주택(전세임대, 청년임대, 매입임대) □ 무상임대 □ 시설/그룹홈 □ 기타 (무허가, 고시원)				

가 족 사 항	관계	성명	나이	직업	동거여부	연락처	기타
	모	주OO	43	자활근로자	O	010 - XXX - XXXX	생활 스트레스 우울과 무력감
	아들 1	박OO	12	초등학생	O		사망한 아버지에 대한 부정적 인식
	아들 2	박OO	10	초등학생	O		위클래스 상담

	구분	내용
요구 및 정보	클라이언트*	"기술은 있지만 정보가 부족해서 어떻게 해야 할지 모르겠어요." "제대로 된 직업을 갖고 싶어요." "둘째 아이가 학교에 잘 적응했으면 좋겠어요." **"공과금, 생활비 문제를 해결하고 싶어요."** **"아이들에게 교육을 지원해주고 대학교에 보내고 싶어요."** **"삶의 활기를 찾고 싶어요."**
	가족*	아들 1. "가족과 행복하게 살고 싶어요." **"역사공부를 하고 싶어요."** **"엄마가 아빠처럼 저희를 두고 갈까봐 두려워요. "** 아들 2. "가족과 함께하는 시간이 많았으면 좋겠어요." **"가족과 함께 외식을 하고 싶어요."**
상담내용 요약		앞에서 가상 사례에 대한 설명이 있었으므로 상담내용 요약은 생략함
사례관리자의 종합의견 (대상자 판정 사유)		어머니는 남편에게 지속적인 폭력을 당했으며, 남편의 사망 후에도 정서적으로 많이 힘들어하고 있다. 또한 공과금과 생활비, 자녀 교육비 부족으로 인한 경제적 어려움을 토로하고 있다. 아이들 역시 교육에 대한 욕구가 있으나 경제적 상황으로 인해 충족되지 못하고 있으며, 아버지가 어머니에게 폭행을 일삼는 모습을 보고 자랐기 때문에 정서적으로 많이 불안해 보인다. 이런 경제적인 어려움을 극복하고 어머니와 아이들의 정서적 불안을 해결하여 가정의 안정을 되찾기 위해 사례관리 대상자로 선정하게 되었다.
면접평가	대상자 판정	■ 대상

* 굵은 표시가 된 것은 사정단계에서 '요구사항 및 욕구'에 반영된 것임.

생각해볼 문제

1. 사례관리에서 기록을 꼭 해야 하는 이유는 무엇이고, 어떤 의미가 있는지 함께 생각해 보자.
2. 사례 유형(일반 사례, 집중 사례)에 따라 기록양식의 구성을 다르게 하는 것이 좋은지, 아니면 동일하게 하는 것이 좋은지 생각해 보자. 그리고 학습자의 입장에서 기록양식을 작성할 때 주의해야 할 것이 무엇인지 생각하여 함께 토의해 보자.
3. 클라이언트가 자신의 기록을 보고 싶다고 요청할 경우, 학습자가 사례관리자 입장이라면 어떻게 대응할 것인가? 기록 공개 혹은 공유의 장단점을 함께 의논해 보자.
4. 초기단계의 기록 중 초기면접지(초기상담지)를 직접 작성해 보고, 어떤 느낌과 생각이 드는지 자유롭게 발표해 보자.

Chapter 10

사정단계 및 계획단계의 기록양식과 활용지침

10장에서는 사례관리자가 클라이언트의 욕구, 자원, 강점, 장애물을 평가하는 사정단계와 사정의 결과를 바탕으로 개별 맞춤형 서비스계획을 수립하는 계획단계의 기록양식과 활용지침을 살펴보고자 한다.

1. 사정단계의 기록양식과 활용지침

사정단계에서 작성해야 하는 기록양식은 다음과 같다.

- 사례관리 사정표(사정 기록지) 작성

- 사정단계에서는 욕구 영역별 기초사정과 척도를 활용한 사정에 근거하여 사례관리 사정표를 작성한다. 단, 척도를 통한 사정은 필수적이기보다는 필요한 경우 선택적으로 이루어진다. 앞서 초기단계에서 이루어지는 초기면접지 작성을 초기상담지 작성으로 혼용하듯이, 사례관리 사정표 작성을 욕구사정표 혹은 사정기록지 작성으로 혼용한다는 것을 유념할 필요가 있다.
- 초기면접이 이루어진 후 가능한 한 3주 이내에 이 양식을 작성하며, 기관 내 사례회의 또는 통합사례회의를 거쳐 늦어도 1개월 이내에 목표에 근거한 개입을 해야 한다.

- 대상자를 직접 대면하여 사정하는 것을 원칙으로 하며, 가족이나 사회복지공무원, 지역 내 관련 기관 담당자 등 의미 있는 주변인으로부터 정보를 얻어 포괄적인 자료를 확보한다.
- 사정을 위해서는 1회 이상의 가정방문을 실시하는 것이 바람직하다.
- 사정면담 과정에서 녹음을 하고자 할 때는 반드시 사전에 면담참여자의 동의를 얻어야 하며 필기나 녹음기 등의 기구가 면담에 방해되지 않도록 주의한다.
- 클라이언트가 하는 욕구의 표현을 서비스제공자 입장(즉, 사례관리자 입장)의 말로 전환하여 기록하게 될 경우 그 의미가 정확하게 전달되지 않을 수 있다. 따라서 클라이언트의 욕구표현은 문장 그대로 살려서 기록하는 것이 좋다.
- 사정을 위해 제시된 욕구는 단순한 불만호소를 넘어서 해결되기를 바라는 상황으로 진술하도록 유도하는 것이 좋다. 클라이언트가 바라는 상황에 대한 진술은 이후 단계에서 그의 동기가 포함된 장기목표로 사용할 수 있다.
- 사례관리에서 사정은 가능한 한 3개월을 주기로 재사정을 실시하는 것이 좋다. 단 사례관리자는 클라이언트 또는 환경의 새로운 요구나 변화가 있을 경우 수시로 재사정을 할 수 있다. 재사정 시에도 동일한 양식을 활용한다.

다음은 사정단계에서 사례관리 사정표를 작성하는 지침이다.

- **욕구에 대한 기초사정**: 욕구영역은 다음의 열 가지 영역 중에서 클라이언트에게 해당하는 사항 중에서 가장 시급하거나 중요한 것부터 제시한다. 욕구영역에 대한 설명은 이 책의 제7장(사정단계 중 욕구사정)을 참조하면 된다. 욕구영역에는 ① **안전**(가족 내부, 외부) ② **건강**(신체, 정신) ③ **일상생활 유지**(의식주, 여가) ④ **가족관계**(가족원 간 관계, 돌봄) ⑤ **사회적 관계**(친인척, 이웃관계, 사회생활) ⑥ **경제**(기초생활해결, 자산관리) ⑦ **교육**(기초지식, 교육개선) ⑧ **고용**(취업, 창업) ⑨ **생활환경**(주거내부 환경개선과 안전, 주거 내외부 환경과 안전) ⑩ **법률 및 권익보장**(권익보장, 법률적 지원) 영역을 포함한다.
- **우선순위**: 클라이언트에게 해당하는 각 욕구영역에서 클라이언트의 호소 정도, 긴

급성, 해결가능성, 현실 관련성 등을 고려하여 욕구의 우선순위를 정한다. 문제해결을 위해 선택되는 하위욕구는 한 번에 3개를 넘지 않는 것이 좋다.

- **현재 상황이나 문제**: 클라이언트에게 해당하는 각 욕구영역과 관련하여 그가 직면한 상황이나 문제에 대해 간단히 기술한다.
- **요구사항과 욕구**: 클라이언트, 가족, 의미 있는 주변인이 진술한 요구사항이나 욕구를 가능한 원형 그대로 기술한다(예: "남편이 술이나 먹지 않으면 살겠어요"). 클라이언트 이외의 사람(가족이나 의뢰자)이 제시한 욕구라면 그 사람이 누구인지, 누구의 요구사항이나 욕구인지를 기록한다. 가능한 한 클라이언트나 주변인의 진술을 우선으로 하되, 상황에 따라서 클라이언트가 동의하지는 않았으나 사례관리자가 개입이 필요하다고 판단되거나 관찰한 내용 역시 사례관리자에 의한 요구사항이나 욕구로 기록할 수 있다.
- **자원 · 강점 · 이용서비스**(공식/비공식 자원): 요구사항이나 욕구를 해결하기 위해 활용할 수 있는 자원과 강점, 그리고 과거에 이용했거나 현재 이용하고 있는 서비스, 그리고 앞으로 이용 가능한 서비스 등을 기록한다.
- **전문가 의견**: 사정결과표를 작성할 때 관련인이나 슈퍼바이저, 혹은 타 기관 전문가의 의견을 반영하는 경우에는 그 내용을 기록하도록 한다.
- **척도를 활용한 사정**: 보다 객관적인 사정을 위해 표준화된 척도를 사용했다면 어떤 척도를 언제 활용하여 어떤 결과를 얻었는지를 기록한다.
- 사정을 위한 도구로서 사례관리자는 기본적으로 가계도와 생태도를 활용해야 한다. 특히 초기단계와는 달리 사정단계에서는 클라이언트의 상황을 깊이 있고 광범위하게 분석하기 위해 이 도구를 활용한다. 생태도 경우에는 서비스제공에 따른 사회관계망이나 사회적 지지망의 변화나 구축의 정도를 쉽게 확인하는 근거가 되기 때문에 가능한 한 주기적으로 그리는 것이 좋다. 이 책에서 제시하는 사정결과표에는 가계도와 생태도의 내용을 포함시키지는 않았다. 그러나 이것은 사례관리자의 기본 작업이므로 별도 용지에 주요 발견사항을 기록으로 남겨두는 것이 좋다. 대신 초기면접지와 사례보고서 및 사례관리 종결보고서에는 이 두 가

지를 포함시켰다.

- 사례관리자는 사정결과를 종합하여 사례관리의 개입 정도에 따라 그 유형을 일반형(일반 사례관리), 집중형(집중 사례관리), 위기형(긴급 사례관리)을 판정한다.
- 사례관리자는 본인이 실시한 사정 내용과 사례판정에 대해 이론적, 경험적 근거가 무엇인지 인식해야 하며, 필요시 이를 기록으로 남겨 전문적 실천의 근거를 확보하는 것이 좋다.
- 이 책에서는 어느 현장이든 공통적으로 쓸 수 있는 사례관리사정표와 지역사회복지관 현장에서 쓸 수 있는 사정 양식을 일부 수정 보완하여 제시한다.

끝으로 사정단계에서는 클라이언트 및 가구에 위기도 사정을 실시한다. 〈표 10-3〉에서 보는 바와 같이 첫째, 경제상황 영역으로 수입, 지출, 주거형태, 부채, 법정 기준을 조사한다. 둘째, 의료 및 건강 영역으로 장애유무, 질병 정도, 일상생활 정도를 조사한다. 셋째, 심리·사회 영역으로 생활상태, 사회관계망, 지지체계, 심리·정서상태를 조사한다. 조사결과, 총점이 70~100점 범위이면 단순형(단순 서비스 연계)으로 분류하며, 101~120점 범위는 일반형, 121점 이상은 집중형으로 분류한다. 사례관리자는 각 영역별 조사 외에도 사례관리자의 종합검토에 따른 평가를 0~40점까지 부여할 수 있다.

〈표 10-1〉 사례관리 사정표(사정기록지) 양식

사례관리 사정표

사례번호		클라이언트		사례관리자	
작성일자	20 . . .	유형	신규 / 재사정	정보제공자	

<table>
<tr><th>욕구
영역</th><th>우선
순위</th><th>현재 상황, 문제</th><th>요구사항 및 욕구</th><th>자원 · 강점 · 이용서비스
(공식/비공식적 자원)</th></tr>
<tr><td rowspan="2">예: 안전</td><td></td><td></td><td></td><td></td></tr>
<tr><td></td><td></td><td></td><td></td></tr>
<tr><td rowspan="2">건강</td><td></td><td></td><td></td><td></td></tr>
<tr><td></td><td></td><td></td><td></td></tr>
<tr><td rowspan="2">경제</td><td></td><td></td><td></td><td></td></tr>
<tr><td></td><td></td><td></td><td></td></tr>
<tr><td rowspan="2">…</td><td></td><td></td><td></td><td></td></tr>
<tr><td></td><td></td><td></td><td></td></tr>
<tr><td colspan="5">• 작성지침: 욕구영역은 가장 시급하거나 중요한 것부터 해당되는 영역을 서술한다.
• 욕구영역: ① 안전(가족내부, 외부) ② 건강(신체, 정신) ③ 일상생활 유지(의식주, 여가) ④ 가족관계(가족원간 관계, 돌봄) ⑤ 사회적 관계(친인척, 이웃관계, 사회생활) ⑥ 경제(기초생활해결, 자산관리) ⑦ 교육(기초지식, 교육개선) ⑧ 고용(취업, 창업) ⑨ 생활환경(주거내부 환경개선과 안전, 주거 내외부 환경과 안전) ⑩ 법률 및 권익보장(권익보장, 법률적 지원) 영역이다.</td></tr>
<tr><td>전문가
의견</td><td colspan="4"></td></tr>
</table>

<table>
<tr><td rowspan="3">척도활용
사정</td><th>척도 종류</th><th>사정일시</th><th>사정 결과</th></tr>
<tr><td></td><td></td><td></td></tr>
<tr><td></td><td></td><td></td></tr>
<tr><td>사례관리
유형판정</td><td colspan="3">□ 일반형 □ 집중형 □ 위기(긴급)형</td></tr>
</table>

사례관리자 종합의견

〈표 10-2〉 지역사회복지관에서 활용하는 사례관리 사정표

사례관리 사정표

사례번호		클라이언트		사례관리자	
작성일자		유형	신규/ 재사정	정보제공자	

가계도	생태도

<table>
<tr><th colspan="2">구분</th><th colspan="3">내용</th></tr>
<tr><td colspan="2">CT의 생활사</td><td colspan="3"></td></tr>
<tr><td rowspan="2">CT</td><td>문제 및 욕구 파악</td><td colspan="3"></td></tr>
<tr><td>강점 및 장애물 파악</td><td colspan="3"></td></tr>
<tr><td rowspan="2">환경 체계</td><td>비공식적 지지망 사정
(가족 · 이웃 등)</td><td colspan="3"></td></tr>
<tr><td>공식적 지지망 사정
(학교 · 직장 등)</td><td colspan="3"></td></tr>
<tr><td colspan="2">대상자 선정일시</td><td></td><td>서비스 개시일</td><td></td></tr>
<tr><td colspan="2">제공된 서비스 내용</td><td colspan="3"></td></tr>
<tr><td colspan="2">사정을 통한
사례관리 수준판정</td><td colspan="3">□ 일반형 □ 집중형 □ 위기(긴급)형</td></tr>
</table>

〈표 10-3〉 지역사회복지관에서 활용하는 위기도 사정

위기도 사정 도구틀

클라이언트 :
일　　시 :
사례관리자 :

담당	과장	부장	관장

영역	내용	평가기준	배점기준	평가	비고
경제상황(40)	수입(10)	최저생계비 기준 이하	10		
		최저생계비의 120% 이하	8		
		최저생계비의 150% 이하	6		
	지출(10)	수입의 90% 이상	10		
		수입의 80% 이상	8		
		수입의 70% 이상	6		
	주거형태(10)	가건물(비닐하우스 등)	10		
		월세	8		
		무료임대	6		
		전세	4		
		자가	0		
	부채(5)	재산의 30% 이상	5		
		재산의 30% 이하	2		
	법정기준(5)	의료보호 1종	5		
		의료보호 2종	4		
		조건부, 특례	3		
		저소득	2		

<table>
<tr><td rowspan="9">의료 및
건강(40)</td><td rowspan="3">장애유무(10)</td><td colspan="2">1급</td><td>10</td><td></td><td></td></tr>
<tr><td colspan="2">2-3급</td><td>8</td><td></td><td></td></tr>
<tr><td colspan="2">4-6급</td><td>6</td><td></td><td></td></tr>
<tr><td rowspan="3">질병정도(20)</td><td colspan="2">만성질환(평생)</td><td>20</td><td></td><td></td></tr>
<tr><td colspan="2">장기 치료가 필요한 질병</td><td>16</td><td></td><td></td></tr>
<tr><td colspan="2">단기 치료가 가능한 질병</td><td>12</td><td></td><td></td></tr>
<tr><td rowspan="3">ADL(10)
일상생활정도</td><td colspan="2">하</td><td>10</td><td></td><td></td></tr>
<tr><td colspan="2">중</td><td>5</td><td></td><td></td></tr>
<tr><td colspan="2">상</td><td>0</td><td></td><td></td></tr>
<tr><td rowspan="13">심리 · 사회
영역(40)</td><td rowspan="3">생활상태(10)</td><td colspan="2">독거</td><td>10</td><td></td><td></td></tr>
<tr><td colspan="2">보호가 필요한 동거가족</td><td>8</td><td></td><td></td></tr>
<tr><td colspan="2">동거가족</td><td>0</td><td></td><td></td></tr>
<tr><td rowspan="4">사회관계망(10)</td><td colspan="2">전혀없음</td><td>10</td><td></td><td></td></tr>
<tr><td colspan="2">비공식지원체계</td><td>6</td><td></td><td></td></tr>
<tr><td colspan="2">공식지원체계</td><td>4</td><td></td><td></td></tr>
<tr><td colspan="2">공식+비공식지원체계</td><td>0</td><td></td><td></td></tr>
<tr><td rowspan="3">지지체계(10)</td><td colspan="2">없음</td><td>10</td><td></td><td></td></tr>
<tr><td rowspan="2">있음</td><td>비정기</td><td>5</td><td></td><td></td></tr>
<tr><td>정기</td><td>0</td><td></td><td></td></tr>
<tr><td rowspan="3">심리 · 정서상태
(10)</td><td colspan="2">매우 불안</td><td>10</td><td></td><td></td></tr>
<tr><td colspan="2">불안</td><td>5</td><td></td><td></td></tr>
<tr><td colspan="2">안정</td><td>0</td><td></td><td></td></tr>
<tr><td colspan="2">사례관리자의 평가(40)</td><td colspan="2">종합검토</td><td>0~40</td><td></td><td></td></tr>
<tr><td colspan="2">총 점</td><td colspan="2"></td><td></td><td></td><td></td></tr>
<tr><td>판정결과</td><td colspan="6">□ 단순형(총점 70~100) □ 일반형(101~120) □ 집중형(121점 이상)</td></tr>
<tr><td>기타의견</td><td colspan="6">총 000점으로 업무지침에 의거하여 사례관리 00형 대상자로 선정함.</td></tr>
</table>

〈표 10-4〉 기록양식 적용 연습

사례관리 사정표

사례번호	○○○	클라이언트	주○○	사례관리자	○○○
작성일자	20 . . .	유형	신규	정보제공자	모, 아들 1, 아들 2

기초사정	우선순위	현재 상황, 문제	요구사항 및 욕구	자원 · 강점 · 이용서비스 (공식/비공식적), 장애물
경제	1	- 공과금 및 생활비 부족	"공과금, 생활비를 해결하고 싶어요"	- 클라이언트가 자활의지가 있음 - 정부보조금과 교회지원
고용	1	- 아르바이트와 식당일을 하고 있음	"제대로 된 직업을 갖고 싶어요"	- 자격증 보유 - 취업성공패키지 참여
정신적 건강	1	- 무기력 경험과 건강 악화	"삶의 활기를 찾고 싶어요"	- 가족에 대한 애정이 있음 - 남편의 폭력을 이겨냄 - 힘든 상황을 버텨옴
	2	- 자녀들의 정신적 불안	"엄마가 아빠처럼 저희를 두고 갈까 두려워요"	
교육	1	- 자녀들의 교육 지원 부족	"아이들에게 교육을 지원해주고, 대학교에 보내고 싶어요"	- 큰 아들이 공부에 관심 많음 - 자녀교육에 대한 어머니의 관심이 큼
여가	1	- 외식을 하고 싶어 함	"가족과 함께 외식을 하고 싶어요"	- 가족원 간에 유대감 있음
	2	- 문화체험의 기회부족	"역사공부를 하고 싶어요"	
전문가 의견	어머니는 현재 생활스트레스 및 무기력으로 당장 직업을 갖기에는 어려움이 있다. 정부보조금이 있지만 기타 수입이 없어 경제적 부담과 자녀들 교육비 부담이 큰 상태이다. 남편 없이 혼자 자녀들을 돌보고 자신의 상처를 인내하느라 많이 지쳐있는 상태이다. 다른 가족원도 아버지에게 받은 상처로 심리적으로 위축되어 있다. 그러나 가족원 모두 함께 살아보려는 의지가 있고, 어머니가 자녀교육 및 자활의 의지가 있다. 따라서 다양한 서비스 제공과 지지체계 구축을 통해 가족이 더욱 안정될 수 있도록 사례관리가 필요하다.			

<table>
<tr><td rowspan="3">척도활용 사정</td><td>척도 종류</td><td>사정 일시</td><td>사정 결과</td></tr>
<tr><td>가족관계 척도</td><td>00.00.</td><td>가족관계가 보통 이하로 나타남(관계개선 필요)</td></tr>
<tr><td>자존감 척도</td><td>00.00.</td><td>클라이언트의 자존감이 낮은 편이나 심각한 수준은 아님</td></tr>
<tr><td>사례관리 수준판정</td><td colspan="3">□ 일반형 ■ 집중형 □ 위기(긴급)형</td></tr>
</table>

(사례관리자 종합의견)
클라이언트 및 가족이 처한 여건과 그들이 호소하는 욕구를 사정해 보았을 때, 복합적이고 만성적인 욕구가 보임으로 장기 개입이 필요해 보인다. 클라이언트와 아이들의 생계와 직결된 공과금, 생활비와 같은 경제적 문제가 심각하다. 그리고 클라이언트는 남편의 폭력으로 인하여 정서적으로 불안하고 심리적으로 무기력하다. 아이들 역시 어머니가 아버지에게 폭행당하는 것을 보았기 때문에 정서적으로 불안해 보인다. 교육에 대한 욕구도 충족되어 있지 않다. 따라서 가족의 경제적 안정과 클라이언트의 정서적 불안을 해소하여 삶의 활력을 찾는 것이 필요해 보인다. 또한 아이들의 정서적 불안을 치료하며 교육에 대한 욕구도 충족시켜 주어야 한다. 이를 위해서 1년 이상의 집중적인 사례관리가 필요하다.

쉬어가기 **사례관리 맛보기**

"세상에서 엄마가 가장 좋아요" (2)

통합사례회의가 있던 날, 슈퍼비전을 받고 싶어 그동안 진행되어 왔던 상황들을 발표하게 되었다.

가끔 요양원에서 어르신들을 돌봐드리며 하루하루 힘들게 지내고 계시는 어머니, 엄마에 대한 서운함과 이모할머니에 대한 불만으로 가득 찬 서윤이, 그리고 이모할머니의 개입.

서윤이네 가정을 위해서 좀 더 필요한 것이 무엇일까를 고민하게 되었다.

"서윤이네 가정은 학교와도 긴밀하게 연락을 취하고 있는 상황이고요, 기관에서는 서윤이의 학습과 상담을 진행하고 있어요."

"혹시, 서윤이 어머니는 어떻게 개입하고 계시나요?"

"학교에서 진행하고 있는 가족 프로그램에 참여하시는 걸 유도하여 학부모 자조모임에 참여하고 계셔요. 다른 부모님들과 함께 서로의 자녀 양육법에 대해 얘기를 나누면서 서윤이를 위해 노력을 많이 하시더라고요."

"서윤이네 가정에는 알맞게 필요한 서비스가 들어가고 있네요. 개인, 가족, 지역의 세 가지 톱니바퀴가 맞물려 돌아가고 있는 것 같아요."

자문위원의 슈퍼비전과 함께 동료들도 함께 지지를 해 주니 스스로에게 기운이 생겨났다. 서윤이와 어머니의 변화를 지켜보며 나 또한 한 걸음씩 성장하고 있다고 느껴졌다.

"엄마랑 같이 만들었어요. 예쁘죠?"라고 말하였다.

출처: 희망의 지렛대 사례관리네트워크 편저(2013). 『희망 이야기』, p.116-118에서 발췌

2. 계획단계의 기록양식과 활용지침

계획단계에서 작성해야 하는 기록양식은 다음과 같다.

- 개별 서비스계획표(개별화된 개입 계획서) 작성

- 계획단계에서는 개별 서비스계획표(ISP: individualized service plan)를 작성한다. 욕구사정에 근거하여 서비스계획을 수립할 때, 〈부록 2〉에서 제시된 다양한 자원과 서비스를 참조할 수 있다. 그러나 각 현장에서는 기관의 특성에 맞게 자체적으로 구축한 자원 및 서비스 목록을 활용하여 계획수립에 반영한다.
- 사정기록지에 작성된 욕구의 목록을 실천을 위한 전략으로 바꾸는 단계이다. 계획단계에서는 클라이언트의 욕구를 중심으로 우선순위를 정하고 구체적인 실천계획이 수립되어야 하므로 클라이언트가 적극 참여할 필요가 한다. 기록은 가능한 긍정적이고 행동적인 용어를 사용하도록 하며 클라이언트가 이해하고 수긍할 수 있는 내용인지 점검해야 한다.
- 사례관리자는 사정과정과 마찬가지로 계획수립에도 클라이언트와 함께 진행한다. 서비스계획표 사본을 클라이언트에게 전달하면 다음 단계인 실행단계의 과업을 함께 수행하고 점검하기에 유용하다.

다음은 계획단계에서 사례관리 서비스계획표를 작성하는 지침이다.

- **유형과 구분**: 사례관리 개입의 유형은 일반형, 집중형, 위기(긴급)형에서 해당사항을 표시하고, 구분은 신규인지 아니면 재사정인지를 표시한다.
- **욕구 및 우선순위**: 사례관리 사정표에 제시한 욕구 영역별로 장기목표로 기술한다. 그리고 어떤 욕구를 먼저 다룰지는 사례관리 사정표에 나타난 욕구의 우선순위에 따른다.
- **합의된 목표**: 합의된 목표는 (영역별) 욕구의 해결을 위해 사례관리자와 클라이언트가 단계적으로 작업하기 위한 단기적 세부목표이다. 이 단기목표는 행동적이고, 가시적이고, 수치화할 수 있게 기술하되 단문으로 표현한다. 이 단기목표는 3개월 이내에 재사정을 실시하여 다음단계로 진행한다.
- **실천계획**: 합의된 목표를 달성하기 위한 실천방법으로서 계획의 실행자, 장소, 관련자원 등을 포함해 구체적으로 기술한다.
- **담당**: 실천계획을 실행할 사람(기관)으로서 기관 내부에서 담당할 경우 부서와 담당자의 이름, 외부기관에 의해 제공될 경우 기관명과 담당자의 이름을 기록한다. 클라이언트 또는 가족 역시 담당자가 될 수 있다. 내부와 외부의 기관이 공동으로 담당할 경우 모두 기록하며 주담당자를 표시한다. 참고로, 서비스 담당 장소(기관/부서)와 관련해서는 사례관리자와 소속 기관은 내부로, 클라이언트, 주변인, 그리고 다른 기관의 실천가나 전문가는 외부로 표시한다.
- **빈도**: 실천계획을 위한 주당 서비스 제공 횟수를 기록한다.
- **개입기간**: 실천계획이 이루어지는 실제적인 실행기간으로 기간이 종료되는 시기에는 실행의 결과를 평가한다.

〈표 10-5〉 사례관리 서비스계획표 양식

서비스 계획표

<table>
<tr><td>사례번호</td><td></td><td>클라이언트</td><td></td><td>사례관리자</td><td></td></tr>
<tr><td>유형</td><td colspan="3">□ 일반형 □ 집중형 □ 위기(긴급)형</td><td>구분</td><td>□ 신규 □ 재사정</td></tr>
</table>

<table>
<tr><td rowspan="3">욕구</td><td rowspan="3">합의된 목표</td><td colspan="5">서비스</td></tr>
<tr><td rowspan="2">실천계획</td><td colspan="2">담당(기관/부서)</td><td rowspan="2">빈도</td><td rowspan="2">개입기간</td></tr>
<tr><td>내부</td><td>외부</td></tr>
<tr><td rowspan="2">우선순위 1</td><td>1</td><td></td><td></td><td></td><td></td><td></td></tr>
<tr><td>2</td><td></td><td></td><td></td><td></td><td></td></tr>
<tr><td rowspan="2">우선순위 2</td><td>1</td><td></td><td></td><td></td><td></td><td></td></tr>
<tr><td>2</td><td></td><td></td><td></td><td></td><td></td></tr>
<tr><td rowspan="2">우선순위 3</td><td>1</td><td></td><td></td><td></td><td></td><td></td></tr>
<tr><td>2</td><td></td><td></td><td></td><td></td><td></td></tr>
<tr><td rowspan="2">우선순위 4</td><td>1</td><td></td><td></td><td></td><td></td><td></td></tr>
<tr><td>2</td><td></td><td></td><td></td><td></td><td></td></tr>
</table>

이상과 같은 서비스 제공계획에 동의하며, 목표달성을 위해 적극 참여하고 협력할 것을 상호 약속합니다.

20　　년　　월　　일

성명: ___________(인)　　보호자: ______(관계:　　)/(인)　사례관리자: ____________(인)

〈표 10-6〉 **기록양식 적용 연습**

서비스 계획표

사례번호	000	클라이언트	주○○	사례관리자	
유형	□ 일반형 ■ 집중형 □ 위기(긴급)형			구분	■ 신규 □ 재사정

욕구	합의된 목표	서비스				
		실천계획	담당(기관/부서)		빈도	개입기간
			내부	외부		
우선순위 1. 경제	1. 생활비 지원을 통해 안정적인 생활을 도모한다.	1. 내부 확대 사례회의를 통해 자원을 발굴한다. 2. 후원처를 연결하여 생활비 지원을 받는다.	복지관 서비스 제공팀		필요시	3개월
우선순위 2. 고용	1. 안정적인 수입을 위한 일자리를 구할 수 있도록 지원한다.	1. 지역 내 고용플러스센터에 연계한다.	복지관 사례관리팀	고용복지 플러스센터	기관 사정에 따라	3개월 취직시 종료
우선순위 3 정신적 건강	1. 어머니와 아이들의 아버지 폭력으로 인한 불안을 해소하여 안정을 찾는다.	1. 전문기관과 연결하여 심리검사와 정기적인 상담을 제공한다.	복지관 사례관리팀	정신건강 복지센터	이용자 및 기관과 협의 후	약 12회기
	2. 무기력을 해소하여 삶의 활력을 되찾는다.	1. 전문기관과 연결하여 심리검사와 정기적인 상담을 제공한다. 2. 상담의 결과를 점검하면서, 아이들과 함께 하는 가족상담을 실시한다. 3. 학부모 모임에 참여한다.	복지관 사례관리팀	정신건강 복지센터 학부모 연합회	클라이언트와 협의 후	약 10회기 학기별
우선순위 4 교육	1. 자녀의 교육을 지원하여 학업성취도를 향상시킨다.	1. 지역아동센터 방과후 프로그램에 연계한다. 2. 학교 방과후 프로그램에 연계한다.	복지관 사례관리팀	지역아동 센터와 학교	수시로 필요시	학기별
우선순위 5 여가	1. 가족과 함께 하는 시간을 통해 가족관계를 개선한다.	1. 외식 상품권과 같은 바우처를 통해 외식하는 시간을 가짐으로써 가족원이 함께 하는 시간을 늘린다.	복지관 사례관리팀 & 서비스제공팀	바우처와 연계된 가맹점	정해진 금액에 따라	6개월
	2. 역사문화 체험을 가족과 함께 할 수 있는 체험으로 지원한다.	1. 가족 단위로 하는 역사체험 프로그램에 연계한다.	복지관 사례관리팀 & 서비스제공팀		3개월 1회	6개월

이상과 같은 서비스 제공계획에 동의하며, 목표달성을 위해 적극 참여하고 협력할 것을 상호 약속합니다.

20 년 월 일

성명: ___________(인) 보호자: _____(관계:)/(인) 사례관리자: ________(인)

보충자료

지역 단위 사례관리 네트워크 참여경험

사례관리자가 지역 네트워크에 참여해서 어떤 경험을 하는 걸까? 9명의 사례관리자를 대상으로 그들의 생생한 이야기를 듣고자 초점집단 인터뷰(FGI: focused group interview)를 실시하였다. 일부 인터뷰 결과를 소개한다(박미은, 2012).

① 사례관리 네트워크에 대한 이해

사례관리자들은 네트워크의 개념을 주로 자원의 측면에서 이해한다. 네트워크는 자원연계 또는 자원 확장의 의미가 있다. 자원 확장은 클라이언트와 사례관리자 모두에게 도움이 된다. 사례관리자들의 말을 인용한다.

"네트워크란 그물망처럼 한 개인을 둘러싼 자원의 연결망이다."
"자원망의 구축이다."
"자원뿐 아니라 인식의 폭, 사고 및 이해의 폭을 넓히는 것, 즉 외연확장이다."
"네트워크는 사례관리의 목적을 달성하는 데 필요한 수단이다. 자원망을 너무 강조하다 보면 자립이나 자활과 같은 요소보다 의존성을 강화하는 부작용도 우려된다."
"네트워크는 사례관리의 필수적인 부분이다. 대상자의 다양한 욕구들은 한 기관의 서비스로는 한계가 있기 때문에 네트워크를 통해 다양한 욕구와 상황을 고려한다."
"서비스의 중복을 막고 비용을 줄이는 측면이 있다."
"정보망이다. 네트워크를 통해 대상자를 보다 정확히 이해하기 위해 교류한다."

② 네트워크에 참여하면서 나타난 긍정적인 변화

사례관리자들은 네트워크를 통해 많은 변화를 경험한다. 사례관리자들의 말을 인용한다.

"나 자신의 실무적 역량이 부족했는데, 이를 강화하는 계기가 되었다."
"혼자서 하던 것을 나누어서 하니 일이 분담되고 효율적으로 할 수 있다."
"네트워크를 통해 전문성 향상의 목적을 이루는 계기가 되었다. 교육 및 사례 토의 중심의 슈퍼비전을 통해 실무기술 학습이 가능하다. 특히 여러 기관이 함께 하는 슈퍼비전을 통해 업무의 표준화를 기할 수 있다."
"사례관리 담당자들의 공식적 모임, 대화 및 교류의 채널 역할을 한다. 그리고 그 안에서 서로 지지도 받고, 에너지를 재충전하는 등 학습 외에도 많이 얻을 수 있다."
"사례를 통해서 같은 고민을 공유하고, 공통의 관심사를 활용하게 된다."
"왜 같은 일을 하는 기관들이 경쟁해야 하는가. 네트워크 사업을 진행하고 있는데 이러한 부분에서 사회복지 경쟁체계에 대한 돌파구라고 생각하며, 서비스 관련 낭비를 줄이는 면에서도 효율적이다."
"한 사례를 가지고 여러 선생님이 다양한 의견도 주고, 슈퍼바이저의 슈퍼비전도 풍부하게 주어진다. 가야 할 방향이 조금씩 정리가 되는 듯하다."

③ 네트워크 활성화 방향

네트워크는 앞으로 어떻게 되어야 할까? 사례관리자들의 말을 인용한다.

"네트워크가 잘 되려면 연대의식, 각자 네 사례가 아니라 내 사례라는 생각을 해야 한다."
"통합사례회의를 할 때 목적성이 있으면 좋겠다. 이 회의는 사례관리 대상자를 판정하고, 주 사례관리기관을 정하고, 서비스계획에 기초하여 자원을 연계하는 방안을 논의하는 식의 흐름으로 가는 것이 좋겠다."
"기관에서 사례관리자의 업무에 대한 명확한 지침을 마련해야 하고, 직원들이 사례회의를 내 일처럼 여겨 참여하는 것이 좋겠다."
"앞으로는 (네트워크를 통해) 대상자들에게 직접적인 서비스가 더 많이 이루어졌으면 좋겠다."

사례관리자들의 이야기를 정리하면, 네트워크 발전을 위해서는 전문가들이 클라이언트에 대해 진정한 관심을 가져야 하고, 통합사례회의에서 서비스 의뢰 이후의 점검과 조정기능을 더 강화해야 한다. 그리고 사례관리에서 민 · 관 협력방식과 수평적 네트워크 구축 방안을 계속 고민해야 한다.

생각해볼 문제

1. 학습자의 입장에서 자신의 욕구, 자원, 강점, 장애물이 무엇인지를 생각해 보고, 클라이언트의 문제와 욕구를 사정할 때 어떤 마음과 자세를 갖추어야 할지를 함께 토의해 보자.
2. 개별 서비스계획이란 무슨 말이고 어떤 의미를 담고 있는지 함께 이야기해 보자.
3. 한 가지 문제나 욕구를 가상으로 설정하여, 그것을 해결하기 위해 어떤 장기목표와 단기목표를 세울 수 있는지 연습해 보자.
4. 목표설정 후, 어떤 실행계획을 세울 수 있는지에 대해서도 연습해 보자.

Chapter 11

실행단계와 평가 및 종결단계의 기록양식과 활용지침

11장에서는 클라이언트의 욕구, 자원, 강점, 장애물 사정을 토대로 작성된 서비스 계획을 구체적으로 실천에 옮기는 실행단계와 전체 실천과정을 평가하고 종결하는 마지막 단계의 기록양식과 그 활용지침을 살펴보고자 한다.

1. 실행단계의 기록양식과 활용지침

실행단계에서 작성해야 하는 기록양식은 다음과 같다.

- 사례관리 과정기록지 작성
- 서비스 의뢰서 작성
- 사례관리 점검일지 작성
- 사례회의록 작성
- 슈퍼비전 일지 작성
- 사례보고서 작성

- 실행단계에서는 사례관리 과정기록지, 서비스 의뢰서, 사례관리 점검일지, 사례회의록, 슈퍼비전 일지, 사례보고서를 작성한다.
- 과정기록지는 시간 순으로 서비스 제공의 내용과 결과를 기록한다. 사례관리자가 직접 제공하는 서비스와 연계된 기관 내, 외부에서 제공한 서비스를 모두 기록하

는 것이 좋다. 따라서 평소에 사례관리자는 클라이언트가 이용하고 있는 자원과 서비스를 모두 파악하고 있어야 한다. 기록의 형식은 자유롭게 하되, 서비스계획표에 나타난 목적에 맞는 활동으로 채워야 하며, 보통 육하원칙(언제, 어디서, 누가, 무엇을, 어떻게, 왜)을 참조하여 기록하는 것도 한 방법이다.

- 기관에 따라서는 클라이언트가 이용하는 단위 프로그램 담당자가 상세한 진행기록을 남기는 경우가 있는데, 사례관리 과정기록지에는 그러한 서비스에 대해 간략하게나마 기록을 남겨 사례관리 진행과정을 시간순으로 한눈에 파악할 수 있도록 하는 것이 좋다.
- 서비스의 종결 이후에 실행되는 사후관리에 대해서도 과정기록지에 기록한다.
- 기관 내, 외부에서 제공되는 서비스에 대해 수시로 혹은 부분적으로 이루어지는 점검활동(monitoring)은 과정기록지에 간략하게 기록을 남기는 것이 좋다. 그러나 정기적으로 혹은 클라이언트 상태에 대해 전반적인 차원에서 점검을 실시하는 경우에는 별도의 사례관리 점검일지를 활용하여 기록하는 것이 좋다.
- 과정기록은 사례관리자에게 시간적으로 혹은 업무상 부담을 줄 수 있기 때문에 기관 차원에서 가장 효율적으로 기록할 수 있는 방안을 마련하는 것이 좋다.
- 서비스 의뢰서는 사례관리자가 서비스 계획을 수립한 내용 중에서 기관 내부에 타부서나 외부 기관의 서비스 연결이 필요한 경우에 활용한다.
- 서비스 의뢰서에는 클라이언트에 대한 사정의 결과로 어떤 측면에서 의뢰가 필요한지 분명히 밝혀주는 것이 좋다. 그렇게 함으로써 불필요한 재사정이나 부적절한 연결의 가능성을 줄일 수 있다. 또한 의뢰서에는 연계를 통해 기대하는 서비스 내용을 가능한 정확하고 최대한의 수준으로 기록하도록 하며, 첨부자료를 제공함으로써 상대 기관이나 부서에서 필요로 하는 정보의 공유가 이루어질 수 있도록 한다.
- 사례관리 점검일지는 실행단계에서 활용하지만, 슈퍼비전 일지와 사례회의록은 특정 단계에 국한하지 않고 실천과정 전반에 걸쳐 활용할 수 있는 것이다. 그리고 이 세 가지는 활용도에서 관련성이 높기 때문에 기관이나 사례관리자의 여건

에 따라 융통성 있게 활용해도 좋을 것이다.

다음은 실행단계에서 기록양식을 작성하는 지침이다.

① 사례관리 과정기록지

- **번호, 월/일**: 사례관리 서비스 및 그와 관련한 제반 사항들을 시간 순서로 기록한다. 단, 기관에서 사용하는 전산프로그램에 서비스 일지 또는 상담일지를 사용하고 있다면 그것으로 대체할 수 있다.
- **관련 목표**: 기존 서비스계획표에서 제시한 욕구 및 합의된 목표를 번호로 표기(예: 1-2, 2-1 등)하여 과정기록 후에 목표별 달성 정도를 파악할 수 있도록 한다.
- **내용**: 육하원칙을 사용하여 요약적으로 기록하며, 정기적으로 반복되는 서비스는 간단히 서비스명만 기록한다.
- **개입/실천유형, 개입시간**: 개입이나 실천의 유형으로 내방, 방문, 전화, 기타(메일 등) 중 어떤 방식이었는지를 표시하고, 개입시간을 적어 넣는다.

〈표 11-1〉 사례관리 과정기록지 양식

사례관리 과정기록지

사례번호		클라이언트		사례관리자	

번호	월/일	관련목표	내용	개입/실천유형	개입 시간
1		1-1		□ 내방 □ 방문 □ 전화 □ 기타	
2		3-2		□ 내방 □ 방문 □ 전화 □ 기타	
3		2-1		□ 내방 □ 방문 □ 전화 □ 기타	
4		2-2		□ 내방 □ 방문 □ 전화 □ 기타	
5				□ 내방 □ 방문 □ 전화 □ 기타	
6				□ 내방 □ 방문 □ 전화 □ 기타	
7				□ 내방 □ 방문 □ 전화 □ 기타	
8				□ 내방 □ 방문 □ 전화 □ 기타	
9				□ 내방 □ 방문 □ 전화 □ 기타	
10				□ 내방 □ 방문 □ 전화 □ 기타	

〈표 11-2〉 기록양식 적용 연습

사례관리 과정기록지

사례번호	000	클라이언트	주○○	사례관리자	000

번호	월/일	관련 목표	내용	개입/ 실천유형	개입 시간
1	0월 0일	1-1	복지관 서비스제공팀, 지역조직화팀과 함께 내부 사례회의를 진행하였다. 회의의 주된 안건은 클라이언트의 생활비를 지원하기 위한 후원처를 찾아 연결하는 것이었다. 후원처는 그 동안 후원을 했거나 후원 의사가 있는 지역주민 중에서 기부자를 찾아 후원을 받기로 하였다. 그리고 생활지원을 위해 00반찬가게에서 복지관에 반찬을 후원해주고 있는데, 후원 반찬 중 일부를 클라이언트에게 제공하기로 하였다. 내일 클라이언트의 동의를 얻어 복지관 기부자들에게 클라이언트의 상황을 자료로 만들어 기부자들에게 우편으로 발송하기로 하였다.	□ 내방 □ 방문 □ 전화 ■ 기타 (회의)	1 시간
2	0월 0일	3-2	클라이언트와 아이들이 복지관에 방문하여 사례관리팀 사례관리자와 상담을 진행하였다. 아이들이 사망한 아버지의 어머니 폭행으로 인해 마음의 상처가 컸고, 불안감을 떨쳐버리고 싶다고 하였다. 어머니와 아이들의 심리적 안정을 위한 상담의 필요성을 확인하였다. 사례관리자는 인근의 정신건강복지센터에 전화하여 이용 가능한 서비스를 문의하고 클라이언트와 상의하여 서비스 의뢰서를 작성할 계획이다.	■ 내방 □ 방문 □ 전화 □ 기타 (회의)	1 시간
3	0월 0일	5-1	어머니가 아이들과 복지관을 방문하였다. 그간 진행된 사항을 확인한 후에, 요즘 어떻게 지내는지 상담을 진행하였다. 아이들이 많이 좋아졌으며, 큰 아들은 도서관에 들러 책을 읽고 있고, 작은 아들은 학교에 빠지지 않고 다닌다고 하였다. 그리고 어머니는 가족이 함께 외식하는 기회가 있으면 좋겠다고 의사를 표시하였다. 사례관리자가 서비스제공팀과 상의하여, 복지관에 연결된 외식 바우처 업체나 인근 가게에서 자원봉사로 식사를 제공하는 식당이 있는지 알아보고, 적절한 식당을 클라이언트 가족에게 연결하기로 하였다.	■ 내방 □ 방문 □ 전화 □ 기타 (회의)	30분

② 서비스 의뢰서

- 의뢰서 작성 이전에 직접 또는 전화상으로 해당 기관의 담당자와 의뢰에 관한 조율을 하고 의뢰가 합의된 후 서류를 작성하여 전달하도록 한다.
- 해당 기관의 담당자에게 첨부서류와 함께 의뢰서를 전달하는데, 가능한 한 기관의 행정규정에 따라 공문을 첨부하여 공식적으로 전달하는 것이 좋다. 의뢰서 밑에 있는 의뢰기관명에 기관 직인을 찍어 보내도록 한다.
- **사례요약**: 클라이언트의 욕구 및 목표, 서비스 실행내용 및 과정 등에 대해 간략히 기록한다.
- **의뢰내용**: 먼저 사정의 결과 서비스계획표에 나타난 서비스 의뢰와 관련한 욕구 및 목표를 기술하며, 구체적으로 의뢰하는 서비스의 내용과 빈도에 대해서 기록할 수 있다. 사례관리자가 의뢰 후에 서비스 제공과정을 점검할 계획이면 그 빈도와 방법도 기록한다.
- **사례관리자의 의견**: 사례와 관련된 주요 사항이나 특징을 기술할 수 있고, 의뢰 시 정보공유의 정도와 필요성에 의거하여 초기면접지, 사례관리 사정표, 서비스계획표 등을 첨부할 경우 이 점을 명시할 수 있다.
- 서비스 의뢰서의 원본은 의뢰기관에 전달하고 사본은 원래 기관에서 보관한다. 또한 서비스 의뢰서 전달에 대해 사례관리 과정기록지에 기록한다.

③ 사례관리 점검일지

- 사례관리 점검일지는 별도로 서비스 계획을 다시 수립하여 작성하는 것이 아니라, 앞서 이루어진 서비스계획표 및 과정기록지에 의거하여 진행과정을 점검하는 것이다. 이때 구체적인 실천계획에는 기관 내부와 외부에서 제공되는 서비스를 포함하는데, 내부 서비스의 경우에는 수시로 서비스를 점검할 수 있어야 하며, 외부로 의뢰한 경우에는 가능한 초기의뢰 후 7일 이내에 서비스제공 사항을 점검하도록 한다. 그 후 상황에 따라 달라지겠으나 전반적인 점검의 주기/기간은 월 1회 수준에서 이루어지는 것이 좋다.

- **목표, 서비스제공 기관 및 내용**: 목표는 사례관리 계획표에 있는 합의된 목표를 말하며, 서비스제공 기관과 내용은 실행계획이 구체화된 것으로서 실천계획, 담당부서, 빈도 및 기간 등을 포함한다.
- **서비스 이행 및 목표성취 정도**: 서비스 이행과 목표성취, 이용자 만족도 모두 상/중/하로 표기한다. 기타 사항은 사례관리자 의견에 기록한다.

〈표 11-3〉 **서비스 의뢰서 양식**

서비스 의뢰서

기관명: 담당자: 귀하

사례번호		클라이언트		성별/나이	
주소				클라이언트 연락처	
보호자 성명		(관계)		연락처	
수급자 여부		장애유형/등급		사례관리자	
기관 연락처			사례관리자 연락처		

사례요약	
의뢰내용	
사례관리자 의견	

본 기관의 클라이언트에게 전문적 서비스 제공을 통해 효과적인 문제해결을 지원하고자 위와 같이 의뢰하오니 협조하여 주시기 바랍니다.

20 . . .

의뢰기관 ○○ 기관장 (인)

〈표 11-4〉 기록양식 적용 연습

서비스 의뢰서

기관명: 정신건강복지센터　　담당자: ○○○　　귀하

사례번호	000	클라이언트	주○○	성별/나이	여
주소	○○시 ○구 ○○동 000			클라이언트 연락처	000 - 0000
보호자 성명	주○○, 아들 1, 아들 2			연락처	000 - 0000
수급자 여부	수급자	장애유형/등급		사례관리자	○○○
기관 연락처	000 - 0000		사례관리자 연락처	000 - 0000	

사례요약	클라이언트는 남편의 지속적인 폭력과 오랜 생활고로 인해 정서적으로 매우 불안정한 상태이다. 최근에는 자살시도를 하는 등 상황이 극에 달하였다. 이런 상황 속에서 자녀들까지도 정서적으로 불안감을 보이고 있다. 클라이언트의 문제는 어느 한 시점에서 발생한 것이 아니라 지속적으로 있어 왔으며, 더 이상 스스로 해결할 수 없다는 무기력으로 이어진 상태이다. 이에 정신건강복지센터의 일정 기간 상담을 통해 정서적인 안정을 되찾고, 자녀들도 불안을 해소할 수 있을 것이다.
의뢰내용	귀 기관에 의뢰하는 이유는 클라이언트의 정서적 안정이 시급하기 때문이다. 남편의 오랜 학대와 경제적 어려움은 정서적 불안을 초래하였다. 이로 인해 삶의 무력감을 갖게 되었고, 자살시도로 이어졌다. 따라서 클라이언트의 정서적 안정을 위해서는 정기적인 상담을 통한 개입이 필요하다고 판단된다. 귀 기관에서는 '자살예방 및 정신건강 증진 프로그램'의 일환으로 우울, 자살, 스트레스, 정신건강 고위험군 및 치료 대상자에게 유익한 서비스를 제공하고 있다. 이 프로그램은 클라이언트에게 많은 도움이 될 것으로 사료된다.
사례관리자 의견	귀 기관의 '자살예방 및 정신건강 증진 프로그램'에 클라이언트가 참여하면 현재 겪고 있는 정서적 불안과 무기력을 극복하는데 큰 도움이 될 것으로 사료됩니다. 클라이언트도 이 프로그램에 관심을 보이고 있고, 참여해 보려는 의사가 있습니다. 참석하게 되면, 저희 기관에서도 관심을 갖고 클라이언트가 적극 참여하고, 문제를 해결하도록 그 과정과 결과를 확인할 계획입니다. 이 사례와 관련하여 추가정보 및 질의는 저에게 해주시기 바랍니다. 의뢰가 잘 이루어져 프로그램 참여가 시작되면 다시 연락드리겠습니다. 감사합니다.

본 기관의 클라이언트에게 전문적 서비스 제공을 통해 효과적인 문제해결을 지원하고자 위와 같이 의뢰하오니 협조하여 주시기 바랍니다.

20　.　.　.

의뢰기관　　○○복지관장　　(인)

〈표 11-5〉 사례관리 점검일지 양식

사례관리 점검일지

사례번호		클라이언트		사례관리자	
점검일시		사례관리 기간		회차	

목표		서비스 제공 기관/내용					서비스 이행 및 목표성취 정도	사례 관리자 의견
욕구	합의된 목표	실천계획	담당 (기관/부서)		빈도	기간		
			내부	외부				
							□ 서비스이행(상 · 중 · 하) □ 목표성취(상 · 중 · 하) □ 이용자 만족도(상 · 중 · 하)	
							□ 서비스이행(상 · 중 · 하) □ 목표성취(상 · 중 · 하) □ 이용자 만족도(상 · 중 · 하)	
							□ 서비스이행(상 · 중 · 하) □ 목표성취(상 · 중 · 하) □ 이용자 만족도(상 · 중 · 하)	
							□ 서비스이행(상 · 중 · 하) □ 목표성취(상 · 중 · 하) □ 이용자 만족도(상 · 중 · 하)	

④ 사례회의록

- 사례회의는 다양한 형태로 이루어질 수 있으나, 기관 내 사례회의가 가장 기본이 된다. 사례회의 이후에는 사례회의록을 반드시 작성한다. 단, 지역에서 여러 기관들이 함께 통합사례회의를 하거나 통합네트워크에 관여된 경우에는 별도의 통합사례회의록이나 사례보고서를 작성하는 것이 필요하다.
- **참여자**: 사례회의에 참여한 다양한 사람(슈퍼바이저, 기관 내부 및 외부의 관련인이나 전문가 등)을 기록한다.
- **목적**: 현실적으로 사례회의가 이루어지는 목적은 매우 다양하다. 따라서 이러한 점을 고려하여 이 책에서는 사례회의의 목적을 다양하게 설정하였고, 기관에서는 해당사항에 표시하면 된다.
- 회의록의 내용에는 논의내용, 슈퍼비전, 논의결과, 사례관리자의 의견 등으로 구분되어 있는데 해당 사항에 간략하면서도 자유로운 형식으로 기록하도록 한다.

⑤ 슈퍼비전 일지

- 슈퍼비전 일지도 다른 기록양식과 중복될 수 있기 때문에 기관의 여건에 따라 선택적으로 활용할 수 있다. 단, 기관에서 외부 슈퍼바이저나 전문 슈퍼바이저를 두고 있거나, 사례관리 개입 유형이 집중형인 경우에는 필수적으로 기록한다.
- 슈퍼비전의 내용에는 임상사례와 운영체계, 기타사항에 관련된 내용을 요약하여 자유로운 형식으로 기술하며, 그 슈퍼비전의 총괄담당자를 밝힌다.

⑥ 사례보고서

- 사례보고서를 별도로 작성하여 사례에 대한 정보를 공유하고 점검, 조정하는 것은 현장 사례관리자들에게 상당한 부담이 된다. 이러한 점을 감안하여 사례보고서 작성은 기관의 여건에 따라 선택적으로 하는 것이 바람직하다. 단, 지역에서 여러 기관들이 함께 참여하는 통합사례회의나 통합네트워크에 관여된 경우에는 어떤 형태로든 사례보고서를 작성하는 것이 필요하다.

- 사례보고서는 사례관리의 전반적인 과정을 정리하는 것이다. 그 주요 내용으로는 클라이언트 및 수행기관의 기본 정보를 비롯하여, 초기면담과 가계도 및 생태도, 사정결과 및 서비스계획, 진행상황 및 변화과정, 서비스의 결과 및 사회관계망의 전/후 상태, 추후계획 및 슈퍼비전 요청사항 등을 가능한 한 간단히 기록한다. 그리고 기록내용은 개조식으로 써도 무방하다.
- 이상과 같은 사례보고서의 내용은 이 책에서 제시하는 기록양식에 의거하여 기록하는 것이 좋지만, 현장에서 사례관리자들이 문서화(기록) 작업으로 많은 부담을 느끼고 있음을 감안할 때 관련 자료를 복사하거나 별도자료를 첨부하는 것으로 사례보고서 기록양식의 일부를 대체할 수 있다.

〈표 11-6〉 사례회의록 양식

사례회의록

사례관리자		소속기관(팀)		사례회의 일자	
클라이언트		성별/나이	남 / 여 (세)	사례회의 회차	
참여자					

목적	□ 적격심사(대상자여부 판정) □ 유형분류(일반, 집중, 위기/긴급) □ 욕구사정 및 개입방안 □ 서비스 목표 협의 □ 서비스 계획 수립 □ 종결여부 □ 기타( )
논의 내용	
슈퍼비전	
논의 결과	□ 사례관리 대상 선정 □ 개입 유형 결정 □ 재사정 □ 서비스계획 수립 혹은 수정 □ 유지 □ 의뢰 □ 종결 □ 기타
	결과 및 추후개입방향
사례관리자 의견	

〈표 11-7〉 **기록양식 적용 연습**

사례회의록

사례관리자	000	소속기관(팀)	사례관리팀	사례회의 일자	00/00
클라이언트	주00	성별/나이	여(43세)	사례회의 회차	3회차
참여자	팀장 1, 팀원 2				

목적	□ 적격심사(대상자여부 판정) □ 유형분류(일반, 집중) ■ 욕구사정 및 개입방안 □ 서비스 목표 협의 □ 서비스 계획 수립 □ 종결여부 □ 기타( )
논의 내용	- 클라이언트에 대한 사정을 실시함. - 다양한 욕구 영역별로 검토해 보았을 때, 사례관리자는 클라이언트의 정신적 건강이 매우 걱정되는 상황이라 이에 대한 조속한 개입이 필요하다고 의견 제시함. - 정신적 문제와 더불어, 장기간 지속되어 온 경제적 어려움과 어머니의 양육부담, 생활 스트레스, 자녀 교육에 대한 부담을 해소하는 방안이 필요함. - 가족관계와 가족이 함께 하는 기회, 가족외식 등에 대해서도 의논함.
슈퍼비전	- 클라이언트가 처한 상황이나 개인력, 가족력, 그리고 자녀들의 욕구를 종합적으로 살펴보았을 때, 사례관리자의 집중적인 개입이 필요하다고 판단됨. - 경제적 상황과 정신적 문제를 동시에 고려해야 되는 상황이라, 복지관 자원을 활용하고 인근의 전문기관과 협력하여 대안을 모색하는 것이 필요함.
논의 결과	□ 사례관리 대상 선정 ■ 개입 유형 결정 □ 재사정 □ 서비스계획 수립 혹은 수정 □ 유지 □ 의뢰 □ 종결 □ 기타
	결과 및 추후개입방향 이 사례는 논의 결과, 집중형의 사례관리가 필요한 것으로 의견을 모았음. 이용자와 논의를 통해 개별 서비스계획을 수립하는 것이 시급하고, 욕구사정에 기초하여 어머니, 아들 1, 아들 2가 참여할 수 있는 실행방안을 고려할 계획임.
사례관리자 의견	이 사례는 생계유지와 관련된 경제적 어려움, 어머니의 정신적 불안과 무기력, 자녀들의 정서적 불안과 행동 문제 등이 복합적으로 연결되어 있는 경우임. 따라서 개입의 우선순위는 욕구사정에 기초하여 신중하게 고려하되, 무엇보다 어머니의 자살기도 상황에 대해 신속하게 개입하여 전문적인 서비스를 받도록 조치를 취해야 할 것으로 사료됨. 그리고 경제적 안정과 가족관계 개선, 아이들의 교육 및 문화체험 욕구에 대해서도 순차적인 개입이 필요하다고 사료됨.

〈표 11-8〉 **슈퍼비전 일지 양식**

사례관리 제(   )차 슈퍼비전 일지

일시	20 년 월 일 (요일)
장소	
참석자	슈퍼바이저, 사례관리자, 기타

슈퍼비전 내용	임상사례	
	운영체계	
	기타	
차후계획		

슈퍼비전 총괄 담당자:

〈표 11-9〉 **사례보고서 양식**

사례보고서

<table>
<tr><td>사례번호</td><td></td><td>클라이언트</td><td></td><td>성별/나이</td><td></td></tr>
<tr><td>수급여부</td><td>□ 수급자
□ 차상위</td><td>이용기간</td><td></td><td>대상유형</td><td>□ 일반형
□ 집중형
□ 위기(긴급)형</td></tr>
<tr><td>보고유형</td><td colspan="3">□ 내부 사례회의 □ 통합사례회의 □ 기타(　　)</td><td>사례관리자</td><td></td></tr>
<tr><td rowspan="3">초기
상담
내용</td><td colspan="5">□ 개인력　□ 가족력
□ 경제적 상황 □ 기타 특이사항 등</td></tr>
<tr><td colspan="3">가계도</td><td colspan="2">생태도</td></tr>
<tr><td colspan="3"></td><td colspan="2"></td></tr>
<tr><td>사정
결과</td><td colspan="5">□ 욕구:

□ 자원 및 강점, 장애물:</td></tr>
<tr><td>계획</td><td colspan="5">서비스 계획:</td></tr>
<tr><td>진행
상황
및
변화
과정</td><td colspan="5">개입과정 및 변화의 흐름:</td></tr>
<tr><td>개입
결과</td><td colspan="5">사례관리서비스의 성과 기록
- 사회관계망(지지망)의 개입 전/후 상태 제시
- 목표달성내용</td></tr>
<tr><td>추후
계획 및
슈퍼비전
요청내용</td><td colspan="5"></td></tr>
</table>

쉬어가기 **사례관리 맛보기**

"세상에서 엄마가 가장 좋아요" (3)

사례관리를 통해 한 아이와 한 가정이 변해가는 모습을 보면서 나 또한 우리 가정을 되돌아보게 되었다. 희망의 지렛대에 모인 여러 기관들의 역할 분담은 나를 도왔다. 혼자만의 외로운 싸움이 아니라 함께 고민할 수 있는 사람들이 있어 내내 든든했다.

서윤이네는 여전히 진행 중이지만, 서윤이와 서윤이 어머니가 가족의 의미를 깨닫고 서로 사랑하는 모습들을 지켜볼 때마다 마음이 즐겁다.

처음 봤을 때의 서윤이는 그저 철없고 가족의 사랑을 모르는 아이였다. 그러나 몇 개월이 지난 지금, 서윤이는 엄마의 마음을 조금씩 알아가고 있다. 어머니도 학부모 자조모임에 참석하여 서로의 양육방법을 통해 엄마의 역할을 하려고 노력 중이다.

서윤이는 아쉽게도 아직까지 학습에 대한 의욕은 다소 부족하다. 하지만 공부방 수업을 잘 참여한다. 지금처럼 서윤이와 어머니 둘 다 서로를 위해 노력을 한다면, 서윤이 가족은 '하하 호호' 즐거운 웃음소리로 가득하게 될 것이다.

서윤! 지금 무척 잘하고 있고, 기말고사 성적 기대해 볼게! 어머니! 서윤이 사랑하는 마음은 누구보다도 잘 알아요. 지금처럼만 꾸준히 노력해 주세요!.

출처: 희망의 지렛대 사례관리네트워크 편저(2013). 『희망 이야기』, pp.118-119에서 발췌

2. 평가 및 종결단계의 기록양식과 활용지침

평가 및 종결단계에서 작성해야 하는 기록양식은 다음과 같다.

- 사례관리 종결보고서 작성
- 사후관리 보고서 작성

- 평가 및 종결단계에서는 사례관리 종결보고서를 작성한다.
- 사례회의를 통해 사례관리 서비스의 종결이 확정되면 서비스의 과정을 평가하고 종결기록을 한다.

- 종결 후에도 6개월을 기준으로 기관 사정에 따라 일정 기간 사후관리를 한다. 사후관리의 방법과 기간에 대해 클라이언트나 후견인에게 알리고 동의를 받는다.
- 사후관리 과정을 과정기록지에 기록하며, 기관에 따라서는 별도의 사후관리보고서를 작성한다.
- 사후관리가 종료되면 사례관리 서비스가 전체적으로 종료된다.
- 서비스가 종료되면 대상자와 관련된 모든 기록은 묶어서 5년간 보관한다.

다음은 사례관리 종결보고서를 작성하는 지침이다.

- 종결보고서에는 크게 네 가지를 기록한다. 목표달성 평가, 클라이언트 만족도, 사회관계망이나 지지망(생태도)의 변화, 추후계획을 포함한 사례관리자의 의견을 포함한다.
- 목표달성 평가는 합의된 단기 목표(3개월 전후), 장기 목표(6개월 이상)에 대한 달성 정도를 성과평가란에 5점 만점으로 기록한다.
- 클라이언트 만족도는 사례관리자에 대한 신뢰 및 서비스에 대한 충분한 고지, 전문가로서의 책임성을 포함하여 클라이언트의 사례관리 서비스를 통한 삶의 변화를 5점 척도로 측정한다.
- 사회관계망 및 지지망(생태도)의 변화는 개입초기와 종결 시점의 전/후 상태를 제시하며, 사례관리자의 의견에는 사후관리 계획을 비롯하여 종결과 관련된 기타사항을 기록한다.
- 척도를 활용했던 경우에는 그 결과를 초기와 비교하여 제시한다.
- 종결에 대한 심사는 종결과 재사정으로 나누어지며, 종결의 유형을 기록한다.

마지막으로 사후관리보고서를 작성하는 지침이다(김성경, 2017: 147-148).

- 사후관리 횟수에 따라 칸 수 및 일련번호를 확장한다.
  - 날짜: 사후관리 날짜를 기록함

- 접촉방법: 전화상담, 내방상담, 가정방문 상담, 기타로 구분하여 기록함
- 접촉대상: 접촉한 사람 모두를 기록함
- 현 상황 요약: 가장 중요한 부분으로 클라이언트의 변화의 안정화 상황을 평가함

• 사례관리자의 의견은 클라이언트를 접촉한 결과를 바탕으로 전문적 판단에 따라 종합적으로 기록한다.

• 추후계획은 최종 종결, 타 기관 의뢰, 재개입, 기타 등으로 기록한다. 기타의 경우에는 자세한 설명을 추가한다.

〈표 11-10〉 사례관리 종결보고서 양식

사례관리 종결보고서

사례번호		클라이언트		성별/나이	
사례관리자		소속기관		종결보고 일자	

목표달성 평가			
단기 목표	성과평가	장기 목표	성과평가
	1. (　　/5점) 2. (　　/5점) 3. (　　/5점)		1. (　/5점) 2. (　/5점)

클라이언트 만족도					
문항	매우 만족	만족	보통	불만족	매우 불만족
나는 사례관리자가 이야기해주는 것에 대해 신뢰할 수 있다.					
사례관리자로부터 서비스 내용과 진행에 대해 충분한 설명을 들었다.					
내가 받는 서비스는 내가 원하는 것이다.					
사례관리자는 나의 욕구에 부응하기 위해 열심히 노력한다.					
내 삶은 사례관리 서비스를 받으면서 점차 개선되고 있다.					
기타 의견:					

사회관계망 및 지지망의 변화	
개입 전 생태도	개입 후 생태도

척도활용 평가(사전/사후)	
사례관리자 의견 (사후관리 계획 포함)	
종결 심사 결과	□ 종결　　□ 재사정
종결 유형	□ 기간 종료　□ 사망　□ 이사　□ 연락두절　□ 거절이나 포기 □ 상황 호전 (　　　　　　)　□ 기타(　　　　　)

〈표 11-11〉 사례관리 사후관리 양식

사후관리 보고서

사례번호		클라이언트		사례관리자	
접수일		종결일		주소 및 연락처	
보고유형	□ 사례회의 □ 통합사례회의 □ 기타( )			사례관리자	
1차 사후관리	날짜		접촉 방법	□ 전화상담 □ 내방상담 □ 가정방문 상담 □ 기타	
	접촉 대상				
	현 상황 요약				
2차 사후관리	날짜		접촉 방법	□ 전화상담 □ 내방상담 □ 가정방문 상담 □ 기타	
	접촉 대상				
	현 상황 요약				
사례관리자의 의견					
추후 계획	□ 최종 종결 □ 타 기관 의뢰( ) □ 재개입 □ 기타( )				
사례관리자: 기관명:					

생각해볼 문제

1. 사례관리 과정기록지는 사례관리자가 목적 달성을 위해 개입한 사항을 육하원칙을 토대로 요약식으로 작성하는 것이다. 한 가지 개입내용을 가상하여, 과정기록지를 작성해 보자.
2. 사례관리 간접 실천에서 자원연계는 서비스의뢰서 작성으로 시작된다. 1번과 마찬가지로 한가지 개입내용을 가상하여, 서비스 의뢰서를 작성해 보자.
3. 사례관리를 잘하려면 사례관리자의 역량이 중요하다. 그 한 예로 클라이언트가 호소하는 문제나 관심의 대상이 되는 상황 - 요구나 바람 - 욕구 - 합의된 목적의 설정으로 이어지는 과정을 잘할 수 있어야 한다. 학습자로서 한 가지 간단한 예를 들어 이러한 과정을 연습해 보자(㉄: '할머니와 단둘이 사는 한 남자 아이가 학교에서 자주 친구들을 때리면서 힘자랑을 하곤 하여 선생님께 반성문을 쓰는 상황'을 적용해 나머지 부분은 가상적으로 생각하여 목적 설정까지 적용해 보자).
4. 위와 같은 사례를 적용하여, 3명으로 구성된 사례전담팀을 만들어 외부 기관에 서비스를 의뢰하는 내용으로 사례회의를 해 보자. 활발히 의논한 후 서비스의뢰서를 작성해 보자.

PART

04

사례관리의 실제

Case Management

제4부에서는 다양한 사례관리 실천현장 중에서 종합사회복지관 중심의 민간 사례관리와 희망복지지원단 중심의 공공사례관리에 대해 살펴보고자 한다. 사례관리라는 공통분모에도 불구하고, 현장의 특성에 따라 사례관리의 일차 목표 및 실천과정이 다소 다르게 나타나고 있다. 민관을 대표하는 두 현장을 이론과 실제를 겸하여 살펴봄으로써 학습자는 사례관리 실천의 고유성과 다양성을 이해할 수 있을 것이다.

Chapter 12

민간 사례관리: 종합사회복지관의 경우

종합사회복지관은 역사적으로나 기능 면에서 우리나라 복지현장을 대표하는 기관이다. 주로 저소득층이 거주하는 지역에 위치하여 어려운 이웃의 복지증진과 삶의 질 향상을 위해 종합적인 복지서비스를 제공한다. 종합사회복지관에서는 직제상 사례관리팀을 구성하여 사례발굴, 사례개입, 서비스 연계 등의 사례관리 업무를 수행하고 있다. 이에 12장에서는 종합사회복지관이 수행하는 사례관리 기능과 사업을 먼저 살펴본 후, 교육용 가상 사례를 설정하여 사례관리단계별 기록양식을 채워가면서 사례관리의 실제를 간접적으로 경험해 본다.

1. 종합사회복지관의 사례관리 기능

1) 종합사회복지관 사업의 개요

종합사회복지관은 복지현장의 최일선으로 2025년 현재 전국에 483개소가 설치되어 운영되고 있다. 사회복지관 운영지침(보건복지부, 2025)에 따르면, 사회복지관이란 "지역사회를 기반으로 일정한 시설과 전문 인력을 갖추고 지역주민의 참여와 협력을 통하여 지역사회복지문제를 예방하고 해결하기 위하여 종합적인 복지서비스를 제공하는 시설"을 말한다. 여기서 지역사회복지란 주민의 복지증진과 삶의 질 향상을 위하여 지역사회 차원에서 전개하는 사회복지를 말한다.

사회복지관은 사회복지서비스 욕구를 가지고 있는 모든 지역사회주민을 대상으로 보호서비스, 재가복지서비스, 자립능력 배양을 위한 교육훈련 등 그들이 필요로 하는 복지서비스를 제공하고, 가족기능 강화 및 주민상호간 연대감 조성을 통한 각종 지역사회문제를 예방·치료하는 종합적인 복지서비스 전달기구로서 지역사회 주민의 복지증진을 위한 중심적 역할을 수행하고 있다.

또한 사회복지사업법에 따르면, 사회복지관은 모든 지역 주민을 대상으로 복지서비스를 제공하되, 다음 각 호의 지역 주민에서 우선 제공할 것을 규정하고 있다.

- 국민기초생활보장법에 따른 수급자 및 차상위계층
- 장애인, 노인, 한부모가정 및 다문화가정
- 직업 및 취업알선이 필요한 자
- 보호와 교육이 필요한 유아·아동 및 청소년 등

종합사회복지관이 행하는 사회복지사업은 인도주의와 서비스를 필요로 하는 자의 존엄유지를 전제로 다음 각 호의 기본원칙에 따라 수행된다.

- **지역성의 원칙**: 사회복지관은 지역사회의 특성과 지역주민의 문제나 욕구를 신속하게 파악하여 사업계획 수립 시 반영하여 지역사회 문제를 해결하고, 이에 따른 서비스를 제공하여야 하며, 지역주민의 적극적 참여를 유도하여 주민의 능동적 역할과 책임의식을 조장하여야 한다.
- **전문성의 원칙**: 사회복지관은 다양한 지역사회문제에 대처하기 위해 일반적 프로그램과 특정한 문제를 해결할 수 있는 전문적 프로그램이 병행될 수 있도록 지식과 기술을 보유한 전문 인력이 사업을 수행하도록 하고, 이를 인력에 대한 지속적인 재교육 등을 통해 전문성을 증진토록 하여야 한다.
- **책임성의 원칙**: 사회복지관은 서비스 이용자의 욕구를 충족하고 지역사회문제를 해결함에 있어서 효과성을 극대화하기 위하여 최선의 노력을 기울여야 한다.
- **자율성의 원칙**: 사회복지관은 다양한 복지서비스를 효율적으로 제공하기 위하여 사회복지관의 능력과 전문성이 최대한 발휘될 수 있도록 자율적으로 운영하여야 한다.

- **통합성의 원칙**: 사회복지관은 사업을 수행함에 있어 지역 내 공공 및 민간복지기관에 연계성과 통합성을 강화시켜 지역사회복지 체계를 효율적이고 효과적으로 운영되도록 하여야 한다.
- **자원 활용의 원칙**: 사회복지관은 주민욕구의 다양성에 따라 다양한 기능 인력과 지원을 필요로 하므로 지역사회 내의 복지자원을 최대한 동원·활용하여야 한다.
- **중립성의 원칙**: 사회복지관은 정치활동, 영리활동, 특정 종교활동 등에 이용되지 않게 중립성이 유지되어야 한다.
- **투명성의 원칙**: 사회복지관은 자원을 효율적으로 이용하고 운영과정의 투명성을 유지하여야 한다.

위에 서술한 사회복지관의 정의 및 서비스 우선 대상, 운영의 기본 원칙을 볼 때 사례관리 서비스가 활성화될 수 있는 법적, 제도적 여건이 구비되어 있음을 알 수 있다. 그리고 전통적으로 사례관리의 대상은 복합적인 욕구가 있는 노인, 장애인, 아동 및 청소년, 경제적 빈곤계층 등 이른바 지역사회의 취약계층에 우선적인 관심을 두어 왔기 때문에 이들을 주 대상으로 하는 사회복지관 내 사례관리 서비스는 매우 자연스러운 현상이고 귀결이라고 하겠다.

2) 사회복지관 사례관리의 기능

2012년에 종합사회복지관의 조직 편제가 개편되면서 그동안 전면적으로 드러나지 않았던 '사례관리 기능'이 주요 3대 기능 안에 포함되는 등 사례관리에 대한 관심과 역할이 점차 확대되었다. 현시점에서 사례관리는 사회복지관의 주류 실천방법론으로 자리매김을 했다고 볼 수 있다. 사회복지관의 다른 두 가지 기능은 서비스제공 기능(예: 가족기능강화사업, 지역사회보호사업, 교육문화사업, 자활지원 등 기타 사업)과 지역조직화 기능(복지네트워크 구축, 주민조직화, 자원개발 및 관리)이다. 여기서는 종합사회복지관의 사업 내용 중에서 '사례관리 기능'을 중심으로 제시해 본다(〈표 12-1〉 참조).

〈표 12-1〉 종합사회복지관의 사례관리 기능과 사업

기능	사업 분야	사업 내용
사례관리 기능	사례발굴	지역 내 보호가 필요한 대상자 및 위기 개입대상자를 발굴하여 개입계획 수립
	사례개입	지역 내 보호가 필요한 대상자 및 위기 개입대상자의 문제와 욕구에 대한 맞춤형 서비스가 제공될 수 있도록 사례개입
	서비스연계	사례개입에 필요한 지역 내 민간 및 공공의 가용자원과 서비스에 대한 정보제공 및 연계, 의뢰

종합사회복지관의 사례관리 기능이 그 어느 때보다 강조되는 배경은 최근 우리 사회 전반에 확산하고 있는 사회복지서비스 전달체계 개편 움직임, 복합적인 욕구를 가진 대상자층의 증가, 그리고 이들을 위한 효율적인 서비스 전달방식의 필요성이 커졌기 때문이다. 종합사회복지관은 지역사회에서 가장 오래된 복지현장으로서 이러한 시대적 변화에 능동적으로 대응할 수밖에 없다. 아울러 매 3년마다 시행되는 사회복지관 평가는 사례관리 서비스의 질적 수준을 끌어올리는 계기가 되고 있다.

일반적으로 사회복지시설 평가는 현장에서 3년간 진행된 사업을 일정한 지표를 통해 평가하는 것으로, 여기서는 아래의 〈표 12-2〉와 같이 2024년 사회복지관 평가영역 중 '프로그램 및 서비스' 영역 가운데 '사례관리 기능'에 해당하는 지표를 제시한다(보건복지부 · 사회보장정보원, 2024).

〈표 12-2〉 사회복지관 평가영역 중 '사례관리 기능' 평가지표

평가 지표	평가 내용
1. 사례관리 실행체계	• 사례관리 업무지침 또는 매뉴얼이 마련되어 이에 따라 사례관리가 실행되고 있다. • 사례관리 전담팀을 2~3명 이상 구성하고 있고, 팀원별 업무분장이 되어 있다. • 사례회의가 월 평균 2회 이상 운영되고 있다. • 효과적인 사례개입을 위해 통합사례회의 또는 솔루션 위원회를 통한 서비스 조정 및 연계가 이루어지고 있다. • 기관 내부적으로 사례관리 계획, 실행, 조정, 평가, 자원개발, 외부협력 등이 정기적으로 보고되고 있다.

평가 지표	평가 내용
2. 사례관리 인력의 전문성	• 사례관리자는 사례관리 전문가교육과정을 포함하여 연 16시간 이상 이수하였다. • 사례관리자는 충분한 경력을 가지고 있는 내부 슈퍼바이저와 외부 슈퍼바이저를 통해 정기적인 슈퍼비전을 각각 받고 있다. • 사례관리자는 연 1회 이상 사례관리 사례를 공개 발표하고 있거나 우수사례집을 발간하였다. • 사례관리자는 클라이언트의 생명과 인권에 대한 존중, 자기결정권, 비밀보장의 가치를 반영하고 있다.
3. 사례관리 수행의 전문성	• 사정(assessment)이 체계적으로 이루어지고 있다. • 사례관리 기록 및 관리가 이루어지고 있다. • 클라이언트 욕구에 기반한 자원을 개발·발굴하고 있다. • 대상자별 종결 후 사후관리를 하고 있다.
4. 사례관리 협력 연계	• 사례판정, 목표수립, 목표실행 시 민·관 네트워크 기관의 참여가 활발하게 이루어지고 있다. • 점검 또는 평가 시 이용자의 만족도 조사가 이루어지고 있다. • 클라이언트를 위한 공식·비공식 지지체계 또는 자원의 조직과 연계가 이루어지고 있다.

〈표 12-2〉를 통해 알 수 있는 것은 사회복지관의 사례관리 기능은 과거에 비해 한층 더 강화되고 있고 앞으로도 지역복지를 선도하는 대표적인 현장으로서 더욱 전문화, 체계화의 방향으로 확대될 것으로 예측된다. 현재 사회복지관 사례관리에서 강조하는 몇 가지 사항을 짚어 본다.

- 사례관리 업무지침 또는 매뉴얼을 구비한다. 여기에는 사례관리의 대상의 규정, 사례관리단계별 실천지침, 사례관리자의 역할, 사례회의, 파일 관리방법 등을 포함한다.
- 사회복지관에 사례관리팀(사례관리전담팀)을 구성하여 운영한다. 사례관리팀은 팀장을 포함해 2명 이상의 사례관리자를 두어야 한다.
- 사례관리팀에서 사례회의를 주관한다.
- 지역단위의 통합사례관리팀(통합사례회의)에 참여한다.
- 사례관리자는 관련 교육을 받고, 기관 내·외의 슈퍼바이저에게 정기적인 슈퍼비전을 받는다.

- 사례관리의 전 과정은 정해진 지침에 따라 전문적이고 체계적으로 이루어진다.
- 기관 내부 자원뿐 아니라 외부 자원의 활용을 최대화한다.

3) 사회복지관 사례관리의 목적, 대상, 절차

(1) 사례관리의 목적

종합사회복지관에서 사례관리를 수행하는 목적은 복합적인 상황에서 도움을 필요로 하는 주민을 대상으로 전문성을 기반으로 한 체계적인 욕구사정과 지역사회자원 연계를 통해 도움이 필요한 주민과 그 가족의 사회적 기능을 강화·유지하는 데 있다. 이러한 목적에 하위목표는 다음과 같다.

- 도움이 필요한 주민의 욕구를 정확히 분석하여 그에게 적합한 서비스를 제공·연계하고, 강점을 강화할 수 있는 실천 활동을 통해 문제해결 역량을 강화한다.
- 도움이 필요한 주민의 비공식 자원 및 지역사회 지지체계 형성을 지원하여 그의 사회적 관계망을 확장한다.
- 지역 내 다양한 서비스와 자원을 연계·활용하기 위한 통합사례관리 네트워크를 강화한다.

(2) 사례관리의 대상

종합사회복지관 사례관리의 주요 대상자는 크게 3가지로 볼 수 있다.

- 지역 내 복합적 문제 및 욕구를 보이는 개인 또는 가족
- 국민기초생활수급자, 차상위 계층 및 기타 저소득층에 속하는 개인 또는 가족
- 경제적, 심리·사회적, 신체적 어려움으로 가족해체, 경제적 기능상실 등 위기상황에 놓인 개인 또는 가족

(3) 사례관리의 절차

종합사회복지관의 사례관리 진행과정은 다음과 같이 8단계로 구성된다(보건복지부, 2025).

① **사례발견 및 접수**: 사례(의뢰) 접수, 타기관·시설 의뢰
② **스크리닝 및 판정**: 초기상담 및 스크리닝 실시, 사례회의를 통한 사례 판정
③ **인테이크 및 사정**: 사례관리 동의 및 계약, 대상자와 가족의 의견을 기초로 면접상담(가정방문) 진행, 사례선정회의(긴급/집중/일반)
④ **개입계획**: 목표설정, 우선순위 정하기, 과업설정, 정보공유 및 서비스 연계조정, 욕구 기반 자원 발굴 및 개발
⑤ **서비스 실행**: 목표별 서비스 실행, 사례회의 진행(팀/연합/통합/슈퍼비전 회의 등)
⑥ **모니터링 및 평가**: 사례계획 변화, 개선 필요성 점검(과정추적/계획의 적절한 실시 여부 확인), 목표달성 여부 확인(재사정/2차 계획/종결 여부)
⑦ **사례관리 종결**: 종결사유 파악과 감정수용(클라이언트 의견 재확인), 의뢰 결정
⑧ **사후관리**: 일정 기간을 두고 안정화 여부 점검, 사후관리 계획/개입

4) 사회복지관 사례관리의 실천원칙

종합사회복지관의 사례관리는 도움이 필요한 주민을 대상으로 체계적 욕구사정과 지역자원 연계를 통해 그가 건강한 주민으로 성장하도록 돕는 활동이어야 한다. 따라서 사회복지관은 지역민을 위해 지역자원을 활용하고, 지속 가능한 방식으로 지역민의 성장을 돕는 지역 기반 사례관리(community-based case management)를 지향해야 한다. 지역 기반 사례관리는 다음과 같은 실천원칙을 갖는다(정림종합사회복지관, 2024).

① **이용자의 주체적 참여**: 사례관리의 모든 과정은 이용자의 주체적 참여를 기반으로 진행되며, 이용자와 가족은 서비스계획 수립 및 실행과정에 적극 관여한다.
② **이용자 최선의 원칙**: 사례관리자는 이용자에게 개입하고, 의사결정 및 지원을 할 때 그에게 최선의 이익이 되도록 해야 한다.
③ **이용자의 자기결정권**: 사례관리자는 이용자의 자기결정권을 존중하고 향상시켜야 하며, 이용자 스스로 자신의 목표를 확인하고 명확히 할 수 있도록 돕는다.
④ **지역 기반 자원연계**: 지역 기반의 다양한 공식적, 비공식적 자원발굴을 통해 이

용자의 욕구에 적합한 자원을 연계하고 지원한다.

⑤ **민관협력을 통한 사례관리 네트워크 운영**: 주도적인 민관협력을 통해 기관 간 역할을 분담하고 서비스의 중복을 해소한다. 또한 서비스계획을 수립하고 정기적인 서비스 조정을 통해 사례관리 과정 전반에서 상호 협력한다.

⑥ **선제적이고 예방적인 서비스 지원**: 지역사회복지관의 핵심기능을 통합적으로 활용하여 이용자의 욕구에 적합한 서비스 및 프로그램을 지원한다.

⑦ **주민중심 상호돌봄체계 구축**: 주민력 증진 및 다양한 네트워크 운영을 통해 지역 내 상호돌봄이 가능한 통합돌봄체계를 구축함으로써 지역사회 내 취약계층을 상시 보호한다.

⑧ **실천 기록의 구체성**: 실천의 전 과정은 가능한 한 분명하고 구체적으로 기록되어야 한다. 특히 사례관리의 단계별 주요과업과 성과에 대해 체계적이며 측정 가능하게 서술되어야 한다.

⑨ **사례관리 실무자의 전문역량 강화**: 사례관리자는 체계적이고 전문적인 방법으로 사례관리를 해야 하며, 이를 위해 업무수행에 필요한 전문역량을 강화하기 위한 노력을 해야 한다.

⑩ **사례관리 실천 전반에 대한 책임성**: 사례관리는 제공된 서비스의 책임성을 중시한다. 따라서 사례관리에서 주요 결정은 사례관리자 혼자서가 아니라 팀 차원에서 결정해야 하며, 외부 전문가와 슈퍼바이저를 포함한 통합사례회의의 개최도 중요하다.

⑪ **사례관리 성과측정을 위한 평가 및 환류**: 사례관리의 성과는 이용자, 수행인력, 주변체계의 다각적 평가방법을 통해 측정되어야 한다. 사례관리 실천과정과 운영체계가 서로 균형있게 발전할 수 있도록 업무수행 구조 및 실천환경에 대한 정기, 비정기 평가를 진행한다.

5) 사회복지관 사례관리자의 실천 경험과 향후 과제

현재 종합사회복지관에서 일하는 사회복지사들은 사례관리를 어떻게 실천하고 있는 것일까? 오랫동안 사례관리를 실천해 온 사회복지사들의 이야기를 통해 현장에서 어떤 어려움을 겪고, 어떻게 대처하는지를 알아본다(김희수 · 최선희, 2019; 홍보영 외, 2018).

(1) 사례관리 실천의 어려움

사례관리자는 ① 사례관리 실천의 특성과 관련하여, 사례관리는 이용자의 삶의 전 영역에 관여하는 실천이고 지속적으로 관계를 맺어가는 일이기에 사례관리자의 책임감이 매우 크다. 또한 같은 욕구라도 개인이 처한 여건에 따라 각기 다르기에 이용자의 변화나 성과가 잘 드러나지 않는 특성이 있다. ② 상호작용이나 관계성 측면에서 보면, 이용자의 생활에 오랫동안 관여하다 보니 실천가-이용자 간 적절한 경계 설정이 안되고, 감정과 상황이 서로 얽히는 어려움이 있다. 또한 욕구충족을 위해 어디까지 개입해야 하는지에 대해 모호한 점이 많다. ③ 사례관리자의 전문적 역량에서는 이용자의 욕구를 찾고 변화의 동기를 끌어내는 것이 쉽지 않다. 그리고 이용자의 욕구에 맞는 다양한 실천기술을 적용하는 것도 큰 부담이다. 경력자로서 신입 직원을 교육하는 데에도 많은 시간과 에너지가 소모된다. ④ 사례관리 수행환경 측면에서는 이용자의 공격이나 폭력 행동을 저지할 보호 체계가 약하고, 공적인 권한이 없으며, 책임만 요구받는 경향이 있다. 또한 모든 것을 기록하고 회의를 운영하는 것도 큰 부담이다.

(2) 어려움에 대한 대처

사례관리자는 위와 같은 어려움에 대해 우선 ① 기관 차원에서는 슈퍼비전의 제공, 기관의 적극적 조치 및 외부 지원을 활용하여 대처하고 있다. 즉, 상급자에게 보고 후 슈퍼비전을 받거나, 사례에 관해 협의하면서 심리적, 정서적 지원을 제공받는다. 또한 사례관리의 어려움을 기관 내에 공론화하여 동료 간 이해를 돕고, 필요시 다른 사례관리자로 바꾸기도 한다. 외부 전문가를 활용하여 교육과 훈련의 기회를 제공하고 사례관리자의 성장을 도모하는 조치를 취하기도 한다. ② 사례관리자는 개인적 차원에서 자신의 개입방식을 수정하거나 더 나은 대안을 찾는 노력을 통해 어려움을 극복하고자 한다. 또한 자신의 실천을 충실히 기록하여 만일의 상황에 대비하며, 업무와 개인적인 일을 분리하고, 취미활동이나 주변과의 소통을 통해 스트레스를 관리한다.

(3) 향후 과제

이러한 실천 경험을 고려하여, 향후에는 종합사회복지관 내 사례관리 업무에 대해 보다 분명한 기준을 설정하여 사례관리자와 클라이언트의 역할과 책임성 및 기능을 분명히 해야 한다. 또한 사례관리자의 실무역량을 강화하고 업무상 안전을 보장할 뿐 아니라, 어려운 사례에 대해 함께 협의하고 자문하는 업무 환경을 구축해야 한다. 사례관리가 현장에서 주류 실천방법으로 자리매김하고 있음을 고려하여, 사회복지사들이 사례관리에서 전문적 역량을 발휘할 수 있도록 제도적, 실천적 지원을 아끼지 말아야 할 것이다.

쉬어가기 사례관리 맛보기

"마음바라기" (1)

어느 무더웠던 여름. 준수와 준수 아버지가 병원의 사회사업팀을 찾아왔다.

"안녕하세요."

나는 평소와 마찬가지로 인사를 건넸다. 하지만 돌아오는 대답은 없었다. 내담자의 두 손이 살포시 포개었다 펼쳐지며, 가슴 앞에서 아래로 향했다.

"네. 안녕하세요."

수화였다. 준수는 비장애인이었지만 말이 없었고, 청각장애인 준수 아버지만이 내게 수화로 첫 인사를 건넸다. 나와 준수의 만남은 이렇게 소리 없이 시작되었다.

"저희 팀에 어떻게 오셨나요?"

"제 아들이 최근에 교통사고를 당했습니다. 사고 전에는 말도 잘하고 활동적이었는데 사고 후 갑자기 말수도 줄어들고 내향적으로 변했습니다. 어떻게 해야 되죠?"

"자세한 검사를 받아보고는 싶은데 의료비가 걱정이 되어 이렇게 찾아왔습니다."

"저는 병원에 근무하고 있는 의료사회복지사입니다. 만나서 반갑습니다."

나는 사회복지사로서 농아인에 대한 관심을 가지고 있었기 때문에 수화를 배우고 있었다. 그래서 서툰 수화로 조심스럽게 나를 소개하게 되었다. 간단한 신상확인 절차를 마친 후 초기면담이 시작되었다.

출처: 희망의 지렛대 사례관리네트워크 편저(2013). 『희망 이야기』, p.123-124에서 발췌

2. 종합사회복지관의 사례관리 적용

1) 교육용 가상 사례의 제시

민간 사례관리의 현장은 매우 다양하나, 여기서는 대표적인 실천 현장으로 종합사회복지관에서의 사례관리의 적용을 살펴본다. 실제 사례를 다루는 것은 개인정보 보호와 사생활 침해 등 윤리적 문제가 발생할 소지가 있기 때문에, 가상 사례를 만들어서 단계별 기록양식의 작성 예를 제시하고자 한다.

이 가상 사례는 실제 사례가 아니다. 저자가 그동안 여러 기관의 사례를 접하면서 사회복지관에서 주로 다루어지는 문제와 욕구를 중심으로 가상해서 만들어낸 교육용 사례(case)다. 저자가 속한 대학에서 그동안 '사례관리론'을 강의하면서 학생들에게 나눠주고, 조를 구성하여 토의한 후 기록양식을 채우고 실무적 기술을 익히던 것이다. 학생들의 토의를 활발하게 이끌기 위해서는 사례에 나타나 있지 않은 일부 배경정보는 조별로 자유롭게 추가하는 것이 가능하다. 먼저 토의를 위한 가상 사례를 제시한다.

가상 사례

클라이언트가 다니는 중학교의 학교사회복지사로부터 'ct 행동문제'로 00사회복지관에 의뢰되었음. 기초생활보장 대상(일반 수급권자)이며, 의료급여 1종. ct의 문제로 개입을 시작.

- **클라이언트**: 김**(14세), 여, (영구임대) 00주공아파트 거주, 중학교 2학년생, 질병이나 장애는 없음. 행동상의 문제가 있음(아래 개인수준 문제 참조). 클라이언트는 학교에서 어려운 점이나 문제가 생겨도 말하지 않고 참는 편이며, 화가 나도 표현하지 않음. 학교 친구들과는 대화하지 않고 혼자 있는 시간이 많음. 집에서 고양이를 키우는데, 때로 고양이를 심하게 학대하는 경우가 있음. 집에서 어머니와는 이야기를 잘하고 신뢰관계가 형성되어 있음. 언니와는 자주 싸우고 갈등의 관계에 있음. 지난 2월에 돌아가신 아버지를 무서워했음.
- **가족사항**: 어머니 – 50세, 고졸, 현재 무직, 가끔 아르바이트를 함. 남편의 오래된 외도 및 알코올 중독으로 마음의 상처를 받아 우울 성향이 생겼고, 종종 정신병원에서 치료를 받고 있음. 자식들에 대해 애정이 있고 어떻게 해서든 잘 살아보려고 하지만, 남편의 오랜 학대로 인해 무력해졌고, 우울 성향이 있어 제대로 된 직업을 갖기에는 아직 준비가 안 됨. 경제적으로 보탬이 되어야 한다는 생각을 갖고 있음. 가끔 고등학교 친구들을 만

나고 성당에 가기도 함.

- 아버지: 52세(사망), 고졸, 결혼 후 몇 년간은 일을 했으나, 클라이언트가 다섯 살 때부터 회사를 그만두고 주위 사람들과 술을 마시기 시작하여 알코올중독에 걸림. 오래전부터 외도하던 여자가 있었으며, 술을 먹으면 아내를 때리곤 했음. 알코올 전문병원에 몇 차례 입원하여 치료를 받았으나 재발했으며, 지난 2월 취중에 이웃사람과 싸우다 사고로 사망하였음.
- 언니: 17세, 고등학교 1학년, 건강 양호. 어릴 적부터 부모가 동생만 좋아해 불만이 있었고, 지금도 동생과는 잘 지내지 못함. 아버지로부터 상처를 많이 받아 남성에 대한 부정적인 이미지가 남아 있음. 어머니가 데리고 종종 이야기하는 편이지만, 반항심이 있음. 학업과 친구관계 등에는 별다른 문제가 없으나, 소심하고 내성적인 성격임.

• **경제상황**: 현재 1백만 원 정도 수입(생계비 보조 80여 만 원, 아르바이트 20만 원)이 있으나, 이는 아파트관리비, 생활비, 자녀교육비, 의료비, 자녀 보험비 등을 내기에도 매우 어려운 상태. 아이들 학비는 정부에서 지원됨. 두 아이를 키우기 위한 생활비가 부족함.

• **생활실태 및 주요문제**
- 개인 수준: 클라이언트가 학교생활에 흥미가 없고, 친구들과 교류도 없으며, 성적도 부진. 집에서는 고양이와 놀다가 가끔 고양이에게 화풀이를 함. 아버지로부터 받은 상처가 커서 남성에 대한 부정적인 이미지가 있음.
- 가족 수준: 가족관계의 문제(가족원 사이에 정서적 친밀감과 유대감 부족), 어머니의 우울 성향과 이로 인한 안정적인 양육의 어려움, 일하려는 의지는 있으나 안정적인 직장을 구하기 어려운 점, 돈이 없어 가족 단위의 문화 및 여가생활은 거의 하지 못함.
- 지역사회 수준: 가끔 출석하는 성당과 00복지관, 동사무소, 근처에 사는 어머니 친구를 제외하고는 이 가족을 도울 수 있는 공식적, 비공식적 지지망/관계망이 약함.

• **강점 및 약점**: 어머니는 남편으로부터의 오랜 폭력, 외도에도 불구하고 살아보려는 의지와 생활력이 있음, 자녀에 대한 관심도 있음. 그러나 우울 성향과 자활에 대한 불안감으로 때로 무력감을 느낌.

2) 가상 사례를 활용한 기록양식 채우기

이 책에서 제시한 단계별 기록양식은 11개이다. 일반형은 9개, 집중형은 11개의 기록양식이 필요하다. 실제 현장에서는 최소 일곱 가지 이상의 양식을 활용하지만, 여기서는 교육용 사례의 활용목적에 맞게 초기면접지, 사례관리 동의서, 사례관리 사정표, 서비스계획표, 사례관리 과정기록지, 서비스의뢰서를 중심으로 제시한다. 아울러 가계도 및 생태도를 함께 작성하는데, 생태도의 경우 개입 전과 개입 후의 상황을 제시한다.

여기에 다루지 않는 나머지 기록양식, 즉 사례관리 점검일지와 사례회의록, 슈퍼비전 일지, 사례보고서, 사례관리 종결보고서는 사례에 대한 풍부한 자료를 추가하여 학습자가 자율적으로 시도해볼 수 있다. 실천단계별 주요과업 및 기록양식 작성법은 이 책의 9~11장을 참조하기 바란다.

이 가상 사례를 가지고 사례관리를 처음 접하는 학습자를 위해 몇 가지 기록양식을 채워본다. 이 결과물은 모범답안이 아니며, 학습자들의 이해를 돕기 위해 저자가 작성한 것이다. 실제 현장에서는 이보다 더 다양한 방식으로 문제 및 욕구사정이 이루어지고, 사정결과에 따라 서비스계획 및 자원연결이 이루어진다. 이런 점을 감안하면서, 적용 예제를 살펴보자. 기록양식의 순서는 다음과 같다.

① 초기면접지 및 가계도와 (개입 전) 생태도
② 사례관리 동의서
③ 사례관리 사정표
④ 서비스계획표
⑤ 사례관리 과정기록지
⑥ 서비스의뢰서
⑦ 개입 후 생태도

〈양식 ①〉

초기면접지

<table>
<tr><td>접수번호</td><td></td><td>일시</td><td>년 월 일</td><td>면접자</td><td>OO복지관
사례관리자</td></tr>
<tr><td>면접 참여자</td><td>클라이언트,
언니, 어머니</td><td>장소</td><td colspan="3">□ 방문 ■ 내방 □ 전화 □ 지역사회( )</td></tr>
<tr><td>면접경로</td><td colspan="5">□ 대상자 요청 ( ) □ 사례관리자 발굴 ( )
□ 기관 내부 의뢰 ( ) ■ 타기관 의뢰 (학교사회복지사)
□ 지역주민 등 의뢰 (이웃주민) □ 기타 ( )</td></tr>
</table>

<table>
<tr><td>클라이언트</td><td>김XX</td><td>성별</td><td>여</td><td>주민등록번호</td><td>20XXXX
– 2XXXXXX</td></tr>
<tr><td>주소</td><td colspan="2">OO 주공아파트</td><td>전화번호</td><td colspan="2">000 – XXX – XXXX
010 – XXX – XXXX</td></tr>
<tr><td>종교</td><td>기독교</td><td>장애유형</td><td>X</td><td>건강상태</td><td>양호</td></tr>
<tr><td>공적급여</td><td colspan="3">■ 기초생활수급(□ 생계급여일반 □ 생계급여조건부)
■ 의료급여 □ 주거급여(원)
□ 교육급여 □ 보장시설 □ 차상위가정(%)
□ 저소득 □ 일반 □ 기타</td><td>수급
책정년도</td><td>0000</td></tr>
<tr><td>주거상태</td><td colspan="5">□ 자가 □ 전세 □ 월세 □ 사글세 ■ 임대주택(전세임대, 청년임대, 매입임대)
□ 무상임대 □ 시설/그룹홈 □ 기타 (무허가, 고시원)</td></tr>
</table>

<table>
<tr><td rowspan="4">가족사항</td><td>관계</td><td>성명</td><td>나이</td><td>직업</td><td>동거여부</td><td>연락처</td><td>기타</td></tr>
<tr><td>모</td><td>박OO</td><td>50</td><td>아르바이트</td><td>O</td><td>010 - XXX
- XXXX</td><td>우울성향, 정신 병원 치료</td></tr>
<tr><td>동생</td><td>김OO</td><td>17</td><td>고등학생</td><td>O</td><td></td><td>남성에 대한 부정적인 이미지, 동생을 질투함</td></tr>
<tr><td>클라이언트</td><td>김OO</td><td>14</td><td>중학생</td><td>O</td><td></td><td>행동 문제, 언니와 아버지 무서워함. 관계갈등</td></tr>
</table>

	구분	내용
요구 및 정보	클라이언트	제 감정을 알아주는 사람이 있었으면 좋겠어요. 언니와 사이좋게 지내고 싶어요. 엄마가 행복해졌으면 좋겠어요. 공부할 수 있는 학원에 다니고 싶어요. 친구들과 잘 어울리고 싶어요. 가족들과 놀이공원에 가고싶어요. 가족들과 영화보러 가고싶어요.
	가족	언니: 엄마가 저한테도 신경을 써줬으면 좋겠어요. 동생과 사이좋게 지내고 싶어요. 남자들은 너무 폭력적인 것 같아 멀리하고 싶어요. 어머니: 일자리를 얻고 싶어요. 생활비 부담이 커요. 큰 딸의 마음을 알고 싶어요. 막내 아이가 폭력적인 성향이 있어요.
면접평가	사례관리자 의견	아버지의 부재로 경제적인 어려움이 있으며, 가족 간의 친밀감 및 유대감이 부족하며 도움을 줄 수 있는 지지망이 약하다. 아버지에게 가정폭력을 당했던 경험이 아직도 큰 영향을 미치고 있다. 가족의 회복과 자활노력을 위해 사례관리가 필요하다.
	대상자 판정	■ 대상

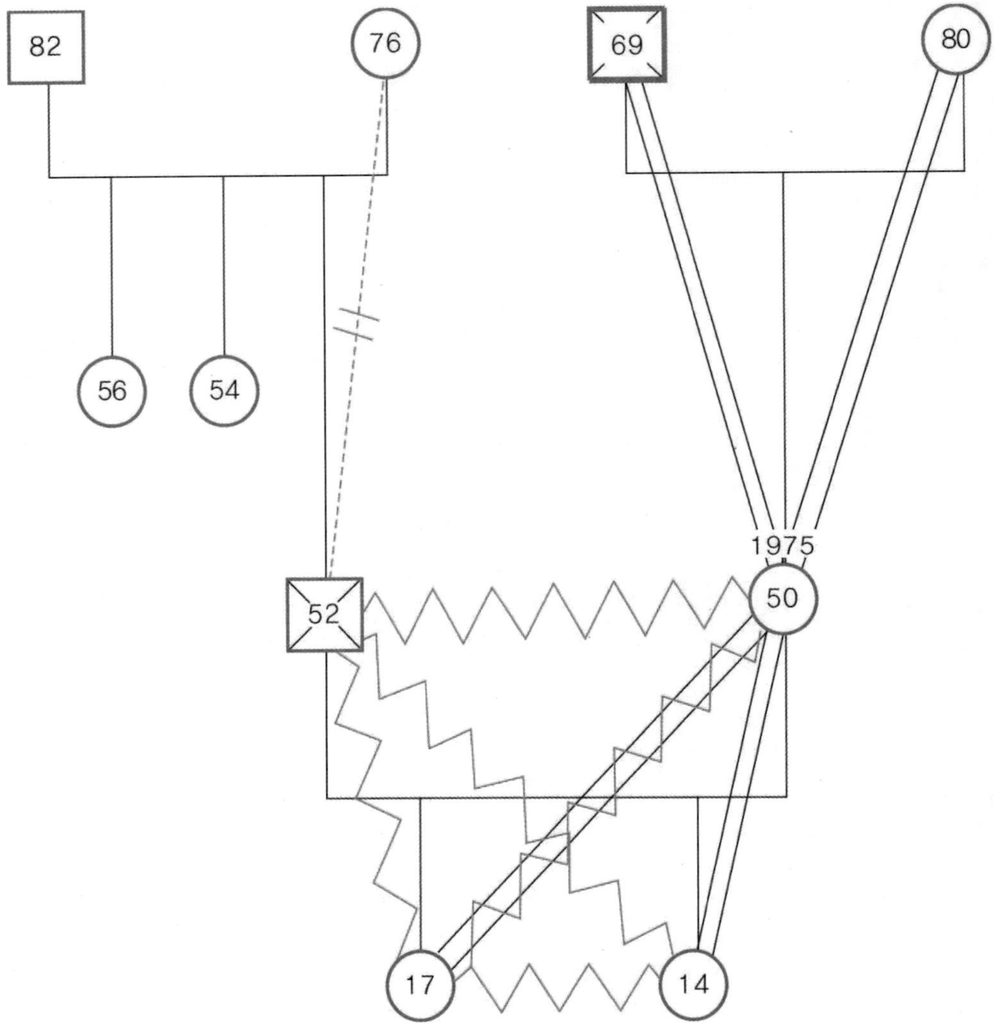

[그림 12-1] **초기면접지에 추가 사항: 가계도**

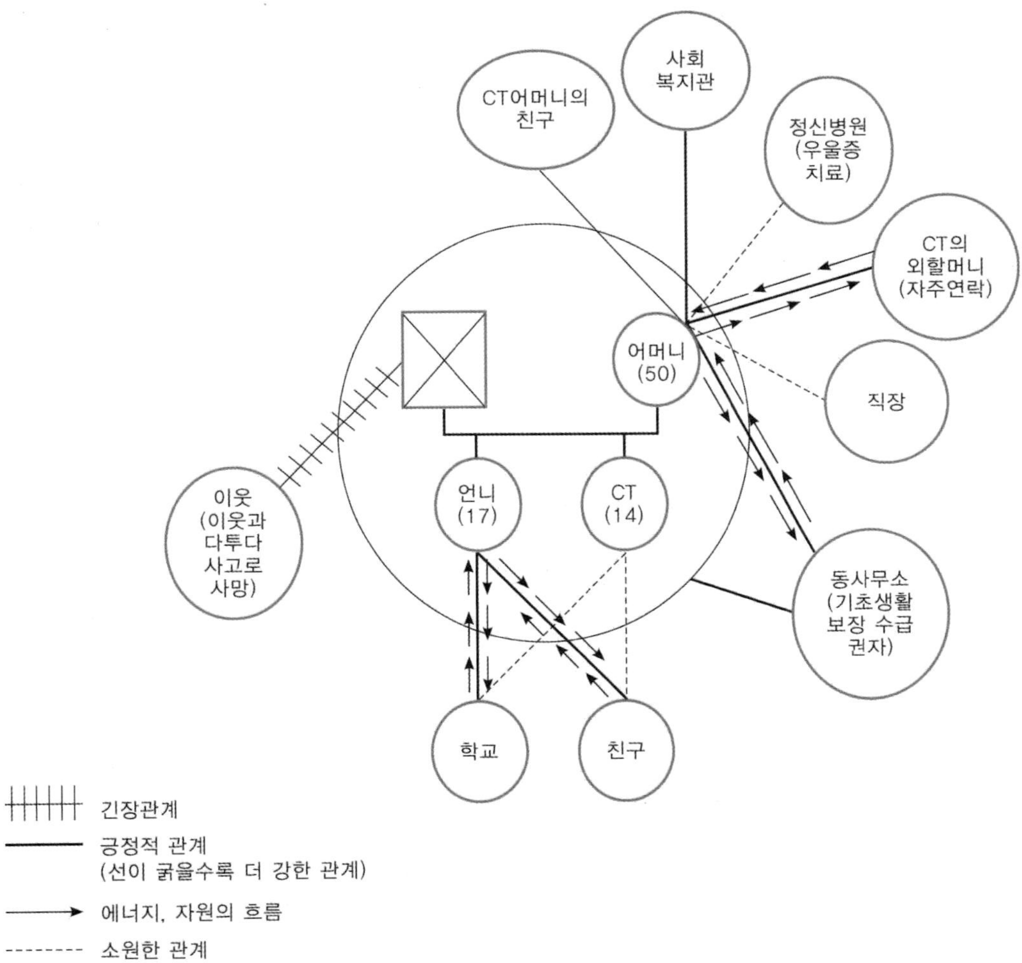

[그림 12-2] **초기면접지에 추가사항: 개입 전 생태도**

〈양식 ②〉

사례관리 동의서

성명	김 ○○ / 박 ○○	주민등록번호	62××× - 2××××××
연락처	010 - 0000 - 0000	접수일	○○. ○○. ○○.
주소	○○시 ○○○구 ○○동 123번지		

O (기관명) 서비스 제공 동의

1. (사례관리) 필요한 복지서비스를 제공하겠습니다.
   본 기관은 통합적인 사례관리를 통해 귀하에게 필요한 복지서비스를 제공하도록 노력하겠습니다.

2. (비밀보장) 개인정보에 대한 비밀을 보장하겠습니다.
   귀하께서 주시는 정보는 사례관리를 위한 목적으로만 사용되며, 그 외에 개인적인 정보가 노출되지 않을 것임을 약속합니다.

O 서비스 이용자 동의

1. (사례관리 동의) 사례관리 서비스에 동의합니다.
   본인은 귀 기관에서 제공되는 사례관리서비스 제공 활동에 동의합니다.

2. (상호협조) 서비스 제공기관에 협조하겠습니다.
   본인은 서비스 제공상에 문제나 어려움이 있거나, 혹은 신상 변동이 있는 경우 귀 기관과 긴밀하게 협의하도록 하겠습니다.

3. (정보제공) 필요시 본인의 정보를 제공하겠습니다.
   필요한 경우 동의하에 서비스 제공기관에 본인의 정보를 제공할 것을 허락합니다.

20 . . .

서비스 제공기관 '○○○○ 기관'	서비스 이용자
주소: ○○시 ○구 ○○동 ○○○ 전화번호: 000 - 기관장: (인) 사례관리자: (인)	주소: ○○시 ○구 ○○동 ○○○ 전화번호: 000 - 이용자: 김○○ (인) 보호자: 박○○ (인) [관계: 모]

〈양식 ③〉

사례관리 사정표

사례번호	○○○	클라이언트	김○○	사례관리자	○○○
작성일자	20 . . .	유형	신규	정보제공자	클라이언트, 어머니, 언니

기초사정	우선순위	현재 상황, 문제	요구사항 및 욕구	자원 · 강점 · 이용서비스 (공식/비공식적), 장애물
경제	1	- 고정적 수입이 없어서 경제적 부담이 큼	"생활비 부담에서 벗어나고 싶어요."	- 일반 수급을 받고 있음 - 안정된 직업이 없음 - 일하려는 의지가 있음
	2	- 교육비 부담	"공부할 수 있는 학원에 다니고 싶어요."	
가족 관계	1	- 클라이언트가 언니와의 관계가 좋지 않음	"언니와 사이좋게 지내고 싶어요." "동생과 잘 지내고 싶어요."	- 엄마가 딸들을 잘 키워보려고 애씀 - 엄마와 언니가 같이 교회에 다님 - 언니의 반항적 성향 - 엄마의 우울 성향
	2	- 어머니와 언니와의 관계가 좋지 않음	"엄마가 언니에게도 더 신경을 써줬으면 좋겠어요."	
건강 (정신적)	1	- 어머니가 우울 성향으로 병원치료를 받고 있음	"엄마가 행복해졌으면 좋겠어요."	- 언니가 어릴 적 친하던 이성친구 있음 - 남편의 오랜 학대로 인한 상처 - 아버지에 대한 미움과 상처 - 클라이언트가 감정표현을 잘 못함 - 어머니의 우울치료 경험 - 클라이언트의 낮은 자존감
	2	- 언니가 남성에 대한 부정적 이미지가 있음	"남자들은 너무 폭력적인 것 같아서 멀리하고 싶어요."	
	3	- 클라이언트가 자신의 감정을 적절히 표출할 대상이 없음(고양이 학대)	"저의 감정을 알아주는 사람이 있었으면 좋겠어요."	
전문가 의견 (필요시)	어머니는 현재 우울 성향이 있어 직업을 갖기에는 아직 준비가 안 되어 있고, 고정적인 수입이 없어 경제적 부담과 교육비 부담이 크다. 클라이언트와 어머니의 관계는 나쁘지 않지만, 언니의 반항적 태도와 남편의 오랜 학대에서 비롯된 어머니의 우울성향으로 인해 가족 전체의 분위기가 좋지 않고 가족관계도 원만하지 않다. 그리고 언니는 아버지로 인한 상처로 남성에 대한 부정적인 이미지를 갖고 있다. 클라이언트는 자신의 감정을 알아주는 사람이 없다고 느낀다. 따라서 클라이언트뿐 아니라 가족 전체의 관계 회복과 기능강화를 위해 사례관리가 필요하다.			

<table>
<tr><td rowspan="3">척도활용
사정</td><td>척도 종류</td><td>사정 일시</td><td>사정 결과</td></tr>
<tr><td>가족관계 척도</td><td>00.00.</td><td>가족관계가 역기능적인 측면이 강한 것으로 나타남</td></tr>
<tr><td>자존감 척도</td><td>00.00.</td><td>클라이언트의 자존감이 매우 낮음</td></tr>
<tr><td>사례관리
수준판정</td><td colspan="3">□ 일반형 ■ 집중형 □ 위기(긴급)형</td></tr>
</table>

사례관리자 종합의견

클라이언트 및 가족이 처한 여건과 및 그들이 호소하는 요구를 사정해 보았을 때, 그들의 문제는 일시적이거나 한시적인 것이 아니라, 오랫동안 누적되어 온 복합적인 문제이자 욕구의 표출이라고 할 수 있다. 따라서 가족관계를 회복하고 강화하며, 현재는 사망했지만 그동안 아버지로 인한 심리적 상처를 치유하고 자존감을 향상시켜 독립적인 삶을 준비하는 다각적인 개입이 필요하다고 사료된다. 어머니의 정신적 안정과 더불어 자활의 방법을 모색하고, 가족원들이 서로를 아끼며 살아갈 수 있도록 1년 이상의 집중적인 사례관리가 필요하다.

〈양식 ④〉

서비스 계획표

사례번호	000	클라이언트	김○○	사례관리자	
유형	□ 일반형 ■ 집중형 □ 위기(긴급)형			구분	■ 신규 □ 재사정

욕구	합의된 목표	서비스				
		실천계획	담당(기관/부서)		빈도	개입기간
			내부	외부		
우선순위 1. 경제	1. 자녀 교육비 부담을 줄인다.	1. 복지관에서 후원처를 연결하여 교육비 지원을 받는다.	복지관 지역사회 조직팀			6개월 00월~00월
우선순위 2 고용	1. 어머니의 취업준비를 통해 안정적인 일자리를 얻는다.	1. 취업욕구를 정확하게 파악한다. 2. 국비지원으로 가능한 직업훈련을 연결하고 일자리를 찾는다.	복지관 사례 관리팀	여성인력 개발센터	수시	1년 00월~00월
우선순위 3 정신적 건강	1. 어머니의 우울성향을 개선한다.	1. 정기적으로 병원을 방문하여 상담, 치료를 받는다. 치료 상황을 점검한다.	복지관 사례관리팀	어머니 병원 사회복지사	지속적	1년 00월~00월
	2. 가족원 모두 폭력의 피해로 인한 상처에서 벗어나도록 한다. 3. 가족원의 자존감을 높인다.	1. 가족원의 정서적 안정을 위해 지속적으로 상담한다. 2. 전문기관의 상담을 통해 상처를 치유한다.	사례관리자	가족 상담센터	주 1회	1년 00월~00월
우선순위 4 가족관계	1. 자매간의 관계를 개선한다.	1. 청소년을 대상으로 하는 외부활동에 함께 참여한다. 2. 자매간 대화를 이끈다.	사례관리자	클라이언트와 언니 ○○청소년 상담센터	수시 프로그램 참여기간	6개월 00월~00월
	2. 어머니와 큰 딸, 클라이언트의 관계를 개선한다.	1. 가족이 전체 참여하는 프로그램에 연결한다. 2. 가족 상담을 실시한다. 3. 어머니에게 양육교육을 실시한다.	사례관리자	가족 상담센터	주 1회 프로그램 참여기간	1년 00월~00월

욕구	합의된 목표	서비스				
		실천계획	담당(기관/부서)		빈도	개입기간
			내부	외부		
우선순위 5 사회관계	1. 가족원의 친구관계를 개선한다.	1. 클라이언트와 언니의 학교 교우관계를 변화시킨다. 2. 어머니의 친구관계를 변화시킨다.	사례관리자	학교 복지실	수시	6개월 00월~00월
	2. 지지망을 확대한다.	1. 클라이언트와 언니에게 멘토링을 연결한다. 2. 엄마에게 한부모 지원 체계에 연결한다.	복지관 멘토링	한부모 자조모임 피해여성 자조모임	주 1회	1년 00월~00월

이상과 같은 서비스 제공계획에 동의하며, 목표달성을 위해 적극 참여하고 협력할 것을 상호 약속합니다.

20 년 월 일

성명: ___________(인) 보호자: ______(관계:)/(인) 사례관리자: _________(인)

〈양식 ⑤〉

사례관리 과정기록지

사례번호	000	클라이언트	김○○	사례관리자	

번호	월/일	관련 목표	내용	개입/실천유형	개입 시간
1	0월 0일	1-1	복지관 사례관리팀에서 지역사회조직팀과 함께 확대사례회의를 실시하여, 클라이언트 가족의 자녀교육비를 지원할 수 있는 방안이 있는지를 논의함. 현재 진행 중인 공동모금회 지원사업(저소득층 상담지원 및 학비지원)에 해당하는지의 여부를 논의한 결과, 가능성이 있어서 클라이언트의 어머니와 내일 만나 이야기를 하기로 함.	□ 내방 □ 방문 □ 전화 ■ 기타 (회의)	1시간
2	0월 0일	3-1	어머니의 우울상태를 확인하고 상담의 가능성을 알아보기 위해 그동안 다녔던 ○○의원에 전화하여 담당의사와 이야기를 나눔. 클라이언트는 심각한 상태는 아니며, 외래로 약을 복용하면서, 인근의 정신보건센터에서 필요한 상담을 받으면 좋겠다는 의견을 들음. 어머니와 의논하여 차후 현실적인 관리방안을 찾는 것이 필요함.	□ 내방 □ 방문 ■ 전화 □ 기타	20분
3	0월 0일	1-1	어머니가 시간을 내어 복지관으로 찾아와 상담이 진행됨. 자녀학비 지원을 적극 요청하였으며, 현재 진행 중인 사업에도 적극 참여하기로 하였음. 학비지원여부를 내일 중으로 통보해주기로 함. 그 외에 자녀들과의 관계 및 어머니의 취업 욕구 등에 대해서도 상담을 진행함. 다음 주 이 시간에 다시 상담을 진행하기로 함. 전반적으로 매우 협조적임. 상담내용은 별도 기록지에 작성함.	■ 내방 □ 방문 □ 전화 □ 기타	1시간 30분
4	0월 0일	4-1	복지관과 업무협약을 맺고 있는 ○○청소년상담센터에 클라이언트와 언니를 의뢰하기 위해 어머니에게 전화함. 주말에 진행되어 학교수업에 영향이 없고, 바우처사업으로 참가비 부담이 없음. 어머니도 좋다고 하고, 자녀들을 보내겠다고 함. 가정에서 상처받은 청소년들에게 도움이 될 좋은 프로그램으로 내부 상처회복 및 관계개선에 도움이 될 것으로 사료됨.	□ 내방 □ 방문 ■ 전화 □ 기타	30분

〈양식 ⑥〉

서비스 의뢰서

기관명: ○○청소년상담센터　　담당자: ○○○　　　　　　귀하

사례번호	000	클라이언트	김○○, 김○○	성별/나이	여 17, 14세
주소	○○시 ○구 ○○동 000			대상자연락처	000 - 0000
보호자 성명	박○○		(관계: 모)	연락처	000 - 0000
수급자 여부	수급자	장애유형/등급		사례관리자	○○○
기관 연락처	000 - 0000		사례관리자 연락처	000 - 0000	

사례요약	이 사례는 심한 알코올중독으로 주위 사람과 싸우다가 사고로 사망한 아버지와 우울성향이 있는 어머니, 그리고 학교적응과 가족관계에 어려움이 있는 자녀들이 관여되어 있는 사례이다. 대상자 및 가족이 처한 여건과 및 그들이 호소하는 요구를 사정해 보았을 때, 그들의 문제는 일시적이거나 한시적인 것이 아니라, 오랫동안 누적되어 온 복합적인 문제이자 욕구의 표출이다. 가족관계를 회복할 필요가 있으며, 사망한 아버지로부터 받은 심리적 상처를 치유하고 자존감을 향상시켜 독립적인 삶을 준비하는 다각적인 개입이 필요하다. 어머니의 정신적 안정과 더불어 자활의 방법을 모색하고, 가족원들이 서로를 아끼며 살아갈 수 있도록 1년 이상의 집중적인 사례관리가 필요하다. (초기면접지와 사정결과표 등 첨부)
의뢰내용	귀 기관에 의뢰하는 주된 이유는 클라이언트와 언니와의 관계개선이 현 시점에서 매우 필요하기 때문이다. 아버지로부터 받은 상처가 억압되어 남성에 대한 부정적 이미지를 갖고 있을 뿐 아니라, 부모의 자녀양육의 어려움으로 언니와의 관계도 원만하지 못하다. 따라서 가족의 회복을 위해서는 어머니를 중심으로 가족관계가 재구성되어야 하는데, 그 한 측면으로 자녀들 간의 소통을 강화하고 가족에 대한 공감대를 형성하는 개입이 필요하다고 사료된다. 귀 기관의 '상처받은 청소년들을 위한 소통 프로그램'은 많은 도움이 될 것이다.
사례관리자 의견	귀 기관의 '상처받은 청소년들을 위한 소통 프로그램'에 클라이언트와 언니가 함께 참여하는 것은 현 시점에서 매우 중요하고, 가족관계 변화의 의미 있는 계기가 될 것으로 기대합니다. 어머니가 동의하고, 자녀들이 적극 참여해 보기로 했으니, 진행과정 및 결과에 대한 진척 사항을 확인할 계획입니다. 이 사례와 관련하여 추가 정보 및 질의는 저를 통해 해주시기 바랍니다. 의뢰가 이루어져 프로그램 참여가 시작되면 다시 연락드리겠습니다. 감사합니다.

본 기관의 클라이언트에게 전문적 서비스 제공을 통해 효과적인 문제해결을 지원하고자 위와 같이 의뢰하오니 협조하여 주시기 바랍니다.

20　.　.　.

의뢰기관　　　○○복지관장　　　　　　(인)

〈양식 ⑦〉

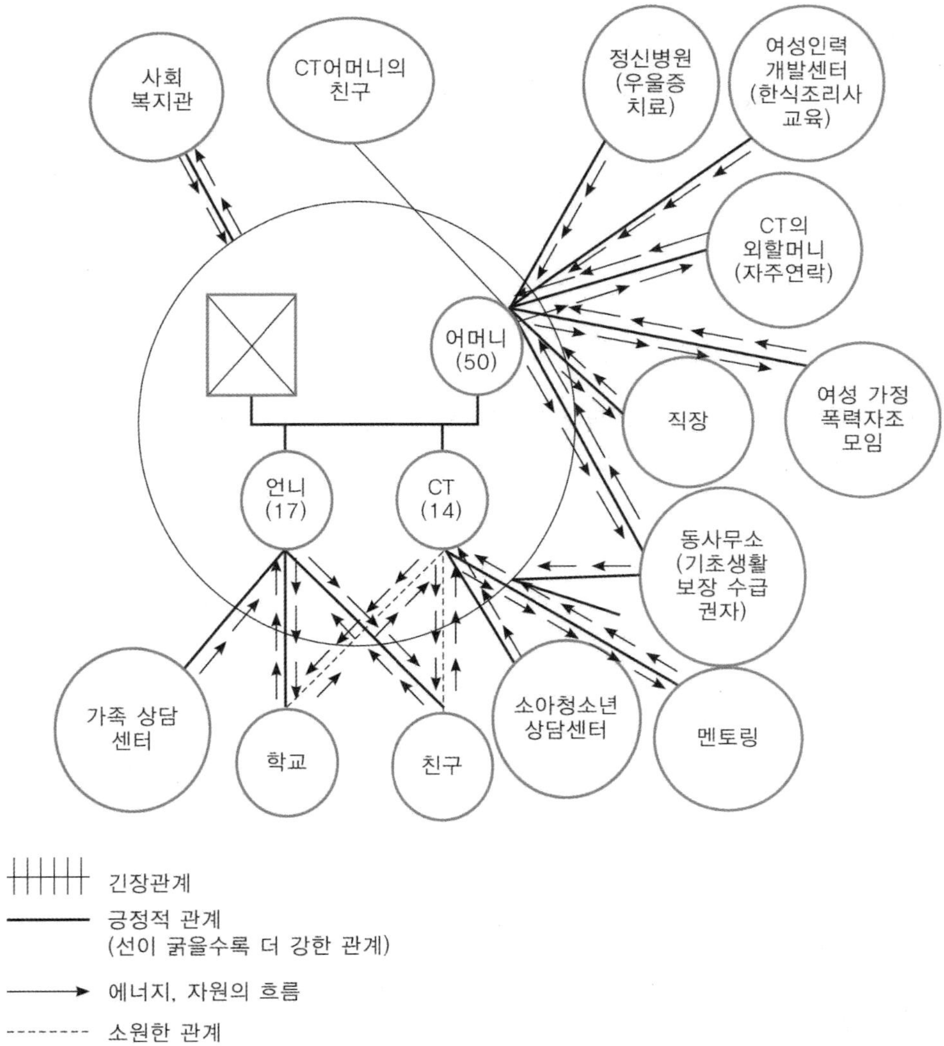

[그림 12-3] **개입 후 생태도**

생각해볼 문제

1. 종합사회복지관 현장에 사례관리가 필요한 이유는 무엇이고, 현재 어떤 조직편제를 통해 사례관리 사업이 전개되고 있는지 함께 토의해 보자.
2. 학습자가 살고 있는 곳에서 가장 가까운 종합사회복지관을 방문하여 사례관리 실천에 대한 생생한 이야기를 들어보자. 먼저 복지관 홈페이지에 접속하여 기관 현황을 살핀 후, 사례관리팀장과 연락하여 개인적으로 혹은 조별로 사례관리 업무에 대해 문의하거나 궁금한 것을 질의해 보자. 여건이 허락되면 사례관리 담당자를 인터뷰해 보자.
3. 사회복지관에서 사례관리자로 일하는 사회복지사들은 어떤 보람을 느끼고 있을까, 그리고 어떤 어려움과 애로사항이 있을까? 사회복지전공자로서 관심을 갖고 관련 자료를 찾아보거나 현장의 목소리에 귀를 기울여보자.
4. 학습자들을 몇 개의 조로 나눈 후, 이 장에서 제시한 '가상 사례'를 자유롭게 토의하고 새로운 정보를 추가하여 기록양식을 자유롭게 채워보자. 예로 제시한 일곱 가지 기록양식을 수정하고 보완하면서 실천의 내용이 어떻게 달라지는지 비교해 보자.

Chapter 13

공공 사례관리: 희망복지지원단의 경우

우리나라의 경우 민간에서 사례관리가 시작되어 발전했지만, 최근에는 공공 사례관리가 전국적으로 확대되면서 실천 범위가 한층 넓어지고 있다. 현재 공공 사례관리를 대표하는 현장은 각 시·군·구에 설치된 희망복지지원단이다. 공공 사례관리가 확대되면서 이제는 민간 사례관리와 어떻게 협력적으로 발전할 것인지, 그리고 기초생활수급자 및 차상위계층에 집중된 사례관리 이용자 중복현상을 어떻게 효과적으로 해결할 것인지 등이 화두가 되고 있다.

13장에서는 공공 사례관리란 무엇이고 왜 필요한지, 민간 사례관리와 어떻게 다른지를 먼저 살펴보고, 이어서 공공 사례관리를 대표하는 희망복지지원단의 통합사례관리에 대해서 자세히 알아본다. 희망복지지원단의 설치목적과 통합사례관리의 기능이 무엇인지, 그리고 12장에서 사용한 동일한 가상 사례를 활용하여 각 실천과정에서 요구되는 기록양식들 중 몇 가지를 선택하여 직접 작성해 본다.

1. 희망복지지원단의 사례관리 기능

1) 공공 사례관리의 개요

그동안 우리 사회가 추진해온 지방자치제 정책 지향과 맞물려, 사회복지에도 지역사회가 지역민의 복지를 책임지는 흐름으로 가고 있다. 이런 맥락에서 지역사회의 복지자원을 가장 효율적이고 효과적으로 활용하여 서비스의 중복이나 누락을 방지하고, 대상자의 욕구에 맞는 서비스를 지속적이면서도 통합적으로 전달해주는 전략이 필요하게 되었다. 이 전략이 바로 공공영역에서의 통합사례관리이며, 최근 정부에서 추진하고 있는 복지서비스의 공공 전달체계 개편에서 핵심 사업으로 자리를 잡고 있다.

정부와 지자체에서 추진한다는 의미에서 공공 사례관리(public case management)로 불린다. 공공영역의 사례관리는 지난 2005년에 개정된 사회복지사업법에 "시장 · 군수 · 구청장은 보호대상자별 보호계획을 작성하고 변경할 수 있다"는 규정을 두면서 사례관리의 제도적 기반을 마련하였다. 보호계획을 통한 복지서비스를 제공하기 위해서 읍 · 면 · 동의 사회복지공무원은 보호대상자를 발굴하고 그들의 욕구를 사정하여 보호서비스 제공 계획을 수립한 후, 지역사회의 자원 및 서비스를 연계하도록 하였다. 2006년 이후부터는 통합사례관리라는 용어가 공적 전달체계의 개편 속에서 구체적으로 등장하였고 사회복지공무원의 중요한 업무 중 하나가 되었다.

2006년부터는 '주민생활지원서비스 전달체계'가 개편되기 시작하였다. 개편의 중요한 취지는 수요자 중심의 찾아가는 서비스를 구체화하는 것이었고, 이를 실천하는 방법으로 통합사례관리가 채택되었다. 이에 따라 사회복지공무원들이 지역에서 상담 및 사례관리 등 사회복지 고유 업무를 중점적으로 실시할 수 있게 조직구조와 업무내용이 개편되었고, 이들을 중심으로 주민생활에 관련된 각종의 복지서비스를 제공하는 주민생활지원팀이 새롭게 구성되었다.

그 후 2008년에는 수요자 중심의 선진화된 사회복지서비스 전달방식인 '희망복지 전달체계'로의 개편이 이루어졌다. 이 개편에서 사례관리와 관련된 주요한 특징은 읍 · 면 · 동에 주어졌던 사례관리의 기능 중 위기가구에 대한 사례관리를 시 · 군 · 구 단위에서 관리하도록 했다는 것이다. 그 이유는 읍 · 면 · 동 단위의 사회복지공무원들이 그 수가 절대적으로 부족하여 실제 사례관리 업무를 수행하는 데 한계가 있었기 때문이다. 이에 따라 사례관리 업무를 강화하기 위해 복합적 욕구로 집중개입이 필요한 위기가구에 대한 사례관리를 시 · 군 · 구 단위로 이관시키고, 사례관리를 수행할 새로운 전담 인력으로 통합사례관리사를 고용하여 서비스연계팀에 배치하였다.

기존에 읍·면·동의 사회복지공무원은 위기가구에 대한 지원을 제외한 인테이크 및 상담, 찾아가는 서비스의 기능을 강화하도록 하였다. 지자체별로 4~5명의 통합사례관리사들은 자원관리, 서비스 내역조사·관리, 사례관리 업무 총괄, 전문 사례관리 대상자 선정, 지원상황 모니터링 및 서비스 관리, 민관 협력을 통한 전문사례관리 추진 등의 역할을 수행하도록 하였다.

한편 공공 사례관리의 업무 효율화는 사회보장정보시스템(행복이음)을 통해 이루어진다. 이 시스템은 각종 사회복지 급여 및 서비스 지원 대상자의 자격과 이력에 관한 정보를 통합 관리하고, 지자체의 복지업무 처리를 지원하기 위해 기존 시·군·구별 새올행정시스템의 31개 업무 지원시스템 중 복지분야를 분리하여 개인별 가구별 DB로 중앙에 통합 구축한 정보시스템이다([그림 13-1] 참조).

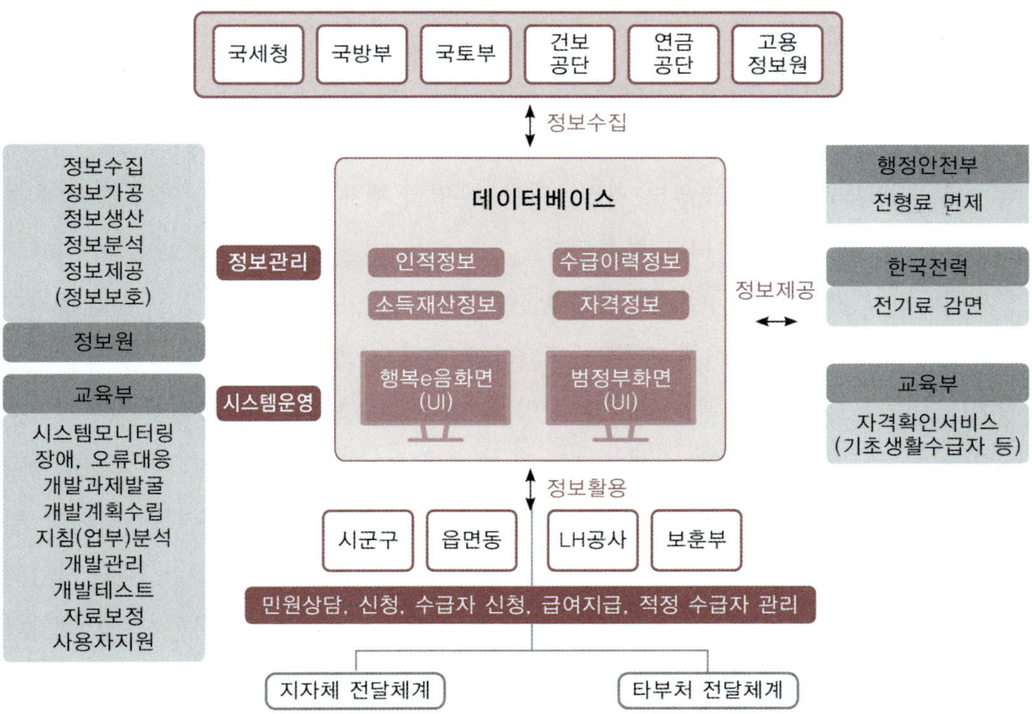

[그림 13-1] 사회보장정보시스템(행복이음)

특히 2015년에는 읍·면·동 복지허브화(동복지기능 강화) 사업을 본격적으로 시행했으며, 2018년에는 찾아가는 보건·복지 서비스를 위한 복지전담팀을 전국 읍·면·동에 설치하였다. 2024년 12월 말 현재, 전체 읍·면·동 3,553개소 중 3,461개소(97.4%)에 찾아가는 보건복지전담팀이 설치되어 운영 중이다(안혜영, 2010; 한국사례관리학회, 2012a). 자세한 사항은 제2장(사례관리의 역사적 발달과정: 우리나라)을 참조하기 바란다.

2) 공공 사례관리와 민간 사례관리의 비교

사례관리는 만성적이고 복합적인 욕구가 있는 대상자를 위한 통합적 실천방법으로 다양한 현장에 적용할 수 있다. 단, 사례관리는 패키지화된 실천방법론이기 때문에 각 현장에서 일정한 사례관리 지침과 운영방안을 갖고 수행한다면 민간과 공공영역을 막론하고 활용이 가능한 것이다. 사례관리는 영역에 따라서 크게 공공 사례관리와 민간 사례관리로 나누어지는데, 이는 사례관리의 주체가 공적 기관인지 사적 기관인지에 따른 구분이다. 정부와 지자체가 이끌어가는 '희망복지지원단'과 같이 시·군·구 단위(시청·군청·구청)에서 주도하는 경우가 공공 사례관리이고, 사회복지관처럼 비록 재정은 정부와 지자체로부터 지원받지만, 운영의 주체가 민간 법인이나 단체인 경우는 민간 사례관리로 분류된다.

우리나라의 사례관리는 민간에서 시작하여 발전하였고, 최근에는 공공 사례관리가 전국적으로 확대되면서 이제 공공 사례관리와 민간 사례관리가 어떻게 협력하고 상생할 것인지가 중요한 과제로 떠오르고 있다. 현재 대표적인 공공 사례관리는 시·군·구 희망복지지원단의 통합사례관리지만, 그 외에도 공공주체가 주도하는 사업들도 다양하게 존재한다. 공공주체가 주도한다는 의미는 사업운영에 필요한 재정이나 일반관리를 공공주체가 책임진다는 것이다. 공공이 주도하는 사업이라고 해도 사업의 실제 수행은 공공이 직접 수행하거나 혹은 민간에 위탁하여 수행하는 등의 다양한 방식으로 이루어진다. 2025년 현재 이루어지고 있는 몇 가지 사업의 예를 들면, '노인맞춤돌봄서비스', '드림스타트(취약계층 아동통합서비스)', '아동보호서비스', '방문건강관리', '의료급여사례관리', '자활사례관리', '중독사례관리', '정신건강사례관리', '장애인 건강보건사례관리' 등이 있다. 이 사업들에 대해서는 관련 홈페이지 방문을 통해 다양한 자료를 찾아볼 수 있다.

이 사업들은 대부분 최근 수년 내에 시행된 것으로서 단기간에 그 규모가 급속히 확대되고 긍정적인 성과를 내고 있는 사업들이다. 사례관리 기능과 관련지어 이들 사업을 분류해 보면, 두 가지 유형으로 나뉜다. 첫 번째 유형은 사례 발굴 및 초기상담과 욕구사정, 자원연계 등 사례관리 본연의 기능을 핵심으로 하는 유형이다. 여기에는 이장에서 자세하게 다루는 희망복지지원단의 위기가구사례관리, 드림스타트, 아동보호서비스, 자활사례관리가 해당한다. 이 유형에서의 사례관리는 대상자와 자원을 연결하거나 연계하는 데 초점을 둔다. 두 번째 유형은 사례관리 본연의 기능은 부수적이지만 전반적으로 대상자의 문제해결을 위한 직접적 서비스제공에 중심을 두는 유형이다. 여기에는 노인맞춤돌봄서비스, 방문건강관리, 장애인 건강보건사례관리, 중독사례관리, 정신건강사례관리 등이다.

이렇듯 희망복지지원단 중심의 통합사례관리가 확대되면서 이에 관한 학술적 연구도 늘어났다. 최근에 수행된 연구(김나영 외, 2024)를 보면, 2014년부터 2024년도까지 약 52편의 통합사례관리 관련 연구가 발표되었다. 가장 많이 탐색한 주제는 통합사례관리사의 직무수행(17편)과 실천 경험(13편)에 관한 것이었다. 그 외에도 통합사례관리 발전방안(8편), 통합사례관리 관련 조례와 법(4편), 슈퍼비전(3편), 기타(7편)에 관한 것이었다. 특히 통합사례관사들은 업무 수행과정에서 많은 소진과 스트레스, 역할갈등을 경험하고 있다. 그렇기에 앞으로 통합사례관리사들이 전문가로서의 정체성과 실천역량을 인정받을 수 있도록 관련 교육과 훈련, 처우개선 방안이 요구된다.

한편, 공공 사례관리와 민간 사례관리가 어떻게 다른지 〈표 13-1〉을 통해 알아보자(한국사회복지관협회, 2012: 39; 보건복지부, 2025).

〈표 13-1〉 **공공 사례관리와 민간 사례관리의 차이**

구분	공공 사례관리	민간 사례관리
개념	지역 내 공공·민간자원에 대한 체계적인 관리·지원체계를 토대로 복합적이고 다양한 욕구를 가진 대상자에게 복지·보건·고용·주거·교육·신용·법률 등 필요한 서비스를 통합적으로 연계·제공하고, 이를 지속적으로 상담·모니터링해 나가는 사업	복합적이고 만성적인 욕구가 있는 클라이언트 및 그 가족을 대상으로 그들의 사회적 기능 강화 및 삶의 질 향상을 위해 협력적인 운영체계를 기반으로 체계적인 욕구사정과 지역사회자원을 연결하여 지속적이고 효과적으로 사회복지서비스를 제공하는 통합적인 실천방법
역할	행정적인 측면에서 다양한 자원 및 서비스가 통합될 수 있도록 연계와 조정	실천적 측면에서 장기적 보호를 요하는 클라이언트와 지속적인 관계를 바탕으로 삶의 질 향상, 유지, 변화 유도
	사회보장정보시스템을 활용하여 자원을 관리하고 민간에 배분하는 역할, 부족한 자원의 확충 및 예산지원, 지역 내 취약계층에 대한 전체적인 사례관리 실시, 공공-민간의 협력관계 형성	전문적 서비스제공을 더욱 활성화시키고, 지역사회복지협의체 활동에의 적극적인 참여 등을 통한 지역사회 공통과제에 대한 관심을 확대시키는 역할
	공공에 대한 신뢰를 기반으로 서비스 중복의 방지, 빈곤탈출과 자활의 강조, 복지사각지대의 해소	직접서비스를 제공하는 동시에 공공영역에서 제공하는 다양한 자원과 기회를 최대한 활용하여 사례관리 대상자의 삶의 질에 반영
	자원연계 및 조정, 지역 단위 서비스 조정 등의 역할에 중점	직접서비스를 제공하면서 공공기관이 의뢰한 집중사례관리 대상자에 대한 전문적 모니터링을 병행하여 제공
	외적 자원을 증가시키거나 외적 장애를 제거하는 활동	내적 자원을 고양시키고, 내적 장애를 완화시키는 일은 민간 영역의 융통성과 실천 경험이 중요

3) 희망복지지원단의 통합사례관리 사업

공공 사례관리를 관장하는 전담기구는 희망복지지원단이다. 이는 전국의 시·군·구에 설치되어 있으며, 각 지자체에서 수행하는 사례관리 사업을 총괄 관리함으로써 지역 단위의 통합서비스를 제공하는 중추적 역할을 한다. 희망복지지원단을 중심으로 이루어지는 통합사례관리 사업을 자세히 알아보고자 한다.

먼저 [그림 13-2]의 희망복지지원단의 추진체계와 [그림 13-3]의 통합사례관리 절차를 살펴보고, 이어서 관련 개념과 목표, 대상자, 업무수행 체계, 대상자 구분, 인력 배치 및 자원관리 등을 제시하고자 한다(보건복지부, 2025).

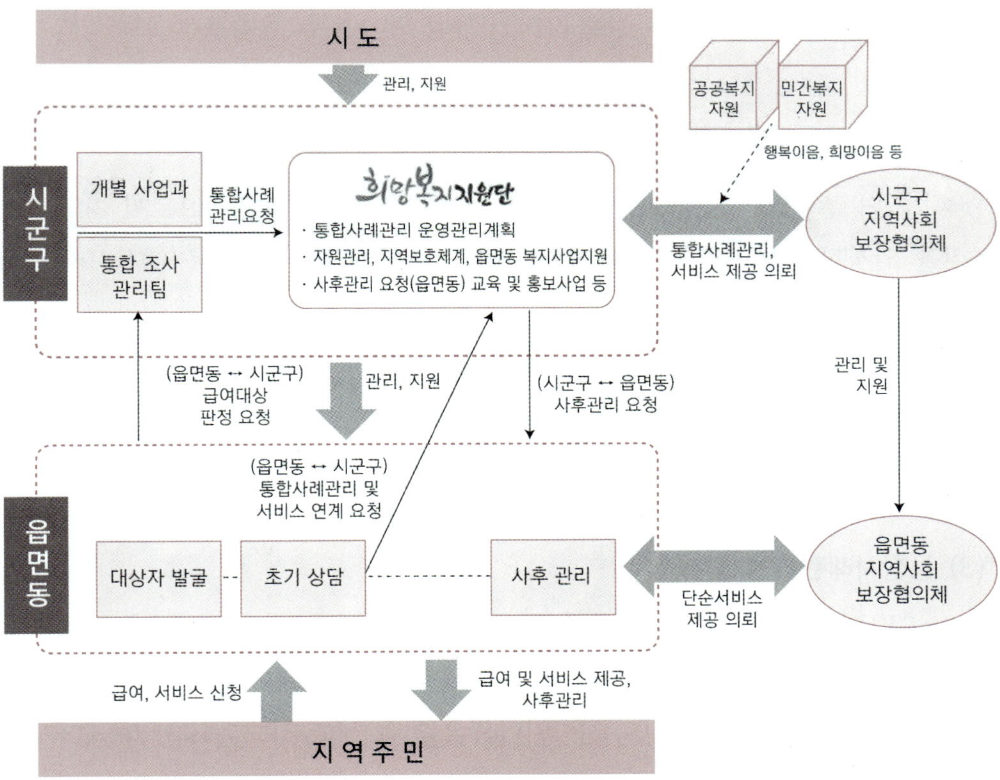

[그림 13-2] 시 · 군 · 구 희망복지지원단의 추진체계

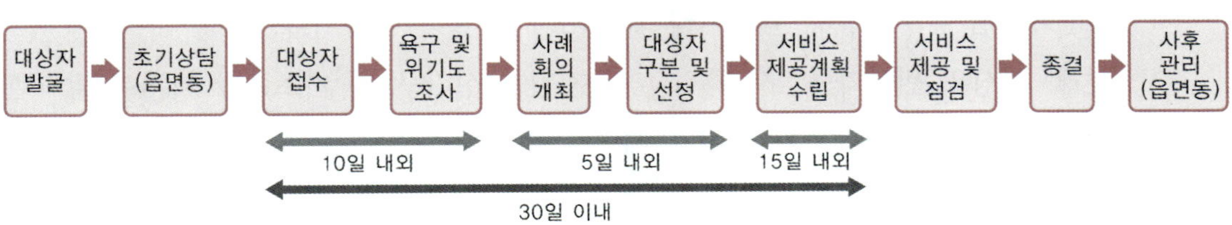

[그림 13-3] 시 · 군 · 구 단위 희망복지지원단의 통합사례관리 절차

(1) 통합사례관리의 개념

이는 지역 내 공공·민간자원에 대한 체계적인 관리·지원체계를 토대로 복합적이고 다양한 욕구를 가진 대상자에게 보건, 복지, 고용, 주거, 교육, 신용, 법률 등 필요한 서비스를 통합적으로 연계·제공하고, 이를 지속적으로 상담·모니터링 해나가는 사업을 말한다.

(2) 통합사례관리의 목표

첫째, 지역 주민의 다양한 욕구에 맞춤형 서비스를 연계·제공함으로써 지역 주민의 삶을 안정적으로 지원·지지하고, 복지제도의 효과성·효율성을 향상시키는 데 있다.

둘째, 일반적으로 지역 주민을 대상으로 하나, 복지욕구 및 경제적 여건을 고려하여 빈곤계층의 탈빈곤·빈곤예방을 중점 목표로 설정한다. 이때 고용과 복지의 연계에 중점을 둔다.

(3) 통합사례관리 대상자

첫째, 지자체의 복지사각지대 조사를 통해 발굴된 위기가구 중 통합사례관리가 필요한 가구 대상자이다. 위기가구의 예로는 가족돌봄청년, 청·중장년 1인가구, 돌봄위기가구, 저소득 한부모 및 청소년 한부모 가구, 휴·폐업자, 실직자, 자살 고위험군, 고독사 위험자 등이다.

둘째, 통합사례관리를 통해 탈빈곤과 자활을 지원할 수 있는 가구이다. 그 예로는 기초생활수급자 중 특히 신규수급자와 기초수급 탈락자 등이다.

셋째, 차상위 빈곤가구로서 특히, 긴급지원 대상가구 및 기초수급 자격이 탈락한 가구 중 통합사례관리를 통해 빈곤 예방을 위한 조치가 필요한 가구 등이다.

(4) 통합사례관리 업무수행 체계

① **대상자 발굴**: 읍 · 면 · 동 주민센터와 시 · 군 · 구 각 부서, 지역주민 및 관련 기관에서 발굴된 대상자에 대해 읍 · 면 · 동 주민센터에서 초기상담을 실시한다.

② **통합사례관리 절차**: 대상자 발굴-초기상담(읍 · 면 · 동)-대상자 접수 - 욕구 및 위기도 조사 - 사례회의 개최-대상자 구분 및 선정 - 서비스 제공계획 수립 - 서비스 제공 및 점검 - 종결 - 사후관리(읍 · 면 · 동)의 과정을 통해 통합사례관리가 진행된다. 이 과정에서 읍 · 면 · 동 주민센터, 지역사회복지협의체, 지역 내 서비스 제공기관과의 연계 및 협력을 통해 대상자의 다양한 욕구를 충족시키는 맞춤형 서비스를 제공한다.

③ **통합사례관리 지원체계와 운영체계**: 사회보장정보시스템(행복이음)과 복지자원관리 시스템을 통해서 대상자를 통합적으로 지원하고 관리한다. 아울러 지역사회의 다양한 사례관리 사업 간 연계협력 체계를 구축하며, 고난도 사례에 대한 전문적인 슈퍼비전 체계를 구성하여 운영한다.

(5) 사례관리 대상자 구분

사례회의를 통해 사례관리 가구와 서비스 연계 가구로 구분한다.

① **사례관리 가구**: 1개월 이상의 중장기적 개입이 필요한 가구로서 다양한 서비스가 집중적으로 제공될 수 있도록 사례회의 등 일반적인 절차를 적용하는 가구를 말한다.

② **서비스 연계 가구**: 욕구가 단편적이어서 1개월 미만의 단기적 개입 또는 단순서비스 연계를 통해 문제해결이 가능한 가구로서, 사례회의의 일반적인 절차를 축소하는 가구를 말한다. 단, 개입기간과 관계없이 서비스 제공의 성격이 복합적인 경우 '사례관리 가구'로, 단순서비스 연계의 성격인 경우 '서비스 연계 가구'로 분류가 가능하다. 또한 개입기간이 1개월 이상이더라도 단순서비스 연계를 통한 개입일 경우 서비스 연계 가구로 처리한다.

(6) 희망복지지원단 인력

인력으로는 크게 복지담당공무원과 통합사례관리사로 구성된다.

① **복지담당공무원**: 최소 5년 이상의 근무경력 사회복지직 7~8급 공무원(민간 사례관리 업무 3년 이상 담당 경력자는 배치 가능)을 통합사례관리 담당으로 배치한다. 이들은 팀장을 보좌하여 통합사례업무를 담당하면서, 민관협의체의 구성과 운영을 총괄한다. 또한 복지담당공무원 중 자원 총괄관리 업무를 위한 전담인력을 배정한다.

② **통합사례관리사**: 인력의 배치와 운영은 아래와 같은 지침을 준용한다.

- 통합사례관리 업무를 전담하는 전문 인력으로, 희망복지지원단의 기능 수행을 저해하지 않는 범위(최소 1인 이상 시 · 군 · 구 배치) 내에서 각 지자체별로 탄력적으로 운영이 가능하다.
- 읍 · 면 · 동 통합사례관리사가 배치된 경우라도 희망복지지원단의 역할강화가 필요한 경우 시 · 군 · 구 희망복지지원단에 재배치할 수 있다.
- 통합사례관리사를 읍 · 면 · 동에 배치하는 경우 정식 절차를 통해 배치한다.
- 읍 · 면 · 동에 배치된 사례관리사는 사례관리 외에 기타 보조 업무가 부여되지 않도록 업무분장 시 내부결재를 통해 실시한다.
- 통합사례관리사는 통합사례관리 업무 수행(고난도 사례) 및 찾아가는 보건 · 복지서비스를 제공한다. 그 외에도 읍 · 면 · 동의 사회복지공무원에 대해 사례관리교육, 슈퍼비전 제공, 역량강화를 지원한다.
- 통합사례관리를 위한 시 · 군 · 구 단위의 자원 발굴 및 읍 · 면 · 동 간 자원 불균형을 조정한다.
- 읍 · 면 · 동 찾아가는 보건 · 복지서비스 업무를 모니터링한다.

(7) 자원관리

희망복지지원단은 다음과 같이 지역 자원관리를 중요한 사업으로 추진하고 있다.

① 지역사회(시 · 군 · 구 및 읍 · 면 · 동) 공식 · 비공식 자원의 발굴과 관리를 총괄한다.
② 자원조사 및 자원개발을 통해 희망복지지원단 및 읍 · 면 · 동 통합사례관리 업무를 효과적으로 지원한다.
③ 지역자원에 대한 지속적인 정비(신규자원 등록 및 비가용(종료)자원에 대한 삭제 등)로 지역 내 주민이나 관련 기관에 정보를 공유한다.
④ 지역 내 복지시설 및 사회서비스 제공기관(사회적경제기업 포함) 등에서 제공하는 서비스를 읍 · 면 · 동에 안내하고 적극적으로 이용하도록 유도한다.
⑤ 나눔 문화 활성화 등 지역사회 자원개발을 기획하고 실천한다.
⑥ 시 · 군 · 구 소속 읍 · 면 · 동 간 자원의 불균형을 해소하고자 노력한다.

희망복지지원단은 공공사례관리의 전담기구로서 우리나라의 사례관리 발전을 위한 몇 가지 중요한 기반을 마련하였다(민소영, 2012: 91-107; 김나영 외, 2024). 첫째는 지역사회 내에서 수행되는 다양한 공공사례관리를 조정할 수 있는 구조를 마련하였다. 또한 그간 전달체계의 전문성 차이로 협력이 어려웠던 보건과 복지 분야의 연계를 확대하고 강화할 수 있는 기반을 만들었다. 둘째는 사례관리 대상자의 다양하고 복합적 욕구를 해결하기 위해서는 지역 내 공공 및 민간의 다양한 서비스 조직 사이의 연계 및 협력이 중요한데, 통합사례회의를 통해 이러한 연계와 협력적 활동이 실천될 수 있는 기반을 조성하였다. 이는 서비스 조직 사이의 구조적 통합보다 더 현실적이면서 비용 절감까지 기대할 수 있다는 점에서 향후 사례관리를 위한 민관협력이 더욱 활성화되어야 한다.

그러나 긍정적인 측면만 있는 것이 아니고 앞으로 해결해야 할 과제도 있다. 첫째, 공공 및 민간 사례관리 사업을 조정할 수 있는 구조로서 통합사례회의가 필요한 때에 충분히 이루어질 수 있는 여건 조성이 필요하다. 통합사례회의는 관련 기관들이 서비스제공을 위한 역할을 분담하고, 제공된 서비스를 점검 · 평가할 수 있는 중요한 회의이다. 통합사례회의를 개최할 실질적인 권한이 민관 모두에게 적정하게 부여되어야 한다. 둘째, 취약계층에 대한 사례관리를 수행하는 읍 · 면 · 동 – 시 · 군 · 구 – 민간 영역 사이의 분명한 역할분담이 필요하다. 현재 공공 영역에서 수행되는 여러 가지 사례관리사업이 주로 기초수급 대상자 및 차상위계층에 집중되어 있어 서비스의 중복현상이 나타나고 있다. 이는 공공과 민간 영역 사이에도 마찬가지다. 따라서 공공 간, 공공과 민간 간의 분명한 역할분담 및 조정 기제를 통해서 대상자 중복 및 서비스 중복의 문제를 해결해야 한다. 셋째, 사례관리의 전문성을 확보하기 위해 투입된 인력의 지위를 안정적으로 보장해야 한다. 통합사례관리사의 경우 계약직이라는 고용 불안정성, 잦은 이직, 전문성 부족은 연속적이고 책임 있는 서비스제공에 큰 걸림돌이 된다. 넷째, 복지담당공무원들에 대한 지속적인 교육과 슈퍼비전을 통해 사례관리를 위한 전문적 역량을 향상시키는 방안이 필요하다.

4) 공공 사례관리의 새로운 시도: 공동사례관리

최근 공공영역에는 새로운 사례관리 사업으로 공동사례관리를 시행하고 있다. 이러한 시도는 기존의 통합사례관리 사업이 보다 효과적으로 진행될 수 있다는 점에서 긍정적인 변화이다. 그러나 아직은 서울시를 비롯하여 일부 지자체에서 도입하고 있어, 전국으로 확대되려면 향후 해결해야 할 과제들이 많이 있다. 이에 대해 간략하게 살펴본다(대전복지재단, 2018; 보건복지부, 2025).

(1) 공동사례관리의 개념

공동사례관리는 타 기관과의 협업을 통해 더 넓은 범위의 자원 활용이 필요하다고 판단된 경우에 이루어지는데, 이는 대부분 통합사례회의에서 기관 간 협의를 통해 결정된다. 보건복지부(2025)에서 발간한 '찾아가는 보건복지서비스 지침'에는 다음과 같이 규정되어 있다.

공동사례관리란 "두 개 이상 기관이 협의에 의해 한 대상자(혹은 대상가구)를 공동으로 사례관리를 하는 협업체계로, 주사례관리자와 공공사례관리자로 구분하여 역할을 분담하는 것이다."

(2) 공동사례관리의 필요성

공동사례관리가 필요한 이유는 다음과 같다.

① 동 단위의 민관협력적 대응이 필요한 고난도 문제를 가진 주민의 증가

개별 기관의 사례관리서비스로 복합적이고 장기적인 고난도 문제(알코올중독, 정신질환 등)의 대응에 한계가 있고 이를 극복하기 위한 새로운 방안 마련이 요구되었다.

② 민관 정보공유시스템 도입에 따른 민관협력 공동사례관리의 활성화 강조

동 주민센터의 행복e음과 복지관의 민관정보공유시스템의 데이터베이스 공유에 따른 민관 협력적인 공동사례관리의 활성화가 강조되고 있다.

③ 사례관리의 효과성을 높이기 위한 새로운 사례관리 운영모형의 필요성 증가

대상자 지원 및 변화 중심의 사례관리에서 민관협력에 기반한 공동사례관리로 대상자뿐만 아니라 지역사회의 복지환경까지 변화시키는 효과성의 확대가 강조되고 있다.

(3) 공동사례관리 대상자

공동사례관리가 필요한 서비스 대상이나 가구는 다음과 같다.

① 지역사회 내 타기관 의뢰와 개별 기관에서 반복적인 사례관리 수행이 진행된 지역주민이 우선이 된다.

② 한 가족이 여러 개별 기관에 의해 사례관리가 별도로 진행되고 있어 통합적인 사례관리가 필요하다고 인정되는 지역주민이 해당된다.

③ 사례관리를 통해 지역사회 복지환경의 변화가 무엇보다 필요한 지역주민이 해당된다.

④ 개별 기관에서 대응하기 어려워 민관협력에 의한 사례관리가 요청되는 지역주민이 해당된다.

⑤ 기타 공동사례관리가 필요하다고 통합사례회의에서 논의된 지역주민이 해당된다.

(4) 공동사례관리의 지향점

① 거점복지관 및 동주민센터 사례관리를 통합하여 책임 있게 운영해 간다.

② 대상자 및 가족의 변화와 함께 지역사회 복지환경의 변화를 추구하여 민관 사례관리 서비스의 효과성을 지속적으로 높인다.

③ 지역사회 특성에 따른 맞춤형 공동사례관리로 민관협력을 강화하고, 지역복지의 인프라와 제도적 환경을 점진적으로 확충한다.

Q & A

Q 공공 사례관리와 민간 사례관리는 한 울타리 안에서 협력할 수 없는가?

A 협력이 가능하다. 그러나 쉽지 않기 때문에 앞으로 사례관리 영역에서 가장 중요한 화두로 자리 잡고 있다. 서로 간에 역할을 분담한다면 이런 방향이 되면 좋을 것이다.

- **공공**: 사례관리의 행정적 측면에서 다양한 자원 및 서비스가 통합될 수 있도록 연계와 조정의 역할을 수행한다. 아울러 사회보장정보시스템을 활용하여 자원을 관리하고 민간에 배분하는 역할과 부족한 자원을 확충하는 데 최선을 다할 필요가 있다.
- **민간**: 오랜 실천 경험을 토대로 전문적 서비스제공을 더욱 활성화하고, 공공에서 제공하는 다양한 자원과 기회를 최대한 활용하여 사례관리 대상자의 삶의 질에 반영하도록 최선을 다할 필요가 있다. 아울러 공공기관이 의뢰한 집중사례관리 대상자에 대한 전문적 개입을 통해 문제해결 중심의 변화를 유도하는 역할을 통해 공공과의 협력을 확대해야 한다.

쉬어가기 **사례관리 맛보기**

"마음바라기" (2)

"안녕하세요."

준수였다. 그런데 평소와는 조금 달랐다.

누구나, 누구에게나 주고받는 인사말. 그렇기에 우리들은 만나는 대부분의 사람들과 쉽게 표현하고 소통한다. 하지만, 그 누구는 인사말 한마디를 음성으로 표현할 수 없기에 몸짓, 표정 등으로 소통한다.

그렇다. 준수는 말과 함께 수화로 내게 인사를 건넸다. 준수가 새하얀 스케치북에 손으로 세상을 그리고 있었다.

"그래, 준수야 안녕. 잘 지냈어?"

"헤~ 네. 잘 지냈어요."

"우아~ 준수가 수화로 선생님한테 인사를 하네? 어떻게 된 걸까?"

"저 요즘 수화 배우고 있어요."

"그렇구나. 준수가 수화를 배우기 시작했구나."

"그런데 어려워요."

"그래도 열심히 배울 거지? 선생님도 수화를 배우고 있는데 다음에는 선생님과 서로 단어 맞추기를 해 볼까?"

"네! 조금 더 배우고 나서요."

지금은 가족들과 떨어져 그룹 홈에서 생활하고 있지만, 언젠가는 준수도 가족의 품으로 돌아가서 청각장애인 부모와 소통하기 위해 수화를 배우고 있었다.

준수는 그 후에도 주중에는 그룹 홈에서 지냈고, 주말에는 가족에게 돌아가 적응하는 기간을 가졌다.

인간은 오감으로 소통하지만, 그 어떤 말로도 표현할 수 없는 또 하나의 감각, 여섯 번째 감각이 있다고 한다. 눈에 보이는 것이 결코 전부가 아니며, 눈에 보이지 않는 것에 더 소중하고 값진 것이 숨어 있다. 오늘부터라도 주변 사람들의 몸짓과 표정, 그리고 마음의 소리에 귀를 기울여 세상을 바라보는 '마음바라기'가 되어보는 건 어떨까 싶다.

출처: 희망의 지렛대 사례관리네트워크 편저(2013). 『희망 이야기』, pp.134-136에서 발췌

2. 희망복지지원단의 사례관리 적용

희망복지지원단을 통해 도움을 받는 사례관리 대상자(공공에서는 이용자보다 대상자로 표현, 이하 대상자로 표기)는 다양하다. 여기서는 공공 사례관리의 대표적인 현장으로 희망복지지원단의 사례관리 적용을 살펴본다. 앞서 12장의 민간 사례관리(종합사회복지관 경우)와 마찬가지로, 실제 사례를 다루기에는 개인정보 보호와 사생활 침해 등 여러 윤리적 문제가 제기될 수 있어 불가피하게 가상 사례를 활용하여 기록양식을 작성해 본다.

이 가상 사례는 학습자를 위해 만들어낸 교육용 사례이다. 앞서 12장에 제시한 동일한 사례를 가지고 현재 희망복지지원단에서 활용하는 기록양식 중 일부를 적용해 본다. 실제 개입에 있어서는 대상자의 여건과 욕구에 맞는 보다 다양하고 포괄적인 서비스가 주어진다는 점을 고려하길 바란다.

현재 희망복지지원단의 통합사례관리 절차는 다음과 같이 10단계로 진행되며, 각 단계별로 필수적인 기록양식들이 있다. 주요 기록양식에는 초기상담지, 개인정보 활용 동의서, 욕구 및 위기도 통합조사 양식, 사례회의록, 서비스 제공계획 및 점검표, 서비스 의뢰서, 사례관리 종결심사서, 모니터 상담지, 만족도 설문지, 솔루션회의 의뢰서, 솔루션회의록 등이다.

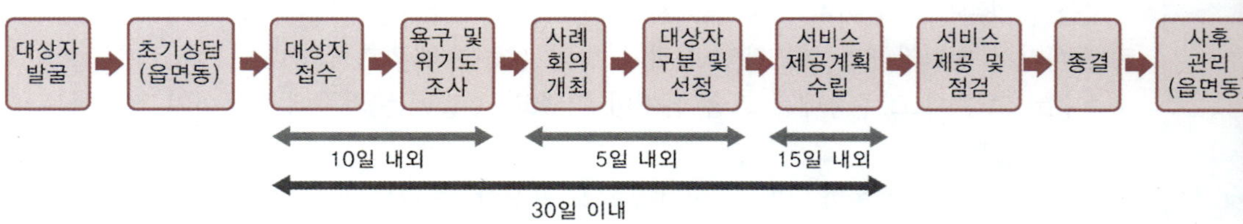

[희망복지지원단의 통합사례관리 과정]

여기서는 가상 사례의 적용이 가능한 몇 가지 기록양식을 선택하여 적용해 본다. 그 예는 아래와 같다.

Ⅰ. 통합사례관리 대상자 접수

Ⅱ. 욕구 및 위기도 통합조사

1. 대상자 현황
2. 서비스 이력
3. 욕구영역별 현상 및 원인
4. 개입 전 생태도
5. 주요 욕구

Ⅲ. 통합사례관리 대상자 구분 및 선정

Ⅳ. 서비스 제공계획 수립

Ⅴ. 서비스 제공 및 점검

Ⅵ. 개입 후 생태도

Ⅰ. 통합사례관리 대상자 접수

인근 지역의 행정복지센터로부터 ○○구 희망복지지원단에 대상자가 의뢰되었음. 기초생활보장 대상(일반 수급권자)이며, 의료급여 1종. ct 및 가족의 문제로 개입을 시작.

• 가족사항

- 어머니: 50세, 고졸, 현재 무직, 가끔 아르바이트를 함. 남편의 오래된 외도 및 알코올 중독으로 마음의 상처를 받아 우울 성향이 생겼고, 종종 정신병원에서 치료를 받고 있음. 자식들에 대해 애정이 있고 어떻게 해서든 잘 살아보려고 하지만, 남편의 오랜 학대로 인해 무력해졌고, 우울 성향이 있어 제대로 된 직업을 갖기에는 아직 준비가 안 됨. 경제적으로 보탬이 되어야 한다는 생각을 갖고 있음. 가끔 고등학교 친구들을 만나고 성당에 가기도 함.
- 아버지: 52세(사망), 고졸, 결혼 후 몇 년간은 일을 했으나, 클라이언트가 다섯 살 때부터 회사를 그만두고 주위 사람들과 술을 마시기 시작하여 알코올중독에 걸림. 오래전부터 외도하던 여자가 있었으며, 술을 먹으면 아내를 때리곤 했음. 알코올 전문병원에 몇 차례 입원하여 치료를 받았으나 재발했으며, 지난 2월 취중에 이웃 사람과 싸우다 사고로 사망하였음.
- 언니: 17세, 고등학교 1학년, 건강 양호. 어릴 적부터 부모가 동생만 좋아해서 불만이 있었고, 지금도 동생과는 잘 지내지 못함. 아버지로부터 상처를 많이 받아 남성에 대한 부정적인 이미지가 남아 있음. 어머니가 데리고 종종 이야기하는 편이지만, 반항심이 있음. 학업과 친구관계 등에는 별다른 문제가 없으나, 소심하고 내성적인 성격임.
- 동생: 14세, 여, 중학교 2학년생, 질병이나 장애는 없음. 행동상의 문제가 있음(아래 개인수준 문제 참조). 클라이언트는 학교에서 어려운 점이나 문제가 생겨도 말하지 않고 참는 편이며, 화가 나도 표현하지 않음. 학교 친구들과는 대화하지 않고 혼자 있는 시

간이 많음. 집에서는 고양이를 키우는데, 때로 고양이를 심하게 학대하는 경우가 있음. 집에서 어머니와는 이야기를 잘하고 신뢰관계가 형성되어 있음. 언니와는 자주 싸우고 갈등의 관계에 있음. 지난 2월에 돌아가신 아버지를 무서워했음.

- **경제상황**: 현재 1백만 원 정도 수입(생계비 보조 80여 만 원, 아르바이트 20만 원)이 있으나, 이는 아파트관리비, 생활비, 자녀교육비, 의료비, 자녀 보험비 등을 내기에도 매우 어려운 상태. 아이들 학비는 정부에서 지원됨. 두 아이를 키우기 위한 생활비가 부족함.

- **생활실태 및 주요문제**
  - 개인 수준: 클라이언트가 학교생활에 흥미가 없고, 친구들과 교류도 없고, 성적도 부진. 집에서는 고양이와 놀다가 가끔 고양이에게 화풀이를 함. 아버지로부터 받은 상처가 커서 남성에 대한 부정적인 이미지가 있음.
  - 가족 수준: 가족관계의 문제(가족원 사이에 정서적 친밀감과 유대감 부족), 어머니의 우울 성향과 이로 인한 안정적인 양육의 어려움, 일하려는 의지는 있으나 안정적인 직장을 구하기 어려운 점, 돈이 없어 가족 단위의 문화 및 여가생활은 거의 하지 못함.
  - 지역사회 수준: 가끔 출석하는 성당과 ○○복지관, 동사무소, 근처에 사는 어머니 친구를 제외 하고는 이 가족을 도울 수 있는 공식적, 비공식적 지지망/관계망이 약함.

- **강점 및 약점**: 어머니는 남편으로부터의 오랜 폭력, 외도에도 불구하고 살아보려는 의지와 생활력이 있음, 자녀에 대한 관심도 있음. 그러나 우울 성향과 자활에 대한 불안감으로 때로 무력감을 느낌.

Ⅱ. 욕구 및 위기도 조사

1. 대상자 현황

*이 사례는 가족원 모두 서비스가 필요하고, 현재 두 딸이 미성년자에 해당하므로 어머니를 대상자(클라이언트)로 간주함.

대상자	김○○		성별	여		생년월일	0000. 00. 00
가구유형	수급자 가구		주거사항	주거구분	영구임대	난방방법	
가족사항	관계	성명	연령	동거	학력	직업	장애 및 질병
	가구주	박○○	50	동거	고등학교졸업	아르바이트	우울성향
	자녀 1	김○○	17	동거	고등학생	학생	
	자녀 2	김○○	14	동거	중학생	학생	

2. 서비스 이력

수혜자	개시일~종료일	급여 · 서비스명	서비스유형	제공주기	제공기관	서비스상태
박○○	0000~현재	주거급여	현금급여	월	중앙부처	계속
박○○	0000~현재	생계급여	현금급여	월	중앙부처	계속
박○○	0000~현재	의료급여	현물서비스	기타	중앙부처	계속

3. 욕구영역별 현상 및 원인(3가지 영역만 설정)

<table>
<tr><th colspan="2" rowspan="2">욕구 영역</th><th rowspan="2">대상자</th><th rowspan="2">주요현상</th><th colspan="2">주요 원인 및 원인제공자</th></tr>
<tr><th>제공자</th><th>원인</th></tr>
<tr><td rowspan="2">건강</td><td rowspan="2">정신적
건강유지</td><td>자녀 1, 2</td><td rowspan="2">아버지의 오랜
폭력으로 상처 내재화</td><td rowspan="4">아버지

가족원</td><td rowspan="4">음주
폭력

불안정한
부부관계

경제적 빈곤</td></tr>
<tr><td>어머니</td></tr>
<tr><td>경제</td><td>기초생활
해결</td><td>가족원
전체</td><td>생활비 부족</td></tr>
<tr><td>가족관계</td><td>가족관계의
개선</td><td>가족원
전체</td><td>무관심과 불신
공격성
양육의 불안정</td></tr>
</table>

4. 개입 전 생태도: 뒷장 참조

5. 주요 욕구

욕구명	욕구 내용
경제	• 생활비 부담에서 벗어나고 싶어요. • 아이가 좋아하는 학원에 보내고 싶어요.
가족관계	• 언니와 사이좋게 지내고 싶어요. • 동생과 잘 지내고 싶어요. • 엄마가 언니에게도 더 신경을 써줬으면 좋겠어요.
정신적 건강	• 엄마가 행복해졌으면 좋겠어요. • 남자들은 너무 폭력적인 것 같아서 멀리하고 싶어요. • 저의 감정을 알아주는 사람이 있었으면 좋겠어요.

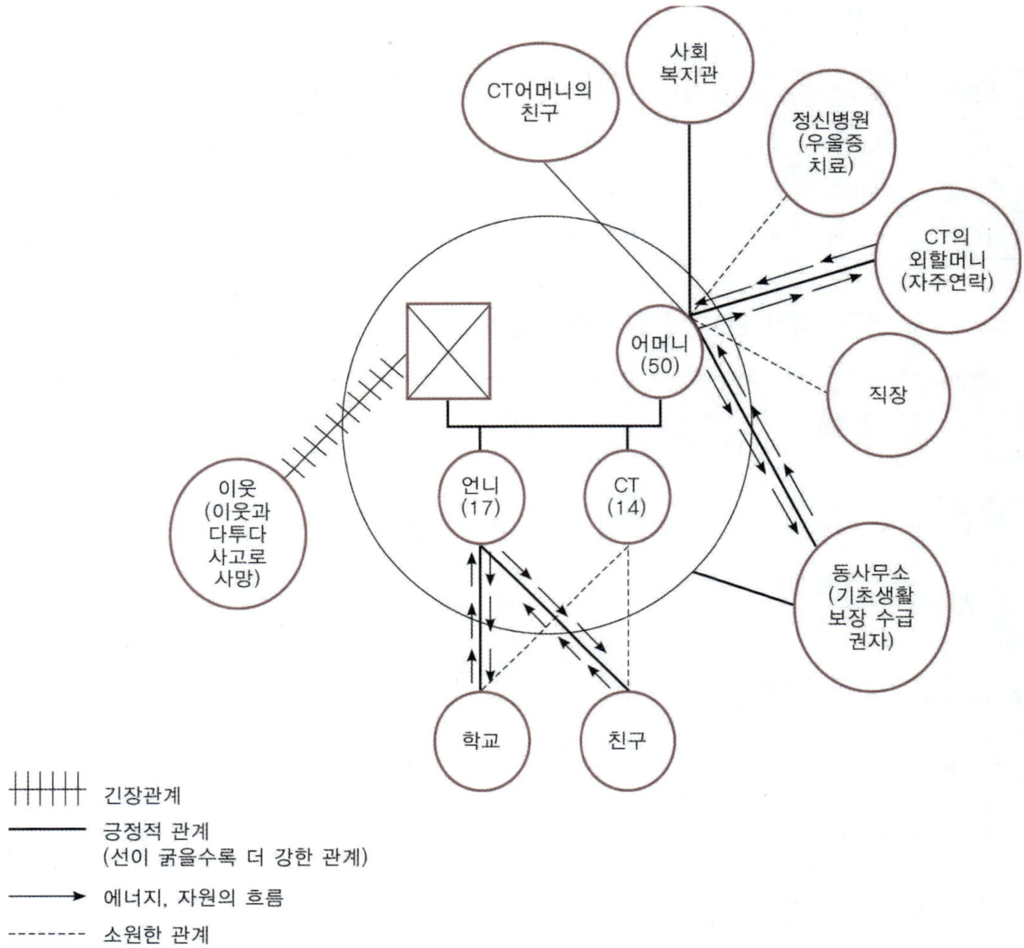

[개입 전 생태도]

Ⅲ. 통합사례관리 대상자 구분 및 선정

선정처리 구분		대상자 유형 구분	
■ 선정	□ 미선정	■ 사례관리	□ 서비스연계

IV. 서비스 제공계획 수립(일부만 작성)

관리번호	0000	대상자명	김○○	통합사례관리사	○○○	수립일자	0000.00.00

번호	단기목표	번호	장기목표
1	자녀 교육비 부담을 줄인다.		어머니의 취업준비를 통해 안정적인 일자리를 얻는다.
2	가족원 모두 폭력의 피해로 인한 상처에서 벗어나도록 한다.		어머니의 우울성향을 개선한다.
3	가족원 간의 관계를 개선한다.		가족원의 지지망을 확대한다.

<table>
<tr><th colspan="2">욕구영역</th><th>개입목표</th><th>서비스명</th><th>대상자</th><th>우선
순위</th><th>서비스
시작일</th><th>서비스
종료일</th><th>제공기관</th></tr>
<tr><td rowspan="3">건강</td><td rowspan="3">정신적
건강</td><td>어머니의 우울성향을 개선한다.</td><td>정기적으로 병원을 방문하여 상담, 치료를 받는다.
치료 상황을 점검한다.</td><td>어머니</td><td>1</td><td>00월
00일</td><td>00월
00일</td><td>○○의원</td></tr>
<tr><td rowspan="2">가족원 모두 폭력의 피해로 인한 상처에서 벗어나도록 한다.</td><td>가족원의 정서적 안정을 위해 지속적으로 상담한다.</td><td>가족
전체</td><td>2</td><td>00월
00일</td><td>00월
00일</td><td>○○
복지관</td></tr>
<tr><td>전문기관의 상담을 통해 상처를 치유한다.</td><td>가족
전체</td><td>3</td><td>00월
00일</td><td>00월
00일</td><td>○○상담
센터</td></tr>
</table>

V. 서비스 제공 및 점검

점검일자	점검방법	점검서비스	이행여부	점검내용
00. 00	사례회의	복지관에서 교육비 후원 가능성 확인	이행 중	인근복지관 사례관리팀과 확대사례회의를 실시하여 클라이언트 가족의 자녀교육비를 지원할 수 있는 방안이 있는지를 논의함. 현재 진행 중인 공동모금회 지원사업(저소득층 상담지원 및 학비지원)에 해당하는지의 여부를 논의한 결과, 가능성이 있어서 클라이언트의 어머니와 내일 만나 이야기하기로 함.
00. 00	전화상담	병원이용 현황 및 상태확인	이행 중	어머니의 우울상태를 확인하고 상담의 가능성을 알아보기 위해 그동안 다녔던 ○○의원에 전화하여 담당의사와 이야기를 나눔. 클라이언트는 심각한 상태는 아니며, 외래로 약을 복용하면서 인근의 정신보건센터에서 필요한 상담을 받으면 좋겠다는 의견을 들음. 어머니와 의논하여 차후 현실적인 관리방안을 찾는 것이 필요함.
00. 00	복지관 상담내용 확인 (전화)	가족관계 확인 및 상담	이행 중	어머니가 복지관으로 찾아가 상담이 진행됨. 자녀학비 지원을 적극 요청하였으며, 현재 진행 중인 사업에도 적극 참여하기로 하였음. 학비지원 여부를 내일 중으로 통보해주기로 함. 그 외에 자녀들과의 관계 및 어머니의 취업 욕구 등에 대해서도 상담을 진행함. 다음 주 이 시간에 다시 상담을 진행하기로 함. 전반적으로 매우 협조적임. 상담내용은 별도 기록지에 작성해 보내줄 예정임.
00. 00	전화상담	상처치유 프로그램 의뢰	이행 중	○○청소년상담센터에 클라이언트와 언니를 의뢰하기 위해 어머니에게 전화함. 주말에 진행되어 학교수업에 영향이 없고, 바우처사업으로 참가비 부담이 없음. 어머니도 좋다고 하고, 자녀들을 보내겠다고 함. 가정에서 상처받은 청소년들에게 도움이 될 좋은 프로그램으로 내부 상처회복 및 관계개선에 도움이 될 것으로 사료됨.

Ⅵ. 개입 후 생태도

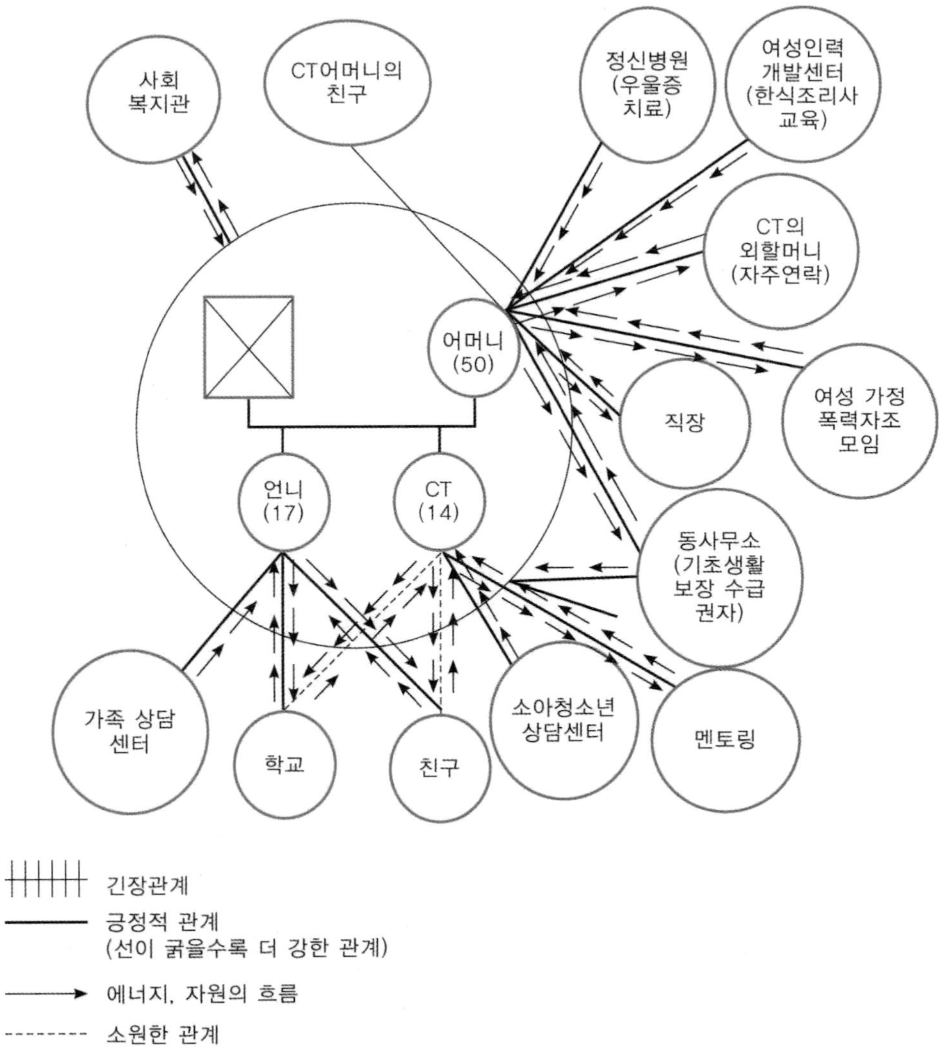

참고로, 최근 공공영역에서 사용되고 있는 통합사례관리 관련 서식 11가지 중 주요 서식 5가지(초기 상담지, 욕구 및 위기도 통합조사양식, 사례회의록, 서비스 제공계획 및 점검표, 사례관리 종결심사서)를 제시하면 다음과 같다.

〈서식 1〉 초기 상담지

<table>
<tr><th colspan="8">초 기 상 담 내 역</th></tr>
<tr><td>①상담번호</td><td colspan="2"></td><td>②상담일자</td><td colspan="2">--</td><td colspan="2">③(　　　차) 상담</td></tr>
<tr><td>④상담자</td><td colspan="2"></td><td>소속</td><td colspan="2"></td><td>연락처</td><td></td></tr>
<tr><td>⑤의뢰경로</td><td colspan="5">□ 사각지대 조사 □ 대상자(가족) □ 기관 □ 주민
□ 지역사회보장협의체 □ 명예사회복지공무원</td><td>의뢰사유</td><td></td></tr>
<tr><td>상담장소</td><td colspan="7">□ 행정복지센터 □ 대상자 가정 □ 기타</td></tr>
<tr><td>⑥대상자</td><td colspan="2"></td><td>주민등록번호</td><td colspan="2"></td><td>성별</td><td>□ 남 □ 여</td></tr>
<tr><td rowspan="2">연락처</td><td>집(직장)</td><td></td><td>휴대전화 </td><td rowspan="2">주소</td><td>등본주소</td><td colspan="2"></td></tr>
<tr><td>긴급연락처</td><td colspan="2"></td><td>실거주지주소</td><td colspan="2"></td></tr>
<tr><td>사회보장 급여</td><td colspan="7">□ 사회보장급여 수급(조회가능) □ 사호보장급여 비수급</td></tr>
<tr><td>⑦가구유형</td><td colspan="7">□ 1인가구 □ 한부모가구 □ 부부+자녀가구 □ 조부모+부모+자녀가구 □ 조부모+손자녀가구
□ 공동체(비혈연) □ 소년소녀가구 □ 부부중심가구 □ 기타(　　　)</td></tr>
<tr><td>구성원 특성</td><td colspan="7">□ 장애인 □ 다문화 □ 북한이탈주민</td></tr>
<tr><td rowspan="2">⑧가족사항</td><td>관계</td><td>성명</td><td>주민등록번호
(외국인등록번호)</td><td>생애주기</td><td>장애등록여부</td><td>직업</td><td>전화번호</td></tr>
<tr><td></td><td></td><td></td><td></td><td></td><td></td><td></td></tr>
<tr><td colspan="8">생 애 주 기 : (1)영유아 (2)아동 (3)청소년 (4)청년 (5)중장년 (6)노년
주 요 문 제 : (1)경제 (2)돌봄 (3)신체건강 (4)정신건강 (5)주거 (6)일자리 (7)보육 및 교육 (8)관계 (9)안전 (10)법률 및 권익보장 (11)문화 및 여가
직　　　업 : (1)공무원 (2)법조인 (3)군인 (4)교직원 (5)성직자 (6)의료인 (7)회사원 (8)자영업 (9)금융업 (10)농/축/수산/광업 (11)학생 (12)무직 (13)일용노무자 (14)기타</td></tr>
<tr><td>⑨주거형태</td><td colspan="7">□ 단독주택 □ 아파트 □ 연립주택·다세대주택 □ 임대주택·아파트 □ 비거주용 건물 내 주택 □ 오피스텔
□ 숙박업소 □ 기숙사 및 특수 사회시설 □ 판잣집, 비닐하우스, 컨테이너 등 □ 노숙 □ 기타(　　　)</td></tr>
<tr><td>⑨주거점유 형태</td><td colspan="7">□ 자가 □ 전세 □ 보증금 없는 월세 □ 보증금 있는 월세
□ 일세·사글세·연세 □ 무상 □ 시설 / 그룹홈 □ 기타(　　　)</td></tr>
<tr><td>⑩상담내용</td><td colspan="7"></td></tr>
<tr><td>⑪주요문제</td><td colspan="7">□ 경제 □ 돌봄 □ 신체건강 □ 정신건강 □ 주거 □ 일자리
□ 보육 및 교육 □ 관계 □ 안전 □ 법률 및 권익보장 □ 문화 및 여가</td></tr>
<tr><td>⑫상담결과 판정의견</td><td colspan="7">□ 사회보장급여 신청 □ 서비스 연계 □ 통합 사례 관리 □ 타 사례 관리 사업 연계 □ 고독사 위험자 □ 기타(　　　)</td></tr>
<tr><td>⑬상담자종합의견</td><td colspan="7"></td></tr>
</table>

〈서식 2〉 욕구 및 위기도 통합조사양식

욕구 및 위기도 통합조사양식

대상자성명		대상자 주민등록번호		대상자 연락처	대상자전화번호:		□ 신구 □ 재조사(　　)차
주 소					대상자 연락처:	긴급연락처:	

주거 사항		
거처 유형	□ 단독주택 □ 아파트 □ 연립주택 □ 다세대주택 □ 임대주택 □ 비거주용 건물 내 주택 □ 오피스텔 □ 숙박업소 □ 기숙사 및 특수 사회 시설 □ 판잣집 □ 비닐하우스 □ 컨테이너 □ 노숙 □ 기타	
주거 비용 부담유형	□ 자가 □ 전세 □ 월세 □ 보증금 없는 월세 □ 일세·사글세·연세 □ 무상 □ 시설/그룹홈 □ 기타	거주기간　　년　　개월

가족 사항

가구주와의 관계	성명	주민번호	연령	성별	동거여부	학력	직업	연락처	장애	질병	비고

가구 유형	
	□ 1인가구 □ 한부모가구 □ 부부+자녀가구 □ 조부모+부모+자녀가구 □ 조부모+손자녀가구 □ 공동체(비혈연) □ 소년소녀가구 □ 부부중심가구 □ 장애인 □ 다문화 □ 북한이탈주민 □ 기타

서비스 이력

수혜자	개시일-종료일	급여·서비스명	서비스유형	제공주기	제공기관	서비스상태

* 13개 욕구영역별 조사 양식은 생략함

〈서식 3〉 사례회의록

<table>
<tr><td>① 사례관리 번호</td><td></td><td>대상자명</td><td></td></tr>
<tr><td>회의 차수</td><td></td><td>회의 일시</td><td></td></tr>
<tr><td>② 작성자</td><td></td><td>소속 기관</td><td></td></tr>
<tr><td>③ 회의 제목</td><td colspan="3"></td></tr>
<tr><td>④ 회의 내용</td><td colspan="3"></td></tr>
<tr><td>⑤ 회의 결과</td><td colspan="3"></td></tr>
<tr><td>⑥ 내부 참석자</td><td colspan="3"></td></tr>
<tr><td>⑦ 외부 참석자
(수행기관 종사자 등)</td><td colspan="3">소속:
직책 :
이름 :</td></tr>
<tr><td>⑧ 외부 참석자
(외부 전문가)</td><td colspan="3">소속:
직책 :
이름 :</td></tr>
<tr><td>⑨ 차기 회의
예정 일시</td><td colspan="3">(   )차:</td></tr>
</table>

〈서식 4〉 서비스 제공계획 및 점검표

서비스 제공계획 및 점검표

①사례관리번호		②대상자 성명		③사례관리 담당자		점검일자		사례관리 담당 소속	

장단기목표		
④목표구분	목표내용	우선순위
단기 목표		
장기 목표		

욕구	문제영역	⑤개입목표	⑥서비스명	프로그램명	대상자 성명	⑦우선순위	⑧개입시기	⑨서비스 시작일자	서비스 종료일자	횟수 (회/1주당)	⑩제공기관	담당자 성명	⑪점검방법	⑫이행여부	⑬변경내용	⑭변경사유
경제																
돌봄																
…																

⑮대상자 실태 및 변화	

⑯ 본인은 년 월 일부터 상기와 같은 서비스 이용에 동의하며, 적극적으로 변화 노력에 동참할 것을 약속합니다. 또한 더 나은 생활지원을 위해 협력하는 기관들과 본인 및 가족의 기초정보 및 서비스진행과정에 대한 정보를 공유하는 것에 대해 동의합니다.

20 년 월 일 성 명: (인)

20 년 월 일 사례관리자: (인)

〈서식 5〉 사례관리 종결심사서

<table>
<tr><td colspan="2">관리번호</td><td></td><td colspan="2">대상자명</td><td></td><td>종결심사 승인일자</td><td colspan="2"></td></tr>
<tr><td colspan="2">종결심사 담당자</td><td></td><td colspan="2">소속</td><td></td><td>연락처</td><td colspan="2"></td></tr>
<tr><td>요청일자</td><td>인적정보</td><td>욕구조사</td><td>위기도
조사</td><td>사례회의</td><td>대상자
선정</td><td>제공계획</td><td>서비스
점검</td><td>종결심사</td></tr>
<tr><td></td><td></td><td></td><td></td><td></td><td></td><td></td><td></td><td></td></tr>
<tr><td colspan="4">① 단기성과 목표</td><td colspan="5">① 장기성과 목표</td></tr>
<tr><td>번호</td><td>목표내용</td><td>성과구분</td><td>성과내역</td><td>번호</td><td colspan="2">목표내용</td><td>성과구분</td><td>성과내역</td></tr>
<tr><td>1</td><td></td><td></td><td></td><td>1</td><td colspan="2"></td><td></td><td></td></tr>
<tr><td>2</td><td></td><td></td><td></td><td>2</td><td colspan="2"></td><td></td><td></td></tr>
<tr><td>3</td><td></td><td></td><td></td><td>3</td><td colspan="2"></td><td></td><td></td></tr>
<tr><td colspan="2">②서비스
개입(성과)</td><td colspan="7"></td></tr>
<tr><td colspan="2">③대상자
변화(성과)</td><td colspan="7"></td></tr>
<tr><td colspan="2">④종결심사
의견
(특이사항/
사후관리)</td><td colspan="7"></td></tr>
<tr><td colspan="2">⑤종결심사
결과</td><td colspan="7">□ 재조사 □ 종결</td></tr>
<tr><td colspan="2" rowspan="2">⑥종결 유형</td><td colspan="7">□ 장기목표 달성 □ 단기목표 달성 □ 상황호전( )</td></tr>
<tr><td colspan="7">□ 거절이나 포기( ) □ 연락두절 □ 이사또는사망 □ 자체종결</td></tr>
</table>

– 목표별 달성도: 전혀 달성하지 못함(1점) / 기대수준 이하로 달성(2점) / 보통수준(3점)
기대한 정도의 목표 달성(4점) / 기대 이상의 목표달성(5점) 등 목표별 달성도 기록

생각해볼 문제

1. 공공영역에서 사례관리가 필요한 이유는 무엇이고, 대표적인 현장인 희망복지지원단에서는 통합사례관리가 어떻게 전개되고 있는지 함께 토의해 보자.
2. 자신이 살고 있는 지역의 희망복지지원단에 관심을 가져보자. 먼저 관련 홈페이지에 접속하여 통합사례관리 현황을 살핀 후, 통합사례관리자와 연락하여 개인적으로 혹은 조별로 사례관리 업무에 대해 문의하거나 궁금한 것을 질의해 보자.
3. 희망복지지원단에서 사례관리자로 일하는 실천가들은 어떤 경험을 하고 있을까? 예비 사회복지사로서 관심을 갖고 관련 자료를 찾아보거나 현장의 목소리에 귀를 기울여보자.
4. 12장과 마찬가지로 학습자들을 몇 개의 조로 나눈 후, 이 장에서 제시한 '가상 사례'를 자유롭게 토의하고 새로운 정보를 추가하여 희망복지지원단 기록양식을 채워보자. 희망복지지원단의 모든 기록양식은 관련 홈페이지에서 찾을 수 있다.

APPENDIX

부 록

〈부록 1〉 교육용 가상사례
〈부록 2〉 복지자원 표준분류
〈부록 3〉 한국사회복지사 윤리강령

<부록 1> 교육용 가상사례

1. 개입 배경

본 사례는 00시 00구 소재한 '00종합복지관'의 사례임. 아파트관리비가 6개월 이상 체납된 세대로 00동 영구임대아파트 관리사무소로부터 의뢰를 받아 2024년 10월 초에 초기면담(인테이크)을 실시하였고, 상담 결과 복합적이고 만성적인 미충족 욕구가 있고, 그로 인해 다양한 현실적인 문제를 경험하고 있음을 확인하였음.

본 사례의 대상인 C't(아내이자 어머니)는 현재 남편과 두 자녀와 함께 살고 있음. C't의 남편은 약 4년 전(2020)에 건강상의 문제(신장염과 허리 디스크)로 직장을 그만둔 후 현재까지 구직활동을 하고 있지 않음. 또한 C't와 자녀에 대한 관심이 없고 언어적으로 폭력적이어서 가족원들과 갈등이 많은 상황임.

C't는 건강 문제로 직업이 없는 남편을 대신하여 여러 가지 부업을 하면서 힘들게 생계를 꾸려가고 있음. 실질적인 가장의 역할을 해야 하기에 돈을 벌어야 하는 부담과 자녀양육의 부담으로 인해 심한 우울감과 불면증을 호소하고 있음. 남편과는 대화가 안 되며, 남편의 짜증과 언어적 학대로 매일 매일이 지치고 힘든 상황임. 그러나 대인관계는 원만하여 이웃 주민들과는 잘 지내는 편임.

C't의 첫째 자녀는 아버지에 대한 강한 분노와 우울감으로 다니던 초등학교의 위클래스에서 심리상담을 받았음. 그러나 00중학교에 입학한 후 기숙사생활을 하게 되면서 심리상담은 받지 않았음. 하지만 현재는 주전공으로 하고 있는 '레슬링'에 흥미를 느껴 열심히 하면서 정서적으로 많이 안정된 모습을 보이고 있음.

C't의 둘째 자녀는 심리검사를 실시한 결과 모(母)와 분리불안증을 가지고 있음. 아버지에 대해서는 두렵고 불안해하는 상태임. 현재 초등학교 4학년인데 학교생활에 적응하지 못하고 있고, 기초학습 능력(읽기, 쓰기 등)이 많이 떨어져 학습진도를 따라가지 못하고 있음. 반 친구들과도 원만한 관계를 형성하지 못하고 있음.

2. 사례개요

■ **가족사항**

C' t성명	최○○	성 별	여		생년월일	나이: 47
세대유형	부모자녀 가정	지원구분	국민기초생활수급		주정보원	C't, 가족
가족사항	성 명	나 이	성 별	관 계	직 업	비 고
	김○○	49	남	남편	무직	
	김○○	15	남	자녀	중학교 2	
	김○○	11	남	자녀	초등학교 4	
의뢰된 사항	1. 생계유지 곤란, 구직의 어려움, 가정경제의 어려움 등 2. 가족 구성원들 사이의 정서적 갈등과 폭력, 관계 악화 등 3. 가족 구성원들의 건강문제 4. 자녀 양육의 부담, 자녀 교육의 어려움 등					

3. 사정

① 개인에 대한 사정

C't는 2남 1녀의 장녀(첫째)로 태어났다. 부모님은 모두 사망. 고교 졸업 후 작고 열악한 공장에서 오랫동안 일함. 회사 동료가 소개해 준 현재 남편과 결혼하여 자녀 둘을 낳음. 남편이 4년 전에 직장을 그만두고 경제활동을 하지 못하면서 C't가 여러 가지 소일거리를 찾아 생계비를 보충하고 있음.

현재는 공장 식당에서 시간제 일을 하거나 00구자활지원센터에서 주관하는 공공근로에 참여하면서 모자라는 생계비를 보충하고 있음. 남편이 경제활동 불가 판정을 받아 수급대상가구가 되었으며, 영구임대아파트로 이주함. 현재 주 수입원은 수급비 매달 140만원임(4인가구 생계지원비). 이 돈으로는 식료품비는 물론 아이들 학용품비과 간식비, 용돈, 병원비와 약값 등을 대기 힘들어, 제대로 된 일자리를 통해 수입을 늘려야 하는 상황임.

② 가족에 대한 사정

- **남편**: C't 남편은 1남 2녀의 장남(첫째)으로, 현재 부(74)와 모(72)는 시골에서 농사를 짓고 있음. 명절에 가끔 부모님을 만나러 가는 경우가 있긴 하지만 최근 몇 년은 사는 게 힘들어 찾아뵙지 못함. 다른 형제들도 멀리 떨어져 살고 있어 관계가 소원함. 부모님은 농사지은 것을 가끔 보내주고 있음. 최근 들어 허리 디스크가 악화되었고, 신장염까지 생겨 4년 전 직장을 그만두고 집에만 있음.

  남편은 어린 시절 주위 친구들과 동네 사람들에게 무시를 많이 당했기 때문에 열등감이 심하고 자존감이 낮으며 대인관계를 피하고 있음. 가정형편이 어려워 중학교를 마친 후 바로 경제활동을 하였음. 공교육을 받지 못해 주변 사람들이 자신을 무시한다고 생각하여 몇 년 전부터 독학을 시작했고, 5년 전에 평생교육원에서 중학교 자격인정 검정고시에 합격하였음. 지금도 대부분의 시간을 집과 도서관에서 보냄. 고등학교 과정도 해 보고 싶다고 함.

  그러나 집에서는 화가 나면 참지 못하고 아내와 자녀들에게 언어폭력을 행사함. C't는 남편이 자신의 가정을 도와주려는 사람들(공무원, 사회복지사, 이웃 주민)에 대해 강한 거부감을 갖고 있다고 했지만, 직접 만나본 결과 의외로 친절한 면도 있고, 도움도 요청하는 태도를 보임. 최근에는 가족의 생계를 위해 경제적으로 무엇을 할 수 있는지 알고 싶다고 말하기도 함.
- **첫째 자녀**: ○○ 중학교 2학년으로 '레슬링'을 배우고 있고, 체육 특기생으로 학교 기숙사에서 생활하고 있음. 어릴 적부터 운동을 좋아하고 신체적으로 건강함. 부(父)와는 어릴적부터 관계가 좋지 않았고, 아버지에 대한 분노가 커서 우울감을 경험하기도 했음. 그러나 중학교 입학 후 레슬링을 하면서 정서적으로 많이 안정됨. 운동을 마치고 주말에 집에 오는 날에는 부와 자주 말다툼을 함. 평소 엄마를 좋아하고 걱정하며, 동생을 챙기고 아껴줌.
- **둘째 자녀**: 초등학교 4학년에 재학 중. 집 근처의 00지역아동센터에서 하는 방과 후 공부방에 가끔 들러 학습지도도 받고, 좋아하는 책도 읽고 컴퓨터도 하고 있

음. 경제적으로 형편이 어려워 본인이 원하는 피아노학원은 다니지 못하고 있음. 피아노를 꼭 배우고 싶고, 좋은 컴퓨터도 갖고 싶고, 최신 스마트폰도 갖고 싶다고 함. 학교 친구들이 자신을 좋아하지 않는다고 하면서 학교 가기를 싫어함. 최근 학교 위클래스에서 검사를 해 보니, 어머니에 대한 분리불안증을 갖고 있는 것으로 나타남. 학교 공부에 흥미를 느끼지 못함. 게다가 학습 진도를 따라가기 어려워함. 숙제를 내주어도 부모님이 살펴주지 못하는 상황임.

③ 지역사회에 대한 사정

- **교회**: C't는 오래 전부터 아이들과 함께 다니고 있는 교회 교인들과 친하게 지내고 있음. 남편은 교회에 나가지 않음. 그리고 둘째 아들이 다니는 지역아동센터 선생님들과도 좋은 관계를 맺고 있음. 살면서 구체적인 도움이 필요하거나 의논이 필요할 때는 교회와 지역아동센터에서 많은 도움을 받고 있음. 특히 교회에서는 주일(일요일)마다 남은 반찬이나 쌀, 아이들 학용품 등을 지원하고 있음.
- **이웃 주민**: 사람들과 어울리는 것을 좋아하여 C't 주변에는 친밀한 관계를 맺고 있는 친구들이 더러 있음. 같은 영구임대아파트에 살고 있는 이웃 언니 2명은 클라이언트의 형편을 잘 알고 도움을 주고 있어 의지가 많이 됨. 특히 C't가 일을 하거나 외출할 때 둘째 자녀를 돌보아주기도 함.

또한 아파트 관리사무실에서도 체납된 관리비를 해결해 주려고, ○○복지관과 자주 소통하면서 도움을 주려고 하고 있음.

<부록 2> 복지자원 표준분류

이 자료는 보건복지부(2025b)가 통합사례관리를 위해 제시한 것으로, 민간 영역에서도 사례관리 서비스계획을 수립하는 단계에서 선택적으로 참조할 수 있다.

대분류	중분류	소분류	예시
경제	일자리 관련 비용지원	직업교육비 지원	학원등록비지원, 내일배움카드지원, 직업교육재료비지원, 자격증취득비지원(청소년, 북한이탈주민, 결혼이민자, 저소득층 등) 등
		자립비용지원	자립정착금지원(북한이탈주민정착금지원 등), 취약계층가구경제적자립지원, 희망내일키움통장사업(희망키움통장, 내일키움통장, 청년희망키움통장), 희망플러스통장사업, 창업자금지원, 희망키움통장사업, 디딤씨앗통장(아동발달지원계좌), 청년내일키움공제, 희망두배청년통장, 청년노동자통장, 청년재직자내일채움공제, 청년저축계좌, 청년구직활동지원금, 내일이룸학교 등
	주거 관련 비용지원	주거비지원(임대료)	전세비지원(신혼부부임차보증금이자지원사업 등), 월세비지원(청년월세지원 등), 주거보증금지원, 버팀목 전세자금대출(주택도시기금), 주거안정 월세대출(주택도시기금), 임대보증금지원, 비주택거주자임차보증금지원(주거사다리지원사업, 비주택거주자주거상향사업 등), 희망온돌취약계층 위기가구지원사업 등
		관리비지원	상하수도요금지원, 전기요금지원, 가스요금지원 등
		이사비지원	기초수급자이사비용지원, 저소득장애인이사비지원, 주거약자보금자리이사 서비스(보금자리이사비지원), 공인중개수수료지원 등
		냉·난방비지원(난방유 포함)	중장애인가구 냉·난방비지원, 사랑의 난방비사업(한국지역난방공사, 굿네이버스 등), 저소득층 냉·난방비지원(에너지바우처), 난방유지원, 보일러교체지원금 등
	의료비 지원	의료비	간병비, 의료비지원, 검사비지원, 난임부부시술비지원(난임부부수술비지원), 정신과진료비용지원, 심리치료비용지원, 의료비감면, 출산비용지원(긴급복지해산비지원, 임신·출산진료비지원, 의료기관외 출산시 출산비지급, 청소년산모임신/출산의료비지원사업 등), 보건의

대분류	중분류	소분류	예시
			료 현금지원(긴급복지의료지원, 암환자의료비지원, 신생아난청진단의료지원, 장애입양아동의료비지원, 의료급여중증 및 희귀난치성질환자지원, 고위험임산부의료비지원 등), 정신건강 및 중독현금지원(자살시도자 및 정신질환자 응급의료비지원, 정신질환자의료비지원, 정신질환자치료지원사업, 치매치료관리비, 치매진단검사비용지원 등), 신체건강현금지원(임산부건강관리비, 선천성대사이상검사 및 환아관리지원, 노인안검진및개안수술지원 등), 저소득장애인등록진단서발급비 및 검사비지원, 종합건강검진비지원, 인공관절수술(비)연계 등
		약제비	약제비지원 등
	일상생활 관련 비용지원	생필수품비지원	식료품 · 비주류음료비, 주류 · 담배비, 의류 · 신발비, 교통비, 통신비, 기타상품 · 서비스비, 공동모금회 긴급지원, 공동모금회 후원(지정기탁)현금, 공동모금회예치금(시군지정기탁), 장애수당, 각종 후원금지원 등
		조세공과금비	사회보장부담금, TV수신료, 보험료지원, 건강보험료경감, 주민세면제, 지방세 비과세감면(주민세, 취득세, 자동차세, 재산세, 지역자원시설세 등), 국세감면(저소득층 과세특례, 세액공제, 면세, 감면 등) 등
	보호 · 돌봄 · 요양 관련 비용지원	가족돌봄비 지원	어르신돌봄가족휴가제(가족휴가비+어르신돌봄비지원), 한부모가족아동양육비 지원, 가족돌봄비용긴급지원(코로나19), 장기요양비, 요양비용지원 등
		시설비 지원	보호시설비지원, 양로시설비지원, 요양시설비지원 등
	보육 및 교육 관련 비용지원	보육비지원	아동수당지원, 장애아동양육수당, 장애아보육료지원, 가정위탁아동지원, 양육비지원, 학교밖아동지원금(아동양육한시지원금(코로나19) 등), 학교밖청소년수당, 학교밖청소년교통비지원, 학교밖청소년교육재난지원금(코로나19), 다문화보육료지원, 방과후보육료지원, 장애아동입양양육보조금, 입양아동양육수당, 시간연장형보육료지원, 한부모가족자녀교육비지원 등
		교육유지비지원	장학금지원, 학원비지원, 급식비지원(학교급식비지원, 어린이집급식비지원 등), 교복비지원, 수학여행비지원, 북한이탈주민교육지원, 국가장학금, 학자금대출, 국가근로장학금 등

대분류	중분류	소분류	예시
	법률지원 관련 비용 지원	법률지원 관련 비용 지원	법률구조대상자지원(대한법률구조공단), 무료법률구조지원(소상공인시장진흥공단), 무료법률지원(한국성폭력위기센터), 제증명서발급수수료면제, 주민등록재등록비지원(주민등록거주불명자재등록비지원, 주민등록말소자주민등록재등록지원) 등
	문화 및 여가 관련 비용지원	문화 및 여가 관련 비용지원	문화활동비용지원, 여가활동비용지원, 가족기념사진촬영, 가족여행비지원(어르신돌봄, 발달장애인 등) 등
신체적 건강	건강증진	교육 및 상담	금연교육, 금연상담전화, 금주교육, 절주교육 및 학교금주교육, 영양교육, 영양 상담, 영양·식생활교육, 예비부모교육(청소년대상 예비부모교육, 예비부부교실 등), 구강교육, 아토피예방교육, 낙상예방교육, 건강교육 및 정보제공, 체성분검사 및 운동상담, 건강상담(인터넷건강상담, 시민건강관리센터 운동상담실, 건강한밥상, 튼튼한아이이유식상담 등), 보건 및 질병예방교육, 질병예방교육, 응급처치교육, 위생교육, 방문건강관리서비스(가정간호서비스, 가정방문건강관리, 찾아가는 어르신방문건강관리), 만성질환질병상담, 건강정보제공, 보건정보 안내 등
		건강증진 프로그램	보건소금연클리닉, 병의원금연치료, 찾아가는 금연서비스, 금연캠프, 장애인맞춤형운동서비스, 장애인맞춤형운동처방서비스, 대상별 운동프로그램, 순환운동프로그램, 취약아동건강프로그램, 비만치료, 비만관리((비만)아동건강관리서비스 등), 비만예방관리, 임산부교실, 산전·후관리(산전·후건강관리), 임신·출산(축하/육아)용품지원, 임산부영유아영양보충, 산모·신생아돌봄서비스, 산모·신생아건강관리지원사업, 산후도우미, 투약관리, 건강관리(청년맞춤형 신체 및 정신건강 증진서비스(서울청년사회서비스사업단), 헬스리셋프로젝트 등), 건강생활실천통합서비스, 자조모임, 방문건강관리서비스(가정간호서비스, 건강행태 개선, 임산부·신생아 및 영유아건강관리, 노인허약예방관리, 찾아가는 어르신방문건강관리, 다문화가족 및 북한이탈주민건강관리 등) 등
		예방접종	예방접종지원, 예방접종안내(영유아, 성인 등) 등
		기타 건강증진활동	재난(코로나19) 상담 및 검사지원 등

대분류	중분류	소분류	예시
	의약품 · 의약외품지원	건강 · 응급 · 의약외 용품 지원	파스지원, 핫팩지원, 건강용품지원, 헌혈증지원, 구급함지원, 안경지원, 보청기지원, 틀니지원, 기저귀지원, 여성위생용품(생리대지원, 저소득층여성 · 청소년위생용품 지원 등), 마스크 등
		의약품 · 한약 지원	영양보충제지원, 구충제지원, 알레르기질환지원, 보습제지원, 비상약품지원, 한약지원, 빈혈제지원 등
	검진 및 선별검사	영유아 건강검진	영유아건강검진, 선천성대사이상검사, 난청조기진단, 발달검사(영유아발달검사) 등
		학령기 건강검진	이동청소년검진, 발달검사(학령기), 학교밖청소년건강검진 등
		일반건강검진	일반건강검진, 구강검진, 안과검진, 노인건강검진, 난청조기진단(노인) 등
		암건진	암검진 등
		심뇌혈관질환 위험요인 선별검사	방문건강관리 고혈압, 당뇨병 검사, 활력증후측정 등
		기타검진	특수질병건강진단 등
	진단 및 치료	지역사회 만성질환 관리	만성질환(고혈압, 당뇨)관리, 심혈관질환관리, 방문건강관리서비스(가정간호서비스, 가정방문건강관리, 찾아가는 어르신방문건강관리) 등
		응급의료 연계	응급의료서비스, 응급이송지원, 응급실 등
		외래진료 연계	일반진료, 촉탁의진료, 아토피치료, 저신장치료, 환경성질환치료, 알레르기질환지원, 치과진료, 한방진료, 유전자검사 등
		입원진료 연계	병동, 중환자실, 입원진료, 신체장애진단 등
	재활	지역사회 재활	보건소프로그램(재활운동프로그램, 지역사회재활프로그램, 집콕재활운동교실), 오감만족 공예재활교실 등), 시각장애인안마서비스, 발달재활서비스사업, 중도시각장애인/척수장애인재활훈련지원 등
		외래진료	재활치료, 물리치료(예시: 수치료, 감각치료, 언어치료, 작업치료, 적외선치료, 전기치료, 통증치료, 온열 및 냉치료, 운동치료(스트레칭, 요가), 신체기능훈련, 청력훈련 등)

대분류	중분류	소분류	예시
		입원진료	재활치료 등
		한방진료	수지침, 기타 한방치료 등
정신적 건강	정신건강 증진	정신건강교육	정신건강증진교육(스트레스, 우울, 불안, 생명존중 등), 우울증예방교육, 정신건강교육(아동·청소년·성인·노인 등), 자살예방교육, 자살예방인식개선 교육 등
		중독예방교육	알코올중독예방교육, 약물중독/오남용예방교육, 인터넷중독예방교육, 도박 중독예방교육, 기타중독예방교육(가족치유모임 및 교육, 생애주기별중독예방 등) 등
		인지기능증진교육	치매교육, 치매관리 등
	검진 및 선별검사	정신건강검진(선별검사)	우울증선별검사, 일반정신건강검진, 아동정신건강검진 등
		중독건강검진(선별검사)	행위중독 검진/선별검사, 물질중독 검진/선별검사 등
		치매검진(선별검사)	치매검진, 치매조기검진 등
	진단 및 치료	지역사회 정신건강 관리	정신질환자사례관리, 정신건강토탈케어서비스 등
		정신건강 외래	우울증, 조현병, 양극성장애 등 정신질환 관련 진단검사, 지적장애 및 정신질환 진단, 심리검사, 행위중독 진단검사(인터넷), 물질중독 진단검사, 특정 정신질환 관련 치료, 행위중독(도박/인터넷 등)치료, 물질중독(알코올/약물 등)치료정신과진료, 심리치료 등
		정신건강 응급 및 입원 개입	정신질환개입, 중독개입, 입원(정신의료기관 입원의뢰, 정신과진료) 등
	상담 및 정신건강 프로그램	상담	우울증상담, 자살예방상담, 알콜중독상담, 약물중독상담, 인터넷중독상담, 반려 동물지원(매개치료), 아동청소년심리지원서비스, 우리아이심리지원서비스, 아동정서발달지원서비스, 가족상담(건강가정지원센터 가족상담, 비대면상담 등), 부부상담(부부친밀감플러스, 부부관계 회복을 위한 코칭프로그램 등), 정신건강토탈케어서비스, 현장상담(거리노숙인아웃리치), 노인심리상담, 성인ADHD(성인ADHD클리닉, 심리교육, 인지행동치료), 아동·청소년심리지원서비스(심리·행동, ADHD), 트라우마치료지원(재난정신건강교육 등), 자살위험군예방서비스 등

대분류	중분류	소분류	예시
		집단개입	알코올중독재활치료, 놀이치료, 미술치료, 독서치료, 웃음치료, 원예치료, 음악 치료, 멘토링, 대인관계훈련, 가족관계개선 지원, 놀이, 미술·원예·독서·음악·웃음치료, 복지관 멘토링, 사회적응훈련, 사회성향상지원, 무용치료, 지역내 치료프로그램, 가족캠프, 가족결연맺기, 말벗지원, 안부확인 및 정서지원(노인맞춤형정서지원서비스 등), 사회적응대인관계 등
주거	주거환경 관리	주택개량	집수리지원(일반), 화장실개보수지원, 지붕개량지원, 도색·도배·장판지원, 누수· 방수지원, 보일러교체·수리, 전기공사 및 점검, 방충망설치·수리, 가스공사 및 점검, 불량주거환경개선, 주거환경관련서비스연계, 주거상담 및 정보제공, 저소득층에너지효율개선(단열/창호/바닥시공 및 고효율보일러교체지원), 노후공공임대주택시설개선(그린홈) 등
		주거내부 환경개선	청소지원(클린케어서비스, 깔끄미 등), 방역서비스, 방역장비 대여서비스, 정리정돈(집정리), 토탈홈케어서비스사업 등
	주거지 제공 및 이주 지원	임시주거지원	긴급주거지원제도, 노숙인 임시주거지원, 산불피해 이재민 임시주거지원 등
		임대주택지원	매입임대주택, 영구임대주택, 지원주택, 영구임대주택 행정절차지원, 공공임대, 행복주택 등
		이사지원	행복나눔보금자리무료이사지원, 공인중개사연결·알선 등
돌봄	일상생활 유지·돌봄지원	가사·간병지원	가사지원, 식사지원, 도시락지원, 급식지원, 밑반찬지원, 세탁, 청소, 의류 및 침구관리, 물품관리, 장보기지원, 일상생활훈련 및 교육, 가사간병방문지원사업, 간병서비스, 노인맞춤돌봄서비스, 재가노인지원서비스, 방문요양서비스, 돌봄SOS센터사업 등
		위생지원 (이미용 등)	개인위생관리, 목욕, 이미용지원, 위생용품지원(세척제, 위생물수건, 화장지, 기저귀 등), 용변관리, 재가노인지원서비스, 방문요양서비스 등
		이동지원	차량지원, 동행지원, 송영지원, 등하교지원, 실버카지원, 재가노인지원서비스, 방문요양서비스 등
		활동지원	수화지원, 장애인활동지원서비스(신체·가사·사회활동, 방문목욕·간호 등), 외국인통역서비스, 물품배송서비스, 개인활동지원, 행정 및 일상업무지원, 중증장애인활동보조사업, 발달장애인주간활동서비스사업 등

대분류	중분류	소분류	예시
		보장구지원(의지, 보조기, 휠체어, 정형구두 등)	보장구지원(의지, 보조기, 휠체어, 정형구두 등), 보행보조기, 재활기구지원, 보장구대여, 보장구수리, 재활보조기구지원, 장애인보조기기렌탈서비스 등
	시설보호	장·단기시설 보호	가정위탁보호, 아동보호시설, 자립지원시설, 노숙인자활시설, 노숙인요양시설, 일시보호시설, 일시보호시설(노숙인, 노인, 아동, 장애인, 한부모자), 가족쉼터(노숙인), 정신재활시설(생활시설), 공동생활가정, 지역사회전환시설, 자립생활체험홈 등
		주·야간보호	주간보호시설(아동, 장애인 등), 야간보호시설(노인, 아동 등), 단기보호센터, 노인/어르신유치원 등
	경제생활지원	경제교육·정보제공	기획재정부 경제배움e, KDI경제정보센터 경제교육(온라인), KDI경제정보센터 e경제정보, 금융복지상담센터(찾아가는 금융상담, 찾아가는 금융교육 등) 등
		생활용품지원(단순물품지원)	가구지원·관리, 가전제품지원·관리, 상품권지원, 출산용품지원, 청소용품지원, 의류지원, 침구지원, 냉·난방용품, 냉·난방용품관리, 아동·유아용품, 안전용품지원, 컴퓨터지원, 실종예방물품지원, 요양·돌봄관련물품지원, 기타 생활용품지원, 북한이탈주민생활필수품지원 사랑의 그린PC보급(장애인, 다문화가정, 북한이탈주민 등), 기저귀·조제분유지원사업 등
		식료품 지원	도시락지원, 급식지원, 밑반찬지원, 쌀지원, 잡곡지원, 떡국지원, 라면지원, 김치지원, 고기지원, 간식지원, 식·음료품지원, 식사관리, 외식지원, 기타 부식지원, 푸드마켓사업, 푸드뱅크사업 등
		기타서비스연계·의뢰	공동모금회후원(지정기탁)현물, 공동모금회기획사업, 복지서비스정보물 제공, 생계유지활동지원, 생애이벤트지원, 시설대관서비스, 취약계층우대증발급, 공동모금회 후원의뢰 등
		장제서비스	장제 관련 현금서비스(장제급여지원, 장례(비)지원 등), 장제 관련 기타서비스(임종교육, 영정사진촬영 등), 사망이후유류금품처리, 무연고자장제지원, 사후시보증금공탁서비스(무연고자사망시보증금의반환및공탁 등) 등

대분류	중분류	소분류	예시
일자리	직업(유지) 상담 및 알선	직업(유지)상담 및 알선	직업 및 취업상담, 직업상담, 취업 후 상담, 퇴직 후 직업상담, 맞춤형취업능력향상프로그램, 취업박람회 개최 등
	직업(유지)교육 및 훈련	직업검사	직업능력평가, 직업적성검사 등
		직업훈련 및 교육	직업 및 직장 체험, 직무교육, 보호작업장지원, 공동작업장지원, 직업재활훈련, 자격증취득지원, 청년취업아카데미 등
		취업후관리	취업자간담회, 취업자자조모임 등
	일자리사업 지원	자활근로사업	의약품과 의약외품 및 보장구 등 신체건강 및 일상생활 편의를 위한 보건의료 관련 물품지원 서비스
		공공근로사업	지역자활센터연계 등
		일자리사업	지역공동체일자리사업, 노인일자리사업(공익활동, 재능나눔, 사회서비스형, 시장형사업단, 시니어인턴십, 고령화친화기업 등), 사회적일자리사업(공원유지관리사업, 보행안전지도사업, 보행안전도우미, 깨끗한 골목길 조성사업, 스쿨존교통안전지킴이 등), 취업성공패키지사업, 구직등록, 50플러스일자리사업 등
	창업지원	창업관련 시설·현물지원	창업지원센터 입주서비스(서울), 농촌유휴시설활용창업지원사업, 메이커스페이스구축지원, 사회적기업가육성사업(시설, 자금, 멘토링, 교육, 자원연계 등 지원), 청년등 협동조합창업지원사업(멘토링, 컨설팅, 활동비용 등 지원) 등
		창업관련 교육·기술지원	창업교육(창업스쿨, e-창업스쿨, 소상공인창업아카데미, 실전창업교육(창업진흥원) 등), 희망가게운영 등
보육 및 교육	양육지원	양육상담	발달장애인부모상담지원사업, 육아종합지원센터 온라인양육상담, 내방(또는 가정 방문)상담, 육아종합지원센터 아이사랑플래너 등
		부모교육	육아종합지원센터 공통부모교육(클로버부모교육, 포괄적양육정보안내부모교육, 부모양육태도점검부모교육, 자녀권리존중부모교육, 영유아발달이해부모교육, 양육스트레스관리부모교육), 발달장애인부모교육지원, 여성가족부 부모교육 등
		보육·아동돌봄 지원	방과후돌봄서비스(초등돌봄교실, 지역아동센터, 청소년방과후 아카데미, 다함께돌봄), 드림스타트, 어린이집연계, 아이돌봄서비스, 장애아가족양육지원, 시간연장보육서비스, 시간제보육서비스 등

대분류	중분류	소분류	예시
		입양상담 및 지원	한국입양가족상담센터 입양부모교육(예비입양부모교육, 난임입양부모교육, 유자녀입양부모교육, 특수욕구아입양부모교육), 아동권리보장원 입양인온라인상담, 한국입양가족상담센터 입양지원 프로그램(찾아가는 '문지방상담', '입양가족적응력 향상'심리상담, '라이프북' 집단상담, 입양부모집단치유) 등
	학습지원	발달지원	인지학습치료, 발달검사, 언어발달지원사업, 점자교육, 수화교육, 장애특수교육, 다문화가정아동정서발달서비스(다문화가족자녀아동발달서비스, 다문화가족언어발달지원서비스 등), 영유아발달지원서비스 등
		기초학력지원	기초학습지원, 독서논술지도, 학습지지원, 보충학습, 도서(대여)지원, 다문화한국어 교육, 방문학습지원, 학업중단학생 학습지원, 학교밖청소년맞춤형지원사업, 위기청소년특별지원사업 등
		비교과 학습지원	방과후교실, 봉사학습, 생활교육, 역사교실, 환경교육, 외국어교육, 예체능교육, 각종특기적성교육, 동아리활동지원, 코딩교육, 아동비전형성지원서비스, 발달장애학생방과후활동서비스사업, 집단교육프로그램(나눔교육, 배려교육 등) 등
		학습용품지원	구재지원, 학용품지원, 교육환경개선 등
	7-3. 진로지도 및 상담	진로상담	커리어넷(온라인) 진로상담, 워크넷 진로상담, 청소년진로상담, 학교밖청소년 자립지원, 위기청소년특별지원사업 등
		진로체험활동	진로탐색 및 체험, 의사소통능력향상기술지원, 학교생활적응력향상지원, 아동 자아존중감 향상지원, 사회예절교육, 학업 및 학력복귀지원, 학교밖청소년인턴십지원, 내일이룸학교(학교밖청소년대상맞춤형직업교육) 등
관계	상담 및 정신건강 프로그램	상담	가족상담(건강가정지원센터 가족상담, 비대면상담 등), 부부상담(부부친밀감플러스, 부부관계 회복을 위한 코칭프로그램 등) 등
		집단개입	대인관계훈련, 가족관계개선 지원, 사회적응훈련, 사회성향상지원, 지역내 치료프로그램, 가족캠프, 가족결연맺기, 말벗지원, 사회적응대인관계 등

대분류	중분류	소분류	예시
안전	안전 교육·점검	안전교육·정보 제공	교통안전교육, 실종·유괴예방교육, 재난대비안전교육, 학대 및 폭력예방교육(학대예방교육, 성폭력예방교육, 성희롱예방교육, 성매매예방교육, 가정폭력예방교육, 학교폭력예방교육 등), 사회·재난안전정보제공, ICT 데이터 확인·점검 등
		안전(관리) 확인	독거노인·중증장애인응급안전알림서비스, 주기적 안전 확인, 지역사회알람서비스, 노숙인시설사후관리, 인적안전망(이장, 통장, 지역사회보장협의체 위원 활용 등), 실종예방물품지원, 응급안전안심서비스사업(독거어르신 생활건강관리 솔루션사업(IoT) 등), 안전도우미 등
	학대·폭력 피해 지원	학대 및 폭력피해 신고·접수	여성긴급전화1366(가정폭력·성폭력·성매매·성희롱, 데이트폭력·스토킹 등), 안전Dream아동·여성·장애인 경찰지원센터신고, 위기가정통합지원센터 연계 등
		학대 및 폭력피해자 상담	여성긴급전화1366(가정폭력·성폭력·성매매·성희롱, 데이트폭력·스토킹 등), 성폭력상담(한국성폭력위기센터), 여성폭력사이버상담, 가정폭력상담, 성매매피해상담 성희롱피해상담, 아동보호전문기관 상담, 노인보호전문기관 상담, 정신보건센터 상담, 폭력피해자상담 등
		학대 및 폭력피해자 시설지원	가정폭력·성폭력피해자시설입소지원, 성매매피해여성시설입소지원, 폭력피해자쉼터입소지원 등
법률 및 권익 보장	인권교육	인권교육	아동권리교육, 노인인권교육, 장애인인권교육, 장애인가족장애인차별인식개선 교육 등
		권익보장지원	노인권익향상지원 등
	법률상담	법률상담 및 지원	개인파산 및 회생절차 지원, 신용회복절차지원, 채무상담(신용회복위원회 상담, 채무상담센터 무료상담 등), 금융상담(공공재무 상담, 찾아가는 금융상담 등), 이혼법률상담, 법률홈닥터(무료법률상담), 마을변호사(무료법률상담), 주민등록회복, 수급권신청, 장애등록 등
		법률교육·정보제공	다문화가족 법문화교육, 북한이탈주민법문화교육, 청소년법교육, 일반인 생활법률교육, 학교폭력예방교육, 각종법률정보제공, 기타 법교육(비행청소년법교육, 학생자치법정, 기타 생활법률강의 등) 등

대분류	중분류	소분류	예시
문화 및 여가	문화복지	문화 · 여가 · 취미 활동지원	영화관람, 공연관람, 스포츠경기관람, 문화예술현장탐방, 문화예술교육, 문화바우처사업, 미술관, 문화전시관람 등 공연 · 전시관람 지원, 스포츠바우처, 체육대회참여, 클럽 및 모임지원, 체육활동 물품지원, 생활체육활동 등 체육활동지원, 야외활동지원, 동물원 및 놀이공원 견학, 캠프 및 여행지원, 체험활동지원, 효도관광지원, 돌봄여행서비스 여행바우처 등 체험 및 여행지원, 음악교실, 미술교실, 요리교실, 바둑교실, 원예교실, 다도교실, 레크리에이션 프로그램 참여, 문화강좌 참여, 동아리활동, 공예교실, 노인여가프로그램, 놀이프로그램, 사물놀이, 예체능활동, 종교활동 등 취미활동지원, 인문학 프로그램, 각종 해외연수 및 해외탐방(저소득아동해외문화탐방, 취약계층, 저소득층청소년해외문화탐방, 저소득층자녀해외봉사활동지원 등), 다문화 · 저소득층자녀해외캠프, 산림복지서비스이용권, 통합문화이용권, 치매환자가족을 위한 여행서비스, 장애인 · 노인을 위한 돌봄여행서비스 등
	평생교육	평생교육	정보화교육, 노인교실, 노인대학, 노인학교, 노인/어르신유치원, 은퇴준비교육, 외국어교육, 성인한글교실, 한자교육, 경제금융교육, 인문학강좌(노숙인), 예체능교육 등

<부록 3> 한국사회복지사 윤리강령

사회복지사 윤리강령

1982.01.15. 제정
1988.03.26. 1차 개정
1992.10.22. 2차 개정
2001.12.15. 3차 개정
2021.07.05. 4차 개정
2023.04.11. 5차 개정

[전문]

사회복지사는 인본주의 · 평등주의 사상에 기초하여, 모든 인간의 존엄성과 가치를 존중하고 천부의 자유권과 생존권의 보장 활동에 헌신한다.

특히 사회적 · 경제적 약자들의 편에 서서 사회정의와 평등 · 자유와 민주주의 가치를 실현하는 데 앞장선다. 또한, 도움을 필요로 하는 사람들의 사회적 지위와 기능을 향상시키기 위해 저들과 함께 일하며, 사회제도 개선과 관련된 제반 활동에 주도적으로 참여한다. 사회복지사는 개인의 주체성과 자기 결정권을 보장하는 데 최선을 다하고, 어떠한 여건에서도 개인이 부당하게 희생되는 일이 없도록 한다.

이러한 사명을 실천하기 위하여 전문적 지식과 기술을 개발하고, 사회적 가치를 실현하는 전문가로서의 능력과 품위를 유지하기 위해 노력한다. 이에 우리는 클라이언트 · 동료 · 기관 그리고, 지역사회 및 전체사회와 관련된 사회복지사의 행위와 활동을 판단 · 평가하며 인도하는 윤리기준을 다음과 같이 선언하고 이를 준수할 것을 다짐한다.

[윤리강령의 목적]

한국사회복지사 윤리강령은 사회복지 전문직의 가치와 윤리적 실천을 위한 기준을 안내하고, 윤리적 이해가 충돌할 때 고려해야 할 사항을 제시하고자 한다. 한국사회복지사 윤리강령의 목적은 다음과 같다.

1. 윤리강령은 사회복지 전문직의 사명과 사회복지 실천의 기반이 되는 핵심 가치를 제시한다.
2. 윤리강령은 사회복지 전문직의 핵심 가치를 실현하기 위한 윤리적 원칙을 제시하고, 사회복지 실천의 지침으로 사용될 윤리기준을 제시한다.
3. 윤리강령은 사회복지 실천 현장에서 발생하는 윤리적 갈등 상황에서 의사 결정에 필요한 사항을 확인하고 판단하는 데 필요한 윤리 기준을 제시한다.
4. 윤리강령은 사회복지사가 전문가로서 품위와 자질을 유지하고, 자기 관리를 통해 클라이언트를 보호할 수 있도록 안내한다.
5. 윤리강령은 사회복지의 전문성을 확보하고 외부 통제로부터 전문직을 보호할 수 있는 기준을 제공한다.
6. 윤리강령은 시민에게 전문가로서 사회복지사의 역할과 태도를 알리는 수단으로 작용한다.

[윤리강령의 가치와 원칙]

사회복지사는 인간 존엄성과 사회정의라는 사회복지의 핵심 가치에 기반을 두고 사회복지 전문직의 사명을 다하기 위해 노력해야 한다. 이러한 핵심 가치와 관련해 사회복지 전문직이 준수해야 할 윤리적 원칙을 제시한다.

핵심 가치 1. 인간 존엄성

윤리적 원칙: 사회복지사는 인간의 존엄성과 가치를 인정하고 존중한다.

- 사회복지사는 개인적 · 사회적 · 문화적 · 정치적 · 종교적 다양성을 고려하며 개인의 인권을 보호하고 존중한다.
- 사회복지사는 클라이언트의 자율성을 존중하고, 자기 결정을 지원한다.
- 사회복지사는 클라이언트가 역량을 강화하고, 자신과 환경을 변화시킬 수 있도록 지원한다.
- 사회복지사는 사회복지 실천 과정에서 클라이언트의 개입과 참여를 보장한다.

핵심 가치 2. 사회정의

윤리적 원칙: 사회복지사는 사회정의 실현을 위해 앞장선다.

- 사회복지사는 개인적 · 집단적 · 사회적 · 문화적 · 정치적 · 종교적 차별에 도전하

여 사회정의를 촉진한다.

- 사회복지사는 개인, 가족, 집단, 지역사회의 다양성을 존중하는 포용적 지역사회를 만들기 위해 노력한다.
- 사회복지사는 부적절하고 억압적이며 불공정한 사회제도와 관행을 변화시키기 위해 사회의 다양한 구성원들과 협력한다.
- 사회복지사는 포용적이고 책임 있는 사회를 만들어 가기 위해 연대 활동을 한다.

[사회복지사의 윤리기준]

Ⅰ. 기본적 윤리기준

1. 전문가로서의 자세

1) 인간 존엄성 존중

가. 사회복지사는 모든 인간의 존엄, 자유, 평등을 위해 헌신해야 하며, 사회적 약자를 옹호하고 대변하는 일을 주도해야 한다.

나. 사회복지사는 모든 인간의 고유한 존엄성과 가치를 인정하고 존중하며, 이를 기반으로 사회복지를 실천한다.

다. 사회복지사는 클라이언트의 성, 연령, 정신·신체적 장애, 경제적 지위, 정치적 신념, 종교, 인종, 국적, 결혼 상태, 임신 또는 출산, 가족 형태 또는 가족 상황, 성적 지향, 젠더 정체성, 기타 개인적 선호·특징·조건·지위 등을 이유로 차별을 하지 않는다.

라. 사회복지사는 다양한 문화의 강점을 인식하고 존중하며, 문화적 역량을 바탕으로 사회복지를 실천한다.

마. 사회복지사는 문화적으로 민감한 실천을 제공하기 위해, 사회복지 실천 과정에서 자신의 개인적·사회적·문화적·정치적·종교적 가치, 신념과 편견이 클라이언트와 동료 사회복지사에게 미칠 수 있는 영향을 고려하여 자기 인식을 증진하기 위해 힘쓴다.

2) 사회정의 실현

가. 사회복지사는 사회정의 실현과 클라이언트의 복지 증진에 헌신하며, 이를 위한 국가와 사회의 환경 변화를 위해 노력한다.

나. 사회복지사는 사회, 경제, 환경, 정치적 자원에 대한 평등한 접근과 공평한 분배가

이루어지도록 노력한다.

다. 사회복지사는 개인적·집단적·사회적·문화적·정치적·종교적 특성에 근거해 개인이나 집단을 차별·억압하는 것을 인식하고, 이를 해결 또는 예방하기 위해 노력해야 한다.

2. 전문성 개발을 위한 노력

1) 직무 능력 개발

가. 사회복지사는 클라이언트에게 최상의 서비스를 제공하기 위해, 지식과 기술을 개발하는 데 최선을 다하며 이를 활용하고 공유할 책임이 있다.

나. 사회복지사는 사회적 다양성의 특징(성, 연령, 정신·신체적 장애, 경제적 지위, 정치적 신념, 종교, 인종, 국적, 결혼 상태, 임신 또는 출산, 가족 형태 또는 가족 상황, 성적 지향, 젠더 정체성, 기타 개인적 선호·특징·조건·지위 등), 차별, 억압 등에 대해 교육을 받고 이에 대한 이해를 증진하기 위해 노력한다.

다. 사회복지사는 변화하는 사회복지 관련 쟁점에 대응할 수 있도록 실천 기술을 향상하고, 새로운 실천 기술이나 접근법을 적용하기 위해 적절한 교육, 훈련, 연수, 자문, 슈퍼비전 등을 받도록 노력한다.

라. 사회복지사는 사회복지 실천에 필요한 정보통신 관련 지식과 기술을 습득하기 위해 노력하며, 이를 사용하는 과정에서 발생할 수 있는 윤리적 문제를 인식하고 정보통신 관련 지식과 기술을 활용하도록 한다.

2) 지식기반의 실천 증진

가. 사회복지사는 사회복지 실천 과정에서 평가와 연구 조사를 함으로써, 사회복지 실천의 지식 기반 형성에 기여하고, 궁극적으로 사회복지 실천의 질적 향상을 위해 노력한다.

나. 사회복지사는 평가나 연구 조사를 할 때, 연구 참여자의 권리를 보장하기 위해, 연구 관련 사항을 충분히 안내하고 자발적인 동의를 얻어야 한다.

다. 사회복지사는 연구 과정에서 얻은 정보를 비밀 보장의 원칙에서 다루며, 비밀 보장의 한계, 비밀 보장을 위한 조치, 조사 자료 폐기 등을 연구 참여자에게 알려야 한다.

라. 사회복지사는 평가나 연구 조사를 할 때, 연구 참여자의 보호와 이익, 존엄성, 자기 결정권, 자발적 동의, 비밀 보장 등을 고려하며, 「생명윤리 및 안전에 관한 법률」 등 관련 법령과 규정에 따라 연구윤리를 준수한다.

3. 전문가로서의 실천

1) 품위와 자질 유지

가. 사회복지사는 전문가로서의 품위와 자질을 유지하고, 자신이 맡고 있는 업무에 대해 책임을 진다.

나. 사회복지사는 자신의 이익을 위해 사회복지 전문직의 가치와 권위를 훼손해서는 안 된다.

다. 사회복지사는 전문가로서 성실하고 공정하게 업무를 수행한다.

라. 사회복지사는 부정직한 행위, 범죄행위, 사기, 기만행위, 차별, 학대, 따돌림, 괴롭힘 등 불법적이고 부당한 일을 행하거나 묵인해서는 안 된다.

마. 사회복지사는 자신의 소속, 전문 자격이나 역량 등을 클라이언트에게 정직하고 정확하게 알려야 한다.

바. 사회복지사는 클라이언트, 학생, 훈련생, 실습생, 슈퍼바이지, 직장 내 위계적 권력 관계에 있는 동료와 성적 관계를 형성해서는 안 되며, 이들에게 성추행과 성희롱을 포함한 성폭력, 성적 · 인격적 수치심을 주는 행위를 해서는 안 된다.

사. 사회복지사는 한국사회복지사협회 등 전문가 단체의 활동에 적극적으로 참여하여, 사회정의 실현과 사회복지사의 권익 옹호를 위해 노력한다.

2) 자기 관리

가. 사회복지사는 정신적 · 신체적 건강 문제, 법적 문제 등이 사회복지 실천 과정에서의 전문적 판단이나 실천에 부정적 영향을 주거나 클라이언트의 이익을 저해하지 않도록, 동료, 기관과 함께 적절한 조치를 하도록 노력한다.

나. 사회복지사는 클라이언트에게 최상의 사회복지서비스를 제공하기 위해 사회복지사 자신의 정신적 · 신체적 건강, 안전을 유지 · 보호 · 관리하도록 노력한다.

3) 이해 충돌에 대한 대처

가. 사회복지사는 클라이언트의 이익을 우선으로 고려하고, 이해 충돌이 있을 때는 아동, 소수자 등 취약한 자의 이해와 권리를 우선시한다.

나. 사회복지사의 개인적 신념과 사회복지사로서 직업적 의무 사이에 이해 충돌이 발생할 때 동료, 슈퍼바이저와 논의하고, 부득이한 경우 클라이언트가 적절한 지원을 받을 수 있도록 클라이언트를 다른 사회복지사에게 의뢰하거나 다른 사회복지서비스로 연결한다.

다. 사회복지사는 전문적 가치와 판단에 따라 업무를 수행하는 과정에서, 기관 내외로부터 부당한 간섭이나 압력을 받아서는 안 된다.

4) 경제적 이득에 대한 실천

가. 사회복지사는 클라이언트의 지불 능력에 상관없이 복지 서비스를 제공해야 하며, 이를 이유로 차별해서는 안 된다.

나. 사회복지사는 필요한 경우에 제공된 서비스에 대해 공정하고 합리적으로 이용료를 책정할 수 있다.

다. 사회복지사는 업무와 관련해 정당하지 않은 방법으로 경제적 이득을 취해서는 안 된다.

Ⅱ. 클라이언트에 대한 윤리기준

1. 클라이언트의 권익옹호

사회복지사는 클라이언트의 이익을 최우선의 가치로 삼고 이를 실천하며, 클라이언트의 권리를 존중하고 옹호한다.

2. 클라이언트의 자기 결정권 존중

1) 사회복지사는 사회복지 실천 과정에서 클라이언트의 자기 결정을 존중하고, 클라이언트를 사회복지 실천의 주체로 인식하여 클라이언트가 자기 결정권을 최대한 행사할 수 있도록 돕는다.

2) 사회복지사는 의사 결정이 어려운 클라이언트에 대해서는 클라이언트의 이익과 권리를 보장하기 위한 적절한 조치를 취해야 한다.

3. 클라이언트의 사생활 보호 및 비밀 보장

사회복지사는 클라이언트의 사생활을 존중하고 보호하며, 전문적 관계에서 얻은 클라이언트관련 정보에 대해 비밀을 유지한다. 그러나 클라이언트 자신과 타인에게 해를 입히거나 범죄행위와 관련된 경우에는 예외로 할 수 있다.

4. 정보에 입각한 동의

사회복지사는 클라이언트의 알 권리를 인정하고 동의를 얻어야 하며, 클라이언트가 받는 서비스의 목적과 내용, 범위, 합리적 대안, 위험, 서비스의 제한, 동의를 거절 또는 철회할 수 있는 클라이언트의 권리 등에 대해 정확하고 충분한 정보를 제공한다.

5. 기록 · 정보 관리

1) 클라이언트에 대한 사회복지 실천 기록은 사회복지사의 윤리적 실천의 근거이자 평가 · 점검의 도구이기 때문에 중립적이고 객관적으로 작성해야 한다.
2) 사회복지사는 클라이언트가 자신과 관련된 기록의 공개를 요구하면 정당한 비공개 사유가 없는 한 정보에 접근할 수 있도록 해야 한다.
3) 사회복지사는 클라이언트에 대한 문서 정보, 전자 정보, 기타 민감한 개인 정보를 보호해야 한다.
4) 사회복지사가 획득한 클라이언트 관련 정보나 기록을 법적 사유 또는 기타 사유로 제3자에게 공개할 때는 클라이언트에게 안내하고 동의를 얻어야 한다.

6. 직업적 경계 유지

1) 사회복지사는 클라이언트와의 전문적 관계를 자신의 개인적 이익을 위해 이용해서는 안 된다.
2) 사회복지사는 업무 외의 목적으로 정보통신기술을 사용해 클라이언트와 의사소통을 해서는 안 된다.
3) 사회복지사는 어떠한 상황에서도 클라이언트와 사적 금전 거래, 성적 관계 등 부적절한 행동을 해서는 안 된다.
4) 동료의 클라이언트를 의뢰받을 때는 기관 및 슈퍼바이저와 논의하는 과정을 거쳐야 하며, 클라이언트에게 설명하고 동의를 얻은 후 서비스를 제공한다.
5) 사회복지사는 정보처리기술을 이용하는 것이 클라이언트의 권리를 침해할 위험성이 있다는 사실을 인식하고 직업적 범위 안에서 활용한다.

7. 서비스의 종결

1) 사회복지사는 클라이언트에게 제공되는 서비스가 더 이상 클라이언트의 이해나 욕구에 부합하지 않으면 업무상 관계와 서비스를 종결한다.
2) 사회복지사는 개인적 또는 직업적 이유로 클라이언트와의 전문적 관계를 중단하거나 종결할 때 사전에 클라이언트에게 충분히 설명하고, 다른 기관 또는 다른 전문가에게 의뢰하는 등 필요한 조치를 취한다.
3) 사회복지사는 클라이언트의 고의적 · 악의적 · 상습적 민원 제기에 대해 소속 기관, 슈퍼바이저, 전문가 자문 등의 논의 과정을 거쳐 서비스를 중단하거나 거부권을 행사할 수 있다.

Ⅲ. 사회복지사의 동료에 대한 윤리기준

1. 동 료

1) 사회복지사는 존중과 신뢰를 기반으로 동료를 대하며, 전문가로서의 지위와 인격을 훼손하는 언행을 하지 않는다.
2) 사회복지사는 사회복지 전문직의 권익 증진을 위해 동료와 다른 전문직 동료와도 협력하고 협업한다.
3) 사회복지사는 동료의 윤리적이고 전문적인 행위를 촉진해야 하며, 동료가 전문적인 판단과 실천이 미흡하여 문제를 발생시켰을 때 윤리강령과 제반 법령에 따라 대처한다.
4) 사회복지사는 다른 전문직의 동료가 행한 비윤리적 행위에 대한 윤리강령과 제반 법령에 따라 대처한다.
5) 사회복지사는 동료의 직무 가치와 내용을 인정하고 이해하며, 상호 간에 민주적인 직무관계를 이루도록 노력해야 한다.
6) 사회복지사는 동료들에게 정보통신기술을 사용한 비윤리적 행위를 하지 않는다.
7) 사회복지사는 동료가 적법하게 업무를 수행하는 과정에서 부당한 조치를 당하면 동료를 변호하고 원조해 주어야 한다.
8) 사회복지사는 동료에게 행해지는 어떤 형태의 차별, 학대, 따돌림 또는 괴롭힘과 자신의 전문적 권위를 행사하는 다른 동료와의 부적절한 성적 행동에 가담하거나 이를 용인해서는 안 된다.
9) 사회복지사는 슈퍼바이지, 학생, 훈련생, 실습생, 자신의 전문적 권위를 행사하는 다른 동료와의 성적 행위나 성적 접촉과 성적 관계에 관여해서는 안된다.

2. 슈퍼바이저

1) 슈퍼바이저는 슈퍼바이지가 전문적 업무 수행을 할 수 있도록 지원하고 슈퍼바이지는 슈퍼바이저의 전문적 지도와 조언을 존중해야 한다.
2) 슈퍼바이저는 전문적 기준에 따라 슈퍼비전을 수행하며, 공정하게 평가하고 평가 결과를 슈퍼바이지와 공유한다.
3) 슈퍼바이저는 개인적인 이익 추구를 위해 자신의 지위를 이용해서는 안 된다.
4) 슈퍼바이저는 사회복지사 수련생과 실습생에게 인격적 · 성적으로 수치심을 주는 행위를 해서는 안 된다.

Ⅳ. 기관에 대한 윤리기준

1) 사회복지사는 기관의 사명과 비전을 확인하고, 정책과 사업 목표를 달성하기 위해 노력해야 한다.
2) 사회복지사는 소속 기관의 활동에 적극적으로 참여함으로써 기관의 성장과 발전을 위해 노력해야 한다.
3) 사회복지사는 기관의 부당한 정책이나 요구에 대해 전문직의 가치와 지식을 근거로 대응하고, 제반 법령과 규정에 따라 해결하도록 노력해야 한다.

Ⅴ. 사회에 대한 윤리기준

1) 사회복지사는 자신이 일하는 지역사회를 이해하고, 클라이언트가 지역사회에서 서로 도우며 함께 살아가도록 지원해야 한다.
2) 사회복지사는 정치적 영역이 클라이언트의 권익과 사회복지 실천에 미치는 영향을 인식하여 사회정의 실현을 위한 사회정책의 수립과 법령 제·개정을 지원·옹호해야 한다.
3) 사회복지사는 사회재난과 국가 위급 상황에서 문제를 해결하기 위해 적극적으로 활동해야 한다.
4) 사회복지사는 지역사회, 국가, 나아가 전 세계와 그 구성원의 복지 증진, 삶의 질 향상을 위해 적극적으로 노력해야 한다.
5) 사회복지사는 인간과 자연이 서로 떨어져 살 수 없음을 깨닫고, 인간과 자연환경, 생명 등 생태에 미칠 영향을 생각하며 실천해야 한다.

사회복지사 선서문

나는 모든 사람들이 인간다운 삶을 누릴 수 있도록,
인간존엄성과 사회정의의 신념을 바탕으로,
개인·가족·집단·조직·지역사회·전체사회와 함께 한다.

나는 언제나 소외되고 고통받는 사람들의 편에 서서, 저들의 인권과 권익을 지키며,
사회의 불의와 부정을 거부하고, 개인이익보다 공공이익을 앞세운다.

나는 사회복지사 윤리강령을 준수함으로써, 도덕성과 책임성을 갖춘
사회복지사로 헌신한다.
나는 나의 자유의지에 따라 명예를 걸고 이를 엄숙하게 선서합니다.

참고문헌

강미경(2011). 사례관리 간접실천기술. 사례관리 전문가교육: 실무자 기초과정(1, 2기) 자료집. 대전광역시사회복지사협회.

강흥구(2016). 『사례관리』. 경기: 정민사.

경기복지재단(2010). 무한돌봄센터 사례관리 교육교재 I. pp.69-90.

공계순 · 서인해(2009). 지역아동센터에서의 사례관리실천 방안에 관한 연구. 『한국가족복지학』. 14(4): 155-178.

권진숙(2010). 한국 사례관리실천의 혼돈과 대안. 『사례관리연구』. 1(1): 1-22.

권진숙 · 김상곤 · 김성천 · 박지영 · 유명이 · 유서구 · 이기연 · 조현순(2009). 인천광역시복지관 사례관리실천을 위한 매뉴얼 연구보고서. 인천광역시복지관협회 · 사례관리연구회.

권진숙 · 박지영(2008). 『사례관리의 이론과 실제』(2판). 서울: 학지사.

김규수 · 김인숙 · 박미은 · 박정위 · 설진화 · 우국희 · 홍선미(2002). 『인간행동과 사회환경』. 서울: 나눔의 집.

김나영 · 김광병(2024). 통합사례관리에 관한 연구동향 분석. 『한국케어매니지먼트연구』. 51호: 115-136.

김만두(1993). 『사례관리실천론』. 서울: 홍익재.

김상곤(2011). 사례관리운영체계. 사례관리 전문가교육: 실무자 기초과정(1, 2기) 자료집. 대전광역시사회복지사협회.

김성경(2017). 『사회복지 사례관리론』. 경기: 공동체.

김왕배 · 김용학 · 김현미 · 김호기 · 박선웅 · 박찬웅 · 박해광 · 송유진 · 이영숙 · 임현진 · 장상철 · 조명우 · 조성남 · 최샛별 · 최유정(2006). 『사회학 이론』. 서울: 한울출판사.

김영종 · 홍현미라 · 이현주 · 이혜원 · 이민영 · 진재문(2010). 『사회복지 네트워킹의 이해와 적용』. 서울: 학지사.

김유숙(1998). 『가족치료의 이론과 실제』. 서울: 학지사.

김혜란 · 홍선미 · 공계순 · 박현선(2022). 『사회복지실천기술론』. 서울: 학지사.

김희수 · 최선희(2019). 사례관리 실천과정에서 경험하는 사회복지관 사례관리자의 어려움과 대처. 『한국사회복지조사연구』. 61: 5-43.

노주환(2012). 성공적인 사례관리를 위한 실천경험에 관한 연구. 숭실대학교 대학원 석사학위논문.

노혜련 · 김윤주(2014). 『강점 관점 해결중심 사례관리』. 서울: 학지사.

노혜련 · 유성은(2007). 강점 관점 사례관리의 특성에 관한 연구: 빈곤여성 가구주의 참여경험을 중심으로. 『한국가족치료학회지』. 15(2): 75-103.

대전광역시사회복지사협회(2011). 사례관리실천 매뉴얼.

대전광역시사회복지사협회 · 한국사례관리학회(2011). 사례관리 전문가교육: 실무자 기초과정(1, 2기) 자료집. 대전광역시사회복지사협회.

대전복지재단(2014). 『희망티움센터 업무매뉴얼』.

대전복지재단(2018). 『민관협력 중심의 공동사례관리 가이드라인』.

민소영(2008). 강점 관점 반영 사례관리 훈련 프로그램의 개발 및 효과성 연구. 『한국사회복지행정학』. 10(1): 39-65.

민소영(2012). 사회복지 행정영역과 사례관리: 전달체계 개편을 중심으로. 2012 한국사례관리학회 춘계학술대회 자료집. pp.91-107.

민소영(2015). 한국의 사례관리 전개 과정과 쟁점 고찰. 『한국사회복지행정학』. 17(1): 213-239.

민은희(2008). 사례관리 실무. 보건복지부 · 한국보건복지인력개발원.

박미은(1999). 정신질환자를 위한 사례관리에서 자원활용에 관한 연구. 『정신보건과 사회사업』. 제8집. pp.79-104.

박미은(2001). 정신장애인에 대한 임파워먼트 실천의 필요성과 개입방안에 관한 연구. 『재활복지』. 5(1): 32-55.

박미은(2010). 『사회복지 위험관리의 이해』. 경기: 집문당.

박미은(2011). 사례관리 실천과정과 운영체계에서의 슈퍼비전의 방향성. 2011년 사회복지공동모금회 제안기획사업 Case Management 디딤터 사업 보고회 자료집. pp.121-131.

박미은(2012). 대전지역 민간 사례관리 네트워크의 현황 및 발전방향: 포커스 집단을 중심으로. 대전광역시사회복지사협회. 『대전사회복지사 학술대회: 사례관리를 논하다』. pp.3-18.

박미은(2018). 『군사회복지실천론: 강점 관점 적용』. 경기: 공동체.

박미은 · 신희정 · 이혜경 · 이미림(2020). 『가족복지론』. 경기: 공동체.

박선영(2011). 강점 관점 사회복지실천 모델에 관한 시론적 연구: 성인 클라이언트를 중심으로. 『사회과학논총』. 30(1): 89-113.

박은아 · 이재경 · 조혜정(2024). 사례관리에 관한 연구동향: 언어 네트워크 분석과 토픽모델링 활용. 한국보건복지학회. 『보건과 복지』. 26(3) : 203-240.

박정란 · 황세인(2024). 『사례관리』. 제4판. 경기: 양서원.

박춘숙 · 송지현 · 최주환 · 박미은(2011). 국내 사례관리 개념논쟁에 관한 소고. 한남대학교 사회과학연구소. 『사회과학연구』. 20(2): 1-16.

보건복지가족부(2009). 드림스타트 대상 아동 선별도구 개발.

보건복지가족부(2009). 드림스타트 대상 아동 위기도 판정도구 매뉴얼.
보건복지부(2010). 공공사례관리 매뉴얼.
보건복지부(2019). 희망복지지원단 업무 안내.
보건복지부(2025a). 희망복지지원단 업무 안내.
보건복지부(2025b). 사회복지관 운영관련 업무처리 안내.
보건복지부 · 한국사회보장정보원(2021). 통합사례관리 실천 가이드.
서대석 · 박미은 · 서진(2011). 사례관리에서 자원연계 방해요인이 사례관리자의 직무스트레스에 미치는 영향. 경성대학교 사회과학연구소. 『사회과학연구』. 27(4), 179-209.
서미경 · 김영란 · 박미은 공역(2000). 『사회복지 실천윤리』. 경기: 양서원.
서미경 · 김영란 · 박미은(2015). 『사회복지 윤리와 철학』. 경기: 양서원.
서울대학교 사회복지실천연구회(2004). 『사회복지척도집』. 서울: 나눔의 집.
서울시복지재단(2009). 사회복지관 프로그램 매뉴얼: 가족복지사업. 서울시복지재단.
서울시복지재단(2010). 사회복지관 프로그램 매뉴얼: 지역사회보호사업 사례관리실천 매뉴얼. 서울시복지재단.
서울시복지재단(2022). 『나만 믿고 따라와, 사례관리』.
석재은(2000). 영국의 지역사회보호와 사례관리를 통한 보건 · 복지서비스 통합. 『보건복지포럼』. 10월호: 51-62.
안혜영(2012). 공공부문의 사례관리 실천 현황과 과제. 『사례관리연구』. 3(1): 81-102.
안혜영 · 강혜규 · 민소영 · 이기연(2008). 지방자치단체 사례관리 매뉴얼 개발연구. 보건복지부.
양옥경 · 최명민(2006). 한국사회복지에서 임파워먼트 접근의 현황과 과제. 『한국사회복지교육』. 2(2): 39-84.
우국희(2016). 『사례관리론』. 경기: 공동체.
유성은(1993). 재가복지봉사센터의 효율적인 운영을 위한 사회복지사의 역할에 관한 연구: 사례관리 모델을 중심으로. 중앙대학교 대학원 석사학위논문.
이기연(2009). 사례관리 총론. 경기도장애인복지관.
이기연(2011). 사례관리운영체계 이해 및 간접역량강화. 사례관리 전문가교육: 실무자 기초과정(1, 2기) 자료집. 대전광역시사회복지사협회.
이기연 · 박지영 · 이은정(2008). 지역사회복지 · 고용 통합사례관리서비스 도입을 위한 기초연구: 자활사례관리모델개발. 이화여자대학교 산학협력단.
이봉주 · 김상곤 · 이혜숙 · 최지선 · 최은화 · 백혜숙(2008). 위스타트 통합사례관리 매뉴얼. 위스타트 운동본부.
이봉주 · 김용득 · 김문근(2008). 『사회복지서비스와 공급체계: 쟁점과 대안』. 충북: EM커뮤

니티.
이용표(2005). 지역사회 네트워크와 지역복지조직의 활동방향. 『사회복지리뷰』. 제10호.
이용표(2009). 장애인복지관 종사자의 사례관리 인식과 실천양상에 관한 질적 연구. 『재활복지』. 13(2): 79-110.
이용표 · 유영준(2006). 『지역복지네트워크의 이론과 전략』. 충북: EM커뮤니티.
이윤로 · 성규탁(1993). 사례관리: 효과적 서비스 전달을 위한 방법. (계간)『사회복지』. 118.
이정규(1998). 지역사회복지와 사회적 네트워크. 목포대학교 사회과학연구소. 『복지사회연구』. 1: 51-74.
이정규(1999). 재가복지를 위한 사례관리 실천상의 문제점. 호남대학교 인문사회과학연구소. 『인문사회과학연구』. 6: 287-306.
이정희 · 김창희(2018). 사회복지전담공무원들의 통합사례관리 경험 연구. 『한국사회복지학』. 70(1): 143-176.
이주연(2011). 미국의 아동대상 사례관리 서비스. 『보건복지포럼』. 2011. 5: 106-115.
이준형(2007). 사회복지 네트워크의 이론과 실제. 한국사회복지행정학회 2007년도 춘계 학술대회 및 워크숍 자료집. pp.3-34.
인천광역시사회복지관협회 · 사례관리연구회(2010). 인천광역시 사회복지관 사례관리사업보고서.
장인협(1995). 『지방화시대의 지역복지실천방법론: 케어 · 케이스 관리』. 서울대학교출판부.
장인협 · 우국희(2001). 『케어 · 케이스 매니지먼트』. 서울: 서울대학교 출판부.
전병재(1993). 『사회심리학: 관점과 이론』. 서울: 경문사.
정림종합사회복지관(2024). 위기에서 희망을 잇다: 돌봄실천체계 구축을 위한 지역 기반 사례관리 매뉴얼.
정순둘(2005). 『강점모델: 노인 장기요양보호와 사례관리실천』. 경기: 집문당.
정순둘(2005). 『사례관리실천의 이해』. 서울: 학지사.
정순둘 · 김경미 · 박선영 · 박형원 · 최혜지 · 이현아(2007). 『사회복지와 임파워먼트』. 서울: 학지사.
조원일(2007). 일본 정신장애인 케어매니지먼트의 현황과 과제. 『대한케어복지학』. 8: 233-245.
중앙사회서비스원(2024). 사회복지관 평가지표.
진재찬 · 유서구(2020). 사례관리자 네트워크 활용의 영향 요인: 슈퍼비전 관계의 영향력을 중심으로. 『사례관리연구』. 11(1): 1-23.
최옥채 · 박미은 · 서미경 · 전석균(2023). 『인간행동과 사회환경』(제7판). 경기: 양서원.
최지선(2019). 사례관리 정책변화와 과제: 사회보장급여법에 근거한 통합사례관리를 중심으로-. 한국사례관리학회 추계 학술대회 자료집. 63-94.

최지선 · 김연수(2019). 사례관리 Best Practice의 개념과 구성요소 : 사례관리자의 관점을 중심으로-. 『사례관리연구』. 10(1): 1-30.

최지선(2022). Best Practice에 나타난 사례관리자의 핵심과업과 성찰 : 질적 내용분석. 『사례관리연구』. 13(1): 1-34.

한국사례관리학회(2010, 2011). 사례관리 전문가교육: 실무자 기초과정 자료집.

한국사례관리학회(2012a). 사례관리 전문가교육: 실무자 기초과정. 서울: 학지사.

한국사례관리학회(2012b). 『사례관리론』. 서울: 학지사.

한국사례관리학회(2016). 홈페이지 자료(사례관리 표준 실천지침).

한국사례관리학회(2020). 『사례관리론』. 서울: 학지사.

한국사회보장정보원(2021). 통합사례관리 실천가이드.

한국사회복지관협회(2012). 민 · 관 사례관리 연계방안. 2012 사회복지관 사례관리 담당자교육 자료집.

한국사회복지협의회 사회복지시설평가원(2014). 2015 사회복지관 평가지표 설명회 자료집.

한규석(2017). 『사회심리학의 이해』. 서울: 학지사.

행정안전부 · 보건복지부(2019). 『2019 주민자치형 공공서비스 구축사업: 찾아가는 보건복지서비스』.

홍현미라(2006). 지역사회관계망을 활용한 자원개발경험의 유형에 관한 근거이론 연구: 사회자본(social capital) 관점 적용. 『한국사회복지학』. 58(1): 65-92.

희망의 지렛대 사례관리네트워크 편저(2013). 『희망 이야기』. 경기: 양서원.

Baker, F. & Intalgiata, J.(1992). *Case management in social work: Developing the professional skills needed or work with multiproblem client*. Springfield, IL: The Charles C. Thomas.

Bellow, J. R. & Mink, G.(1996). *Case management in social work*. The Charles C. Thomas Publisher, Ltd.

CMSUK(The Case Management Society UK).(2018).

Cowger, C. D.(1994). Assessing client strengths. *Social Work, 39*(3): 262-68.

Day, P. J.(2000). *A new history of social welfare*. Boston: Allyn and Bacon.

Frankel, A. J. & Gelman, S. R.(2004). *Case management*. Lyceum Books, Inc. 권진숙 역(2004). 『사례관리: 개념과 기술』. 서울: 학지사.

Greene, Roberta R.(1999). *Human behavior theory and social work practice*. New York: Walter de Gruyter, Inc.

Healy, Karen(2005). *Social work theories in contexts*. Mcmillan Pub., 남찬석 역(2012). 『사회복지사를 위한 실천이론』. 서울: 나눔의 집.

Holt, B.(2000). *The practice of generalist case management*. Allyn and Bacon.

Intagliata, J.(1992). *Improving the quality of community care for the chronically Mentally disabled in case management social work practice*. by stephen M. Rose, Longman: 28-29.

Johnson, P. & Rubin, A.(1983). Case management in mental health: A social work domain? *Social Work, 28*(1): 49-55.

Kadushin, Alfred(1992). *Supervision in social work*(3rd ed.). Columbia Univ., Press.

Kersbergen, A. L.(1996). Case management: A rich history of coordinating care to control costs, *Nursing Outlook, 44*(4): 169-172.

Kumar, S.(2000). *Multidisciplinary approach to rehabilitation*. Butterworth Heinemann.

Miley, K. K., O'Melia, M., & Dubois, B. L.(1995). *Generalist social work practice: An empowering approach*. Allyn & Bacon.

Moore, S.(1990). A social work practice model for case management: The case management model grid. *Social Work, 35*(5): 444-448.

Moore, S.(1992). Case management and the integration of service: How service delivery system shape case management. *Social Work, 37*(5): 418-423.

Moxley, D. P. & Buzas, L.(1989). Perceptions of case management services for elderly people. *Health and Social Work, 14*: 196-203.

National Association of Social Workers(1984). *NASW standards and guidelines for social work case management for the functionally impaired*. Silver Springs, MD: Author.

National Association of Social Workers(2013). *NASW standards for social work case management*. Washington D. C.: Author.

Netting, F. Ellen(1992). Case management: Service or symptom? *Social Work, 37*(2): 160-164.

O'Connor, Gerald, G.(1988). Case management: system and practice. *Social Work, 69*: 97-106.

Phillips, J.(1996). Reviewing the literature on care management. in Phillips, J. & Bridget P.(eds.), *Reviewing care management for older people*. London: Jessica Kingsley Publishers.

Pincus, A. & Minahan, A.(1998). 『사회사업방법론: 통합적 접근』. 문인숙 외 역. 서울: 보

진재.

Rapp, Charles A. & Chamberlain, Ronna(1985). Case management services for the chronically mentally ill. *Social Work, 30*(5): 417-422.

Rose, S.(1992). *Case management and social work practice*. New York: Longham.

Rothman, J.(1991). A model of case management: Toward empirically based practice. *Social Work, 36*(6): 520-528.

Rothman, J. & Sager, J. S.(1998). *Case management: Integrating individual and community practice*. Boston: Allyn and Bacon.

Saleebey, D.(1992). *The strengths perspective in social work practice*. New York: Longman.

Saleebey, D.(1996). The strengths perspective in social work practice: Extensions and cautions. *Social Work. 41*(3): 296-305.

Saleebey, D.(Ed.)(2008). *The strengths perspective in social work practice*(5th ed.). Boston: Pearson Education.

Steinberg, R. & Carter, G. W.(1983). *Case management and the elderly*. Lexington, Ma: Lexington.

Vanderplasschen, W., Rapp, R. C., & Wolf, J. R.(2004). The development and implementation of case management for substance use disorders in North America and Europe. *Psychiatric Services, 55*: 913-922.

Weil, M. & Karls, J. M.(1985). *Case management in human service practice*. San Francisco: Jossey- Bass Publishers.

Woodside, M. & MacClam, T.(2006). *Generalist case management: A method of human service delivery* (3rd ed.). Thomson Brooks/Cole.

찾아보기

인명

내용

저자 소개

박미은

가톨릭대학교 사회복지학과 졸업
이화여자대학교 대학원 사회복지학과(석사)
이화여자대학교 대학원 사회복지학과(박사)
California State University, Los Angeles(Visiting Scholar)
전, 한국군사회복지학회 회장
전, 한국정신건강사회복지학회 회장
전, 미8군 병원 임상사회복지사
현, 한남대학교 사회복지학과 교수

〈주요 저서 및 논문〉

- 사회복지 실천윤리(공역, 2000)
- 사회복지실천과 클라이언트 폭력(공역, 2007)
- 사회복지 위험관리의 이해(2010)
- 가족복지론(공저, 2015)
- 함께 있어 좋은 사람, 사회복지사(2018)
- 군사회복지실천론: 강점 관점의 적용(2018)
- 인간행동과 사회환경(공저, 2020, 제6판)
- 복지시설 종사자 위험관리 매뉴얼(공동, 서울복지재단, 2006)
- 사례관리 실천매뉴얼(책임, 대전광역시사회복지사협회, 2011)
- 대전광역시 정신건강백서(책임, 대전광역정신건강증진센터, 2014)
- 사례관리에서 자원연계 방해요인이 사례관리자의 직무스트레스에 미치는 영향(2011)
- 『정신건강과 사회복지』 게재논문의 연구동향 분석: 최근 10년(2014~2023)을 중심으로(2024)

外 다수

제3판

사회복지사를 위한 **사례관리**

1판 1쇄 발행 2015년 2월 23일
1판 4쇄 발행 2019년 3월 10일
2판 1쇄 발행 2020년 2월 5일
2판 5쇄 발행 2024년 1월 30일
3판 1쇄 발행 2025년 6월 30일

지 은 이 | 박미은
발 행 인 | 박철용
발 행 처 | 양서원
주 소 | 경기도 파주시 직지길 522 파주출판도시
전 화 | 031-955-8000(代)
팩 스 | 031-955-8005
홈페이지 | www.yswpub.co.kr
이 메 일 | yswgroup@naver.com
출판등록 | 1987년 11월 24일 제406-2003-037호

ISBN 978-89-994-1570-8

정가 23,000원